美感的意識形態

西方馬克思主義文學評論巨擘

泰瑞·伊格頓 著
江先聲 譯

THE IDEOLOGY OF THE AESTHETIC

Photo by Rick Ligthelm

TERRY EAGLETO

國立台北藝術大學戲劇系
兼任助理教授
耿一偉

國立屏東大學
文化創意產業學系教授兼
人文社會學院副院長
賀瑞麟

專文推薦

氣勢磅礴，將西方近代哲學、美學和政治學熔於一

西方美學思想登峰造極

獻給托瑞爾（Toril）

【編輯人語】

修竹紙窗燈火裡，讀書聲

林宏濤

不管是對於哲學人、藝術家或是一般讀者，《美感的意識形態》都是一部讀起來淋漓暢快而大呼過癮的作品。泰瑞·伊格頓著作等身，而《美感的意識形態》堪稱他的思想代表作之一，讀伊格頓而錯失了這本書，無異於買櫝而還珠。

伊格頓說，這不是一部美學史，在我看來，它更像是一部後設美學史，也就是從哲學問題甚至社會政治問題本身抽絲剝繭，探討西方思想裡對於美感的探究的「存在理由」（raison d'être）。不管是哲學問題本身的內在困境，或是道德、宗教、社會和政治的現實兩難，在近代西方思想史裡，美感問題的探討，似乎是扮演一個解圍之神（deus ex machina）的角色。在知性和感性、共相和殊相、抽象和具體、道德義務和道德感、價值和事實、形式性而冰冷的律法和深植人心的倫理，乃至於專制統治和令人心悅誠服的領導權之間，始終有個深不見底的裂痕而難以跨越，而美感作為一個認知範疇和價值，由於它是感性的，卻又有其規律性；它是個殊的，卻又有其整體性；它無關利害卻又有某種合目的性（Zweckmäßigkeit），不管是作為真理基礎或是對於世界的美感化態度，成了思想家們在黑暗中摸索時的一道微光，雖然他們不見得都因而得以走出那個現象的地洞而看到理型本身。

伊格頓以生花妙筆和挑釁的語調引領我們巡禮了鮑姆嘉通、夏夫茲柏里、休謨、柏克、亞當・斯密、康德、席勒、叔本華、齊克果、馬克思、尼采、佛洛伊德、海德格、盧卡奇、班雅明、傅柯、阿多諾、哈伯瑪斯等二十多位思想家的作品，更旁涉許多社會學家、詩人、劇作家和小說家，其涉獵範圍汪洋宏肆，並且以道德和政治問題為輻湊，在研究上頗有獨到之處，又能近取譬，出入種種深奧繁複的哲學理論，以無厚入有間而恢恢乎游刃有餘，引導讀者綜覽美學史裡根本的後設問題。

伊格頓的美學探討告訴我們，美學的源起以及它所要面對的問題，並不是孤立的美感經驗，而是試圖為整個倫理、社會、政治找尋解答。美學和倫理的目的，是為自由、平等、自主的人類主體創造一個普遍的秩序，就在中產階級和傳統舊制度決裂之際，它的興起不是沒有理由的。它的目的正是要創造一個新的人類主體。當代意識形態典範的興起和資本主義是形影不離的，伊格頓的研究自始至終都有著強烈的馬克思主義和社會主義傾向，而沿著文化和政治批判的軌跡思考美感的問題，形成獨樹一幟的「文化政治批評」。

本文作者為商周出版編輯顧問

【推薦序】眾生喧譁的美感對話

耿一偉

當《美感的意識形態》於一九九〇年出版時，正是冷戰剛結束與後現代主義尾聲。如同伊格頓在導言一開始所強調，這本書並非是美學史，而是檢視十八世紀啟蒙主義至後現代，歐洲的哲學發展，如何形成一種美學的話語，並被拿來當作修補哲學體系裂縫的神膏。

作為一位馬克思主義的文學批評家，與其關注美學命題的內在論證（這是專業哲學家所擅長），伊格頓更傾向用歷史化的角度，去思考美學話語的興起，與中產階級的興起，還有歐洲政治制度的變化之間的複雜關聯。如同書中不斷重複強調的辯證方法，伊格頓主張「美感是非常矛盾的概念，只有辯證的思維才能合理對待它」。（五五四頁）

我們有必要先留意到這本書的書名所用的，是美感（aesthetic），而非美學（aesthetics）。對這個差別的強調，在於伊格頓認為美感原本是一種比較寬鬆的概念，是一種強調身體與感官的認識。某種程度上，美感是用來解決「殊相和共相的關係」。（五五二頁）對美感的深入探討，在康德的《判斷力批判》達到高峰。但是康德之後，美感逐漸成為美學，一種專門化的哲學話語，而身體的重要性也同時在康德討論中消失。

伊格頓在一面批判美學話語的歷史成因的同時，他更在意的，是如何回歸對美感探討，因為這裡蘊涵著如何面對他者的身體，合理安頓不同階級或族群的差異。在本書最後幾頁強調了這個面向，伊格頓之後還將二〇〇八年出版的《陌生人的麻煩：一個倫理學的研究》（*Trouble with Strangers: A Study of Ethics*），視為本書的姊妹作。美感問題的背後是政治議題，作為馬克思主義者，伊格頓對後現代主義缺乏倫理立場的遊戲態度，非常不以為然。讀者可以在最後一章「從城邦到後現代」，感受到伊格頓的猛烈砲火。

伊格頓的文學評論，總是預設了讀者已事先閱讀過要討論的作品，並在此基礎上，去對作品的意義進行各種解讀。任何哲學或美學的入門者，都不應將此書當作美學思考的終點，而是引導去閱讀所評論相關著作的起點。即使博學如伊格頓，也無法獨立掌握本書提到哲學家的所有作品。《美感的意識形態》的寫作，如他後來在訪談所承認的，是找了很多不同學術領域的專家，一同討論，才得以誕生。火光四色的眾聲喧譁，是閱讀本書最為刺激之處。讀者們可以透過伊格頓，與當時他還在牛津大學教書的教授們，一同多重對話，而這就是辯證。

不過，伊格頓的尖銳批評，也無法否定所討論哲學家的相關論證的內在有效性。他更多焦點是在檢討為什麼近兩百多年來，這樣的美學話語，會受到哲學大師們的持續關注，這背後的意識形態為何，而不是聚焦在推論過程。

二○○九年伊格頓在接受訪談時，針對《美感的意識形態》一書，他強調：「我認為中產階級的主體是一種祕密化的美感主體，我不是說中產階級的主體特別重視藝術，而是說美感提供了可以讓中產階級重複使用的一種主體性的特定語言，還有一些關於主題與形式、法則與自由、個性與普遍性等等的特定議題。」

在歷史當下的今日，社會介入或創意產業在藝術圈也成為主流話語，是否在表面的正當性之外，也顯示了美學話語的危機。這背後原因，就我的觀察，與中產階級主體在全球化與網路所帶來輕薄化，所造成的失落感，有著一定關聯。這樣的思考練習，正是閱讀《美感的意識形態》後，所帶來的收穫。

本文作者為台北藝術大學戲劇系兼任助理教授

【推薦序】

以身體的概念貫穿美學理論

賀瑞麟

伊格頓（Terry Eagleton, 1943-）師承威廉斯（Raymond Henry Williams, 1921-1988），是蘭開斯特大學（Lancaster University）英國文學特聘教授，為英國首屈一指的馬克思主義者，也有人將他與美國的詹明信（Fredric Jameson, 1934-）、德國的哈伯瑪斯（Jürgen Habermas, 1929-）並稱為當今西方馬克思主義理論界的三巨頭。他著作等身，主題遍及文學、意識形態、文化、美學；其著作光中文譯本就已有二十多本（其中，《文學理論：導論》（*Literary Theory: An Introduction*, 1983）就有六個譯本（繁簡合計），其他著作的中譯本兩本以上的也不少；可見他在中文學界（特別在中國大陸）受歡迎的程度。

伊格頓的《美感的意識形態》（*The Ideology of the Aesthetic*）目前有三個中文譯本（含現在這個版本），目前這個版本是華語世界最新的譯本，我所推薦的也是這個譯本。

這本書並不好讀，理由有二：一、內容涉及太廣：從「美學」這一學科建立之後的所有相關美學家幾乎都在本作品的談論之列，不要說對一般讀者來說範圍太廣，對專業哲學家來說，有時也因「隔行如隔山」而望書興嘆。二、本書是從「意識形態」（ideology）去切入「美感」（aesthetic，或美學），因此，要理解本書就在於不僅要理解伊格頓對「意識形態」一詞的用法，也理解他對「美感」一詞的用法，其中的困難就在於這兩個詞的意義太過豐富，沒有固定的意義。

依 David Brooks 的〈伊格頓論美學與意識形態〉（Eagleton on Aesthetics and Ideology[1]）一文的不正式歸納：伊格頓的「美感」就有「數十種」意思（主體、身體、感官、知覺、心、感情……等等），「意識形態」則少一點，也有「十數種」意思（這包含伊格頓自己在《意識形態：導論》和另一部著作《意識形態》所列出的幾種意思）。

簡單地說，本書作者的博學以及他使用「美感／學」和「意識形態」這兩詞的意義不夠明確，這兩點造成了讀者閱讀上的困難。此外，作者「六經皆我註腳」的論述方式，更增加讀者理解的困難。的確，這種論述方式會使得此書成為一部「未必是客觀的」美學史（作者自己也說了：「這不是一部美學史。很多重要的美學家，我在書中都略而不談；即使我談到的思想家，我所注意的也不一定是他們和美學最有關係的文本」），然而，也正因為這個緣故，它具有獨樹一格的觀點，而這也正是本書的價值所在：「本書是嘗試透過美學範疇，探索歐洲現代思想的一些中心問題，從這個個殊的角度去理解範圍更廣的社會、政治和倫理問題」。

重點就於「身體」（body）概念！伊格頓在這本書裡以「美感」（美學）這個範疇為中介，

把「身體」的概念和諸如國家、階級衝突和生產模式等傳統政治問題重新統一起來：「重新發現**身體**[2]的重要性，是近代激進思想最珍貴的成就之一，我希望這本書是對於這個成果豐碩的研究的新探。」

「身體」概念貫穿了這部「不是美學史的美學史」。從「導論」開始，一直到最後一章「從城邦到後現代」，美學之父鮑姆嘉通開始，一直到哈伯瑪斯，「身體」都是核心的概念。

在第一章「自由的殊相」（Free Particulars）中，伊格頓開宗明義地說「美學（aesthetics）是作為關於身體的論述而誕生的」；在接下來的章節裡，他就「一以貫之」地透過「身體」這個概念來觀看西方哲學史中一些哲學家有關「美感」的論述：從鮑姆嘉通、夏夫茲博里、休謨、柏克、康德、席勒、費希特、謝林、黑格爾、叔本華、齊克果、尼采、佛洛伊德、海德格、班雅明、阿多諾、傅科、李歐塔和哈伯瑪斯等等（實際上涉及更多哲學家）。由於篇幅所限，以下僅舉幾位哲學家來說明伊格頓如何透過「身體」概念來論述他們的美學理論。

在鮑姆嘉通這裡，伊格頓認為：「美學」這一學科的建立，人們「一旦擁有了這種『關於具體事物的科學』（叔本華後來說那是個『自相矛盾的術語』），就不用再害怕歷史和**身體**會從概念性論述的指尖之間溜走而令人徒呼負負。」他還把鮑姆嘉通和胡塞爾者加以對比：「現代世界裡可以和這種美感的意義遙相呼應的，與其說是克羅齊，不如說是胡塞爾。胡塞爾的《歐洲科學危機與超驗現象學》（*The Crisis of European Sciences*）正是旨在使『生活世界』不再是理性難窺其堂奧的東西，也使喪失了**身體**和知覺的根柢的西方理性得以重生。」

在席勒這裡則是，「如果說，法律可以在被統治者的心裡和**身體**留下更有效的烙印，它也可能由於一種自我解構的邏輯，使得權威主觀化而煙消雲散，為新的合法性概念以及整個政權清理障礙」**，換言之，這種作法就是透過習慣、敬虔、情操和感情來維持社會秩序，這和專制主義的高壓手段截然不同。**「這無異於說，在這種秩序之下的權力『被美感化』（aestheticized）了。它相當於個人**身體**的自然衝動，和感性和情感糾纏在一起，而體現在不假思索的習俗裡」。而這種**被「美感化」的秩序，極致地表現在黑格爾《法哲學》的「倫理」裡。**

伊格頓說：「康德的美學架構沒辦法理解或表現**身體**；因而康德最終只是推論出形式主義的倫理學（formalistic ethics）、抽象政治權利理論，以及一種『主觀』卻非感官的美學。黑格爾以更加氣度恢宏的理性概念試圖摧陷廓清，讓一切脫胎換骨。他反對康德在道德和感性之間涇渭分明的對立，相反的，他對理性這個理念的定義包含了整個認知、實踐和感受。黑格爾的『理性』不僅可以理解『善』，更能夠介入和轉化我們的**身體**習性，使它們和普遍的理性規律很自然地和諧一致。……透過人類在『倫理』（Sittlichkeit，具體的倫理生活）或即『客觀精神』（Objective Spirit）領域裡的感性和自我實現的活動，理性成就了它的神祕目的。理性的道德行為因而和人類的幸福以及自我滿足不可分割開來；如果真是如此，我們可以說黑格爾因為把理性錨定在**身體**的愛憎和欲望，而在某個意義下把它『美感化』了。」

鮑姆嘉通的美學論述最初試圖調解理性和感性，歷經了席勒、康德、黑格爾之後，到了十九世紀，完全變得兩極化：「要不是成為反感官的唯心論（叔本華），就是體現為頑固的唯物論（齊克果）。……如果這樣，看來唯一能有成果的策略，就是回到起點，重新思考一切，但這次是從身體的立場思考。」

十九世紀有三位哲學家是「從身體的立場」來思考「美學」的：「馬克思、尼采和佛洛伊德這三位現代最傑出的『美學家』，正是奮勇地投入了這樣的探索計畫：馬克思著眼於勞動的**身體**（labouring body），尼采把**身體**視作權力意志（the body as power），佛洛伊德則著眼於欲望的**身體**（body as desire）。」

之後到了班雅明這裡「……工業化以前的閒適世界的美感化**身體**，是在家裡沒有被商品化的物體；而現代社會要求的則是一個重構的**身體**，和技術有緊密的關係，適應都市生活裡驟然的接合和斷裂。簡單來說，班雅明這個計畫是要重新建構人類的**身體**……」

而在阿多諾這裡，「事實上他所關切的正是要思想回到**身體**，為思想賦予身體的某種感覺和圓滿性，因而在最傳統的意義下是個美學家。可是他的論述宣稱要整個轉移這個傳統的重點。因為對阿多諾來說，**身體**主要向我們呈現的，不是快樂而是痛苦。在奧斯威辛集中營的陰影下，**身體**僅僅體現為肉體的痛苦，拴在繩子末端的人體慘狀，再一次闖入哲學家汰蕪存菁的世界。」

總而言之，「身體」的概念是貫穿《美感的意識形態》的一把鑰匙。或許伊格頓的「美感」

一詞含意太豐富，「意識形態」一詞的意義無法捉摸，但這些無礙於我們透過「身體」概念來理解伊格頓的思想。比較正確的態度應該是：我們不是要透過伊格頓的評論來理解他評論的哲學（美學）家們，而是要透過伊格頓的評論來理解伊格頓本人。

《美感的意識形態》雖然在篇幅上看起來洋洋灑灑，在章節上看起來枝藤交錯，非常複雜；然而只要掌握核心概念，反覆閱讀，許多疑惑難解之處，就可批欲導窾，迎刃而解，而這也正是閱讀的樂趣所在。

由衷為各位讀書推薦這本書！

本文作者為國立屏東大學文化創意產業學系教授兼人文社會學院副院長

備註

1 Literature & Aesthetics 5:7-21 (1995).

2 本文中使用的粗體字皆為推薦人所加。

CONTENTS

【編輯人語】修竹紙窗燈火裡，讀書聲　林宏濤　5
【專文推薦】衆生喧譁的美感對話　耿一偉　7
【專文推薦】以身體的概念貫穿美學理論　賀瑞麟　11

導論　23

這不是一部美學史。很多重要的美學家，我在書中都略而不談；即使我談到的思想家，我所注意的也不一定是他們和美學最有關係的文本。本書是嘗試透過美學範疇，探索歐洲現代思想的一些中心問題，從這個個殊的角度去理解範圍更廣的社會、政治和倫理問題。

第一章　自由的殊相　39

如果美感是個危險的、模稜兩可的東西，那是因爲身體裡有某些東西會反叛那些銘刻在它上面的權力；而若要消除這種反抗的衝動，那麼除了消滅這種衝動以外，更必須根除那個使這個權力生效的能力。

第二章　心靈的法則：夏夫茲博里、休謨、柏克　61

可是，美感不僅提供了一個新的價值概念。如果說它獨立於現實世界，它其實也可以修補事實與價值之間的裂痕。我們前面談到，對鮑姆嘉通來說，美感是和認知毗鄰卻又涇渭分明的一個領域；而對休謨來說，認知要逐步還原爲一個和美感相去不遠的感性形式。

第三章　康德的想像物　109

在任何理論都沒辦法證明的情況下，我們意識到和世界是一體的，因爲世界的整個設計有如奧祕一般地和我們的認知能力若合符節。我們無法證明它，因爲我們對現實的底蘊一無所知。世間事物因應我們的目的而設計，那始終只是個假設；但它是具啓發意義的假想，讓我們感受到一種合目的性、中心性和意義，而這正是意識形態的本質。

第四章　席勒和領導權　149

席勒的美學一方面是正面而建設性的，是一種領導權的策略，在這種觀點下，文化不再是孤獨的沉思夢想，而是活躍的社會力量，透過有教養的交流，形成一個烏托邦的公共領域，從而提供了在公民社會的卑下境況（自然）和專制國家的政治要求（理性）之間欠缺的那個中介。

第五章　世界作為藝術作品：費希特、謝林、黑格爾　173

黑格爾以其觀念論充滿男子氣概的勇氣，深入客體的本質，揭開了它最內部的祕密。他把思想的矛盾帶進事物本身，闖入隱蔽而禁忌的領域，因此可能會割裂了康德認爲必須保持完璧之身的實在界，不斷地以否定的東西使它自我分裂。

CONTENTS

流，把混沌打造成暫時的秩序。「搖身成爲自身混沌狀況的主宰；迫使自身的混沌變成形式」，這就是最高的美感成就，只有最投入的愉虐者才能獲致。

第十章　以父之名：佛洛伊德　359

佛洛伊德所說的從外在的家父長式行爲者過渡到它的內射（也就是超我）的過程，正好相當於從專制統治到領導權的政治轉移，過渡轉移後的結果，被視爲律法的內在化，使它成爲了自身存在的原理。

第十一章　存有的政治學：海德格　393

對海德格來說，美感並不是藝術的問題，而是與世界聯繫的一種方式：這種關係聽天由命地接受把世界視爲存有的恩賜的「不眞實」，使得人類主體在一種聖祕的臨現面前如痴如醉地敬畏它，而概念的理解只會損毀它而已。

第十二章　馬克思主義的拉比：班雅明　429

班雅明本身的革命政治學，在任何方面都是美感性的：好比說，排列的具體個殊性、有如「靈光」一般的「非自主記憶」爲革命傳統提供的模型，從言說到感性形象的轉移，身體語言的重建，以及推崇模仿作爲人類和世界之間的非支配性關係。

CONTENTS

導論

這不是一部美學史。很多重要的美學家，我在書中都略而不談；即使我談到的思想家，我所注意的也不一定是他們和美學最有關係的文本。本書是嘗試透過美學範疇，探索歐洲現代思想的一些中心問題，從這個個殊的角度去理解範圍更廣的社會、政治和倫理問題。

任何人審視啟蒙運動（Enlightenment）以來的歐洲哲學史，都會很訝異於它對於美學問題出奇的重視。康德（Immanuel Kant）認為，美感可以讓自然和人類的關係獲得和解。藝術在黑格爾（G.W.F. Hegel）的理論體系裡地位並不高，但他卻寫成了一部藝術理論鉅著。對於齊克果（Søren Kierkegaard）來說，美感儘管必須屈居於倫理和宗教信仰的更高真理之下，卻是他思想裡一再出現的焦點。叔本華（Arthur Schopenhauer）和尼采（Friedrich Nietzsche）各自從截然不同的觀點，認定美感經驗代表一種至高無上的價值形式。馬克思（Karl Marx）對於世界文學典故如數家珍，正如佛洛伊德（Sigmund Freud）謙稱他所說的一切，從前詩人早就說過了。在二十世紀，海德格（Martin Heidegger）祕教式的沉思終究成為一種美感化的存有學（ontology）；而從盧卡奇（Georg Lukács）到阿多諾（Theodor Adorno）的西方馬克思主義傳統，莫不賦予藝術一個理論的優位性，這對唯物論思潮來說，乍看來難免相當錯愕。[1]在當代關於現代性、現代主義和後現代主義的論辯中，「文化」看來是在分析和了解後期資本主義社會時的關鍵範疇。

如果我們就此主張說美學在現代歐洲思想的地位有多麼崇高，那似乎是太過一概而論。我在書中討論的思想家，其實幾乎都是德國人，儘管我談到和他們著作有關的某些概念都是源自近代法國的思想氛圍。我們或許可以合理地說，德國思想裡典型的觀念論（idealism）傾向，相較於法國理性主義（rationalism）和英國經驗論（empiricism），更加適合作為美學探索的媒介。即使如此，這個大抵上源自德國的傳承卻跨越了國界，而成了所謂英國的「文化與社會」傳統。這麼說來，美學問題在現代整個歐洲思想裡奇特的韌性本身就是個值得探討的問題。我們特別要問：為什麼美學問題在**理論上**的堅韌，會成為某個歷史時期的特色，尤其是當它在文化上的**實踐上**喪失了和傳統社會的相關性，而淪為整個商品生產的一個環節？

如果我們著眼於現代歐洲思想日趨抽象而技術本位的本質，這個問題就會有個簡單但很有說服力的答案。在思想流於虛無的背景下，藝術似乎仍然訴說著人性以及具體境況，讓我們從專門化論述那種令人疏離的嚴苛要求中獲得可喜的喘息空間，而在知識大爆炸和分工的情況下，提供一個殘餘的共同世界。科學或社會學的問題只有專家才有資格談論；然而談到藝術，我們每個人則都有話要說。可是不同於藝術語言本身，美學論述獨特之處在於，它一方面依然扎根於日常經驗，一方面又把原本自然而不假思索的表現擢升到錯綜複雜的知性領域。因此，隨著美學的誕生，藝術領域開始沾染了一般現代理論的抽象和形式化習氣；可是美感卻始終被認為保有一種不可化約的獨特性，為我們提供一種典範，告訴我們什麼叫作沒有被異化的認知模式。美感因此總是一種自相矛盾、自我否定的活動，它在提升其研究對象的理論價值的同時，也不時可能掏空其中最珍貴的獨特性或言語道斷的特性。美學論述在提升藝術地位的同時，也總是有掏空藝術之虞。

[2]

如果說，美學在現代思想裡的角色如此舉足輕重，部分原因無疑在於美感概念的多功能性。對於一個原本意指著某種「無功能性」的觀念而言，很少有其他觀念具有這麼多迥然不同的功能。讀者無疑會覺得我在使用這個範疇時簡直是不加揀擇，尤其是和身體經驗混為一談。可是如果說美感問題持續反覆出現，部分原因正是在於它在定義上的某種不確定性，使得它出現在種種議題裡：自由和法則、自主性和必然性、自我決定、自律性、個殊性和普遍性等等。概括而言，我的論點就是，美感範疇在現代歐洲之所以那麼重要，正是因為它在談論藝術的同時，也談到種種其他問題，而那些都是中產階級在爭取政治領導權時的核心問題。關於美學作品的現代概念的形構過程，則是和現代階級社會主流意識形態的形成密不可分，也和適用於該社會秩序的人類主體性（subjectivity）的全新形式的形成有關。美學在當今知識界的文化傳統的角色如此吃重，正是職是之故，而不是因為世間的男男女女突然意識到詩或繪畫的崇高價值。但是我同時認為，在某種意義下，美學是在挑戰主流的意識形態並且提出另一個出路，因而是個極為矛盾的現象。

我們在探究任何思想潮流的源頭時，總是很難確定應該追溯到哪裡為止。我並不認為藝術論述是在十八世紀中期橫空出世的全新概念。我探討的許多美學主題可以追溯到文藝復興時期甚至古希臘羅馬時期；而所謂的以自我實現作為目的本身，對於亞里斯多德（Aristotle）而言也不怎麼陌生。在啟蒙運動如火如荼之際，更沒有任何理論催化劑提出思想史上前所未有的藝術主張。不管是修辭學或詩學，這些論辯都可以上溯到本書探討範圍的最早歷史時期，也就是文藝復興時期新柏拉圖主義（neo-Platonism）的門徒沙里斯伯理伯爵（Earl of Salisbury）。同時，我也認為，這本書所研究的時代起點的確有自出機杼之處。如果說歷史時期的絕對分隔只是個「形上學的」臆斷，那麼完全不間斷的連續性也不遑多讓。它的創新性的其中一個面向，其實我已略為提及，也就是在這個特定的階級社會時期裡，隨著早期中產階級的誕生，美感概念（其中若干概念是源遠流長的）也在主流意識形態的建構中扮演非比尋常的核心角色，儘管是內隱的。比方說，藝術作品的統一性和完整性的概念在美學論述中屢見不鮮，它可以上溯到古典時期；但在十八世紀後期，這個家喻戶曉的概念卻衍生出一種奇特的想法，認為藝術作品是某種**主體**（subject）。它當然是很另類的主體，藝術作品被重新定義，卻仍然是個主體。而不同於美感的統一性和完整性概念，催生出這種奇怪的思考風格的歷史壓力，就不能上溯到亞里斯多德的時期。

§

這本書是馬克思主義的研究著作，但有人可能認為它既有過也有不及之處。如果說它過頭了，那是因為它會被指摘說時或偏離到某種「左派功能主義」（left-functionalism），把美感的內在複雜性化約為一組直接的意識形態功能。誠然，對某一類的當代評論家來說，以歷史或意識形態把藝術予以脈絡化，其實就是化約主義（reductionist）的做法。這種藝術評論家和老派的形式主義者（formalist）之間的唯一區別，只在於後者雖然坦承他們有此偏見，卻仍然把這種偏見提

[3]

升到一套繁複的藝術理論，而前者的立場則比較偷偷摸摸；他們認為，藝術和歷史之間的關係在原則上不一定是要化約主義式的，只是在實際的表現上卻往往會是那個樣子。我並不認為那是十八世紀的中產階級在把酒言歡之際突發奇想，認為美感概念能解決他們在政治上的兩難；而它在政治上的範疇矛盾正好說明了這種觀點的謬誤。不錯，左派政治人物必須時時提防化約主義以及陰謀論。不過，起碼從陰謀論來說，如果激進分子因為謹小慎微，擔心被譏為空疏無據，而忘記了某些理論概念時或會被政治權力拿來利用，有時甚至相當直接，那麼他們其實相當不智。如果說在啟蒙運動的美學轉向和當時專制政權的若干困境之間找到某種關係不算是穿鑿附會之說，那麼我們在席勒（Friedrich Schiller）的著作裡就可以看到這種關係躍然紙上，而那些「反化約主義者」當然也會很尷尬，他們或許會期盼席勒說話小心一點。另一方面，如果說這本書的馬克思主義色彩有所不足，那其實是因為我必須另外寫一本書，才能以歷史唯物論的觀點一一分析書中提到的作家著作，把他們的思想放到物質發展、國家權力形式以及各個歷史時期的階級力量平衡的脈絡之下。

左派眼下關切的三大議題分別是：階級、種族和性別，或許有人認為，對於階級的過度重視，可能會壓縮和扭曲了種族和性別這兩個問題，它們在左派理論體系中仍然立足未穩，鼠目寸光的階級政治理論可能會剝奪了對於它們應有的關注。要是你基本上關心種族和性別這兩個範疇的政治解放，而在這方面失去警覺性，那會是很愚蠢的事；我們不能率爾接受白種男性激進分子

[4]

的一片好心或假惺惺的自由主義，因為他們自己就是某個習於把種族和性別問題極度邊緣化的政治歷史時期的產物，我們豈能信賴他們一夕之間幡然悔悟。同時，稍加觀察歐洲以及美國左派政治圈的情勢，我們就很難不察覺到，如果還有人抱怨說，社會主義論述普遍忽視種族和性別等另類政治議題，那麼不只是越來越荒誕，而且起碼在某些脈絡下還會淪為黑色幽默的諷刺。事實上，由於多種因素的組合，當代左派思想若隱若現地貶抑社會階級、生產的歷史模式以及國家權力形式等問題的重要性，而投入「更加熱門話題」的政治抗爭。在眾多因素當中尤其重要的是，近來西方世界若干中產階級勢力在全球資本主義危機的壓力下的積極右傾，那是在政治光譜和意識形態氛圍上的戲劇性轉移，使得原本大張旗鼓地倡言革命政治的人們沉默無言而心灰意冷。這種情況只能說是政治勇氣的普遍沒落，也使得左派陣營加速和資本主義政治的若干當務之急妥協，儘管過程時或有點齷齪。在這個脈絡下，解放政治的若干長程路線就會窒礙難行或不合理，一些左派人士就會順理成章地倒戈關注那些立竿見影的問題，那是眼裡只有階級的政治觀以往棄若敝屣、歪曲且排斥的。

如果說和階級無關的政治類型目前受到關注，部分原因是對於傳統政治的困境有意無意的反彈，這絕對不是貶低了其他政治運動在本質上的重要性。任何社會主義轉型的計畫，如果沒有跟完全尊重其自主性的潮流攜手並進，那無異於空洞地嘲弄人類解放運動。這也正好提醒我們，正如對於在種族或性別上受壓迫者無動於衷的各種社會主義策略只會是雷聲大雨點小，反過來說，唯有在終結資本主義的社會關係的脈絡底下，才有辦法徹底破除這些特定的壓迫形式。前者在今天已得到足夠的重視；後者卻恐怕仍然是言者諄諄聽者藐藐。這種普遍可見的困境在美國尤其嚴峻，美國社會主義思想的貧乏使得境況雪上加霜，他們只知道大談社會解放的文化理論。在左派的三大議題當中，社會階級問題只是在推盃換盞當中虛應故事的談論話題罷了，美國軟弱無力的「階級論」正好反映了這點。可是在歐洲，問題同樣迫在眉睫。我們現在製造了一堆新世代的左傾理論家和學生，由於若干不能怪罪於他們的原因，他們的政治記憶和社會主義教育乏善可陳。他們的政治記憶一片蒼白，那是因為越戰後的激進分子，受限於西方世界的視野，沒有多少激進的政治材料可以回想；他們的社會主義教育也少得可憐，那是因為唯一算得上這種教育的，就只是對於國際社會主義的複雜歷史以及相關理論的論辯的近距離認知。我們的社會目標不只是要打擊激進思想（這在我們意料之中），更要從我們的記憶裡完全抹滅掉：達致一種失憶狀況，彷彿那些激進觀念從來沒有存在過，把它們扔到我們設想所及範圍之外。在這種情境之下，重要的是不要讓眼下引人矚目的政治行動抹滅、扭曲或掩蓋了國際社會主義運動的豐厚遺產。我談到這個問題，是基於我原來的身分：我生而屬於勞工階級社會主義者傳統，在這傳統中成長，自青少年時代以來就在這個政治圈裡相當活躍；我相信，今天任何政治激進主義如果試圖跳過這個譜系，就必然流於貧乏。目前，在美國和歐洲許多地方都可以看到那些在特定政治議題上的激進主義者，對於社會主義抗爭既冷漠又無知，這正是城郊中產階級族群的典型表現。我也不認為社會主義者因為害怕被指摘為結黨營私或是不合時宜，就要默默接受這種冷漠態度。

這本書會不斷談到「身體」這個主題，那也和以上的問題有關。我也要為了這個主題看似趕時髦而道歉：時下的文學評論如果不談一下身體的某個部分，就幾乎無望躋身於新歷史中心主義的正典。重新發現身體的重要性，是近代激進思想最珍貴的成就之一，我希望這本書是對於這個成果豐碩的研究的新探。談到這問題，我們在閱讀羅蘭．巴特（Roland Barthes）或傅柯（Michel Foucault）的晚期著作時，很難不察覺到對於身體、快感和表面、部位和技巧的沉思，輕易取代了沒那麼直接的身體政治學，並扮演了倫理學的替代品的角色。這種論述裡透露了某種祕而不宣的、私有化的快樂主義（hedonism），它出現的歷史時刻，正是其他沒有那麼異國風味的政治論述遭到挫敗的時候。有鑑於此，我嘗試在這本書裡，透過美感這個中介範疇，把身體的概念和諸如國家、階級衝突和生產模式等傳統政治問題重新統一起來；在這方面，本書也因此和階級政治學以及後階級政治學（post-class politics）保持相當距離，因為前者在身體的概念方面乏善可陳，而後者則為了躲避討厭的「全球性」問題而逃到身體種種強度的問題。

在撰寫本書的過程中，我一直關心一個問題，那就是駁斥某些評論所說的，把美感和政治意識形態扯上關係，必然令人不屑或困惑。但我必須承認，我也同樣無法接受某些左派人士所說的，美感只是「中產階級的意識形態」而應被其他形式的文化政治淘汰和取代。我在下文會證明，在最基本的歷史意義上，美感的確是中產階級的概念，在啟蒙時代應運而生的；但是只有極

[7]

度欠缺辯證思考的庸俗馬克思主義（vulgar Marxist）或「後馬克思主義」思潮，才會不假思索地以此指摘美學。只有左派道德主義（left moralism），而不是左派唯物主義，才會說某某概念、做法或制度源自中產階級，而不願意承認它僅僅只是個意識形態而已。自《共產主義宣言》（*Communist Manifesto*）以來，馬克思就對於中產階級讚不絕口，他要人們念茲在茲，激進主義者必須不斷地從偉大的革命傳統記取教訓，否則然未來就只會有個故步自封而短見薄識的社會主義秩序。現在那些以他們的「去中心化的主體性」（decentred subjectivities）為其圭臬的人，一提到「自由人文主義者」（liberal humanism）這種可怕的說法，就會在潛抑心態下否認構成主體性的歷史，事實上那並不是全然否定或壓抑的。我們忘掉了以前「自由人文主義者」如何英勇對抗封建專制的殘暴獨裁統治，因而必須自己承擔政治上的困境。如果說，我們有能力且必須批判啟蒙運動，那正是啟蒙運動賦予我們這樣的能力的。就此而論，人類解放過程中最艱難的一步，總是在於如何使自己從自身解放出來。激進批判的一項任務，正如馬克思、布萊希特（Bertolt Brecht）和班雅明（Walter Benjamin）所理解的，就是對於我們所繼承的階級遺產披沙揀金，以為左派政治所用。「能用則用」，是很合理的布萊希特式的口號；當然，它也隱含著反面意思：傳統裡沒有用的部分則應該拋棄而不必念舊。

我在下文會主張說，唯有辯證的思考才能恰如其分地涵括美感的這種矛盾性。作為一種理論範疇，美學的誕生和中產階級社會早期階段的文化生產「獨立自主」的物質歷程密不可分，所謂

[8]

的「獨立自主」，就是獨立於它在傳統上的各種社會功能。一旦文物成為市場商品，就不再是為了特定的人或事物而存在，因而就意識形態而言，可以合理化為堂而皇之地只為自己而存在。新的美學論述的焦點，正是這種自主性或自我指涉性（self-referentiality）的觀念；而從激進的政治觀點來看，美感自主性的這個概念顯然有其顛覆力量。藝術不只是如激進思想所說的獨立於其他一切社會活動，而成為一個理想的避難所，在其中，主流社會秩序可以逃避它自己的現實價值，諸如競爭、剝奪和物質所有權。在更隱晦的意義上，自主性的概念，也就是完全自我管理、自我決定的存在模式，為中產階級提供了主體性的意識形態模型，以利其物質的運作。可是這種自主性概念是徹頭徹尾的兩面刃：一方面它為中產階級意識形態提供了一個核心成分，但是它也強調人類權力和能力的自決本質，在馬克思和其他人的著作中，就為對抗中產階級的功利思考的革命行動提供了人類學基礎。我會在下文指出，美感既是早期資本主義社會的人類主體性的祕密原型，也是以人盡其才作為目的本身的一種願景，而那是任何支配性或工具主義式的思考都難以馴服的敵人。美感既意指著創造性地探索身體感官，也意指著以一種隱然壓抑的法則施加於身體；它既意欲解放具體的個殊性，卻又主張一種似是而非的普遍主義。它既對於目前的男女之分提出胸襟寬闊的烏托邦式和解願景，卻又使邁向這種歷史性社會結構的現實政治行動變得神祕兮兮而窒礙難行。面對這種正反兩面的概念，不管不加批判的歌頌它或一面倒的譴責它，都難免忽略了現實歷史的複雜性。

我們在保羅．德曼（Paul de Man）晚期著作中也可以看到這種片面性，他和我自己的探索有個出乎意料的輻輳點。[2]德曼晚期的著作對美感觀念提出了全面而極為複雜的除魅，這個傾向在他的思想裡可以說一以貫之；而他在這方面的很多看法我是完全同意的。他認為美感意識形態的作用，就是把語言的東西以現象論的化約（phenomenalist reduction）回到感官經驗，而代表了心智和世界、記號和事物、認知和知覺的融合，它在黑格爾的符號裡被神聖化，而康德的嚴格劃分審美判斷以及認知、倫理以及政治範疇，則是悍然拒絕它。這種美感意識形態壓抑了語言和真實世界之間偶然而令人費解的關係，把語言自然化或現象化，因而可能以典型的意識形態思考，把意義的偶性（accidents）轉化為有機的自然歷程。這其中無疑有個很有價值的、機智的政治操作，**儘管**某些左派評論家認為德曼是個冥頑不靈的「形式主義者」。但這種政治操作是要付出重大代價的。此中或許可以看到德曼對自己早期極右派有機體論的（organicist）意識形態的矯枉過正，因而對於美感的潛在正面功能有所保留，那只是換湯不換藥地延續早期對於解放政治的敵視。很少評論家會像他那樣對身體性（bodiliness）無動於衷，也就是感官的創造性發展的整個展望、人類存在的動物性面向、快感、大自然以及自得其樂的能力，在他看來，都是危險的美感誘惑而必須悍拒。你可以想像德曼最討厭的評論家應該非巴赫金（Mikhail Bakhtin）莫屬。你可以質疑德曼後期政治理論的假設，尤其是他那些空穴來風的信念，認為所有意識形態都是要把社會行動「自然化」或有機化。但是德曼自始至終都是個徹頭徹尾的政治評論家。問題只是在於他的政治理論的一致性，他的作品特色，正是在於對於政治解放行動的一貫敵意。在這個意義下，葛蘭西（Antonio Gramsci）說得不錯，他在撰寫《獄中札記》（*Prison Notebooks*）時靈光乍現地指出：「我們可以說，佛洛伊德是最後的理論家，而德曼也是一個『理論家』」。[3]

我或許應該在這裡解釋一下本書略而不談的兩大課題。第一，我不會大量指涉英國的美學思想傳統。讀者在我提到的德國著作裡看到許多和英國美學史不謀而和的地方，例如柯立芝（Samuel Taylor Coleridge）、馬修・阿諾德（Matthew Arnold）和威廉・莫里斯（William Morris）等人。可是這個研究範疇早就有人耕耘過了，而且英國美學傳統的許多看法其實是來自德國哲學，因此我認為探本窮源會是正途。另一個我略而不談的話題，對若干讀者來說可能更感困擾，那就是我沒有檢視任何實際的藝術作品。受過文學批評的思考模式訓練的人，往往喜歡「具體的例子」。可是我並不認為「理論」唯有扮演藝術作品的卑微侍女的角色，才會被人接納；因此我會辜負讀者的期待，在大部分情況下對於具體的藝術作品默不作聲。可是我必須承認，我原來的構想是寫成一種雙重文本：在談論歐洲美學理論的同時，也在每個論點上對應到愛爾蘭的文學文化。我效法的對象從康德到聯合愛爾蘭人會（United Irishmen）的革命組織，在談到啟蒙運動時，我也在該背景下探討沃爾夫・托恩（Wolfe Tone）和他的政治同志，也會以歐洲唯心主義思想的角度重新探討從湯瑪斯・戴維斯（Thomas Davis）到派屈克・皮爾斯（Padraic Pearse）的愛爾蘭文化民族主義。我也會浮光掠影地探討馬克思、詹姆斯・康諾利（James

[10]

Connolly）以及尚恩・歐凱西（Sean O'Casey），又或者是把尼采和王爾德（Oscar Wilde）以及葉慈（W.B. Yeats），佛洛伊德和喬伊斯（James Joyce），叔本華以及阿多諾和貝克特（Samuel Beckett），以至（在扯得更遠的時候）把海德格和辛約翰（John Synge）以及謝默斯・希尼（Seamus Heaney）的若干面向做個比較。如此雄心勃勃的計畫，結果會是勤練舉重的讀者才拿得起來的一本書。因此我的想法或者是留待用於一個有專利權的紙板遊戲，讓競賽者在歐洲哲學家和愛爾蘭作家之間找出最異想天開的關聯，又或者日後另撰新著。

我希望別人不要誤以為我把本書裡的研究類型當作激進評論家最重要的探索原型。分析康德的《判斷力批判》（*Critique of Judgment*）或探討齊克果的宗教沉思，並不是政治左派人士的當務之急。有更多激進的文化探索形式，它們在政治上的重要性遠高於這種理論性的研究。可是更加深刻地認識政治領導權賴以維繫的機制，是有效的政治行動的必要條件，而我相信對於美學的探索可以獲致這個洞見。雖然這個研究並不是那麼包羅萬象，但也不應該對它嗤之以鼻。

讀者很快就會發現，我不是個專業的哲學家，因此要對於在這個範疇裡更加學有專精的朋友和同事深表感激，他們讀過本書的全部或部分，提出許多有價值的批評和建議。我尤其要感謝約翰・巴瑞（John Barrell）、傑伊・伯恩斯坦（Jay Bernstein）、安德魯・博伊（Andrew Bowie）、霍華德・凱吉爾（Howard Caygill）、傑瑞、柯肯（Jerry Cohen）、彼得・迪烏斯（Peter Dews）、約瑟・菲爾（Joseph Fell）、派屈克・蓋迪納（Patrick Gardiner）、保羅・漢彌爾頓

（Paul Hamilton）、肯・希許柯普（Ken Hirschkop）、托瑞・莫伊（Toril Moi）、亞歷山大・尼哈馬斯（Alexander Nehamas）、彼得・歐斯本（Peter Osborne）、史蒂芬・普利斯特（Stephen Priest）、賈桂琳・羅斯（Jacqueline Rose）和威格迪斯・桑格・莫勒（Vigdis Songe Møller）。如果他們出於寬容或失察而沒有理會我的錯誤，那就讓他們在這個範圍內對失誤負上部分責任好了。我也十分感激本書的編輯菲利普・卡本特（Philip Carpenter）和蘇・維斯（Sue Vice），他們的敏銳觸覺和效率，不遜於當年學生作文的歲月。最後，由於臨別在即，我要在此記下我對牛津大學華登學院（Wadham College）的謝意，在過去近二十年裡，在學院的支持和鼓勵下，我建立了一個英語文學學派，它在精神上完全忠於該學院不隨波逐流而具有批判意識的悠久傳統。

泰瑞・伊格頓

[122]

注釋

1 Perry Anderson, *Considerations on Western Marxism* (London, 1979), chapter 4.
2 另見：Paul de Man, 'Phenomenality and Materiality in Kant', G. Shapiro & A. Sica (eds), *Hermeneutics: Questions and Prospects* (Amherst, Mass., 1984).
3 Antonio Gramsci, *Selections from the Prison Notebooks*, ed. & trans. Quintin Hoare & Geoffrey Nowell-Smith (London, 1971), p. 376.

第一章
自由的殊相

美學（aesthetics）是作為關於身體的論述而誕生的。在德國哲學家鮑姆嘉通（Alexander Baumgarten）原本的說法裡，「美學」最初不是指稱藝術，而是像希臘文「*aisthesis*」所說的，是人類整個知覺和感覺領域，而和虛無縹緲的概念思考對比。這個術語在十八世紀中期所要對比的，不是「藝術」和「生活」，而是物質和非物質：也就是事物和思想、感覺和觀念，生物性的活動以及心智深處的活動。哲學彷彿蘧蘧然領悟到在它的心智圈地之外，還有一塊茂密的園地，不在它的耕耘範圍之內。這個領域代表著我們的整個感官世界，我們的愛憎，世界如何刺激身體的感官表層，我們的臟腑感覺，以及我們最生物性的存在和世界的互動。美學關注的是人類最低下的、看得見摸得著的向度。笛卡兒（René Descartes）之後的哲學體系因為認知的偏差而對它視而不見。隨著美學的誕生，原始唯物論開始萌芽，那意味著身體對於理論思考的暴政展開漫長的沉默反叛。

古代哲學對美學的忽視付出了政治上的代價。如果一種政體對於最可觸及的「生活」、社會的身體和感官活動視若無睹，它如何得以發榮滋長？一個社會的主流概念裡怎麼可以排除「經驗」這個東西？然而，會不會是這個領域對於理性而言難以捉摸，儘管百里香的氣味或馬鈴薯的味道如此清晰明白，卻不在它的範疇裡？我們是否只能放棄認識身體的活動，認為它是完全無法思考的他者，或者是可以透過某種認知，也就是一種全新的科學，關於感性的科學，去測定它神祕的途徑？如果有人認為這個名稱自相矛盾，那麼種種政治效應當然就危乎殆哉。如果主流的理

[13]

性思考對於自身概念以外的東西一無所知，不願意探索感情和知覺的東西，那麼它就一點用也沒有。如果號令天下的「理性」無法把康德所說的感官「觸角」放到它的思考範圍裡，它如何維繫其正當性呢？這種權力難道不必有剖析臣服於其下的感覺的能力嗎？難道它不必具備某種科學或某種具體的邏輯，以測定生物性感知活動的內在結構嗎？

十八世紀德國對美學的嚮往，其中一個原因就是對於專制統治的回應，當時德國處於封建專制國家群雄割據的狀態，由於沒有共同的文化而盛行個殊主義（particularism，排他主義）而各自為政。諸侯以疊床架屋的官僚體系橫徵暴斂，被剝削的農民深陷困境，幾乎生靈塗炭。在這個專制統治之下，無一技之長的中產階級受限於國家控制的產業以及關稅保護的重商主義（mercantilism）政策，加上法庭的為虎作倀，又和低下的群眾疏離，對於國計民生沒有任何實質影響。德國貴族地主（Junkerdom）專橫地剝奪了中產階級的歷史角色，他們獎掖產業，也只是為了自身的利益或軍事目的，讓中產階級逆來順受和國家做生意，而沒辦法要求國家為了他們的利益而調整政策。資本和企業的普遍缺乏，交通不便，貿易都是地方性的，被行會控制的城鎮在四周落後的農村環境當中一籌莫展。這就德國中產階級在地域主義的、蒙昧的社會秩序裡形格勢禁的境況。可是中產階級之中的專業人士和知識分子階層不斷成長，在十八世紀後期首次形成一個專業而有讀寫能力的階級；這群人在文化和精神方面的領導能力，是自私自利的貴族階級無法企及的。可是由於沒辦法在政治和經濟上扎根，中產階級的啟蒙運動仍然處處掣肘於封建專制主

[14]

義，而臣服於權威；康德是個勇敢的**啟蒙思想家**（Aufklärer），卻也是普魯士國王的順民，由此我們可見一斑。

在十八世紀萌芽的新奇美學論述，無意對政治權威宣戰，卻可解讀為專制政權內部的意識形態兩難處境的徵兆。那種政權為了自身的關係而必須去解釋什麼是「合理的」（可感知的）（sensible）生活，因為如果不知道什麼是合理的生活，他們的統治權就岌岌可危。情感和感覺的世界不能只是丟進「主觀的」領域，康德把它識為「鑑賞力的的自我主義」；相反，它必須被納入理性本身氣度恢宏的範圍裡。如果「生活世界」（Lebenswelt）沒辦法被合理地形式化，那麼大部分至關重要的意識形態問題豈不早就被掃到我們無法掌握的陰陽界裡了？然而，我們人類最非物質性的認知能力，也就是理性，怎麼能夠掌握全然感官性的經驗？經驗認知來自可感知的物質性，但是它或許也很諷刺地使認知不得其門而入。理性必須找到某種途徑以深入知覺世界，卻又不能危及理性的專制權力。

鮑姆嘉通的美學正是期望達致這種巧妙平衡。他在一七五〇年的《美學》（*Aesthetica*）一書，開啟了整個感覺領域的探索，可以說開闢了一塊理性的殖民地。對鮑姆嘉通來說，美感認知是理性的共相和感官的殊相之間的中介：美感是分受了理性的完美的一種存在領域，不過是以「渾然一體的」模式。這裡的「渾然一體」不是指「一團混亂」，而是「融合」（fusion）：在對它們有機的（organic）詮釋裡，美感表象（representation）的元素拒絕被貶低為理性思考典型的彼此分離的單位。但這並不表示這種表象是曖昧不明的，相反，它們越是「渾然一體」（也就是「雜多的統一」的程度越高），它們就會更加清晰、完善而明確。在這種理解下，一首詩就是感覺論述的完美形式。美感的統一性因而可以接受理性的分析，雖然必須是理性的一種特殊形式[15]或風格，而那就是美學。鮑姆嘉通寫道，美學是邏輯學的「姊妹」，是一種**低層理性**（*ratio inferior*）或是在感覺活動層次上的理性的「女性」類比。它的任務是對這個領域爬羅剔抉，整理成各種清晰而明確的表象，而類似於（而相對獨立於）理性思維的運作。美學的誕生，是因為體認到知覺和經驗的世界不能只是衍生自抽象的普遍法則，而必須有它本身適用的論述，演繹它自己的內在（儘管層次比較低的）邏輯。作為一種具體思考或是概念的感性類比，美感同時具備了理性和實在物的特質，以類似李維史陀（Claude Lévi-Strauss）所說的神話方式懸浮在兩者之間。美感可以說生下來是女性，從屬於男性，但有其卑下卻不可或缺的任務。

這種認知模式對於統治階級至關重要，如果他們要了解自身的歷史的話。如果感覺的特色在於一種無法以一般性概念把握的複雜的個體化（individuation），那麼歷史也是這樣。這兩種現象的特徵都在於一種無法化約的個殊性或者是具體的規定性（determinateness），而有把它們置於抽象思考範圍以外之虞。鮑姆嘉通寫道：「個體在各個方面都是被規定的……層次最高的個殊表象是詩性的。」[1]由於歷史是關於「個體」的問題，那麼它在這個意義下也是「詩性的」（poetic），是一種被規定了的特殊個體的問題；因此當它落在理性範圍以外，似乎是讓人擔憂的事。如果說統治階級對於自身的歷史一無所知，彷彿它是在概念範圍以外不可知的外域，那該怎麼辦？而美學作為理論性論述的出現，正是要回應這些兩難問題；它就像理性的義肢，把啟蒙運動具體化的理性擴及於理性原本無法觸及的重要領域。比方說，它可以處理欲望以及修辭效果的問題：鮑姆嘉通把欲望形容為「對『善』的想像混淆不清而產生的感官表象」；[2] 而他也檢視了詩性的感官印象如何引起特定的情緒效果。於是他就以美感去指稱那種混合的認知形式，而有助於說明知覺和歷史實踐的原始材料，揭露具體事物的內在結構。理性的深思高舉是卑下的殊相（particulars）難望其項背的；一種叫作「美感」的東西作為理性暫時的複製品也因而誕生，扮演一種認知的助手，憑著本身的獨特性探索上層理性必然看不透的事物。由於美感的存在，知覺的濃密殊相在思考面前通透晶亮，有規定性的具體事物也匯集成歷史敘事。鮑姆嘉通寫道：「科學沒有下拉到感性的領域，而是可感事物被提升到知識的崇高地位。」[3] 他警告說，對所有下層力量的統治權唯理性所有；但是這個統治權不能腐化變成暴政。它必須是葛蘭西所說的「領導權」（hegemony）的形式，自內部統治所有感官，使它們都具有理性的特質，而在相對的自主下欣欣向榮。

一旦擁有了這種「關於具體事物的科學」（叔本華後來說那是個「自相矛盾的術語」），就不用再害怕歷史和身體會從概念性論述的指尖之間溜走而令人徒呼負負。在我們物質生活濃稠的大雜燴及其混亂的波動裡，有些事物看起來和理性若合符節，而那就是「美」。一種理想性質似乎滲透在這些事物的感性存在裡面，而不是如柏拉圖（Plato）所說的飄浮在它們上方的空間裡：在物質內部裡透顯了一種縝密的邏輯，而我們也如應斯響地感受到它。因為我們是一致認為它們是「美」的，不是透過辯論或分析，而只是觀照它們；在我們生物性的生活裡因而產生了一種自然而然的共感（consensus），並且應許說，儘管這樣的生活看似任意而費解，它的運作在某個意義下卻近似一種理性法則。我們在下文會看到，這有點像是康德的美感的意義，康德認為在天馬行空的主觀感性以及蒼白而嚴格的知性之間，它是難以捉摸的第三條路。

現代世界裡可以和這種美感的意義遙相呼應的，與其說是克羅齊（Benedetto Croce），不如說是胡塞爾（Edmund Husserl）。胡塞爾的《歐洲科學危機與超驗現象學》（*The Crisis of European Sciences*）正是旨在使「生活世界」不再是理性難窺其堂奧的東西，也使喪失了身體和知覺的根柢的西方理性得以重生。哲學如果放棄生活世界，使它成了匿名的東西，它就沒辦法好好扮演作為普遍而終極基奠的科學的角色；哲學不能忘記，身體在思考之前，它一直是身處於其中的世界的一個具有可感經驗的有機體，而它身處世界的方式，不是把一個東西放盒子裡那樣。關於一個客觀實在物的科學知識，總是奠基於種種事物相對於知覺不是很可靠的身體而言的直觀（intuitive）先在性（pre-givenness），奠基於我們的「在世之有」（being-in-the-world）原始的身體性。胡塞爾有點出乎意料地指出，我們科學家畢竟也是人，而歐洲文化陷入現有的危機，正是因為偏差的理性主義忽視了這個事實。（胡塞爾是法西斯主義的受害者，他在一九三〇年代寫

[17]

下這段話。）思考必須回到它自身，以一種「主體性的普遍科學」，把作為思考的源頭的**生活世界**自其陰暗的深處重新找回來。可是這種科學其實一點也不新鮮；胡塞爾告誡我們說：必須「具體地看待周遭的生活世界，就其被忽略的相對性……那個我們直觀地生活在其中的世界，再加上它的真實實體」，[4]他在這麼說的時候，其實就是個原汁原味的美學家。這當然不是沉溺在「整個主觀而看似無法理解的『赫拉克立特式的萬物流轉』」當中，也就是我們的日常經驗[5]；而是要嚴謹地把它形式化。因為生活世界會展現一種普遍結構，任何存在者都相對地受限於這個結構，但是該結構本身卻不是相對的。「我們就其普遍性專注地檢視它，以大家都可以做得到的方式一下子就固定它。」[6]其實那是觸手可及的事，生活世界所展現的結構，和科學在建構一個客觀實在界時所預設的結構並無二致。用鮑姆嘉通的話來說，論理的類型無分高下，都呈現一個共同的形式。即便如此，要把生活世界理論化卻並非易事，胡塞爾坦承說：「我們沒多久就遭遇重重艱難險阻……我們探索到的每個根基都會指向另一個根基，我們喚醒的每個視域（horizon）都會打開新的視域。」[7]儘管胡塞爾一度停下來安慰我們說，「這個無盡的整體，在它永恆不息的流動之中，指向一種統一意義」，可是他換一口氣之後又殘忍地收回了這番安慰的話，指出這種說法「並不表示我們可以就此掌握和理解那個整體」。[8]這就像卡夫卡（Franz Kafka）筆下的希望，看來存在著很多很多的全體，卻不是我們所能掌握理解的。生活世界的形式化的計畫似乎在起步之前就倒下，而它的理性基礎也看似潰散了。結果要留待梅洛龐蒂（Maurice Merleau-Ponty）

去開展這個「回歸活的歷史和活的語言」，而他卻質疑一個基本假設：也就是認為那只是「預備性的一步，其後則是具有普遍結構的哲學任務」。[9]從鮑姆嘉通到現象學（phenomenology），問題在於理性如何轉向而回到它自身，「迂迴」（detour）穿越感覺和經驗，正如胡塞爾在維也納講座所說的「素樸性」（naivety），才不致到了**目的地**（telos）卻很尷尬地兩手空手，徒具大智慧卻又盲又聾又啞。

我們在下文會看到，尤其在席勒的作品裡，這個取道於感覺的「迂迴」有其政治上的必要性。如果專制統治不希望引發叛亂，就必須胸襟寬大地讓感官習性有立足之地。可是專制統治的法律對於感知主體的讓步不是沒有風險的。如果說，法律可以在被統治者的心裡和身體留下更有效的烙印，它也可能由於一種自我解構的邏輯，使得權威主觀化而煙消雲散，為新的合法性概念以及整個政權清理障礙。馬克思筆下也談到一個很顯著的歷史反諷，十八世紀後期，落後的社會狀況迫使德國中產階級形成的觀念論（idealist）模型，在心裡預想了一個在現實裡仍然遙不可及的新的社會生活模式。在後期封建專制統治的蒙昧狀態裡，他們想像由自由、平等而自主的人類主體組成的普世秩序，只服從由他們自己制定的法律。這種中產階級的公共領域，和**舊制度**（ancien régime）的特權和個殊主義分道揚鑣，因而如果不是在現實上，起碼也是在形象上，指定中產階級為真正具有普世價值的主體，以這個遠大的夢想補償他們在政治上的因循苟且。重點在於如何創造全新的人類主體，就像藝術作品本身，他會明白，法律是源自他自身的自由身分，

[18]

而不是高壓的外在權力。解放了的主體以這種法律作為其自主性的原則，把原本銘刻種種禁令的石板砸得粉碎，在人的心裡重寫法律。這麼一來，合意的法律就變成了合意的自我的內在存有。盧梭（Jean-Jacques Rousseau）在《愛彌兒》（*Émile*）裡寫道：「心只接納來自自身的律法；以這種法則約束內心，其實就是釋放它；而只有讓心自由，才能以律法約束它。」[10] 葛蘭西後來在《獄中札記》也談到一種公民社會：「其中個人可以自治，而這種自治不會和政治社會起衝突，而會一如平常地延續不衰，和政治社會形成有機的互補關係。」[11] 在《社會契約論》（*The Social Contract*）中一段經典文字裡，盧梭談到最重要的法律形式：「它不是刻在石碑或銅版上，而是刻在公民內心裡。它會形成國家真正的憲法，每天都被賦予新的權力，它會修補或取代腐朽或衰敗的法律，讓人民朝著應走的方向邁進，在不知不覺中以習俗的力量取代權威；我指的是道德、風俗，尤其是輿論；這種力量是政治思想家以前沒察覺到的，然而一切事情的成功都倚賴它。」[12]

中產階級社會秩序的終極維繫力量，將會是習慣、敬虔、情操和感情，而和專制主義的高壓手段截然不同。這無異於說，在這種秩序之下的權力**「被美感化」**（aestheticized）了。它相當於個人身體的自然衝動，和感性和情感糾纏在一起，而體現在不假思索的習俗裡。權力因而鐫刻在主觀經驗的細節中，在抽象的責任和怡人的習性之間的裂傷也因而得以修復。使法律消融於風俗或不假思索的習俗，就是把它等同於個人主觀上的愉悅幸福，因而觸犯法律就意味著在內心深處的侵犯自我。這個新的主體，以自我指涉的方式為自己創立了一種等同於自身的直接經驗的律法，也就是在自身的必然性中找到了自由，而這個主體正是以美感作品為其模型。

把風俗放在中心地位，而和赤裸裸的理性對立，基本上就是黑格爾對於康德道德哲學的批判。康德所謂的「實踐理性」（practical reason）堅決地以抽象的義務（duty）作為目的本身，有太濃烈的封建權力的專制氣味。相對的，《判斷力批判》的美學理論則毅然決然地轉向主體：康德依然保留了普遍法則的概念，現在卻發現這種法則就在我們主觀能力的結構中運行不輟。這種「無規律的規律性」意味著在純粹的主觀主義和過度抽象的理性之間的巧妙妥協。對康德來說，審美判斷中確實有某種「法則」在運作，而它卻似乎和藝術作品的個殊性無法分割。因此，康德的「無規律的規律性」和盧梭談到理想國家的政治結構時所說的「非權威的權威性」（《社會契約論》）相互輝映。兩者都有個普遍法則，在它的自由而個體的化身裡運行不輟，不管他們是政治上的受統治者或是美學作品的元素。這種法則其實只是自主自治的殊相的匯集，他們以自然而和諧的相互關係在運作。可是康德的主體轉向很難說是轉向**「身體」**，因為身體的需要和欲望不在審美鑑賞力的「無日的性」範圍裡。康德的美學架構沒辦法理解或表現身體；因而康德最終只是推論出形式主義的倫理學（formalistic ethics）、抽象政治權利理論，以及一種「主觀」卻非感官的美學。

黑格爾以更加氣度恢宏的理性概念試圖摧陷廓清，讓一切脫胎換骨。他反對康德在道德和感性之間涇渭分明的對立，相反的，他對理性這個理念的定義包含了整個認知、實踐和感受。[13]黑

[20]

格爾的「理性」不僅可以理解「善」，更能夠介入和轉化我們的身體習性，使它們和普遍的理性規律很自然地和諧一致。而在理性和經驗之間的中介正是個體在政治生活裡自我實現式的「實踐」。簡言之，理性不僅是沉思的能力，更是主體的整個領導權重構計畫，也就是本哈比（Seyla Benhabib）所說的「內在本性的持續的轉化和再教育」。[14] 透過人類在**「倫理」**（*Sittlichkeit*）（具體的倫理生活）或即客觀精神（Objective Spirit）領域裡的感性和自我實現的活動，理性成就了它的神祕目的。理性的道德行為因而和人類的幸福以及自我滿足不可分割開來；如果真是如此，我們可以說黑格爾因為把理性錨定在身體的愛憎和欲望，而在某個意義下把它「美感化」了。這當然不是說理性化身為美感而銷聲匿跡，或是在享樂主義或直觀主義中消融於無形；而是它從康德河漢無極的「義務」領域回到人間，成為物質生活一種活躍的轉化力量。

這個綱領的「美學」向度，我們可以說是黑格爾在方興未艾的中產階級社會面對的「壞的」個殊主義以及「壞的」普遍主義之間的衝突。前者是公民社會的問題，源自各自獨立的公民的私人經濟利益，就如黑格爾在《法哲學原理》（*Philosophy of the Right*）指出的，每個人都有自身的目的而置他人的利益於不顧。後者是國家政體的問題，其中把不平等和敵對的「單子」（monads）偽裝成抽象的自由和對等的個體。在這個意義下，相較於美感的藝術作品，中產階級社會只是東施效顰，因為藝術作品確實把共相和殊相、普遍者和個體、形式和內容、精神和感官和諧地連結起來。然而，在**「倫理」**的辯證中介裡，在生活形式的每個統一、具體而個殊的環節

[21]

裡，在在透顯了主體如何涵泳在普遍理性裡。透過**「教養」**（*Bildung*），也就是在「實踐」對於欲望的理性教育，或者可以說是精神領導權的計畫，個體和普遍者之間的紐帶不斷地被建構。知識、道德實踐和愉悅的自我實現因而在黑格爾式理性的複雜內部統一體裡耦合在一起。黑格爾在《法哲學原理》指出，倫理最終不是呈現為一種律法，而是一種習俗，也就是行動的習慣形式，成為我們的「第二天性」。習俗是自由精神的法則；教育的計畫就是向個人指出重生之路，把脾性和欲望等「第一天性」轉化為精神性的第二天性，並使我們習以為常。重生的主體不再在盲目的個體主義和抽象的普遍主義之間被撕裂，因而可說是以「美感的」形式生存著，根據一個和主體自然而然的存有完全一致的法則。最終保障社會秩序的，是習慣性的實踐和本能上的敬虔，它們比抽象權利更加靈活而堅韌，主體的生活能量和情感也都有所寄託。

從中產階級的社會狀況，我們必然會推論出這個說法。自私的個人主義把每個主體都扔到他自己的私有空間，瓦解了他們之間的所有正向關係，造成彼此的敵對。「所謂敵對，」康德在《世界公民觀點下的普遍歷史理念》一文指出：「就是群眾在社交裡的反社會傾向，也就是說他們既期望建立社會關係，卻又彼此對立，因而有瓦解社會之虞。」[15]在充滿反諷的意味下，那複製出中產階級社會的種種實踐，同樣構成了摧毀這個社會的威脅。如果在物質生產或市民社會的層次上不可能有正向的社會關係，那麼也許只能期望國家在政治舞台上推動這種相互關係。可是我們在這個舞台上只看到一個抽象而對稱的個體的觀念社群，它太過虛無縹緲而理論性，無法提供充實的共識性的**經驗**。中產階級一旦瓦解了專制統治的中央集權政體，不管在現實還是在想像中，也就失卻了以往把社會生活組織成一個整體的機制。因此他們面對的問題就是，哪裡能找到一種統一意識，讓社會生活得以重生。在經濟生活上，個人在結構上是孤立而敵對；在政治層次上，除了抽象權利也沒有什麼能使主體相互連繫。這就為什麼情感、愛憎和自然身體習慣等「美感」範疇的特質被賦予重大意義。原本抽象而原子化的社會秩序，現在必須憑著風俗、敬虔、直覺和輿論等因素凝聚起來。而且，一旦專制權力被推翻了，每個主體都必須發揮自治的功能。往昔中央集權的威權必須被分割且地方化：在被免除從不間斷的政治監控之後，中產階級的主體必須擔負起個人內化治理的責任。這並不是說專制政權不要求這種內化：就像任何成功的政權一樣，它也必須要求被統治者的配合。因此，問題並不在於完全他律的（heteronomous）律法和潛在的共識之間的強烈對比。但是隨著早期中產階級社會的成長，高壓統治和共識政治此消彼長；主政者唯有重視共識，才能有效管理那些由於經濟活動而必然會要求高度自主的個體。在這種意義下，美感因素因而在這種境況裡漸趨重要。就像美學論述所定義的藝術作品一樣，中產階級的主體是自主而自決的，不承認任何外在的法則，而以某種神祕的方式自我立法。這麼一來，律法就變成一種形式，它可以把個人反覆無常的欲望和愛憎塑造成為和諧的統一體。專制權力的強制力於是被主體的自我認同更使人心悅誠服的強制力取代。

以個人情感作為社會凝聚力的來源，並不是乍看之下那麼靠不住。畢竟，如果這個計畫觸礁

[22]

了，中產階級國家還有它的強制工具；而且，除了感官的，「自然」的同情和本能的血濃於水的凝聚力以外，還有什麼更堅韌而難以摧毀的凝聚力？相較於那種沒有生命的、高壓的專制主義結構，這些有機體的凝聚力肯定更可靠。唯有施政命令消融於自然而然的條件反射當中，唯有人類主體彼此心手相連，才能形成真正和衷共濟的生活。這就是為什麼早期中產階級這麼關心**德行**（virtue），也就是合乎道德規範的生活習慣，而不是亦步亦趨地遵守某種外在準則。這種信念當然會需要道德教育和道德重建的百年大計，因為我們不能保證掙脫了舊制度的人類主體有足夠的教養和開明，依據自身的感性去行使權力。因此盧梭為了《愛彌兒》和《新愛洛伊斯》（*Nouvelle Héloïse*）等著作，在教育和性愛道德上面著墨甚多，以建立新的主體性形式。同樣的，《社會契約論》的法律背後也隱含一位「立法者」，他扮演一個領導權的角色，教育民眾接受法律的規範。卡西勒（Ernst Cassirer）寫道：「盧梭式的國家不僅探討在共同意志下既有的被統治者，事實上它首要的目標是『創造』出它所號召的那種被統治者。」[16]用阿圖塞（Louis Althusser）的術語來說，不是任何被統治者都可以「接受召喚」（interpellated）；[17]而政治領導權的任務正是創造種種形式的被統治階級，他們則會構成政治統一體的基礎。

盧梭心目中的理想公民的德行，在於對同胞和共同生活的共享條件懷抱著熱烈的感情。這種公民德行的根源，就是我們在自然狀態下對彼此的憐憫之心，而這種憐憫是奠基於一種移情作用的想像力：「使自己走出自我，設身處地地感受那被痛苦煎熬的另一個生命，擱下自我的存在而

[23]

背負起他人的存在。……也就是說，唯有激發個人的想像力，走出自我，才能有這種感受力。」[18]而美感經驗正是這種社會關係的基礎，它也是所有人類連結關係的泉源。如果說，中產階級社會把個人釋放到孤獨的自主裡，那麼唯有透過想像的互換或對他人的認同，才能緊密地合而為一。盧梭在《愛彌兒》裡說，感受先於認知；而良心的法則的意思就是說，我「感到」的正當就是正當的。不過，社會和諧不能僅僅奠基於這樣的情操，畢竟它只能滿足人類的自然狀態而已。在文明狀態下，這種同情則必須在法律上找到形式性的表述，其中也涉及類似的主體間的「交流」：「我們每個人都讓自我以及其所有權力臣服於共同意志至高無上的方向，而憑著我們互助合作的能力，把每個成員視為整體不可分割的一部分。」[19]在盧梭看來，要被統治者服從不是自我立法的法律，那就是奴役；沒有任何人有資格命令另一個人，因此唯一正當的法律就是自我授予的法律。如果所有公民把他們的權利完全交給整個社群，那麼，「每個人都把自己交託給所有人，也就是沒有交託給任何特定的人」，因而最終重獲一個自由自主的自我。一個公民放棄自己「壞的」個殊主義（像狹隘的自私自利），而透過「共同意志」融入整體的「善」，那麼他既維繫了自己獨特的個體性，也無私地擔負了社群的整體利益。如此把共相和殊相融合起來，個人分受整體，卻又不會危及個體的獨特性，它類似於美感的藝術作品的形式（雖然盧梭不是有機主義的思想家，這種類比只能說有點類似而已）。因為美感對象的奧祕在於，儘管它每個感官部分看來都是自主的，卻也體現了全體性的「法則」。每個美感的殊相在自我定義時，也和所有其他自我定義的元素相互定義。這個觀點在政治上激勵人心的說法就是：「我看似臣服於他人，事實上卻是自決的；」而比較憤世嫉俗的說法則會是：「我對他人如此俛首貼耳，使得自己都覺得那就像我的自治的某種神祕偽裝。」

新興的中產階級在這種歷史發展之下，把自己重新定義為普遍的主體。但這個過程所包含的抽象化，卻使得堅定擁抱具體和個殊事物的個人主義者感到焦慮。如果說美感能在此介入，它就是一個和解的夢：個體融入親密的統一性，卻無損其獨特性，一個抽象的全體性充塞於個體存有者有血有肉的實在界之間。黑格爾在《美學》裡談到古典藝術時說：「雖然沒有強加什麼……在任何表現性質上，整體的任何部分元素，看來都是獨立的，在自身的存在中悠然自得，可是每個元素及其一切內容，也都只是全體開展的表現的一個面向而已。」[20]盧梭的共同意志作為一種徹底全體化的藝術作品，可以視為想像的移情作用的一種理性客觀形式。

盧梭並不認為感受可以就此取代理性法則，但他確實主張理性本身對於社會的團結是不夠的，又認為理性如果要在社會中成為一種規範力量，就必須以愛和情感賦予生命力。他因此和百科全書學派（Encyclopaedists）展開爭論，後者夢想著透過純粹理性去重建社會，但盧梭認為那全然抹煞了主體的問題。而忽視主體就是忽視了政治領導權至為關鍵的問題，這個問題也是啟蒙運動的極端理性主義無力解答的。因此，當時進步主義的中產階級毫不含糊地站在「感性」這邊，以此作為新的政治體制的美學基礎。可是如果說保守派的柏克（Edmund Burke）認為盧梭的感情主義（sentimentalism）令人不快，他卻也對他認為不敬神的理性主義很反感。在他看來，這種理性主義只是要以形上學的第一原理去重建社會秩序，卻足以摧毀由自然的敬虔和感情構成的有機文化傳統。[21]理性主義和感情主義事實上在某種意義下是攜手並進的：如果要以德行、風俗和輿論為基礎去構建新的社會秩序，那麼激進的理性主義首先必須推翻目前的政治結構，無私地批判其中不假思索的偏見和傳統主義者的特權。另一方面，政治右派陣營其實也會同時訴諸理性主義和感性。如果像柏克那樣透過「文化」（民族傳統裡深厚的感情和價值觀）去為社會既有秩序辯護，就會招致左派人士偏激的理性主義的大肆撻伐。他們會尖刻地抨擊說這種「美感式的」辯護是故弄玄虛以及不理性的偏見，並譴責柏克所謂的習俗優於法律是陰險地搬弄「自然化」的力量，「因為習俗就會變成統治者和被統治者的某種『天性』」。[22]可是，如果既有秩序試圖訴諸絕對法則以自我辯護，那麼這種法則就無法涵蓋的「主觀」的本能和情感，而會變成激進的批判的根據。

這些衝突的呈現形式，有一部分是取決於當下政治權力的本質。在十八世紀後期的英國，中產階級民主演化成為一個傳統，創造了一種社會秩序，它大抵上是以「領導權」方式的形式運作的，儘管它也會表現為相當殘暴的高壓統治。就像柏克所主張的，威權起碼會顧及某些臣民的想法和情感；在這種處境下，則可以有兩種反制策略。其一是探索威權試圖殖民化的感性生活領域，以此對抗權力的專橫，它可見於十八世紀對於感性的崇拜。一種新的人類主體，敏感、熱情

[26]

而個人主義，對統治結構提出意識形態的挑戰，從感性原來的狹隘範疇開拓了新領域。另一方面，統治者為了一己之私而操弄感性，可能會引起激進理性主義對於感性本身的反抗，把它斥為誘使人民服從法律的險惡力量。可是，如果政治權力像在德國那樣公然地橫徵暴斂，那麼「美感式」的反制策略總是有可能揭竿而起，原本被打壓的本能和敬虔會漸漸形成。

可是任何這類行動都可能是搖擺不定的。因為我們總是很難分辨那到底是以鑑賞力和情感去打破專制統治，或者是威權利用感性元素讓自己的地位在民眾的生活感受裡更鞏固。我們可以想像兩種政治上完全相反的情況：一者是人民真的透過完全民主的方式自我立法；一者是由上而下的法令終於贏得人民的「授權」。於是，自由的合意（consent）可能成為高壓權力的反命題，也可能是和它狼狽為奸的一種誘人形式。僅僅從任何一面去探討新興中產階級的問題，那都是欠缺辯證性的方法。在某種意義下，中產階級確實被神祕化而把必然性誤認為自由，把壓迫誤認為自主。為了讓權力得到個人的授權，就必須在主體心裡構建新的內在性形式，以取代法律的乏味工作，而由於法律似乎漸漸效果不彰，這種內在力量就更加有效。在另一種意義下，這方面的操作是中產階級的自由民主在對抗野蠻而殘暴的國家力量上面的歷史性勝利；我們確實可以瞥見一個由獨立主體組成的自由、平等的烏托邦社群。權力正從中央集權的體制轉移到主體自身的沉默而隱蔽的心裡深處，而這種轉移也是深層政治解放的一部分，在這個過程中，自由和同情、想像力身體的愛憎，竭力在專橫的理性主義論述中大聲疾呼。

[27]

因此，美感自始就是一種兩面刃的矛盾概念。一方面它是真正解放力量，由主體組成的社群的凝聚是透過感官本能以及同胞愛，而不是他律的法則，每個人都保有其獨特的個殊性，同時也融入社會的和諧中。美感為中產階級的政治抱負提供了一個多功能的模型，體現新形式的自主自決，轉化法律和私欲、道德和知識之間的關係，重塑個人和全體的連結，並以習俗、情感和憐憫為基礎去修正社會關係。另一方面，美感也意指著霍克海默（Max Horkheimer）所說的「內在化的壓迫」，把社會權力更深深地植入被統治者內心，而行使一種極為有效的政治領導權。可是，一旦重新重視身體的愉悅和衝動的重要意義，即使是為了更有效的對它們殖民化，卻可能因為突顯且強化它們而導致失控。美感體現為習俗、情感和自然衝動，儘管可能和政治領導權相得益彰，可是這些現象卻和激情、想像以及感性太貼近而令人尷尬，而不是那麼容易融入。就像柏克在《新輝格黨對舊輝格黨的呼籲》（*Appeal from the New to the Old Whigs*）中所說的：「即使人類感情用事，他們的激情也是有限度的，可是如果他們在想像力的影響下行動，那就沒有限度可言了。」[23]「深層的」主體性是主流社會秩序想要獲致的，卻也是最擔憂的。如果美感是個危險的、模稜兩可的東西，那是因為身體裡有某些東西會反叛那些銘刻在它上面的權力；而若要消除這種反抗的衝動，那麼除了消滅這種衝動以外，更必須根除那個使這個權力生效的能力。

注釋

1 Alexander Baumgarten, *Reflections on Poetry,* trans. K. Aschenbrenner & W.B. Holther (Berkeley, 1954), p.43。近期討論鮑姆嘉通可參考的論文，見：Rodolphe Gasché. 'Of Aesthetic and Historical Determination', D. Attridge, G. Bennington & R. Young (eds), *Post-Structuralism and the Question of History* (Cambridge: 1987)；另chapter 2，以及：K.E. Gilbert & H. Kuhn, *A History of Esthetics* (New York, 1939), chapter 10；以下沒有出版的博士論文（University of Sussex, 1982）包含對英國和德國美學極佳的概論，對於我撰寫本書第一、二章大有助益：Howard Caygill, 'Aesthetics and Civil Society: Theories of Art and Society 1640-1790'，另見同一作者的*Art of Judgement* (Oxford 1989).

2 Baumgarten, *Reflections on Poetry,* p. 38.

3 引錄於：Ernst Cassirer, *The Philosophy of the Enlightenment* (Boston, 1951), p. 340.

4 Edmund Husserl, *The Crisis of European Sciences and Transcendental Phenomenology* (Evanston, 1970), p. 156.

5 同前引書。

6 同前引書，頁139。

7 同前引書，頁170。

8 同前引書。

9 Maurice Merleau-Ponty, *Signs* (Evanston, 1964), p. 110.

10 Jean-Jacques Rousseau, *Émile ou le l'éducation* (Paris, 1961), vol. IV, p.38[illegible].

11 Antonio Gramsci, *Selections from the Prison Notebooks,* ed. Q. Hoare & G. Nowell-Smith (London, 1971), p. 268.

12 Jean-Jacques Rousseau, *The Social Contract and Discourses,* ed. G.D.H. Cole (London, 1938), p. 48.

13 參見：Seyla Benhabib, *Critique, Norm, and Utopia* (New York, 1986), pp. 80-4；有關啟蒙時期風俗與法律的關係，見：I.O. Wade, *The Structure and Form of the French Enlightenment* (Princeton, 1977), vol. 1, Part 11.

14 Benhabib, *Critique, Norm, and Utopia,* p. 82.

[28]

15 Immanuel Kant, 'Idea for a Universal History', in Kant, *On History,* ed. Lewis White Beck (Indianapolis, 1963), p. 15.

16 Ernst Cassirer, *The Question of Jean-Jacques Rousseau* (Bloomington, 1954), pp. 62-3.

17 See Louis Althusser, 'Ideology and Ideological State Apparatuses', in *Lenin and Philosophy* (London, 1971).

18 Rousseau, *Émile,* vol. IV, p. 261.

19 Rousseau, *The Social Contract,* p. 15.

20 G.W.F. Hegel, *The Philosophy of Fine Art* (London, 1920), vol. 11, p.10（本書的英譯略有修改）。 [29]

21 參見：Anne Marie Osborn, *Rousseau and Burke* (London, 1940)，書中某處不明所以的說柏克是英國人〔實為愛爾蘭人〕。有關盧梭的政治思想，參見以下各著作：J.H. Broome, *Rousseau: A Study of his Thought* (London, 1963); Stephen Ellenburg, *Rousseau's Political Philosophy* (Ithaca, 1976); Roger D. Master, *The Political Philosophy of Rousseau* (Princeton, 1968); Lucio Colletti, From Rousseau to Lenin (London, 1972), Part 3.

22 Edmund Burke, *An Abridgement of English History*：引錄於：W.J.T. Mitchell, *Iconology* (Chicago, 1986), p. 140.

23 *The Works of Edmund Burke*, ed. George Nicholas (Boston, 1865-7), vol. 4, p. 192. [30]

第二章

心靈的法則：
夏夫茲博里、休謨、柏克

正當德國中產階級在貴族階級的枷鎖下惶惶不可終日，英國的中產階級卻是前仆後繼地改變國內基於自身的利益而仍然盛行貴族統治的社會秩序。和其他歐洲國家不同，英國地主階級權貴早就成了資產階級的一分子，早在十六世紀時就習慣了薪資勞動和商品的生產。在他們之前有很長的一段時間，農業從封建模式轉移為資本主義模式，而普魯士的貴族直到拿破崙戰爭中戰敗之後，才局部地、搖擺不定地完成這個轉移。英國貴族是歐洲最穩定而富有的地主階級，他們成功結合了資本主義的農業生產模式以及文化的凝聚力和相續不斷的傳承。這種超乎尋常的有利情勢，既提供了資本主義進一步發展的一般先決條件，也構建了穩固的政治架構以提供保障，使得英國的商人階級創設了各種重要的機制（股市和中央銀行），並在一六八八年的革命之後，確立了自身在政治架構（國會）中的領導權。由於這些有利的條件，英國在十八世紀一躍而成為獨步世界的商業強權，打敗其他競爭對手，帝國勢力橫掃全球。到了十八世紀中期，倫敦成為全世界最大的國際貿易中心暨一流海港和貨運倉庫，積累了令人歎為觀止的財富。由貴族控制和擔任要職的英國漢諾威王朝（House of Hanover），以令人讚歎的熱誠捍衛和促進商人利益，確保了英國經濟的迅速擴張和帝國的可觀獲利。

因此，我們目睹了十八世紀英國的農業和商業利益強健穩固的結合，再加上社會新興權貴和傳統權貴在意識形態上令人矚目的**大和解**。這個社會統治集團的理想自我形象，與其說是個「國家」的階級，不如說是個「公共領域」，是以公民社會為基礎的政治結構，其中每個成員既是堅

[31]

定的個人主義者，又以開明的社會互動和共同的文化禮儀和其他成員往來。由於對自身的政治和經濟穩定充滿信心，這個統治集團可以把它的部分權力分散到一般文化和公民生活，那不是基於潛存著分化危險的社會地位和經濟利益，而是共同的感性風格和同質性的理性。傳統貴族文化提供了「有教養」的行為準則：它的指標就是流暢的、自然的、理所當然的紳士德行，而不是謹小慎微地遵從小資產階級的外在法則。儘管道德標準本身是毫無商議餘地而絕對的，卻也在一定程度上融入個人感性底蘊裡；相較於道德規範和意識形態教條，品味、愛憎和意見，可以更具說服力地證實個人如何分享一個普遍的共感（common sense）。規範和教條現在只會令人想起分裂社會的清教主義（puritanism）。但是如果說，這個公共領域的原型源自貴族出身的領域，那麼它所重視的個人感性、開明意見的自由交流，以及社會不同成員在階級上的抽象平等化，則是代表著一種很獨特的中產階級社會結構。一個感性的社群也會附和中產階級對於形上學抽象思考棄如敝屣的堅定經驗主義態度，以及深植人心的感情主義，正如它同樣也對理論的證成不屑一顧，而後者正是貴族階級的徽章。對這兩個階級來說，抽象理性主義現在只會使人很不愉快地回想起往昔英格蘭聯邦（Commonwealth of England）時期形上學的氾濫。如果社會權力要有效的自然化，它就必須植根於經驗生活的感官直覺，以公民社會裡有其愛憎和脾性的個人為起點，由此探究個人和社會整體的凝聚力來源。

我們前面談到，早期德國美學計畫是在共相和殊相之間找到一個中介，發展出一種具體的邏輯，以釐清感官世界，而不會使它消失於抽象思維之中。理性必須讓經驗保有它獨特的濃度，不能讓它須臾溜走；而那不是容易維持的張力。這個計畫裡的原型唯物主義的衝動很快就陷入一種徹頭徹尾的形式主義；事實上，感覺剛剛進入理性的殿堂，就遭到尖刻的歧視。只有特定的感覺才被視為美學探索的合適對象；比方說，對於撰寫《美學》的黑格爾來說，只有視覺和聽覺才是「理想」的感官。在黑格爾看來，視覺是「無欲」的感官：真正的「觀看」是沒有欲望的。嗅覺、觸覺或味覺都沒有美感可言，它們是接觸世界的卑下模式。「博迪舍（Botticher）用手觸摸女神雕像某些部位而產生的柔滑感覺，」黑格爾冷淡地評論說：「並不是藝術沉思或欣賞的一部分。」[1]也就是說，從某種意義上來說，理性看得上眼的，只有那些原本看似和它氣味相投的感官。對康德來說，美感經驗跟概念一樣是沒什麼感性可言的，他把美感對象的物質性逐出門外。可是如果說，德國的理性主義沒辦法從共相下降到殊相，英國經驗主義的兩難處境卻正好相反：如何從殊相走向共相而使它不致於墮落回到殊相。如果說理性主義在政治上很脆弱，那是因為它只是空洞的全體化，而把經驗內容拒於門外；而如果說經驗主義在政治上窒礙難行，那是因為它根本難以全體化，深陷在殊相的羅網中。這就是所謂「具體現象的科學」的難題：一種統治秩序如何植基於直接可感知的現象，卻又要以更有說服力的方式去說明它們，而不只是一堆碎片？經驗主義冒著陷於某個種無法容忍的僵局的危險，不是在每一個步驟裡撤銷它自身的全體化，就是在尋找更穩固的依據時顛覆其直接性。如果說理性主義覺得需要以美感的邏輯補其不足，那麼經驗主義就是太過美感化了。如果一個思想已經徹底感覺化，它又怎麼脫離身體的操控，擺脫感官的羈絆，而提升到一個在概念上更尊貴的地位？

答案也許是：沒必要這麼做。難道我們不能在沉浸於感官當中的同時，窺見我們和一種整體理性結構的深刻關係嗎？難道我們不能從身體本身，從身體最自然而在反省之前的面向，找到這種天生結構的蛛絲馬跡嗎？或許在我們的直接經驗裡，有個有如美感鑑賞一般準確可靠的直覺，為我們揭露什麼是道德法則。這就是十八世紀英國的道德學家津津樂道的「道德感」（moral sense），它讓我們以其如響斯應的感官去經驗是非對錯，由此建立起社會凝聚的基礎，比任何僅憑理性的全體性更加令人感受深刻。如果規範社會生活的道德價值像桃子的味道一樣不證自明，就可以避免許多引起混亂的爭辯了。由於整個社會的碎片化，全體化的理性漸漸摸不著頭緒；在市場的運作裡也很難看得出任何理性的設計。但是我們或許可以反其道而行，轉向個人感性的活動，在那裡看到我們如何融入一個共同的整體。透過自然本能裡的善心和同情，我們遵守著理性無法把握的天生法則，和他人和諧相處。身體的愛憎並不只是主觀一時的念頭，而是各安其位的秩序的關鍵。

因此，在兩個互涉的意義下，道德穩定地逐步美感化。它和感性的源頭走得更近，而那是關乎一種有如藝術作品一樣以自身為目的的德行。我們在社會裡安身立命，並不是基於責任或功利，而是為了愉快地實現我們的本性。身體有它自身的理性，我們可能對此所知甚少：彷彿是神

[33]

的眷顧，我們的機能靈巧地適應它自身的目標，使得那些目標的實現成了很愉快的經驗。跟隨著我們自得其樂的衝動，假設它們是由理性塑造的，就會在無意間也促進了共善。夏夫茲博里伯爵（Earl of Shaftesbury）說，我們的道德感「會對於不公義和惡行感到厭惡或反感，而對於平等和公義，由於它們自身的緣故，以及它們自然體現的美和價值，則會懷抱著真實的欣慕或鍾愛」。[2]在夏夫茲博里看來，道德判斷的對象，和美感鑑賞的對象一樣，都是直接地吸引人或使人排拒，可是我們不能指摘說它是道德主觀主義（moral subjectivism）。相反的，他堅信存在著絕對而客觀的道德法則，不認為直接的感受是「善」的充分條件，而和黑格爾一樣，認為道德感必須由理性加以教育和規訓。他也反對享樂主義者的信念，也就是以為「善」只是令我們快樂的東西。雖然如此，他仍然認為所有道德行動都必須以情感為中介，沒有情感就沒有道德。真、善、美終究是三位一體的：凡是美的都是和諧的，凡是和諧的都是真實的，凡是既真實又美的，就是令人愉快的或善的。有德者的生活會有如藝術作品一般的優雅而對稱，因此德行也會在其無法抗拒的美感魅力透顯出來：「試問世界上還有什麼比美麗、勻稱而合宜的行動更堪玩味和欣賞的？」[3]政治和美感盤根錯節地糾纏在一起：對美的喜愛和欣賞，「有利於社會情操，對德行大有助益，因為德行不外乎是對社會的秩序和美的愛。」[4]對這位被人忽略的柏拉圖主義者來說，真理就是對世界內在結構的藝術性體會：要了解某個事物，就要掌握它在整體裡合乎比例的地位，因此也是認知和美感的判斷。知識是一種創造性的直覺，揭示大自然的動態形式，包含一種和快樂無法分割的生氣和活力。事實上，對夏夫茲博里來說，大自然就是至高無上的藝術作品，滿載著存有的一切可能性；而認識大自然就是分享造物主的創造力和至高無上的無私。因此，美感的觀念的根源有著神學上的意義：就像藝術作品，上帝和他的世界是自主、以自身為目的、完全自決的。美感是全能的上帝自身的世俗化身，更是自由和必然性的混合。自由至上主義（libertinism）是不能接受的，自由必須奠基於法則，克制是解放的基礎：以藝術作品來說，就像一般的世界，「真正一絲不苟、嚴謹而以及中規中矩而克制的性格……跟自由、寬容、穩健和勇敢的德行是對應的（而不是對立或抵觸的）。」[5]

夏夫茲博里是輝格黨（Whig party）創建者的孫子，因此是公民自由權的堅定擁護者，在這種意義下，他是十八世紀英國中產階級公共領域的辯才無礙的代言人。可是他也是著名的傳統主義者，是貴族階級的新柏拉圖主義者，強烈反對中產階級的功利而自私的心態。[6]他對英國當時推崇霍布斯（Thomas Hobbes）哲學的「店小二民族」（a nation of shopkeepers）深感恐懼，因此提倡以「美感」作為出路：鼓吹和感官愛憎結合的倫理學，以人性為自得其樂的目的本身。在這種意義下，他憑著傳統的貴族教養，為中產階級社會提供一種更具啟迪性而實證性的團結原則，而那是僅憑著政治和經濟活動無法獲致的。他的哲學揉合了老派的絕對法則和新派的主觀自由，把前者感官化而把後者精神化。基於貴族傳統，他深信社會性植根於人類生物性的固有結構，而和整個中產階級的實踐對立；可是它可以提供一個可以感知的、直覺的人際關係，這是中產階級

[35]

迫切需要的，因為他們無法從市場運作或政治狀況推論出這種正向的團結生活。夏夫茲博里因而是一種新的政治領導權的核心構建者，在歐洲可以說實至名歸。他介於傳統主義和進步主義之間，把中產階級的公共領域引進一個多采多姿的人文主義傳統，把其中的社會關係美感化。但他同時堅信絕對理性的法則，而使得那種關係免於淪為單純的自由至上主義或情感主義。

對夏夫茲博里來說，「美感的」生活就是合乎比例原則地行使個人權力，以貴族階級典型的從容自得的風格，順從個人的自由人格的法則。中產階級從這個學說得到的啟迪，在於它對自主和自決的強調，它打破了自由和必然性、本能衝動和法則之間的嚴格對立。如果說貴族是個別地自我立法，那麼中產階級就是集體地自我立法。從這一點來說，中產階級的美感是繼承了貴族階級的遺產，不過它比其他遺產更合乎需要。作為人類能力全面而多樣的開展，對於因為經濟活動而感到心靈空虛而片面的中產階級來說，美感這種東西難免會讓人有點尷尬。中產階級能夠欣賞美感的自主性，卻難以把它視為存有的豐盈，以及僅以自身為目的自我實現。當中產階級走上工業發展，他們那種沉重而壓抑的希伯來思想，和席勒的「優雅」、柏克的「自得其樂」或夏夫茲博里風趣戲謔的樂趣，相去不可以道里計。「存有的豐盈」的概念，後來在馬修·阿諾德、約翰·羅斯金（John Ruskin）、威廉·莫里斯等人手上，成為了對於中產階級個人主義的有力批判。如果說美感一部分是貴族留給中產階級的遺產，那麼它是兩面的而搖擺不定的，它既是新的社會秩序的一套關鍵概念，也為反對它的重要傳統提供了武器。

[36]

主張「道德感」的哲學家，因此把倫理、美感和政治和諧地連結在一起。行善是很愉快的事，是我們的天性撇開一切庸俗功利考量的自我證明。法蘭西斯．哈奇森（Francis Hutcheson）說，道德感是「先於好處和利益，也是它們的基礎」。[7]就像夏夫茲博里一樣，哈奇森用「美」來形容善行，用「醜陋」或「畸形」來形容惡行；對他來說，道德直覺和美感鑑賞一樣，可以當下就作出判斷。亞當．斯密（Adam Smith）在《道德情感論》（*Theory of Moral Sentiments*）裡寫道：

> 所謂人類社會，當我們以某種抽象和哲學方式思索，它就像是巨大無邊的機器，它規律而和諧的運行產生多不勝數的愉快效果。就像任何以人類技藝生產的漂亮而高貴的機器，任何試著令它運作起來更暢順輕易的動作，都會獲得美的效果；而任何試著妨礙其運作的，也都會令人不快。而美德既然為社會巨輪刮垢磨光，它必然是令人愉快的；而惡行就像討厭的鐵鏽，使輪子摩擦作響，必然是令人不快的。[8]

社會生活整體給美感化了；這意味著社會秩序會自然凝聚，而社會成員再也不必思考它。美德是自由自在的「善」的習慣，像藝術一樣超越任何計算。在健全政治制度之下，被統治者得以行止優雅；也就是說，在這種情況下，法律不再外在於個人，而是每個人不知不覺地表現出紳士風度，以法律作為他們自由認同的原則。把法律內在化，在藝術作品和政治領導權的運作裡也是個核心作用。在這種意義下，美感只不過是政治無意識的一個名字，它只是社會的和諧對於我們的感官的影響方式，在我們的感性裡留下烙印。所謂美，就是人們的身體所體現的政治秩序，是它呈現在我們眼前、擾動我們心靈的方式。如果美是無法解釋說明的，超越一切理性論辯，那是因為我們和他人的夥伴關係也是超越所有理性的，就像一首詩一樣無比輝煌而不知其所用。而在社會上造成破壞的行動則恰好相反，它就像一陣異味，馬上惹人討厭。社會生活的團結作用自有其價值，不必另行尋求正當性，因為它奠基於我們最原始的本能。就像藝術作品，它是所有理性分析無法觸及的，因而也免於一切理性批評。

如此把道德和社會美感化，在某個意義下象徵著泰然自若的信心。如果道德反應就像雪利酒的味道一樣不證自明，那麼意識形態的共識也必然是深藏人心的。如果說我們在最不加思索的生活裡，在最私人而率性的感覺裡可以領悟到整體社會的理性，那不就是對它最高度的讚美嗎？如果透過仁慈的溫潤光輝，就可以像品嚐美味一樣直接體會到我們和他人的親密關係，那我們還需要笨拙的法律和國家機器以無生命的形式把我們套軛在一起嗎？在另一種意義下，我們也可以說，道德感的理論證明了中產階級意識形態面臨破產危機，被迫放棄理性的全體性，而只能採納一種直覺的邏輯。由於無法在現實社會關係裡建立意識形態的共識，也沒辦法從商業市場的無政府狀態中衍生出團結的原則，統治階層就只能把共識建立在個人的內在感覺頑固的不證自明上

[37]

面。也就是說，我們認定除了自私自利以外，社會存在還有更多的東西，因為我們的確感覺到它。不能透過社會實踐去證明的，就只能訴諸信心。這種訴求既很有力卻也很空洞：感覺和命題不一樣，它是沒得爭辯的；你只能說：如果一種社會秩序需要用理性來證明它的合理性，那麼社會就已經墮落了。可是把社會建立在直覺上，也不是沒有問題的，這種理論的批評者很快就看出這點。[9]

如果說，主張道德感的哲學家為政治領導權的輪子添加了潤滑劑，矛盾的是，他們的論述也可以解讀為烏托邦式的批判。不管是從蘇格蘭或愛爾蘭發出邊陲的聲音（例如哈奇森、休謨〔David Hume〕、亞當·斯密和亞當·福格森〔Adam Ferguson〕），還是從面對危機的文化傳統發聲（像夏夫茲博里），這些思想家一致譴責自私自利的個人主義和中產階級的功利心態，譬如說，斯密堅稱，理性的拙劣運作不可能成為使心智本身感到愉快或不快的對象。在我們開始運用理性之前，我們心裡就有一種能力，使我們設身處地地感覺別人的痛苦，分享別人的快樂而沒有想到自己的利益，對於殘忍和壓迫感到厭惡，覺得那就像是可怕的創傷。我們看到暴政和不義的厭惡感，在任何理性考量之前就油然而生，就像吃了有毒的食物而作嘔一樣。身體感覺先於利己的理性考量，對我們的社會實踐表現出本能上的認許或反感。夏夫茲博里認為，惡行必然是痛苦的：試問你怎麼能違反了人的同情心而仍然感到快樂？霍布斯的意識形態有致命的缺失，勢必造成悲慘的後果：那種把人性本質壓得扁平的極度諷刺看法，既不認同個人對他人的幸福感到輕

[38]

微的喜悅，也不認為與他人為伴是個目的本身，這種看法怎麼站得住腳呢？如果沒有人在政治上高聲抗議這種歪曲的論調，那麼至少還有美感，那是無私的象徵和模型。這種無私就是不在乎自己的利害關係，而不是對別人的利益無動於衷。美感是中產階級自我主義的敵對力量：作出美感判斷，就是以共同人類之名，盡可能地懸擱自己狹隘的偏見。休謨在〈論鑑賞的標準〉（Of the Standard of Taste）裡說，尤其在和鑑賞力相關的事情上，我們「認定自己是個一般人，如果可能的話，必須忘記我自己的個別存有以及我的特殊處境。」[10]美感的無私心態包含了主體徹底的「去中心化」，使個人的考量臣服於和他人的感性共融。因此它以某種空泛的理想主義方式，代表了一種社會關係氣度恢宏的嶄新概念，而成為所有險惡利益的公敵。斯密認為，只有想像力才是個人之間真正的凝聚力量，它使個人走出感官的自私視野，而和他人相互團結：「〔我們的感官〕絕不會也絕不能使我們走出個人，只有透過想像力，我們才能對（其他人的）感覺形成任何概念。」[11]想像力比感官脆弱，卻比理性有力：它是把經驗主義的主體自其知覺的囚牢釋放出來的珍貴鑰匙。如果說，它讓我們認識他人的作用比不上直接的身體經驗，它起碼比理性更為直接，對於理性而言，他人的實在性始終只是個猜想。而所謂的想像，則是產生一種設身處地的感受的意象，它處於知覺和概念之間；而主張道德感的哲學家相信，唯有它才能在意識形態上起作用。夏夫茲博里、哈奇森和休謨深深懷疑僅僅憑著理性理解力是否可以使人擁有政治上的德行。從這個觀點來看，英國的理性主義者就是誤入歧途而不自知：那些抽象倫理學的倡議者，任性地

[39]

放棄了感官和感情的整個媒介，殊不知只有這種道德律令才能夠在人類生活裡真實存在。在這個意義下的美感也就成為理論轉化為實踐的交接或傳送機制，倫理意識形態取徑於感受和感官的迂迴，轉化為完全出乎自然的社會行為。

如果說，把道德美感化可以使它在意識形態上起作用，那麼它也會面臨在理論上解除武裝的風險。「如果這種解釋是正確的，」理性主義者理查・普萊斯（Richard Price）批評說：「我們的道德觀就會變得和我們對於身體可感性質的觀念同源，就像聲音的和諧、繪畫和雕塑的美……美德（正如抱持那種解釋的人會說）是鑑賞力的問題。道德上的對錯既不是意指著道德的『對象本身』，也不是愉快或不快、甜或苦、快樂或痛苦，而只是**在我們身上的某些作用**……我們的所有探索和引以為傲的知識都消失於無形，整個宇宙都化約為幻想的產物。每個人的各種觀點都同樣的合乎公義。」[12]普萊斯是激進的反美學者，對於鹵莽地把價值觀主觀化很不以為然。他認為感官和想像力不會是道德探索的出路，它們必須讓步給知性。試問，刑求之所以不對，就只是因為我們厭惡它嗎？如果道德像美感一樣，只是我們對於事物的反應的性質，那麼行動豈不是像一張我們以情感在上頭塗鴉的白紙嗎？可是如果大家的情感不一樣，那該怎麼辦？

道德感的理論家無法從事實推論出價值（無法把道德意識形態奠基於中產階級的社會實踐上），轉而認為價值就是目的本身。但反對者聲稱他們的代價是把道德美感化而使它消解於主觀主義的異想天開裡。他們想把客觀倫理更加穩固地建構在道德主體身上，反倒割裂了兩者，留下一個難以捉摸的感性，而和一個被剝奪了內在特質的商品化的客體遙遙相望。訴諸感情不是要著眼於客觀對象，而是專注在自己對它的感受。如果意識形態要能有效運作，就必須是怡人的、直覺的、不證自明的：一言以蔽之，它必須是美感的。可是，相當弔詭的是，它正好可能會摧毀意識形態的客觀力量。把意識形態更加深植於主體裡，到頭來卻推翻了意識形態本身。把道德價值美感化，從某方面來看，表現了令人艷羨的自信心：美德主要在於存有者本身。可是它同時暴露了一個嚴重的焦慮：美德最好就是它自己的賞報，因為在當前的社會中不大可能從其他方面得到回報。相較於概念，我們畢竟有個更精巧更微妙的東西把我們連繫在一起，那就是情感，就像我們對襪子的特殊品味一樣，是建立在形上學的東西。反之，在一個社會裡，當觀照整體的理性（如果可能的話）對於實際行為難以造成影響，這時候訴諸理性的基礎，反而會有更多的答案。統治階層因此陷於兩難：一方面在意識形態上沒有作用的理性倫理學，另一方面是以感情為訴求的理論，而它的知識基礎最多只是普萊斯戲稱的「心智品味的怪胎」。

夏夫茲博里把倫理學和美感、美德和美結合起來，可見於「風格」（manners）的概念。在十八世紀，風格意指著小心翼翼地約束身體，把道德轉化為鑑賞力，而解構了正當和快樂之間的對立。在克己復禮的文明行為裡，流行著一種美感化的社會實踐：道德律令不再像康德的「義務」那麼沉重，而是滲透到生活經驗的底蘊裡，體現為處世哲學或識見，又或者是直覺的明智以及與生俱來的禮節。如果這種形式的領導權要成功的話，倫理的意識形態必須放棄它的強制力，改頭

[40]

換面，成為社會生活裡自然而然的共識原則。主體也因而美感化，具有像藝術作品一般的本能正確性。正如藝術作品，人類主體把那規範他的法則予以內在化，使它成為個人自由自主性的泉源，用阿圖塞的話說，是「完全自己來的」運作，而不需要政治上的約束。[13] 康德在美感經驗裡看到的「無規律的規律性」其實首先就是**「生活世界」**的問題，它似乎和任何嚴格制訂的理性法則並行不悖，但這些法則也不能從體現它的具體行為裡抽離出來。

經過漫長的抗爭，中產階級在政治社會裡贏得若干歷史性的勝利。但這些抗爭的問題在於，一旦使「法則」成為可知覺的論述，就有可能喪失其自然性。一旦權威的法則在政治抗爭中成為一種對象，它就是論辯的可能對象。法律、政治和經濟的轉化，因此必須轉化為不假思索的社會實踐形式，透過創造性的壓抑或失憶，使人忘記他們遵守的慣例。於是黑格爾在《精神現象學》（*The Phenomenology of the Spirit*）譏諷主觀主義說那是「法則和心靈的幸福統一」。[14] 權力結構必須轉化為情感結構；而在財產轉化成行為禮節的過程中，美感也扮演重要的中介。卡西勒指出，「為了解答如何真正塑造人格的問題，以及個人內心世界結構的支配法則的問題」，夏夫茲博里必須探究一種美的理論。[15] 柏克則指出：

> 風俗比法律重要得多。在很大程度上，法律奠基於風俗。我們只會偶爾遇到法律。而風俗則會影響我們，困惱或撫慰我們，使我們腐化或淨化，提升我們的人格或令它墮落，讓我們變得粗

[41]

野或優雅……它為我們的生活塑造了整體的形態，賦予它色彩。因應我們生活的品質，它加入了道德，但不一定是增益它，可能反而完全摧毀它。[16]

我們遇到法律（幸運的話，只是偶爾碰上）的時候，它總是表現為一種令人不快的強制力。至於社會行為的美感裡，也就是後來所說的「文化」，它的法則卻是形影不離，成為我們生活裡不自覺的內在結構。如果說政治和美感、美德和美在深層上是一體的，那是因為令人愉快的行為是成功的領導權的真正指標。因此，「不優雅的美德」在概念上是矛盾的，因為美德就是培養善的本能習慣，它的外在表現就是社會行為的優美。笨拙的行為或美感上的不勻稱，則隱然意味著政治權力的危機。

如果說美學在十八世紀風起雲湧，那是因為它是整個領導權計畫的縮影，也就是抽象理性透過感官生命大規模的內在化。重點不在藝術本身，而在於從心裡重塑人類主體的過程，為難以言喻的情感和身體反應賦予了「無規律的規律性」。因此在理想情況下，主體抗拒權力的指令是不可思議的，正如我們無法想像海邊有逐臭之夫一樣。我們的知性很清楚知道自己是在順從著無關個人的法則；但在美感體會裡，我們把這一切都忘掉，彷彿是我們自由地立法而且服從它。斯賓諾莎（Baruch de Spinoza）在《神學政治論叢》（*Tractatus Theologico-Politicus*）裡寫道，人類本性「不會屈從於無限制的強制力」，因此法律必須對當事人的利益和欲望因勢利導。[17]

[42]

當道德行為可以根據「令人愉快」和「令人不快」來劃分，當這些美學術語可以用作更複雜的區別，這就意味著社會階級的歷史演化到了某個成熟的時刻。當政治權力的爭奪塵埃落定，以往必須以絕對專制的方法去處理的道德問題，現在就可以沉澱為例行公事一般的反應。一旦新的倫理習慣確立下來而且自然化，對於對象當下的感覺或印象就足以讓人作判斷，而使得論辯無用武之地，也使得規範它的法則變得神祕莫測。如果說美感判斷和最粗暴的法律同樣具有強制力（因為品味的對錯和死刑一樣有其絕對性），可是它給人的感覺不一定是這樣的。社會秩序不再是災難式的辯論的主題，統治者現在可以享受辛苦的成果，從對立到歡樂。「那是這個時代的……不幸，」柏克在《對法國大革命的反思》（*Reflections on the Revolution in France*）裡寫道：「一切都要拿來討論，彷彿我們國家的憲法總是爭論的課題，而不是什麼開心的東西。」[18]最璀璨奪目的藝術作品其實正是英國憲法，它沒有形式化，卻是不能逃避的。只有當社會被重新定義為藝術作品，除了自得其樂以外，再也沒有其他利益，這時候清教徒式的功利才會屈服於權力的美感主義（aestheticism）。在這一刻，費勁的哲學思考也會讓位給處世智慧，也就是上流社會的**享樂**（jouissance，另譯為「絕爽」），在其中思考在每個嬉戲的片刻裡倏忽生滅。這個十九世紀的領導權最重要的文化工具，它不斷以具體而個殊的風格抓住普遍理性，在自身裡把生活經驗和抽象思考統一起來，如果強之以為名，那麼應該非寫實主義小說莫屬了。就像弗朗哥·莫瑞提（Franco Moretti）指出的：

[43]

社會秩序僅僅是「合法」，那還不夠；它必須看起來具有「象徵的正當性」……還有個必要條件，就是個人要認為社會規範是「自己的」規範，作為一個「自由的個體」，是個心悅誠服的公民，而不是心懷畏懼的被統治者。個人必須把這些信念內在化，把外在強制力和內在驅力融合起來，直到兩者不分彼此。我們一般稱之為「合意」（consent）或「正常化」（legitimation）。如果說，教養小說（*Bildungsroman*）在今天看來仍然是我們歷史的必要而關鍵的轉捩點，那是因為它在表現上融合了史無前例的說服力以及樂觀主義的清晰性。[19]

社會生活的日益美感化，因而代表了統治集團在領導權上的重大進展。可是，我們前面也提到，它不是沒有附帶危險的。再看普萊斯在《道德主要問題評論》（*Review of the Principal Questions in Morals*）所說的：「**正確**和**愉快**、**錯誤**和**痛苦**，它們之間的差異就像**原因**和**結果**一樣；一個是**被理解的**，另一個是**被感覺的**；一個是**絕對真理**，另一個是**內心的愉快**，有什麼比這個差別更明顯的？」[20]普萊斯很清楚這種主觀化浪潮的危險，一如小說《曼斯菲爾德莊園》（*Mansfield Park*）裡姓氏同樣是「普萊斯」的主角芬妮（Fanny），她也意識到某種危險。芬妮在社會秩序崩壞之下堅守道德標準，她堅持著康德所說的義務，而必須在一定程度上犧牲美感的愉悅，這就暴露了道德律惱人的強制力。她的做法儘管令人敬佩，但是從理想的角度來看儘管是必要的，卻也令人遺憾，這就是意識形態的兩難。在某個意義下，最能鞏固權力的作法，莫過於使權力不知不覺地滲透到日常生活裡。可是在另一種意義下，這種滲透也構成嚴重威脅，它可能顛覆權力，因為它把絕對命令（diktats）貶抑成享受蘋果滋味的層次。「感性」看起來既是最穩固的基礎，卻也根本不算是什麼基礎。

此外還有另一方面的危險，頗具傷害潛力。德國美學的誕生，是作為純粹理性的補充；但雅克·德希達（Jacques Derrida）向我們指出，這種低層補充有一種傾向，可能會取代掉它們原本要支持的東西。[21]如果不僅道德是「美感性」的，就連認知也是的話，那該怎麼辦！也就是說，感覺和直覺不是理性認知的對立面，而是它的基礎。在英國，這種危言聳聽的主張是休謨提出的，他不只要把道德化約成單純的情感，更企圖把知識化約為虛構的假設，把信念化約為強烈的感覺，把自我的連續性化約為假想，把因果關係化約為想像的作用，把歷史化約為某種文本。[22] [44] 事實上，諾曼·史密斯（Norman Kemp Smith）就認為，休謨的獨創性，正在於他把傳統上理性先於感覺的優先次序顛倒過來，而他的思想主要是受了哈奇森影響。[23]休謨在《人性論》（*A Treatise of Human Nature*）的〈導論〉中一併討論了「道德和批評」，認為道德「並不在於任何可以由知性去發現的**事態**……當你指稱任何行動或某個人是邪惡的，那並無任何意義，而只是出於本性而不假思索地生起譴責的感覺或情感」。[24]和其他主張道德感的理論家一樣，休謨在《道德原理研究》（*Enquiry Concerning the Principles of Morals*）裡說：「美德本身就是目的，它本身就是值得追求的，沒有報酬沒有獎賞，只是為了它的直接滿足。」25

如果說休謨支持道德的美感化，那麼他的態度更擴及於知性。他在《人性論》裡說，理性可能只是某種「情感」（103），而信念則不過是「比較生動而強烈的觀念」（120），「只是感性的行為，而不是人類本性裡的認知部分」（183）。他主張說，所有推論「只是習慣的作用而已；而習慣是沒有真實影響力的，它只是激起想像，我們對於任何對象產生強烈的觀念」（149）。因此，根據《人性論》的想法，「習慣才是人生的引導力量」（44）；這種想法在政治領導權方面的隱含意義很快就被柏克接收了。休謨最驚世駭俗的主張，就是把因果關係主觀化，認為它不存在於客觀事物，而在於「心智決定從某一事物轉移到另一事物」（166），一個完全被想像性的期待制約的衝動。我們認為事物具有相續不斷的同一性（identity），也是類似的現象，那其實只是我們的一束感覺，而不是真正知覺到有個同一的東西。休謨以發人深省的心智的美感意象，把它形容為「一種劇場，各種知覺相繼出現，或一再出現，或來而又去，在無盡的形態和處境下匯聚混雜到一起」（253）。

對休謨來說，想像是「所有哲學體系最終的裁判者」（255）。他唯恐這個理論基礎太過薄弱，於是接著區分兩種想像力的原則：一種是「持久不變的、無法抗拒的、普遍的」，另一種是「多變的、微弱的、無規律的」（255）。然而在《人性論》上卷氣勢磅礴的結論裡，我們目睹慘烈的一幕，這個區別在他手上完全瓦解。在沉著地提出了自己的思想體系之後，休謨在我們面前整個人崩潰而陷於焦慮，無助地向讀者自白。他覺得自己是「某種粗野的怪物」，被人類社會放逐，「完全被遺棄而哀痛不已」（264）。他質問自己：有什麼根據要提出那麼離經叛道的主張，而動搖了理性探索的根柢？如果信念只是某種生動的感覺，那麼他自己的這個信念不也是如此嗎，他豈不是自打嘴巴而已？「我自己經過最精準最確切的推論之後，」他坦承說：「也不能提出任何理由要自己認同這個觀點；我只是感覺到，有種**強烈**的傾向要我**強烈地**以這種觀點看待事物，事物也在這種觀點下呈現在我眼前。」（265）除了刺激想像的感官經驗和習慣以外，就沒有更高層的保證了；我們認同的一切，社會上的一切共識，都建立在這樣薄弱的基礎上。「因此，記憶、感官和知性，全都建立在想像之上，或者說是觀念的生動性之上。」（265）在《人性論》增補的段落裡，休謨承認說，在分辨信念和幻想的差別時，他讓「生動性」偷偷溜進整套概念裡：「當我在解釋這種**方式**時，我幾乎無法找到任何詞語能說明清楚，為了提出心智運作的一種完美無瑕的概念，最終就只能訴諸個人的感覺。觀念只是在**感覺上**和想像不同而已，後者只是由想像力對我們呈現的……」（629）。休謨因此告訴我們，作為一切知識泉源的想像力，是一種「不一致而謬誤」的原理（265），這就是為什麼哲學往往遇上挫敗。可是休謨剛把知識化約為想像，才兩頁之後，他又不滿地指稱，「對理性來說，沒有麼比想像的飛馳更為危險，也沒有什麼它更容易使哲學家犯錯的。」（267）簡言之，理性本身的原則，看來也正是顛覆它自身的因素。解決這個表面上的不一致的關鍵在於區分比較狂放或可靠的想像力：我們必須抗拒「想

[46]

像的所有瑣屑暗示，而依附我們的知性，也就是想像力更一般性的、更確定的特質」（267）。唯有理性才能把我們從想像裡拯救出來，而理性又不過是想像的另一種版本；想像則必須為了想像而被拒於門外。

然後，這個解構方案接著又遭到解構。當知性獨自作用，它就會「完全的自我顛覆」：它只不過是沒完沒了的無窮回溯，我們在過程中檢查我們的主張的或然率，接著檢查這個檢查那個，和原來的證據漸行漸遠，更產生新的不確定性。而為了不要掉入這個懷疑論的無底深淵，所依靠的正是想像力，它以習慣性的情感引導我們「以更強而更充足的觀點去看事物，基於事物和眼前印象的習慣性連結」（183）。換句話說，我們眼前看到的確定性，阻止了知性的無窮回溯；我們的信念以感覺為基礎，以某些「感覺以及特殊的概念方式」，這對我們是有利的（184）；要不然就沒有什麼能制止理性螺旋式地不斷沉陷到自身的不確定性，無窮無盡的懷疑前一個懷疑。可是，由於這種阻止理性自我毀滅的眼前感覺本身，是「一種獨特而看似瑣屑的想像性質」（268），它也正屬於次等想像，而休謨剛才告訴我們，它對理性構成主要的威脅。

因此，我們要麼否定推理的所有繁複程序，只倚賴我們最貼近而確定的感覺；要麼就依附於繁複的理性，儘管它有一定危險。前一種做法不只極端而令人不安，大刀一揮砍斷了我們和所有科學以及哲學的關係，它同時也是自我矛盾的，因為我們也是透過繁複的推理才達到這個結論的。如果我們忠於推理，我們就會掉進懷疑論者在認知上的自我否定而徒勞無功。休謨很沮喪地評論說，「因此我們別無選擇，只能在謬誤的推理和無推理可言之間選擇其一」（268）。他對這種兩難處境的解決辦法，其實就是把它忘掉，因為這個問題本身也是繁複推理的結果，而「繁複的推理對我們是沒有影響或影響甚微的」（268）。講求實際的人最好不要被這樣的形上學問題纏擾，儘管我們很難把這種態度認定為一種普遍律令，因為這也在我們的懷疑範圍之內。簡單來說，休謨的解決辦法，就是一種謹慎的虛假意識（false consciousness），忘掉整個困擾的事而安然自若：他去玩雙陸棋，跟朋友玩樂嬉戲，後來發現自己的一番猜想太過可笑，無心再繼續探索下去。這就像文學理論領域裡當代的一些懷疑論者，他們繼續坐火車出遊，養兒育女，做飯，把靴子的鞋帶繫好，對於這種種做法在存有學上是否站得住腳不屑一顧。理論和實踐遠遠不是互相支持，而是互為牴觸的，因此對休謨來說，只有透過尼采式的失憶，社會才得以維繫。這是振聾發聵的想法：社會的存續倚賴的是知性的自殺；可想而知，休謨也因為自己的防衛策略而惴惴不安。習慣性的做法不再是各種絕對的規範之間的中介，而是根本取代了它。直覺說服你說有真理的存在，理論卻告訴你事實上只有直覺。這裡有一種反諷的翻轉：社會原是透過習慣和盲目的觀感而運作，就像尼采所說的療癒人心的阿波羅的（Apollonian）幻想，它假設社會行為在某處有某種堅實的根基；我們原以為哲學能向我們揭示那種根基，可是它卻粗暴地揭穿說那其實不過是習慣和情感。弔詭的是，哲學家竟然是反社會的怪物，就因為他把觀念化約為社會實踐，因為他的思想在模仿社會的實際運作。對比之下，社會本身卻是勇往直前的從事形上學思考，相信社

[47]

會輿論具有不可懷疑的基礎。普通人其實是憑著習慣過活，他們卻相信生活在習慣以外還有另一面；哲學家忠實地揭穿了這種境況的實際真理，因而成為了社會上的被遺棄者。他成為了怪物，並不是因為他捎來社會的外界荒誕不經的訊息，而是因為他急於訴說著更令人困擾的訊息，指出那一切都只不過是人性的習慣。休謨是在曠野裡長嘯的披髮先知，他揭示了一個可怕的祕密，也就是世事如棋。他能給哲學找到的唯一殘破不全的辯解，就只在於哲學思想是相對地無害的，它對於社會的危害還沒有宗教迷信那麼大。如果形上學是心智的一種自然可能性，如果人類不能滿足於感官印象的狹隘迴路，那麼它最好以我們所謂哲學的「溫和而中庸的」形式馳騁想像，而不是憑空想像出危險的點子。哲學也許是有點荒謬，但是起碼它不大可能顛覆國家。

因此，我們似乎兜了大一圈。在鮑姆嘉通那裡，理性衍生出美感的低層論述，現在卻被美感吞噬了。理性和感性完全不是在複製對方的內在結構，而是以互相牴觸收場。休謨在《人性論》裡說：「因此在理性和我們的感官之間存在著一種直接而完全的對立。」（231）理性的聖體聖事原本是要在生活實踐裡聖靈成血肉的，如今卻有被化約為它的危險。理性嘗試在美感裡涵攝經驗事物；可是，借用尼采的比喻，如果說經驗是個女性，結果會是怎樣？如果它是難以捉摸的，而和概念若即若離的，那該怎麼辨？經驗既貼近又善變，既珍貴而又不牢靠，看來像是女性永恆原型的化身。鮑姆嘉通認為這個詭譎多變的領域必須臣服於理性。英國主張道德感的思想家則是依循更自由派的路線：以純粹直覺為其形式的女性特質，相較於對於理性計算的男性化崇拜，被

[48]

視為道德真理更確定的準則。而這種直覺並非虛無縹緲的：它是銘刻在我們心裡的神意的邏輯，其莊嚴雄偉遠非理性所能解讀。這種女性特質因而只是通往男性的理性領域的管道或機制，儘管普萊斯等理性主義者對它的作用提出質疑和警告，卻沒有撼動它在道德感哲學裡的地位。而它也不會急著要完全拋棄這個神意的基礎；事實上休謨就嘗試這麼做，他很難忍受其他人為道德感綁上形上學的包袱。休謨採納了哈奇森倫理學的部分內容，卻揚棄了強烈的神意假設，以他自己更冷靜的社會功利觀點取而代之。對休謨來說，美的經驗是一種基於功利反思的一種同情心。事物的美感吸引力在於它對於人類整體的實用價值。他在〈論鑑賞的標準〉裡指出這樣的美感判準有多麼不穩固；「人們對於美醜的情感往往南轅北轍」，[26]而雖然他堅持鑑賞力有個普遍的標準，卻很難指出標準在哪。文章在結尾承認，有些美感的衝突是根本無解的，「如果我們要尋找能調衝突情感的標準，那會是徒勞無功的」。[27]事實上，休謨找不到任何確定的標準。其結果就是，知識、信念和倫理，現在全都義無反顧地「女性化」，逐一轉化為感知、想像和直覺。

不僅如此，中產階級社會秩序的整個物質基礎也地動山搖。對於私有財產這個概念，休謨也找不到形上學的認可，也像其他一切事物一樣只能依據想像。我們頑固的轉喻式（metonymic）心態認為，既然某個人擁有某物一段時間，他就該永久擁有它，那是天經地義的事。我們也傾向於把我們擁有的事物以及附屬於它們的東西做個自然的想像連結，譬如我們的奴隸的工作或是我們院子裡的果實，我們都會順理成章地認為屬於我們。（一般來說，想像是由近而遠的，由小的

[49]

東西想像到大的東西比較容易，這麼說來，由小地主兼併比較大的附屬土地，看來也比較合乎邏輯，因此休謨要為英國占有愛爾蘭辯解，在哲學上便頗費周章。）如果說，這一切是使自私的個人主義予以自然化，那麼它其實也很驚世駭俗地除魅了所有形上學式的權利。世上並沒有任何固定不變的理由說為什麼我的財產明天不應該變成你的，只有想像力的惰性才能使財產比較容易和我聯想在一起。由於我對於某物永久所有權的觀念，相較於你對它的所有權的觀念，在想像上更接近我實際上的擁有狀態，因此懶惰的想像就順勢確認我的永久所有權。換句話說，休謨完全意識到中產階級經濟的虛幻本質，淡然地宣稱財產「並不是事物的真實性質，而是情感的產物」（509）。於是整個中產階級社會就只是奠基於隱喻、轉喻和想像的對應：

> 由於喜愛秩序和統一性，我們會把圖書館裡的書和客廳裡的椅子好好排列擺放；社會的組成和人類的福祉，也有賴我們這方面的愛好，為此我們修訂了有關財產穩定性的一般規則。由於財產在一個人和一件物件之間建立起一種關係，很自然的就會把這種關係建立在既有關係之上；財產因而就是一種持續占有，由社會的法律所保障，把它加在現有的占有物之上是很自然的，因為這是一種類似關係。（504-5n）

保障中產階級財產權的，與其說是經濟規律，不如說是本能上的省事心態。

[50]

如果想像力以這種方式成了公民社會不穩固的基礎，那麼令人好奇的是，想像力的缺乏卻也構成了國家政治的根基。由於個人大抵上都是自私自利的，對於這個狹隘迴路以外的事物，想像力的同情作用就會減弱；因此雖然大家有意維持社會正義，但是這方面的感覺卻很微弱。我們身旁的東西總是比遠在天邊的東西更能激發我們的想像；而國家則是個調節機制，彌補了這個偏私的缺陷，因為組成國家的個人和確保正義的遵守有直接的利害關係。政治是由於想像力的失敗而誕生；而公民社會則是定錨其中，道德和人際關係也是如此。憐憫和同情是社會團結力量的基礎，包含了對於他人想像性的移情作用，休謨和亞當．斯密都這麼認為。「所有人都因為相似性而和我們有關。也就是說，他們的人格、利益、感情、苦樂，一定以一種生動的方式觸動我們，使我們產生一種情緒，而和他們原本的情緒相似，因為一個生動的觀念很容易轉換為印象。」(369) 我們和他人的關係裡包含了在心裡對於他人心境的一種藝術性模仿，而形成想像性的對應關係；休謨以一個美感的意象說明他的看法，也就是我們在觀看悲劇時對於他人的痛苦生起的同情。

因此，社會是以一種機能為基礎的，它在「正當的」運作下，會確保社會的穩定和持續，但就像休謨體會到的，它一直有著偏見和濫情的結構可能性。社會凝聚的原則，因此同時也是潛在的無政府狀態的源頭。如果這種「女性的」美感化是個警訊，那麼相對應的「男性的」美感化同樣很有問題。就像巴特勒（Joseph Butler）或康德，我們可以捨棄情感因素而訴諸和人的快樂或

[51]

悲傷沒有直接關係的道德義務。但這只不過是以另一種「美感的」道德取代原來的美感道德：就像藝術品一樣，它使道德以自身為依據而自我定義，那是個超越一切功利的崇高目的本身。良知或靈光之類的陽物專制取代了女性化的感受。對於兩者而言，道德價值都不是衍生自具體的社會關係：它不是由本能授權的，就是自我證成的。

於是柏克想當然耳地就問題的重點而著手探討崇高（sublime）（或譯為「壯美」）和優美（beautiful），試圖為「鑑賞力的科學」的可能性辯護。如果美只是相對的，那麼社會的維繫力量就有鬆弛的危機了。對柏克來說，美不僅是藝術的問題：

> 我把美稱為一種社會性質；因為當我們在觀看世間男女乃至於其他動物時，會產生一種歡喜快樂的感覺（很多人都會這樣），他們激發了我們對於他們溫柔和愛慕的情感；除非有很強的反面原因，否則我們都會想看到他們出現在我們身邊，樂意和他們建立關係。28

柏克相信這種鑑賞力具有齊一性和普遍性：「在我的記憶中，任何漂亮的東西，不管是人、蟲魚鳥獸或是植物，就算有一百個人看到它們，也都會馬上同意它是漂亮的……」（70）如果說美感判斷是善變的，那麼以它為基礎的社會同情心甚至整個政治結構，也就同樣不穩固。對柏克來說，鑑賞力的齊一性必定取決於感官本身的齊一性；可是他也很務實地承認每個人的感官是有差異的，美感反應因此也不完全一樣。柏克的政治保守主義，因此多少和他的經驗主義心理學有所牴觸。可是反應的差異可以歸結為個人本身的問題，而不是鑑賞力的問題；儘管鑑賞力的表現有多麼不規則，它本身仍然是從頭到尾自我同一的。「當我們僅僅考慮鑑賞力的本質和種類，我們會發現其中的原則是完全齊一的；但這些原則在每個人心裡的表現程度則各自不同。」（78）這就像是說人體構造是絕對無法改變的，可是個別的人的身高卻有差異。

柏克和休謨一樣，也認為「模仿」的美感現象是凝聚社會的力量，它並非法律，而是習慣使然：「我們學習所有事物，大多是透過模仿而不是言教訓誡；而這種學習方式不僅更有效，也更愉快。它塑造了我們的風尚、意見和生活。它是最堅固的社會連結之一。這是相互順從的一種模式，所有人都順從其他人，卻不會束縛自己，使得所有人都極為稱心滿意。」（101）法律或訓誡只是習慣的衍生物，因此強制是次於合意的。我們心悅誠服地模仿社會生活的實踐形式，而成為人類主體，而以領導權方式把我們和整體凝聚在一起的那種關係，就是這種心悅誠服的形式。模仿就是遵從某種規律，卻是滿心歡喜的，因而自由就在於服從它。這種合意性（consensuality）的形成，不是費盡工夫訂定而維持的人為社會契約，而是一種自然的隱喻或是不斷地塑造各種相似性。唯一的問題就是這些模仿伊於胡底：對柏克來說，社會生活是對於各種想像的無窮盡的想像，而沒有根基或源頭。如果說我們模仿別人，而別人又模仿我們，所有模仿就似乎沒有什麼超

[52]

越性的源頭，如此一來，社會就碎裂成由許多鏡子構成的一片曠野。

這種無止盡的互映，造成了想像的停滯，如果刻舟求劍，就會宣告差異性和歷史的死亡。「雖然模仿是神意使我們的本性臻於完美的偉大工具，可是如果人類只知道模仿，只知道互相跟從，而形成無盡的循環，那麼我們就不難看到人類永遠不會有什麼進步。」（102）保障社會秩序的那些條件，反而會使社會趨於癱瘓：要是墮進了這種自戀式的封閉，做起事來就會軟弱無能，毫無活力，同情心也會使人煩膩，甚至黨同伐異，美也淪落為停滯的代名詞。因此，某種反制的力量是必要的，而柏克在「崇高」的剛健雄渾中找到了這種力量。「為了避免這種（自滿心態），上帝在人類的內心埋下雄心壯志，試圖在公認有價值的事物上出類拔萃，由此獲得滿足。」（102）崇高是人性裡進取、競爭和個體化的面向，是面對危險時的陽物「膨脹」，儘管只是比喻的、設身處地的想像當中的危險，而我們其實都慶幸不會真的遭殃。在這種意義下，崇高代表著拆除了引信的、美感化了的**舊制度**。彷彿要在中產階級的生活裡既揚棄又保存勇氣、尊嚴和雄心壯志等傳統貴族美德。致力保障境內和平的國家，必須視之為違法犯禁的行為；但為了避免精神上的萎靡不振，卻有必要在國內以一種美感經驗取代而獎掖它們。「崇高」是舊時上層階級的驕縱跋扈的想像性補償，它把悲劇轉化為喜劇。它是美的內在裂痕，是對於既定秩序的否定，沒有了它，任何秩序就會呆滯而萎靡。崇高是所有社交場合的反社會條件，由於無處宣洩，而迫使我們以更隱晦的方式表現它，這個違法犯禁的男性力量和封閉的女性優美相互對立，卻也

[53]

持續為它灌注生命力。令人莞爾的是，它的社會性內含也是自相矛盾的：它既是塵封在歷史記憶裡的野蠻行為的痕跡，卻又代表了商業競爭對於貴族的遊樂風雅和好逸惡勞的挑戰。在崇高的旗幟之下，相互攻伐的貴族和錙銖必較的投機者匯流，而把社會沾沾自喜的因循怠惰一掃而空。值得一提的是，這也就是年幼時就學於愛爾蘭科克郡（County Cork）鄉間學校的柏克的政治思想。

「崇高」也是令人恐懼的東西，迫使我們讚嘆而俛首貼耳；由此看來，它是強制的而不是合意的力量，我們會尊敬它，但不像優美那樣使我們欣慕：「我們屈服於我們讚嘆的事物，但我們會喜愛向我們屈服的事物；前者是迫使我們順服，後者則是對我們阿諛奉承而使我們順服它。」（161）優美與崇高之間的分別，就是女性與男性的分別；但它也是阿圖塞所說的意識形態國家機器和壓迫性的國家機器（repressive state apparatus）之間的區別。[29]對阿圖塞來說，社會的壓迫性機制全然是負面的，只有透過意識形態，我們才被建構為主體。柏克在這方面是比較思想縝密的政治理論家，對他而言，這種對立在一定程度上是可以被解構的。崇高可能使我們心生恐懼而屈服，可是由於我們天生都有被虐待狂的傾向，在屈辱中也有其樂趣，這種壓迫因而也包含著合意的快感以及被束縛的痛苦。佛洛伊德在《自我和本我》（*The Ego and the Id*）裡說：「愉快的感覺本身不會有任何驅力，不快的感覺的驅力則相當大。後者會促迫改變和宣洩，因此在我們看來，痛苦會加強能量的投注作用（cathexis），而愉快則會減弱它。」[30]反過來說，就像迷人的美女一樣使我們欣然接受的優美，卻是奠基於一種掩飾得很巧妙的法則。

[54]

柏克坦承他沒辦法統一這兩者，那顯然構成一個政治問題。在這個兩難裡，我們喜愛的權威是我們不尊敬的，我們尊敬的權威卻是我們不喜愛的。「父親的權威，儘管對我們的幸福大有益處，並且無論如何都值得尊敬，我們卻沒辦法像對母親一樣地愛他，父母親的權威幾乎完全融化在母親的寵愛和寬容裡。」（159）這個政治上的弔詭十分明顯：只有愛才使我們真的對法律心悅誠服，可是這種愛卻會把法律侵蝕殆盡。一種使我們心悅誠服而風行草偃的法律，很容易使我們輕忽它。另一方面，一種使我們有如作為人子女一般的敬畏而屈從的權力，可能造成感情上的疏離，引起伊底帕斯情結。柏克急著到處找尋調解之道，卻給了我們一個祖父的形象，他的男性權威由於年邁而弱化成「女性的護短心態」。瑪麗・沃斯通克拉夫特（Mary Wollstonecraft）連忙在《男權辯護》（*A Vindication of the Rights of Men*）裡抨擊柏克的論證裡的性別歧視。她說柏克在區分愛和尊敬時把女性美感化，而使她們脫離了道德範疇。「〔女性〕引起的對於齊一和完美的情感，不能沾染上道德喚起的敬意，否則痛苦就會摻雜到愉悅當中，讚賞就會干擾到愛的溫柔親密。」[31]「女性在道德上的散漫，」她繼續指出：「相較於不會對於美德賦予任何性別特質的冰冷理性，使人更容易有放蕩的想像。可是如果經驗證實美德裡也有美，秩序裡也有魅力，而必然包含著努力的付出，那麼萎靡的感性鑑賞就可能會讓位給更男性化的能力，感受**被消融**在理性的滿足裡。」[32]她認為柏克是個唯美主義者，他使得美（女性化的）和道德真理（男性化的）離異；而她則是反對這個看法，認為美德是沒有性別之分的，卻又說它涉及男性化的鑑賞力。可是

[55]

我們將會看到，與其說柏克是個唯美主義者，不如說是主張美感化，而兩者是迥然不同的。

因此，權威處於無止息的自我解體狀態，在這個過程中，強制力和合意既相輔相成，也會相互顛覆。因為失去活力的美必須不斷受到崇高的衝擊，而對它的恐懼又必須迅速消融，而形成勃起和消腫的交替節奏。在權力的中心是一種自相矛盾的「自由的束縛」(free bondage)，而美感就是它的重要象徵。自由越大，束縛就越深；但更重要的是，它的自發性也可能失控。人類主體越是「完全自己來」，對於當局而言有好有壞。如果自由踰越了限制它的順服，就會喚起崇高的壓迫性；但權力的終極效力也可能會顛覆權力自身，既會鎮壓叛亂也會孳生叛亂。因此，權力是個謎樣的事物，而美感的奧祕以及它看似不可能的「無規律的規律性」，則是它合適的象徵。

只有少數有教養的人才會有崇高的美感經驗；因此似乎需要一個窮人版的美感經驗。宗教當然是其中一個選項；可是柏克卻出人意料地選擇了低下的勞力活動。就像崇高一樣，勞力是自虐式的東西，我們在勞動中同時感到筋疲力竭的痛苦和精神煥發的快樂。「正如一般的勞動是痛苦的一種模式，它是整個系統比較粗糙的活動，恐懼則是比較細緻的運作。」（181）崇高及其「愉悅的恐懼」，是有錢人的勞動，使得有自滿之虞的統治階級重獲活力。就算這個階級不曉得貨物裝卸的勞動有何樂趣可言，他們還是可以看看驚濤駭浪的海洋。基於上天的安排，一種靜止狀態不久就會變得討人厭，使人憂鬱和沮喪；因此我們很自然地被迫勞動，在克服困難當中獲得樂趣。勞動包含一種令人滿足的強制力，因此它本身就是一種美感經驗，起碼對這方面的理論家

[56]

是如此。物質生產和政治生活，分別是下層和上層結構，卻同樣表現了力量和滿足的統一。社會上的領導權不僅是國家政治機制，也在勞動過程裡翻雲覆雨。我們和自然界的頑強力量對抗，這就是一種社會性的崇高；而對於獲利的人來說，勞動的怡然自得更是倍感滿足。

和柏克的美感觀水火不容的，莫過於「自然權利」（natural rights）的觀念。這個單調乏味的理論論述在當時是革命性的理論，而對於身體的親密習慣的訴求則是和它唱反調。柏克關於優美與崇高的論文，是個很巧妙的感官現象學，它探勘了身體的種種微妙感覺和愛憎：無論是聽見低頻率的振動或撫摸平滑的表面，或是瞳孔在黑暗中放大，又或肩膀給輕輕拍打一下的感覺，在在使柏克心醉神馳。他也醉心於甘香的氣味、睡夢中的猛然驚醒，以及鹽巴振動味覺的力量，甚或是比例是否構成蔬菜美味的要素。所有這些不起眼但怪異的生理學和心理學，都是一種政治；對於任何不能追溯到眼球的肌肉結構或是指尖質感的理論觀念，都不願意予以肯定。如果真的有形上學的權利，那麼它們也必須以分散而不同一的形態，穿透這個擁擠的身體空間（somatic space）：「就像光線穿透稠密的介質，」柏克在《對法國大革命的反思》裡說，這些權利「根據自然律的折射，偏離了它們的直線軌跡」，經歷了「種種的折射和反射；如果說它們仍舊依著原來方向持續行進，那是很荒謬的」。[33]這些權利唯一合乎自然之處，就在於它們的逸出或脫軌；它們的自我散播的力量正是它們本質的一部分。柏克補充說，「人性是複雜的；社會的客體具備最大可能的複雜性」，當他這麼說的時候，他就是個原始意義下的美學家。

這並不是說柏克全然否定所有的人權概念。他不是說這些權利並不存在，而是說它們無法被定義。「人的權利是一種**中間地帶**，無法被定義，卻不是無法辨認的。」[34] 簡言之，就像藝術作品的法則，它們無疑是存在的，卻無法從它們的個殊體現裡抽象出來。對柏克來說，傳統同樣是一種「無規律的規律性」。革命分子的真正危險在於他們是瘋狂的反美感主義者，要把政治領導化約為赤裸的權力。他們是基督新教的極端主義者，狂妄地相信人類能夠活在這樣可怖的赤裸權力法則之下，剝奪了它任何正當的中介和以及安撫人心的幻想，打破一切想像性的偶像，廢除所有信仰習俗，使得民眾在面對威權虐待狂似的狂飆時陷入悲慘無助的境況。柏克對於這種破除偶像的做法十分憤怒，因而提出和後來葛蘭西所謂的「領導權」很類似的觀念：

> 但現在一切都變了。所有那些愉快的幻想，原本可以使權力變得仁慈，使順從得到自由，和諧地同化，把情感注入政治，使民間社會（private society）更美麗而柔軟溫和，如今都被這個新與的理智和理性的帝國摧毀了。一切妝點體面生活的元素都被粗暴地銷毀。所有以道德想像而為我們添加意義的觀念，來自我們內心，經過我們知性的認可，補足我們赤裸而多變的本性的缺陷，使我們的本性得到我們的尊敬，如今也都被指為可笑、荒謬、過時而棄若敝屣。[35]

當柏克談到了法國王后瑪麗·安東妮（Marie Antoinette）被處死，更不禁譴責革命分子對女

[57]

性的粗暴無禮：「所有對於性別本身的尊重，都被斥為風流而愚昧。」法律是男性的東西，但是領導權卻是個女性；它以女裝掩飾法律，如今卻面臨赤裸裸暴露本來面目的危險。權力不再被美感化：在這個極端的觀點下，讓個人臣服於權力的，不再是情感而是刑具。在國家和經濟之間的社會生活的整個關鍵中間領域，以及使法律融入情感的豐富社會風俗，都災難性地被遺棄。

人民的情感和習俗，具有補足和矯正的作用，為法律提供助力。一位深具智慧的評論家關於詩的創作的箴言，對於國家的運作同樣有道理：詩歌只有優美是不夠的，它更必須是甜蜜的（Non satis est pulchra esse poemata, dulcia sunto）（譯按：賀拉斯語）。每個國家都要有一整個習俗體系，有教養的人都會珍惜它。要我們愛自己的國家，首先國家要變得討人喜愛。36

於是，女性、美感和政治領導權都變成了同義詞。

我們可以據此回頭看看柏克和沃斯通克拉夫特之間的爭論。柏克並不像沃斯通克拉夫特所說的那種唯美主義者，而把美和道德真理一分為二。相反的，他意欲把道德真理美感化，俾使它的領導權更加穩固。女性又或美，因而成了男人的一種中介；但沃斯通克拉夫特也正確地指出，柏克的這個程序反之不然。男性法律的崇高裡必須注入優美，使它的剛強柔軟一點，可是道德的崇高卻不能納入優美的範疇裡。在這種意義下，女性被排除在真理和道德的領域之外。柏克解構了

[58]

美和真理之間的對立，但只是局部而單方面的。美是權力的必要條件的，但是本身並不包含權力；威權需要一個被它發配邊疆的女性特質。

柏克的乞靈於美感，不應被誤認為某種誤入歧途的主觀主義。雖然柏克堅信一種先於理性的直覺反應，卻對於有損道德價值的美感化做法期期以為不可。他在論美感的文章中大聲斥責「在鑑賞力和道德理論上同樣誤導我們」的「一種怪誕理論的無盡引伸」（159）。我們絕對不能讓這些古怪狂想「掏空了關於我們義務的論述的正當基礎（包含我們的理性、關係和我們的種種自然規律），而使它論述奠基在虛妄不實的基礎上」。（159）對於道德意識形態，柏克像任何理性主義者一樣，都是絕對而客觀主義的：他只是像主張道德感的理論家一樣，不相信任何沒有經過經驗洗禮或身體實踐的權力能夠使人心悅誠服地履行其公民義務。我們前面談到，夏夫茲博里也是堅定的道德現實主義者，主張美德存在於事物的本性而不在於風俗、想像或意志。其他人都以為他是道德相對主義（moral relativism），但其實那正是他在談到他的導師約翰・洛克（John Locke）時大加譴責的，指稱洛克「推倒一切基礎，把所有秩序和美德從世界上掃除，並令這方面的觀念……變得**不自然**而在我們心智裡沒有了基礎」。[37]同樣的，哈奇森也沒有把道德感和美感混為一談：他說，我們的道德像美感一樣來自直覺，那並不表示要把兩者合而為一。而休謨也像夏夫茲博里一樣，相信鑑賞力包含著對理性的堅定認同。對他們來說，在知性介入感受的過程裡，論證和反思可以矯正錯誤的鑑賞力。所有這些思想家都沒有完全放棄理性而一頭栽進感受裡。

儘管這樣，以身體感受之名而蠶食心智，可以說是這個思潮的整個趨勢；它對政治的影響也是很矛盾的。一方面，面對冷酷而排他主義的理性，肯定感情的經驗，原則上無疑是一種進步。在這個意義上，美學的誕生本身意味著傳統理性的某種危機，以及解放或烏托邦式的潛在思潮。到了十八世紀末，這種訴諸感覺的思潮被認為是危險的激進派。美感裡有以同情為基礎的社群、利他主義和自然情感的理想，再加上對於自得其樂的個體的信念，正代表了對於統治階級理性主義的反抗。另一方面，我們也可以說那代表了政治左派的災難性失敗。從柏克和柯立芝到馬修．阿諾德和艾略特（T.S. Eliot），在英國，政治右派人士有效把握了美感的元素。文化的自主、作為表現性的或有機的整體的社會、關於想像力的直覺性學說、對於身邊事物的偏愛、不容爭辯的忠貞、崇高的令人敬畏的特質、「直接」經驗的確實無疑的本質、歷史作為理性分析無法理解的人類成長過程：凡此種種，美感都成了政治反動分子手中的武器。生活經驗對於啟蒙運動的理性提出有力的批判，也成為保守意識形態的大本營。共和派理性主義的條分縷析，以及詩性事物的深刻感動，在整個十九世紀形成強烈的對立。湯瑪斯．潘恩（Thomas Paine）深入淺出地譴責柏克使用過度的隱喻式語言，就是這種對立的早期例子；他在《人權論》（*The Rights of Man*）裡批評說：「柏克先生應該記住他是在寫歷史而不是戲劇，而他的讀者期待獲得真理，而不是夸夸其談一湧而出的高調感歎。」[38]沃斯通克拉夫特尖刻地談到柏克「在感性上的驕縱」，指斥他所謂的理性只是「放蕩不羈的情感的風向標」，並認為他的心智格局是很拙劣地女性化。她嘲笑說：

[60]

「先生，即使女士們也能夠重複你那些輕浮的俏皮話，並以戲劇式風格重演很多你那些濫情的感慨。」[39]又說她自己對人權的定義相較之下比柏克的更有「男子氣概」。

在柏克和雪萊（Percy Bysshe Shelley）之後，神話和象徵在英國文學中漸漸變成政治右派的囊中物，而「政治詩」則成了名副其實的矛盾修辭。激進理性主義的論述看來對於美感特別抗拒，竭力反對現在所謂對於藝術的領導權式的定義。政治異議者的分析性語言，面對現在壟斷了詩的意義的隱晦感性強度，兩者幾乎沒有交集。在此同時，美感顯然不能成為中產階級的主要意識形態，他們在工業資本積累的混亂過程中，需要一些比情感和直覺更加堅固的工具以保障其地位。在英國維多利亞時期的觀點下，情感主義（sentimentalism）漸漸成了早期沉著冷靜的中產階級的標章，當時他們還沒有遇到外國政治革命的猛烈衝擊以及國內工業革命掀起的變遷。當然，情勢正在漸漸醞釀當中，但是維多利亞時期的主流意識形態仍然是強烈反對美感的功利主義（Utilitarianism），是啟蒙運動時期的理性主義的末流。隨著道德感、風俗、傳統和感性臣服於冰冷的理性批判，自私壓倒了道德感。可是我們很難看到這種冷酷的分析性意識形態怎麼體現在現實生活裡：如果像功利主義者邊沁（Jeremy Bentham）所描繪的主體必須費力地計算每個行動的可能後果，社會實踐怎麼能有效地自然化？習慣和美德、發乎自然的衝動和政治潛意識又該怎麼辦？而沒有了這些元素，這些新興的主張該如何奪取道德的領導權？面對這些缺失而起的戒心，促使約翰·彌爾（John Stuart Mill）轉而整合理性傳統和美感傳統，讓柏克式的領導權語言

[61]

得以重生。「〔邊沁式的主張〕對社會的精神利益……沒有任何效益；它甚至對於社會的物質利益也力有未殆。使任何物質利益得以存在，使人群得以組成社會的，就只有民族性格……法律和制度的哲學，如果不以民族性格的哲學為基礎，它就會是荒謬的。」[40] 彌爾指出，邊沁的錯誤在於只考慮人類行為的道德面向，然而我們必須同時考慮人類行為的美感（美的）和同情（討人喜愛的）特質。如果說情感主義的錯誤是在於讓後兩種特質凌駕於道德考量之上，而重構之前的功利主義則是錯在對於後兩種特質完全棄而不顧。目前要做的一切，就是把邊沁和柯立芝的主張結合起來，視之為「互補的對立面」。彷彿只要兩手各拿不一樣的書，就可以解決統治階級意識形態的結構性矛盾。

可是彌爾的動作並沒有表面上那麼學究式的。不錯，工業社會的中產階級及其毫無生氣的工具主義（instrumentalist）學說，無法在自己的思路之下產生一種具說服力的美學，也就是無法發展出使他們那種不討人喜愛的權力嵌進日常生活中的那種風格和形式。他們必須另尋出路，那就有賴葛蘭西所說的「傳統式的」知識分子；而從後期的柯立芝演化到羅斯金和阿諾德，就正是這方面的發展。在十九世紀，貴族和庶民之間，以及文化和社會之間，維持著不穩定的結合，從某方面看，這就是意識形態在尋求領導權結構，也就是精神上無能的中產階級被迫和倡議美感化的右翼人士一起學習，後者所談的是有機統一、直覺的確定性和心智的自由發揮。至於這種美學思想體系也對中產階級的功利思想作出唯心論的有力批判，那就是故事的另一面了。貴族和庶民儘管在某方面聯合起來，在其他方面還是彼此不和的。事實上他們之間的關係，正是清楚呈現了事實和價值令人擔憂的結合。真正具說服力的道德意識形態，必須或多或少建立在真正物質條件之上；否則它的唯心論就會持續使政治左支右絀。關於理想價值的論述，如果明目張膽地脫離眾人對於社會境況的實際經驗，只是徒然讓論述顯得多餘，在政治上也易受打擊。對十九世紀中產階級來說，這是個日益嚴重的問題，他們在意識形態上的正當性仍然深深仰賴某些形上學價值觀，卻正要被他們的物質性活動的本質推翻掉。他們的世俗化、理性化的實踐，使得很多傳統的敬虔態度，尤其是宗教信念等等，日益變得不可信賴；在這個意義下，社會的「下層結構」和「上層結構」的要求扞格不入。康德對於形上學的批判，代表著社會當時的發展階段再也沒辦法以理論去證成統治階級所倚賴的諸多意識形態。工業社會的資本主義當然也不能粗率地不管「精神」價值；但這樣下去，那些價值只會漸漸空洞而不可信。對維多利亞時期的中產階級來說，羅斯金或卡萊爾（Thomas Carlyle）那種懷舊式的新封建主義，是既無法認同也無法完全否定的：雖然那種願景荒誕不經，卻是意識形態的激力和道德教化的來源，那是資本主義市場（起碼是比較低層次的）捉襟見肘的。

由於公民社會和政治國家看來都無法為這個價值提供特別可信的基礎，面對如何價值如何推論出來的尷尬難題，美感是其中一個答案。我們前面也提到了，中產階級要在公民社會低下的基礎上建立精神的團結，遇到了什麼困難；另一種策略是轉向阿諾德所說的國家制度，以它作為

[62]

「文化」的理想軌跡。在整個十九世紀裡，很多思想家求助於這個看似可行的辦法。可是它有個明顯的弱點：國家終究是個強制力的機器，而和一個自由自在的社會的理想有所牴觸。美學鑑賞力的關鍵重點就在於，作為精神性社群的典範，它是不能被強迫的。如果我們越來越難以從社會的現狀或願景去推論出價值，如果對價值來說，公民社會太卑下而難以立足，而形上學又太高遠，那麼我們看來別無選擇，只好承認價值是個莫測高深的奧祕。所謂的「道德感」無異於承認價值沒有任何可以理性證明的基礎。道德和美感鑑賞力一樣，成為**不知所以然**（*je ne pas sais quoi*）的東西：不為什麼，我們就是知道是非對錯，就像我們知道荷馬的作品很優秀，或有人踏了我的腳一樣。這種觀點，結合了所有訴諸直覺和「感受經驗」的獨斷論，以及在佛洛伊德以前對於主體直接的自我呈現的信心。

因此，對價值來源的問題的其中一種美感化回應，就是把價值奠基在感知的身體的。另一種截然不同的美感化策略，則不是在感性裡尋找價值，而是在它自身裡。在這種觀點下，價值**背後**沒有任何依據，不能被還原為更根本的規律或原則；它是完全自我衍生的，它就是它自身的法則，而不接受任何外在定義。這其實就是康德《實踐理性批判》（*Critique of Practical Reason*）的立場，康德認定說，道德是完全自律的（autonomous）。我們為善，並不是因為那是快樂的或有實用效果，而是因為那是合乎道德的，因為理性關心它自身的實踐作用。這種觀點沒有訴諸作為感性元素的美感（它抗拒所有單純的感性），而是訴諸自身即是目的的美感：就像天意一般，

[63]

它自身就是自己的目的，從自己的實體奇蹟地衍生出自身來。這種做法當然絕對地保障了價值，卻付出慘痛的代價，可能使價值觀脫離它應該作用於其中的物質世界。就像維根斯坦（Ludwig Wittgenstein）在其早期哲學看到的，價值在某種意義下根本不在世界「之中」。如果價值是神聖不可侵犯的，部分原因在於它是根本看不見的。統治階層別無選擇，只能把價值觀主觀化，可是又太狎近而有落入日常生活裡善變的相對主義之虞；要不然就是把價值藏在高唱入雲的自律性領域裡而無異於完全無作為。我們再度遇到一個兩難：要麼把價值委託給販夫走卒的公民社會，要麼使它疏離地待在奧林匹亞山上，它唯一能做的，就只是測量它和現實世界之間使人無所作為的距離。

在一種明顯的歷史反諷下，美學作為一種精神性論述而誕生的那個時代，正是文化創造活動受到商品化浪潮的衝擊和屈辱。美感的獨特性，部分就在於對這種屈辱處境的精神性補償：當藝術家被貶為卑微的商品生產者，解脫之道就是聲稱自己是超越的天才。美學使藝術作品成為鎂光燈的焦點，卻是出於另一個原因。透過美感的意識形態的解讀，藝術也就能夠提供更具有普遍社會意義的典範：它透過自我指涉性（self-referentiality），無畏地抓住藝術實踐的無用本質，把它轉化為至善的願景。這樣一種完全以自身為基礎的價值，而不需要實踐的格律或理性，美感見證了價值的不明源頭和神祕本質，它在社會上處處遭到否定，對於這個悲慘的境況提出一個烏托邦的出路。因為藝術作品以其無目的性所要描繪的、從自身深不見底的地方挖掘出來的，正是人類

[64]

的存在本身，除了自得其樂以外，人的存在不需要任何其他理由（這種想法對理性主義者和功利主義者來說是離經叛道的）。憑著這個浪漫主義信念，藝術作品在它最使不上力的的政治領域卻展現出最豐富的政治蘊涵。

可是，美感不僅提供了一個新的價值概念。如果說它獨立於現實世界，它其實也可以修補事實與價值之間的裂痕。我們前面談到，對鮑姆嘉通來說，美感是和認知毗鄰卻又涇渭分明的一個領域；而對休謨來說，認知要逐步化約為一個和美感相去不遠的感性形式。可是，我們也可以用頗為不同的方式來看待這兩個領域的關係。當科學對世界展開探索，它尋求的認知，在於事件起因與過程的一種與人無關的空間，是獨立於認知者本身的，因而對價值的問題漠不相關。但是從根本上來說，如果我們能認識世界，不管這種認知使我們多麼氣餒，我們與世界之間必須有某種基本的和諧關係。因為如果有知識的存在，我們的認知機能就必須以某種方式巧妙地適應物質現實；而對康德來說，沉思我們的認知的這種純粹形式，探索使認知成為可能的條件，正是屬於美感的範疇。在這種觀點下，美感不再僅是理性的補充，而理性也不必化約成的一種情感；它實際上就是一般的認知狀態，在往外探索其對象之際，突然停了下來，而內觀其認知行為本身，一時之間忘記了其指涉對象，以靈光乍現一般的自我疏離，奇蹟式地使得內心的結構和現實世界的理解接軌。這是大不相同的思考觀點，著眼於認知行動本身，當我們習以為常的認知程序遇到一個小危機或發人深省的失常狀態，我們的「能知」而非「所知」，就成為了內心最深層而令人愉悅

[65]

的祕密。美感和認知因此既不是互相隔離的領域，也不可以互相化約。事實上，美感根本不算是什麼領域：它只是在某個暫時拋下所知的世界、而去領悟「認識世界」的這個特定形式的行動。因此，如果說社會把人類經驗從中間剖開，一分為二，一個是被剝奪了內在價值的認知對象（客體），另一個則是被迫從自身衍生一切價值的認知者（主體），那麼，康德手中的美感就是要修補這道裂痕，使人類和一個似乎和人背離的世界破鏡重圓。

注釋

1 G.W.F Hegel, *The Philosophy of Fine Art* (London, 1920), vol. 111, p. 14.
2 Shaftesbury, 'An Enquiry Concerning Virtue or Merit', in L.A. Selby-Bigge (ed), *British Moralists* (Oxford, 1897), p. 15. 有關「道德感」學派的一般論述，參見：Stanley Grean, *Shaftesbury's Philosophy of Religion and Ethics* (Ohio, 1967); Henning Jensen, *Motivation and the Moral Sense in Hutcheson's Ethical Theory* (The Hague, 1971); Gladys Bryson, *Man and Society: The Scottish Enquiry of the 18th Century* (Princeton, 1945); Peter Kivy, *The Seventh Sense: A Study of Francis Hutcheson's Aesthetics* (New York, 1976); R.L. Brett, *The Third Earl of Shaftesbury* (London, 1951); E. Tuveson, 'Shaftesbury and the Age of Sensibility', H. Anderson & J. Shea (eds), *Studies in Aesthetics and Criticism* (Minneapolis, 1967). 有關約翰．洛克對哈奇森的影響，參見：J. Stolnitz, 'Locke, Value and Aesthetics', *Philosophy*, vol. 38 (1963).
3 Selby-Bigge, *British Moralists*, p. 37.
4 Shaftesbury, *Characteristics* (Gloucester, Mass, 1963), vol. 1, p. 79.
5 Shaftesbury, *Second Characters*, 引錄於：Grean, *Shaftesbury's Philosophy*, p. 91.

6 對夏夫茲博里保守意識形態的一篇公允而尖銳評論，參見：Robert Markley, 'Sentimentality as Performance: Shaftesbury, Sterne, and the Theatrics of Virtue', F. Nussbaum & L. Brown (eds), *The New Eighteenth Century* (New York, 1987).

7 Hutcheson, 'An Inquiry Concerning the Original of our Ideas of Virtue or Moral Good', Selby-Bigge, *British Moralists*, p. 70.

8 Adam Smith, 'The Theory of Moral Sentiments', in Selby-Bigge, *British Moralists*, p. 321. 有關十八世紀社會凝聚力問題值得參考的描述，參見：John Barrell, *English Literature in History 1730-80: An Equal, Wide Survey* (London, 1983), 'Introduction'.

9 值得指出的是，如果道德感理論家所認定的理論是正確的，那麼他們就該是歷史上最後的一批道德家了。因為如果正確的行為建基於直覺，那麼便看不到為什麼還需要從事倫理學論述。道德感理論家當然覺得這些論述是有需要的，藉以分析、澄清並在有必要時轉化我們的直覺；但他們這種立場最樂觀的結局就是在論辯中逐步退場。倫理論述之所以有需要，正是因為在特定情況下什麼能算是具同情心，遠遠並非明顯可見的。「道德語言」的存在，本身就證明了我們在道德上的自省欠缺通透性。正是因為這方面的缺陷，加上我們有時面對兩種不兼容的善行要作出抉擇，倫理論述因而是必需的。

10 David Hume, 'Of the Standard of Taste', in Essays (London), p. 175; Jerome Stolnitz, 'On the Origins of "Aesthetic Disinterestedness"', *Journal of Aesthetics and Art Criticism*, vol. XX, no. 2 (1961).

11 Selby-Bigge, *British Moralists,* p. 258.

12 Richard Price, 'A Review of the Principal Questions in Morals', in Selby-Bigge, *British Moralists*, pp. 106-7, 133.

13 Louis Althusser, 'Ideology and Ideological State Apparatuses,' *Lenin and Philosophy* (London, 1971).

14 Hegel, *Phenomenology of Spirit* (Oxford, 1977), p. 222.

15 Ernst Cassirer, *Philosophy of the Enlightenment* (Boston, 1951), p. 313.

16 Edmund Burke, 'First Letter on a Regicide Peace', 引錄於：Tony Tanner, *Jane Austin* (London, 1986), p. 27.

17 Baruch Spinoza, *The Political Works*, ed. A.G. Wernham (Oxford, 1958), p.93.

18 Edmund Burke, *Reflections on the French Revolution* (London, 1955), p. 88.

19 Franco Moretti, *The Way of the World* (London, 1987), p. 16.

20 Selby-Bigge, *British Moralists*, p. 107.

21 Jacques Derrida, *Of Grammatology* (Baltimore, 1974), Part 2, chapter 2.

22 有關歷史的「文本」問題，休謨在《人性論》談到特定歷史事實在流傳中有多個版本：「在事實的知識能傳達第一個歷史學家之前，它首先必須經過很多人口耳相傳，而在傳聞給寫下來之後，每一個版本都是一項新事物，它與前面所發生的事關係如何，只能透過經驗和觀察獲知。」（*Treatise of Human Nature*, p. 145）在「互文性」（intertextuality）這個術語誕生之前，休謨就覺察到這項現代的原則以及它往往涉及的懷疑精神。休謨這段議論的結論就是，所有古代歷史的證據對我們來說都已經喪失了。

[67]

23 Norman Kemp Smith, *The Philosophy of David Hume* (London, 1941); 有關休謨值得參考的論述，參見：Peter Jones, 'Cause, Reason and Objectivity in Hume's Aesthetics', D.W. Livingston & J.T. King (eds), *Hume: A Revaluation* (New York, 1976); Barry Stroud, *Hume* (London, 1977); Robert J. Fogelin, *Hume's Skepticism in the "Treatise of Human Nature"* (London, 1985); Alasdair MacIntyre, *Whose Justice? Which Rationality?* (London, 1988), chapters 15 &16.

24 David Hume, *Treatise of Human Nature*, ed. L.A. Selby-Bigge (Oxford, 1978), p. 469. 來自本書的引文以下用括弧註明頁碼。

25 David Hume, *Enquiries Concerning the Human Understanding and the Principles of Morals*, ed. L.A. Selby-Bigge (Oxford, 1961), p. 293. 來自本書的引文以下用括弧註明頁碼。

26 Hume, *Essays*, p. 165.

27 同前引書，頁178。

28 Edmund Burke, *Philosophical Inquiry into the Origin of our Ideas of the Sublime and the Beautiful*, in *The Works of Edmund Burke* (London, 1906), vol. 1, p.95. 來自本書的引文以下用括弧註明頁碼。有關柏克的政治觀與美學觀的

關係，參見：Neal Wood, 'The Aesthetic Dimension of Burke's Political Thought', *Journal of British Studies*, no. 4 (1964); Ronald Paulson, 'The Sublime and the Beautiful', *Representations of Revolution* (New Haven, 1983); W.J.T. Mitchell, 'Eye and Ear: Edmund Burke and the Politics of Sensibility', *Iconology* (Chicago, 1986).

29 Althusser, 'Ideology and Ideological State Apparatuses'.

30 Sigmund Freud, *The Ego and the Id,* in *Sigmund Freud: On Metapsychology* (Harmondsworth, 1984), p. 360.

31 Mary Wollstonecraft, *Vindication of the Rights of Men* (Gainesville, Florida, 1960), p. 114.

32 同前引書，頁116。 [68]

33 Burke, *Reflections on the French Revolution*, p. 59.

34 同前引書，頁59。

35 同前引書，頁74。

36 同前引書，頁75。

37 引錄於：Kivy, *The Seventh Sense*, p. 9.

38 Thomas Paine, *The Rights of man* (London, 1958), p. 22.

39 Wollstonecraft, *Vindication*, p. 5

40 John Stuart Mill, *Essays on Bentham and Coleridge,* ed. F.R. Leavis (London, 1962), p. 73. [69]

第三章

康德的想像物

為什麼現代哲學屢屢回到知識論的問題？這是認知主體和被認知客體合演的大戲，它們這個分分合合、若即若離而令人滿心焦慮的故事，為什麼持續在現代哲學的舞台上成為主要戲碼？故事內容不外是兩個無法互相包容的夥伴，老是要凌駕對方之上，同時又無法擺脫對方的致命吸引力，因而在一次又一次的痛苦決裂之後，再度決定走到一起。

個人主體居然登上舞台中央，以自我指涉的方式重新詮釋世界，這是中產階級政治和經濟的實踐的邏輯結果。可是世界越是被主觀化，權傾一切的主體就會漸漸侵害了使他得以擁有支配地位的客觀條件。主體對於實在界的統治範圍越大，就會基於私利而把實在界相對化，使世界的實體（substance）消融為主體感官的東西。可是他也因而越加侵蝕據以衡量自身經驗的意義甚或實在性的種種客觀標準。主體必須體認自身的至高無上價值；可是如果在獨我論（solipsism）的觀點下，把量度價值的尺度都摧毀了，這種體認也無從獲致。如果世界逐漸消失，變成主體自己的鏡像，那麼主體還能凌駕於什麼「之上」？中產階級的主體在這種意義下是悲劇性地自食其果的怪胎：它對自我的肯定無可避免地反過頭來侵蝕了自我肯定的條件。詹明信（Fredric Jameson）寫道：

> 我們必須尋思這種異常狀態：在最人性化的環境裡，人類勞動、生產和轉化的最昭然若揭的終極產物，人在其中變得沒有意義，他的存在困境和自然（非人類的、和人類對抗的自然）的消

[70]

滅成正比，隨著威脅人類存在的事物越來越少，以及對於外在宇宙幾乎無止盡的控制，存在的困境就反而越來越大。[1]

某種客觀性是主體的條件，主體必須具有如物質事實一般的堅固性，可是它又不能以這種東西被定義。至為關鍵的是，世界證實了我的主體性；我之所以成為主體，正是因為我首先使世界存在。在侵奪了整個外在自然時，中產階級的主體驚愕地發現它也因此侵奪了自己的客觀性。

「客觀性」大抵上可以翻譯成以下的命令句：「你尊重我擁有的，我也尊重你擁有的。」他者不侵犯我而使我的客觀性得以成立，也因而使他自己得到自由和客觀性。令我的主體性得以確立的擁有物，在社會上就是我的財產，必須由客觀世界複雜的法律和政治制度來保障；但財產擁有權的主體性會反過來動搖這一切客觀條件，因為這些條件絕不可能具有像主體一樣的存在力量和存有學上的實在性。非主體的存在只能透過主體經驗的中介才能證明為真，卻又可能被自我消融，以致不知所終。在另一種觀點下，自我以外的一切，在一個以主體性為萬物尺度的世界裡，也同樣會被剝奪真實性。中產階級的主體需要某個「他者」，以確保主體的權力和財產並不只是幻覺，主體活動的意義也正是在於它發生在一個共享的客觀世界裡；然而這樣的他者性（otherness）也是主體無法容忍的，勢必被驅趕或埋葬。如果沒有被統治者，也就沒有主權，但被統治者的存在卻令統治者受到威脅。能證實主體的同一性的他者，難免會使主體處處受到掣肘；要劃定**你的**的界限（「離我的財產遠一點！」），就必須畫出我自己的界限，而那是不可能的任務。

沒有客觀標準，主體就只能以自身為唯一的價值，這就是現代人目空一切的膨脹（「我自己就是價值本身！」），同時也是苦惱的空洞吶喊（「我在宇宙裡孤獨無依！」）。這就是人文主義的兩面性：既熱中於權力的伸張，卻又四顧蒼茫地體認到它的空虛，兩者之間似乎沒有中間地帶。在這種情況下，康德奮力透過重建事物的客觀秩序，以修補休謨的經驗主義懷疑論對於主體性造成的創傷。但是由於無法回到無主體的理性主義，所以重建必須由主體出發。只能憑著大無畏的努力，從主觀主義的廢墟把客觀世界發掘出來，耐心重建，但在這個空間裡，主體雖然是以種種範疇（categories）構成的，卻仍然是大權在握。主體不僅擁有主權，而且不同於經驗主義裡被動的主體，它相當活躍，擁有宛如一個知識論的創業家一般的產能。重點是既要保存型塑世界的力量，又不致於顛覆了那保障其意義的客觀世界。於是康德從構成主體經驗的材質裡，發掘那些從主體指向物質世界的實在性的種種元素。**這個**主體的生產活動，因而保障了客觀性，而不是摧毀它；它再也不會鋸斷自己棲息的樹枝。

如果主體地位的本質是自由，那麼當中產階級的權力登峰造極，他們就似乎難逃自欺欺人的命運，因為自由在定義上就是不可知的。任何可知事物都必須具有規定性（determinate），而關於主體性，我們只能說它不是什麼。作為整個主觀與客觀世界的根本構建原則，無法以任何表象和形象呈現，由於它的獨特性，只能無聲無息的存在。如果世界是由可認知的對象構成的系統，那麼認識這些對象的那個主體，就不能是世界的一部分，就像（維根斯坦在早期哲學中所說的）眼睛本身不會是它視野裡的對象。主體本身不是置身在眾多對象當中而被思考的現象性實體；它是首先使對象呈現在眼前的，因而是在一個全然不同的領域裡游走。主體不是世界裡的一種現象，而是對於世界的一個超越性觀察點。當它置身於它所呈現的對象之間時，我們或許會驚鴻一瞥，就像《荒原》（*The Waste Land*）一詩裡走在你身邊的那個幽靈般的他者，當你想要直視它時，它就消失無蹤。我們若是注視著主體，那會是對於後設主體（meta-subject）的無窮回溯而讓人看得頭昏眼花。也許主體只能以否定的方式去表述：踰越或超越任何殊相而子虛烏有的東西。我們不能夠理解主體，但就像康德所說的崇高，我們可以理解它的「不可理解性」，那就是任何規定性（determinacy）的否定。原本處於整個系統的關鍵位置的主體，似乎被擠了出來，它既是源頭也是附加的東西，既是創造者也是廚餘。它既呈現了整個世界，卻又從自己的創造物被放逐，也無法從創造物演繹出它的存在；我們只能以現象學的方式說，一定有個東西，是表象要「對它」呈現的。主體統治並且操控自然，可是由於它的構造裡不包含任何物質性，它如何和低下的單純對象打交道，就成了一個奧祕。這個揮霍的構成力量既是深不可測的能力，似乎又很貧乏而否定性的，因為它處身可知領域的邊界。自由是中產階級秩序仰賴的生命氣息，可是它本身卻是沒辦法想像的。我們一想到用概念去圈住它，就只會抓住自己的影子；它偷偷溜到我們知識

[72]

的視域外面，讓我們撲了個空，只剩下外在自然界殘酷的必然性法則。「我」並不指稱任何一個實體，而只是實在界上面的的一個形式性的透視點，我們不知道一個統覺（apperception）的先驗統一體如何謫降到它在世界裡的平凡物質性存在。科學探索儘管是可能的，但是必須置身於探索的範域之外。能知和所知並不在同一個領域裡，儘管知識可以證明兩者的密切互動。

如果自由要發揮它的力量，如果主體要擴展它對於對象的殖民統治，在它們身上烙上它自己不可抹滅的存在的印記，那麼對於世界的系統性知識就是必要的，還必須包括對其他主體的知識。如果你對人類的心理法則一無所知，就不可能成為有效率的資本家；因此，統治階級要對主體瞭若指掌，而這就是「人的科學」。沒有知識就不可能有自由；可是知識和自由又很詭異地互為反命題。如果我為了我的自由而必須認識其他人，那麼他人也會認識我，如此一來，我的自由就會被限縮。我總是可以自我安慰說，別人對我的任何認知在定義上都不是我，和我的屬己存有是異質的，因為主體無法在客觀的表象裡被捕捉到。可是我贖回自由的同時，也付出了自由，因為我也失去了認識他人本質的可能性，而這種認知對我自身的發展恐怕是有必要的。

換句話說，知識在某程度上跟知識所要促進的權力對立。因為對「人的科學」來說，主體必須是可理解並且可預測的；可是這種認知透明度，跟資本主義試圖透過所謂人類無法理解的信念而把社會關係神祕化的做法背道而馳。正如浪漫主義意識到的，所有知識都包含一種隱祕的反諷或原始的矛盾：它必須同時掌握認知對象，又把它作為他者與之對立，承認對象有自主性同時又

[73]

要它屈從。所謂技術萬能，這種幻想其實包含著一個噩夢：以技術掌控自然，無異把自然消滅了，到頭來什麼也沒有掌控，又或者只是掌控自己的意識作用而已。所謂可預測性也有同樣的問題，那只是把社會現象獻給社會學祭司，恐怕會使得歷史被消滅。預測性的科學建立了中產階級歷史以進步觀主導的偉大故事，卻又毀掉了這個故事，因為它把所有貫時性（diachrony）都轉化為神祕的共時性（synchrony）。歷史作為風險、事業和探險，和中產階級最重要的認知僵持不下；歷史和科學的對立就像**愛神**（Eros）和**死神**（Thanatos）的對立一樣。所謂自由，就是計算競爭者的可能動作，同時確保自己不被自己的計算左右；但這樣的計算也可能導致競爭對手行為改變，而限制了他自己的自由計畫。心智無法掌握整個多變情勢；用康德的話來說，如果說這樣的知識是可能的話，它只不過是沒有透視點的知性的形上學幻想。某種盲目正是中產階級歷史的境況，他們的成功是奠基在對於其山雨欲來的後果視而不見。知識就是力量，可是知識越來越多，也就越有能剝奪你的欲望而使你變得無能。

對康德來說，所有對他人的認知都必然是純粹現象性的，永遠無法走近主體性的祕密根源。他人可以羅列我的欲望和愛惡，可是如果我不僅是個經驗性的客體，我就必定超越這些元素，超越所有經驗知識可能探測的東西。有些至為微妙的疑問是任何經驗探索無法解釋的：我的興趣和欲望怎麼會是**屬於我的**，也就是說，為什麼是我而不是你經驗到這種特定的渴望。關於人類主體的知識之所以不可能，不是因為主體曲折迂迴、複雜多變、沒有一個中心，因而無法看得通透，

[74]

而是因為認為主體是個認知對象的這個想法本身就是錯的。主體不是認知的可能對象，正如「存有」（Being）並不像一塊杏仁軟糖那樣可讓人認識的。我們認為能認知的東西，結果總是某種被我們精神化的東西，把它看作物質性對象，其實不過是對於事物的拙劣模仿或幽靈般的影像而已。正如德希達指出的，當康德在想像何謂人類自由時，他也暗地裡把這個最為非物質性的實在界想像為有生命的自然物。[2]主體絕對不會是認知的對象，也就是說它是某種虛無，而主體自吹自擂的自由也是一個空白而已。

當然，對於他人的現象性知識，其實可能足以讓我們基於私利而利用他人。但我們仍然覺得那不足以建構統治階級為其意識形態的凝聚力而需要的普遍主體性。為此，我們或許可以獲得某種近似知識的東西。這種擬似的知識就是我們所說的美感。對康德來說，當我們自然而然地在美感判斷裡意見一致，都認為某個現象是優美或崇高的，我們就是在實踐一種相互主體性（intersubjectivity）的可貴形式，在當下意識我們擁有共同的能力，因而凝聚成一個由感覺的主體組成的社群。這種美學意識不是認知，卻具有理性的某種形式和結構，因而既以一個法則的權威性、而又在更感性而直覺的層次上，把我們團結起來。把作為主體的我們凝聚在一起的，並不是知識，而是一種難以形容的感受的相互性。美感在中產階級思想裡如此舉足輕重，這肯定是主要原因之一。因為令人警惕的真相就是，在以階級劃分和市場競爭為特徵的社會秩序裡，唯有在美感裡，人類才能共同隸屬於一個緊密的**「共同體」**（Gemeinschaft）。在理論層面上，我們把他人當作對象去認識。在道德層面上，我們彼此視為自律的主體而認識和尊重，然而對於到底什麼是主體，則一無所知，而對於他人的感受也無助於這種認知。可是在審美文化的領域，我們能夠經驗到共同的人性，就像我們對傑出的畫作或雄偉的交響曲的反應一樣直接。弔詭的是，在生命看起來最私人、脆弱而不可觸摸的層面上，我們卻最能夠和諧共融。它既是極為樂觀卻又殘忍而悲觀的學說。一方面，「人類團結在主體的內心裡，而且是美感鑑賞力這種任性而飄忽不定的反應，這是何等奇妙的事」，另一方面，「如果人類的凝聚沒有一個比難以預測的美感鑑賞力更穩固的立足點，又是多麼讓人不安的危險狀態」。如果人類社群的責任都落到美感身上，那麼我們不免會質疑這樣的政治社會恐怕不是我們所要的。

當然，康德身處的政治社會，無論如何不是完全發展起來的中產階級社會；因此如果說他是中產階級哲學家，在某些人看來是不符史實的。可是在很多方面，他的思想卻預示了中產階級自由主義的理想，在這個正面而很有意思的層次上，他的思想可以說是烏托邦的。康德在專制體制盛行的年代，卻勇敢地談論終將摧毀該體制的那些價值；可是如果既主張說康德是自由思想倡導者，卻又忽略他的思想其實是揭露了新興中產階級的問題和矛盾，則是流於片面的奇怪說法。

如果我們嚴格說來沒辦法認識主體，那麼我們起碼可以安慰自己說，我們可以認識客體。可是很反諷的是，在中產階級社會裡，對客體的認知和對主體的認知一樣無法想像。如果說大家都知道康德把人類主體視為本體性（noumenal）而非現象性（phenomenal），因而不能從概念探

[75]

索，那麼我們也更明白康德其實也是如此對待客體，那個惡名昭彰的、諱莫如深的**物自身**（*Ding-an-sich*），偷偷溜出了我們的知識視域，那幽靈般的主體則從另一邊溜走。盧卡奇說，康德哲學裡的客體的這種不可知性，是「物化」的結果，也就是說，物質事物由於豐富的個殊性，相對於試圖涵攝它們的那些形式的、商品化的範疇，始終是異質性的東西。[3] 因此，它們必須被扔到不可知的「非理性」黑暗外域；思想只能徒然面對自己的影子。在這個意義下，**物自身**不是某種超越感知的事物，而是所有這類物化思想的物質性極限，代表了現實世界對它的無聲抗拒的微弱迴響。要讓物自身恢復為一種使用價值或社會產物，就必須揭示它是個被壓抑的社會全體，恢復被商品化範疇排除的種種社會關係。儘管康德無疑專注於物質性，但是在康德的體系**內部**，物質卻彷彿沒辦法免於被化約的命運；但是在某種矛盾的社會關係的形式下，這樣的物質卻衍生了康德整個體系的結構。

所以說，物自身是中產階級夢想中的「全體知識」的空洞意符（signifier），而由於中產階級本身支離破碎的活動，這個夢想始終無法實現。在認知行為中，主體禁不住要從它必然片面的透視點投射出去，幻想著可能有一種超越所有範疇的知識，卻使得主體只能得到貧乏的相對性知識。主體被一種瘋狂的知識追求欲（epistemophilia）箝制而焦慮不安，這種欲望既是其自我投射的邏輯性結果（整個世界一以貫之！），卻又可能會顛覆它。這樣的「形上學的幻覺」只會使主體無法專注於實際知識的正當任務，因為知識必須是從某個透視點開始的。「一方面，」盧卡奇

[76]

寫道：「〔中產階級〕漸漸掌控了他們的社會生活的種種細節，使它符合自己的需要。另一方面，它卻同樣逐步喪失了在思想上掌握社會整體的可能性，因而喪失了領導的資格。」[4]因此，中產階級在他們的支配力達到巔峰時，卻很耐人尋味地被他們自己創造的秩序遺棄，被夾在一個無法認知的主體和一個無法駕馭的客體之間。現實世界是非理性的，無法被主體駕馭，是知性範疇不得其門而入的無形蹤跡，範疇只是空洞而抽象的形式，而排除了某種粗糙的事實性。在這個意義下的範疇本身，是以商品形式被模塑的。在這種處境下，個人可以很犬儒地默認現實被化約為思想，因而承認主體性自身的侷限；但個人也可以追隨黑格爾，在心中讓物質性的客體休養生息。康德式策略為主體保留一個真實的環境，其代價卻是限縮了自身的權力；客體無疑是存在的，我們卻永遠無法完全佔有它。而黑格爾策略則是可以佔有客體，但是在什麼意義下是真正的「客體」，則令人困惑不安；主體的權力擴張了，卻也可能瓦解了原本保障其權力的客觀世界。

因此，美感再度對哲學伸出援手。因為在美感判斷的領域裡，我們掀開了客體原本真實而又完全向主體開放的部分，它是物質性的自然的真實片段，卻又欣然接受心智的陶塑。這些客體的存在儘管是偶然的，卻又神祕地呈現某種必然的形式，以只會背對著我們的物自身所沒有的優雅我們招手。也就是說，透過美感想像，我們在心醉神馳的片刻裡窺見一個沒有異化的客體的可能性，它跟商品正好相反，就像班雅明所說的「靈光」（auratic）現象，回應了我們的溫柔凝視，輕聲對我們說，它們是只為我們而造的。[5]然而在另一個意義下，這種形式化的、去除了感官性

[77]

的美學客體，作為各個主體之間的交流點，可以解讀為它所抗拒的商品性存在的一種精神性版本。

§

康德所說的全體性，從知性、自然和歷史被擠出來之後，就只能寓居於實踐理性的領域。對康德來說，道德的行為就是放下一切欲望、利益和偏好，使自己的理性意志等同於一個可以用來作為普遍法則的規箴。行為之所以是道德的，那是因為它超越了任何個別性質或效果，也就是在意志上服從普遍法則。重要的是要理性地意欲我的行為本身必須是目的本身。當我們行為是道德的，我們所意欲的東西就具有絕對而無條件的價值：那就是理性行為者自身。我們應該合乎道德，只因為那是合乎道德的事。[6]

自由而理性，簡單來說，就是成為主體，那意味著完全自決，只服從我自己定立的法則，把我和自己的行動視為目的而非手段。自由的主體性因此是個本體的事務，而不是現象世界。自由不能直接用概念或圖像去把握，它必須透過實踐而非理論去體認。我知道我是自由的，就因為看見自己的自由行為。道德主體處身於睿智領域而非物質領域，儘管主體必須時時以神祕的方式在現實世界裡把它的價值物質化。人生在世既是自由的主體，也是被決定的客體，受限於對於精神沒有影響的自然法則。就像佛洛伊德所說的主體（儘管是顛倒過來），康德的個人是徹底「分

[78]

裂」的。在佛洛伊德看來，表象背後的世界（潛意識世界）是完全被決定的，而在自我的「現象」領域裡，意志反而有一點微弱作用。在康德看來，物質世界和主體截然不同，它看來容不下自由；但它是自由主體的活動場所，主體在某層次上完全屬於它，在另一層次上卻完全在它之外。

因此，對康德來說，主體凡事自由又處處受到束縛；要解讀這種矛盾的社會邏輯並不困難。在階級社會裡，主體行使他的自由，不僅要對抗他人的壓迫，而且會聚合成為一種不知名的、無主體可言的因果關係，最終對主體構成一種命運或「第二本性」的重擔。馬克思以流暢的文字描繪的社會矛盾，就是康德無法在思想上跨越的障礙：

在我們這個時代，一切看來像包含著對立面。機器具備縮短並加強人類勞動力的奇妙力量，我們卻看到人類勞力的耗用無度以至枯竭。財富的新奇來源，像在奇異古怪的咒語下變成了欲望的泉源。藝術的勝利正是以性格的喪失為代價。人類宰制自然界的同時，又看似以同樣速度成為他人或自我的惡行的奴隸。甚至科學的純粹光芒也只能照亮無知的漆黑背景。我們所有的發明和進步看似為物質力量賦予知性生命，卻把人類生命貶為物質力量。我們面對一種敵對關係：一方面是現代工業和科學，另一方面是社會的困境和解體；我們時代裡生產力與社會關係的這種對立是個事實，清楚明顯、銳不可擋而無法改變。[7]

[79]

在這樣的情況下，自由勢必同時被視為主體性的根本條件，又是深不可測的東西，它是歷史的動力，不存在於物質世界的任何地方，它是所有行動的條件，卻無法在行動裡表現出來。因此，說也奇怪，自由居然是無法被決定的：如果一切都順理成章了，那麼我們就**必定**是自由的，可是這所發生的一切卻又是自由的否定，這就是康德哲學的兩面思考在社會關係上的對應。我的自由在於他人必須把我視為目的本身；可是我一旦擁有這種自律，我就會進而在現實社會世界裡剝奪他人同等的獨立性。因此，主體在本體界和現象界之間被拋來拋去，這兩個領域也隨之相互毀滅。就像**物自身**是現象知識之光照射下的陰影，鋼鐵般的必然性也是自由的祕密的陰暗面。我們並不是如康德所說的在兩個同時存在卻不相容的世界裡移動，相反的，我們在「本體」的自由鬼影幢幢的競技場裡的行動，也會在現象世界的囚牢裡不斷被複製。主體不是置身於兩個分割而判然有別的世界，而是在這兩個世界有如疑難般的（aporetic）交集裡，在這裡，盲目和洞見、解放和奴役是互為因果的。

麥金泰爾（Alasdair MacIntyre）主張說，康德等思想家所說的道德判斷之所以是完全形式性的，那其實是歷史的產物，在社會角色和關係都根深柢固的環境裡，道德問題變得無法理解。[8]在中產階級興起之前的社會裡，主體如何為人處事的問題，和他在社會結構裡的地位有密切的關係，因此對個人處身的複雜關係的社會學描述，難免會旁涉社會規範的論述。某些權利、責任和義務，都是內在於社會功能的，因此，社會學對事實的習慣性描述以及對於價值的倫理論述，兩者並沒有明確的區別。一旦中產階級的社會秩序開始把事實「實體化」，建構一種先於社會關係存在的人類主體，從前那種奠基於歷史的倫理就勢必陷入危機。我們再也不能從個人的社會或政治現實去演繹出個人的義務；新的論述因而誕生，一種實證主義式（positivist）社會學描述和倫理的價值判斷分道揚鑣。倫理規範因而處於自由漂浮的狀態，隨之產生各式各樣的直覺論（intuitionism）、決斷論（decisionism）或終局論（finalism）。如果說個人如何為人處事的問題沒辦法有個社會性的答案，那麼起碼對某些理論家來說，德行就必須是目的本身。「應然」（Sollen）的問題脫離了歷史行動和分析的領域，一個人必須那麼做，就只是因為他應該那麼做的。

[80]

這是說，道德向著美感作為目的本身（autotelic）的性質傾斜，同樣的，藝術作品在意識形態上也以倫理價值的自我指涉（self-referential）概念為模型。康德和浪漫主義者輕率地把道德美感化的做法沒有任何關係，他認為道德律是終審法庭，超越任何美的東西，儘管美在某種意義下是道德律的象徵。道德正確的事不一定令人愉悅；事實上，對於來自柯尼斯堡（Königsberg）的這位清教徒的智者來說，我們越是摒棄情感的衝動，在道德上就越加值得嘉許。可是就算道德律在內容上是徹底反美感的，也就是排除一切快樂、自發性、善意和創造力的滿足，只剩下義務的嚴苛律令，它在形式上卻仍然是模仿美感的。實踐理性是自律（autonomous）而以自身為依據的，自身就是目的，摒棄一切庸俗的功利，也不需要任何論辯。就像藝術作品一樣，法則和自由在這裡是合而為一的：康德指出，我們對道德律的順服，既是自由的，卻又受制於一種無法逃避的驅力。

在這種意義下，康德認為道德和美感有某種類比關係。雖然我們在現象界裡臣服於機械性的因果關係，但是我們的本體自我卻在這個領域後面或穿梭其間，編織出令人讚歎的藝術作品或壯麗詩篇，因為自由的主體在塑造自己的行動時，不是憑著機械性的因果關係，而是和目的論式的全體性（也就是「理性」）有關。真正自由的意志是僅僅取決於這種有生命的目的全體，順從其中的和諧統一性，在這個領域中，所有手段對於目的的工具性應對方式，都轉化為合目的性的或表現性的行動。任何人類行動既可視為受限於過去事件的因果關係，也直接展望未來的目的以及它們的系統融貫性（coherence），也就是說，既是現象性的事實（就前者的觀點）也是價值（就後者而言）。[9]在理性國度裡，手段和目的的和解也意味著由自由主體建構一個本體性的共同體，那是規範和人格的領域，而不是欲望和客體的領域，每個人都是目的本身，卻也因此被整合到一種完全可以理解的整體設計裡。如果說我們在某層次上是生活在物質歷史裡，在另一層次上卻是某種有生命的藝術作品的一部分。

康德在《純粹理性批判》（*Critique of Pure Reason*）裡說，如果我們試著從實然做過的事推論出應該做什麼的法則，那是至為可議的做法。因為事實是一回事，價值又是另一回事，兩者之間有一道鴻溝，既令人困擾卻不可或缺，這也是中產階級社會實踐和意識形態之間的鴻溝。事實

[81]

和價值的分別，同樣可以用來劃分中產階級的現實社會關係以及一個由自由理性主體構成的共同體的理想，在這個共同體裡，主體都視對方為目的本身而相互對待。價值不能衍生自事實，也就是不能衍生自一般的市場運作，否則結果就是最不可取的價值：自私自利、侵略性、彼此敵對。價值不能來自事實，因為意識形態不是為了反映既有的社會行為，而是把社會行為神祕化並且正當化。這樣說來，價值的確和那些行為有關，然而是一種選言的（disjunctive）、矛盾的關係：中產階級的理想主義和資本主義的生產方式之間存在著一種拐彎抹角的親緣性，那正是兩者最有意義的關係，因為前者既會認可後者也會使它解體。可是如果說兩者間的裂縫是不可或缺的，它也卻令人相當尷尬。我們說過，一種過於薄弱地植根於實際意志的意識形態，在政治上總是不夠牢靠，而康德的本體領域也有難以置信之虞。如果說它保護道德尊嚴抵擋市場機制，那麼它也只是把道德搬到遙遠而看不見的地方而已。自由是一切事情深層的本質，經驗卻無法觸及它。與其說它是世界裡的一種**實踐**，不如說是對於世界的超越性的觀點，它描述個人的境況，那個境況既作出種種區別，也使一切各安其位。它不能直接向我們呈現，意識形態其實就是某種感官的想像。康德因而需要一個中介的空間，讓感官經驗可以認識到純粹睿智（intelligibility）的秩序，我們將會看到，這正是美感的其中一種意義。

[82]

康德的道德律在性質上是商品式的。抽象、普遍而完全自我同一，就像商品一樣，理性法則是一個機制，在獨立的個人之間有效維繫對等的交易，以其同質化的命令，泯滅了個人在需要和欲望上的差異。康德的道德主體的共同體在某個層次上是對於現實的市場倫理的有力批判：世上沒有任何人應該從個人被貶為物。可是在其一般形式上，共同體看似是中產階級社會裡抽象而序列化的個人的理想化版本，個人的種種差異對支配他們的法則來說無關重要。在心理分析裡和這個法則相當的東西，那就是超越性的陽具意符。就像陽具意符一樣，道德律讓個人臣服於其下，但也透過臣服使他們獲致成熟的主體性。在康德的版本裡，它是吹毛求疵的律法或是所謂「以父之名」，是經過萃取的權威本質：它不是直接叫我們怎麼做，而是在耳邊吟誦著「你必須如此」。[10]它那充滿威嚴的目標，就是以它更高的律令說服我們壓抑自己的感官習氣；律法把我們和自然界一分為二，置換到一個超感官世界的象徵性秩序，那是純粹睿智而不是感官的世界。康德的主體因此處於分裂狀態：一部分持續糾纏於本能和欲望的現象界，是自我還沒有脫胎換骨的「本我」；而另一部分向上和向內到了更高的層次。就像佛洛伊德的主體，康德的個人同時處於兩個對立的領域，在其中一個領域裡為真的東西，在另一個領域裡則會被否定。每個人或許都有陽具意符，也都可以獲得理性的自由；可是在另一種意義下，並不是每個人都具有它，因為陽具式的理性法則並不「存在」。它是虛構的，是個人作為理性動物在為人處事時必須虛構的假設，卻沒有任何證據顯示它真的存在於世界上。康德的道德律是個物神（fetish），因而是人類團結的貧乏基礎，因為它在意識形態上捉襟見肘：為了使我的行為普遍化，我必須考慮到其他人，卻僅僅是在知性的抽象層次上，而沒有自然而然地感受到他人複雜的個別需求。康德很重視文化的角

[83]

色，認為它能改善個人的條件以遵守道德律的要求，但道徳律本身沒怎麼理會個人的具體文化生活。在這種情況下，政治和道德都無法滿足一種需要，都不能「促成個人在主體性的基礎上的團結」；[11]而美感正好能滿足這種需要。如果說，美感是存有者的重要指標，部分原因正在於道德和政治的實體化（reified）、抽象而個人主義式的本質。

§

實踐理性向我們確保自由是真實的；純粹理性卻永遠不能告訴我們自由是什麼。康德遺憾地指出，要解釋純粹理性怎樣才能付諸實踐，那超越了人類的理性能力。可是我們並未完全絕望，因為有一種方法可以讓自然界和理性和諧相處，有一種沉思方式，既遵守自然的經驗性解釋原則，也依循道德判斷的原則。有一種觀照自然的方式，使它在形式上似乎是合規律的，那至少暗示著自然的目的性，它的運作和於人類自由的目的是一致的。我們可以把世界看成某種神祕的主體或藝術作品，和人類主體一樣，由一種自決的理性意志支配著。《判斷力批判》談到判斷的美感模式和目的性模式，其中經驗世界呈現為一個自由的、合目的性（purposiveness）和有意義的全體，以及自我限定的自律，以順應實踐理性的目的。

美感使人愉悅，部分原因在於它讓我們感到「驚喜」——也就是慶幸能瞥見某些現象呈現一個合目的性的統一體，而那其實是無法從邏輯前提演繹得到的。它的產生看來出於幸運或偶然，因而不能涵括（subsume）在知性的概念裡，卻又「看似」可以放在在概念之下，「看似」自然而然地遵從某些規律，儘管我們說不上來那些規律是什麼。如果說沒有真正的規律能涵括現象，那麼我們瞥見的規律說不定就是直接鐫刻在物質形式上，而不能和其獨特的個殊性切割，是偶然或幸運的合規律性，在事物裡以直覺的方式向我們呈現，卻又不能被理論化。在純粹理性的運作裡，我們把個別事物納入普遍規律，讓特異性隱沒在普遍性之下；在實踐理性的運作裡，我們會把殊相置於普遍法則的一個概念之下。可是在美感判斷裡，我們會很微妙地感受到一種合規律性的全體，而它又和我們對於事物直接形式的直覺須臾不可分離。自然界似乎被知性無法理解的一種目的性賦予了生命；而這種目的有一種歡悅的歧義性，物體既看似遵守的定律，卻又服從於物體本身無法被化約的結構。

由於美感判斷不涉及任何確定概念，我們就大可不必理會客體的本質，甚至不管它是否真的存在。可是即使客體在這個意義下不涉及我們的認知，它還是和我們的一般認知能力有關，向我們開顯一種海德格所說的「前理解」（pre-understanding），也就是說世界是個我們原則上可理解的地方，它在確切的認知產生前就在適應我們心智了。因此審美的愉悅有一部分來自我們在瞬間感受到世界居然愉悅地順應我們的認知能力：我們用不著把感官雜多設法涵括到概念裡，光是這個涵括的一般形式可能性本身，就會使我們欣喜若狂。想像力創造了一個合目的性的綜合命題（synthesis），但不覺得需要理論的迂迴。即使美感不能給我們什麼知識，它卻告訴我們一種更

[84]

深刻的東西：在任何理論都沒辦法證明的情況下，我們意識到和世界是一體的，因為世界的整個設計有如奧祕一般地和我們的認知能力若合符節。我們無法證明它，因為我們對現實的底蘊一無所知。世間事物因應我們的目的而設計，那始終只是假設；但它是具啟發意義的假想，讓我們感受到一種合目的性、中心性和意義，而這正是意識形態的本質。

美感判斷因而是我們認知能力歡悅的自由馳騁，是對於概念知性的嘲弄模仿，是沒有指涉性的「擬似認知」，不會把任何對象視為可辨識的事物，愉悅地擺脫物質性的羈絆。它是介於知性的齊一性法則和混沌的無規定性狀態之間的中間境界，是呈現出一種微妙的規律性的夢想或幻想，但是表現為形象而不是概念。由於美感想像不需要透過規定性的思維，我們得以領略它那完全不受庸俗物質內容沾染的純粹形式，就如閱讀象徵主義（symbolist）的詩，我們似乎看到語言的純粹本質（eidetic）形式，而完全不必沾染特定的語意（semantic）實體。在美感判斷裡，我們就像用手抓著看不見的物體，不是因為我們要使用它，而只是陶醉在它的可掌握性，它的窈窕曲線似乎服服貼貼地滑進我們的手掌心，婀娜多姿的設計似乎正是要順應我們的抓握能力。

因此，我們以美感和目的論的觀點，對於物質世界產生歡悅的幻想，發現世界也許不是和我們漠不相關，而是尊重我們的認知能力的。就像康德哲學的一位評註者指出的：

如果人類能夠相信道德生活不僅是人生在世和他人攜手面對盲目而對人類不聞不問的宇宙，

[85]

> 直到他和他的種族灰飛煙滅，那麼道德努力就會有很大的誘因，人類精神會得到奧援。人類不能不理會這個可能性：他看似微不足道的努力追求道德完美，很可能和宇宙的目標一致。……[12]

現代性其中一種創傷，正好就是令人困擾的懷疑，認為世界與人無涉，因此人類的價值只能建立在人類自己身上，這種可怕的洞見可能使人驚恐而崩潰。人類因為明白了自身的獨特地位而洋洋得意，卻也很悲劇性地發現自己從任何和他友善互動的自然裡被放逐出來，也就是沒有一種對人有所回應的環境，向人類確認他的目標是正確的，因為他正是自然神祕的一部分。一種社會秩序如果顛覆了它的形上學基礎，它的意義和價值就可能被架空，和任何其他意義的結構一樣毫無理由可言；那麼這種秩序之下的成員又怎能信賴秩序的權威？以理論強行解釋人類自身的計劃，藉此拉攏實在界，或許是難以抗拒的誘惑。但正因為康德嚴謹地聲明他清醒而具有洞察力的實在論（realism），才沒有一股腦地栽進這種神話的路徑。這種思辨性的假設根本找不到理性程序的證明。

可是對於任何意識形態來說，看到現實世界對於它的價值漠不關心，其實是莫大的威脅。世界的這種頑固態度，勢必使這種意識形態的侷限暴露無遺；而意識形態要成長茁壯，就必須遮掩它的侷限，它有一種衝動要把自身永恆化和普遍化，使自身看起來既無父母也沒有手足。湯瑪斯·哈代（Thomas Hardy）的小說在十九世紀後期的英國引人非議，到頭來還是要歸因於他的無神論：他堅拒一個和人和諧相處的宇宙的慰藉。相反的，丁尼生（Alfred Tennyson）在《悼念集》（*In Memoriam*）裡奮力把一個沒有生氣的物質世界拉回適合它的想像空間裡，作為人類行動的盟友和支持力量。康德堅拒把「合目的性的宇宙」這種啟發式的虛構轉化為意識形態的迷思；但他也不能完全拋開這個想像向度，而那正是美感可以提供的一個空間。處於拉岡（Jacques Lacan）有名的「鏡像階段」（mirror stage）的一個幼兒看到自己在鏡裡的映像，就會在影像裡發現自己身體所沒有的完滿（plenitude），因而認為這種完滿是自身的一部分，而它其實只是屬於表象的東西。這就像當康德的鑑賞力主體遇到一個美的客體，他在它裡面看到統一性以及和諧，然而那其實是我們心智能力自由的嬉戲。兩者都是想像的誤認，雖然在拉岡的鏡像和康德的鏡像裡，主體和客體的角色剛好顛倒過來。康德的審美判斷的主體把自身的愉悅的協調能力誤認為客體的性質，在機械性的世界裡扮演一個具有理想化的統一性的角色，而類似拉岡鏡像階段裡自戀的幼兒。阿圖塞指出，這種錯誤認知是所有意識形態不可或缺的結構。[13]在意識形態的「想像物」或在美感鑑賞力裡，實在界似乎被全體化而具有合目的性，對於居其中的主體百依百順，儘管理論性的理解會殘酷地告知我們，這只是和主體認知能力有關的合目的性。我們在美感判斷中領略到的優美或崇高，其實不算是客體的性質，正如知性法則也談不上是自然的性質；在康德看來，那是我們把自身創造力所感受到的和諧歸到客體上，這就是佛洛伊德所說的投射作用（projection）。就像我們被迫把康德翻轉主體和客體地位的「哥白尼革命」顛倒過來看，賦予客

[87]

體本身一種能力和完滿，而（如果我們清醒一點的話）它其實只是屬於我們自身的東西。由客體產生的感知，完全在於它為我們產生什麼感知。可是這種理論性洞見不會推翻我們在想像上的投射，因為它並不臣服於知性；在阿圖塞的思想裡，「理論」和「意識形態」處於不同的平面，意指著不同的層次，不會互相干擾，儘管它們對於實在界提出兩個完全不相容的版本。阿圖塞認為，理論探討的社會結構迥異於個人主體，欠缺有生命的統一性，也完全不是以個人為「中心」；但這個結構如果要持續自我複製，就必須讓個人幻想世界在向個人「招手示好」，尊重個人的心智能力，像主體一樣互相對待；阿圖塞認為，意識形態正是要促成這種幻覺。而在康德看來，自然界也和一個有生命的主體迥然不同，可是它順應人類的知性，而從這裡跨出一小步，就可以到達那種愉悅的幻想（它也是融貫性的知識所必需的），認為世界是為人類的認知而**設計**的。因此，美感是個蒼白的願望，期望在一個日益理性化、世俗化和破除神話（demythologized）的環境裡，終極的目的和意義或許不會完全喪失。它是在理性化時代的宗教超越性模式，在那裡，看似在理性主義範疇以外的任意而主觀主義式的反應，現在都居於中心位置，也都被賦予本質形式的尊嚴。鑑賞力的那種**「不知所以然」**，原本在中產階級的理性裡只有殘餘價值，如今成為對這種思維的嘲弄模仿，成為了理性法則的諷刺。原本的邊緣現在成為中心，因為擬似超越性的直覺就是在邊緣裡被保留下來的，而沒有了它，中心也不可能成長茁壯。美感似乎代表著早期社會秩序的殘留感受；超越性的意義以及和諧的感覺，以及人類主體的中心性的感覺，在這裡依然活躍著。這類的形上學命題（proposition），現在都經不起中產階級理性主義的批判力量，因此必須以無內容的、沒有規定性的形式保存下來，它是感受的種種結構，而不是學說的體系。統一、目的和對稱，這些東西仍然存在，但是現在必須被丟到主體內心深處而遠離現象世界。然而這不是承認它們在現象界對我們的行為沒有影響力。因為如果假設現實世界對於我們的道德能力並不是漠不關心的，那就會使道德意識加速而新生，也賦予我們更美好的生活形式。在這個意義下，美是德行的助力，它從自然界這個看來不大可能的源頭，為我們的道德努力尋求支持。

可是，對於宇宙和我們自身的目的的若合符節，我們不應該高興得太早。因為在康德的美感裡，這一切都宛如出於巧妙的偶然。世界的多樣性似乎只是很幸運地對我們的心智能力百依百順；因此每當我們陶醉在這種看似預定的和諧裡，在自然的結構以及主體的結構近乎奇蹟的重疊裡，我們同時也很諷刺地意識到它只是機緣巧合而已。只有在美感裡，我們才能轉過身來，離我們自身的制高點遠一點，開始領略我們的能力和現實世界的**關係**，在一個驚奇的自我疏離的片刻裡，而後來俄羅斯的形式主義文學評論家，就是在這個基礎上建立起整個詩學。在知性的公式化和自動化的程序裡，我們不會有這種驚奇；相反的，在審美活動裡，我們的心智能力突然浮上檯面，使我們注意到它和自然界有多麼搭配。但我們也同時注意到它的侷限。我們罕見地經驗到自身的獨特觀點，那其實就是意識到它只不過是**我們的**觀點，因而是可以被超越的。在遇到美的時

[88]

候，我們隱約意識到心智對於自然的調適；可是在崇高狂暴地顯現時，我們強烈地回想起我們卑微的想像力的侷限，世界這個無限的全體也不是我們所能認知的。在崇高裡，「現實」本身，也就是事物永恆而不可掌握的全體，為一切意識形態、一切驕矜自大的主體中心性劃下警告界線，使我們感覺到不完滿以及欲望的缺憾的痛苦。

優美和崇高的作用，其實都是意識形態的本質向度。因為所有人文主義意識形態都有一個問題，那就是居於中心且令人安慰的主體，怎麼和主體不可或缺的敬畏和順服態度相容。人文主義把世界讓渡給主體的同時，也可能摧毀了「他者」使人類謙卑地各安其位的種種批評。崇高在某方面正好有懲忿窒欲的作用，把主體趕離中心位置，讓他驚覺自身的有限，意識到自身在宇宙的卑微地位，就像優美的經驗可以使主體昂首闊步一樣。而且，單純「想像物」的意識形態，對主體的欲望和它的卑微同樣構成威脅。康德所說的崇高，事實上是無窮欲望的無意識歷程，就像佛洛伊德所說的潛意識（unconscious）不斷地有種傾向，使可憐的自我被過度的欲望壓垮或淹沒。崇高的主體因而不再居於中心，掉進迷失與痛苦，承受自我同一性的危機和隱沒，可是如果沒有這種不受歡迎的暴力，我們就永遠不會跳脫自身，不會督促行動和成就；我們只會掉回想像力那個女性化的平靜封閉領域裡，羈押且懸擱我們的欲望。康德把崇高比擬為男性和武力，對於可能孳生怯懦和軟弱的平靜心態，它是很有用的對抗力量。意識形態不能使主體徹底跳脫中心而閹割了它的欲望；我們必須既勸誘又威嚇它，使得主體既不安又安心，既安穩地活在世界裡，卻又想

[89]

到我們真正的棲息處是在無限裡。優美和崇高的辯證（dialectic）的部分作用就在於達成這種雙重的意識形態效果。到了現在，那幾乎是一種司空見慣的解構性的（deconstructive）思想，也就是把崇高看作一個斷裂點或消失點，是對於形上學的確定性的顛覆；雖然這種觀點有其價值也相當有趣，它其實有著潛抑作用，使崇高沒辦法以一種意識形態的範疇去運作。

從心理分析的層面看，想像物則涉及類似嬰兒和母親的身體之間的特殊親密關係；在康德的美感表象裡，我們可以瞥見這個若隱若現的身體。從心理分析的角度去看，這個美的對象，不正是既獨特又普遍，完全是為了主體而設計，順應它的能力，如同康德耐人尋味的「消除一種缺憾」，使我們心滿意足，那是奇蹟式地自我同一的東西，雖然在感官上是個殊的，卻絕對不會使主體產生性欲。美的表象就像母親的身體，是理想化的物質形式，很安穩地平息了感性和欲望的衝動，而那是主體以其認知機能的自由運作愉快地察覺到的。美感主體的幸福感，就像是嬰兒在母親懷裡的幸福一樣，被一個無法分割的客體吸引著，這個客體既親密卻又不確定，洋溢著合目的的性的生命力，卻又有其可塑性，而不會妨礙主體自身的目的。

主體可以在這種離群索居的安穩環境裡休息，但只是暫時的。因為它要更上層樓，那才是真正的棲所，那是抽象理性的陽具法則，而超越了感性世界。為了達到相當的道德高度，我們必須奮力擺脫自然的母性快感，在崇高的莊嚴裡體驗到無限全體的感覺，那是我們薄弱的想像永遠無法比擬的。[14]可是就在我們俯首貼耳的當下，我們猛然回想起我們真正的無限性，而體認到全新

[90]

的狂喜力量。當想像力在創傷中被迫面對自身的種種侷限，它就會以一種否定的超越性的運動掙脫侷限，因而感到飄飄然而沒有羈絆，以否定的方式表現了道德理性的無限性。在崇高裡，道德和感性難得走在一起，卻是以否定的形式：我們感覺到理性如何無止盡地超越了感官，而我們的真正自由、尊嚴和自律有多麼「非美感」。在崇高裡，道德被「美感化」為感受，可是由於這個感受本身它又鄙視感官，因而也是「反美感」的。我們被拋到超出感官限制的境域，抓住某種超感官的模糊觀念，而那正是銘刻在我們心中的理性法則。我們在父權法則的壓力下的痛楚，隨著一種昂揚的感覺，超越了一切有限的存有者：我們知道崇高的表現正是理性的崇高在我們心裡的迴響，證明了我們絕對的自由。在這個意義下，崇高是一種反美感，它迫使想像力陷入極端的危機，把它逼到失敗和崩潰的邊緣，讓它以否定的方式去思索那超越想像的理性。就在理性的浩瀚無邊使我們不能自已的那個片刻，我們察覺到它銘刻在我們心裡的那個神祕莫測的東西。如果我們終於沒有理由要害怕父親懲戒式的陽具律法，那是因為我們都有著深藏在心裡的陽具。想像物的主體把戀物癖的力量歸因於客體，但是它必須清醒過來，消除這種投射，體認到這種力量是在他自身而不在客體。於是主體以對母體的戀物癖交換對於陽具律法的戀物癖，也就是在兩種絕對的自我同一性之間轉換。但是對於閹割的痛苦的屈從終究會得到回報，想像力得以在更高層次上重建：想像力覺察到他在崇高的表象裡感到害怕的無限性，其實就是他心裡的無限力量。這種使人怯步的全體性不是我們所能**認知**的，而主體的敬畏和謙卑也因而得以保存；然而它也是我們**感**

受到的東西，因而主體的自律性又令人滿心感激地得到確認。

在中產階級社會裡，生產的意識形態和消費的意形態之間存在一個難以化解的張力。前者通常令人不快，主體在鼓勵和訓誡下才會被動地工作。這個生產的世界從來都不是**為了**主體而存在的。但是消費的競技場則大不相同，在這裡，商品向個人「打招呼」，暗示著和個人有著特殊關係。「如果馬克思偶爾開玩笑談到的商品靈魂真的存在，」班雅明寫道：「它就是靈魂國度裡最引人矚目的，因為它把每個人都看成買家，要在買家的手和他的房子裡安頓下來。」[15]就像康德的美感對象，商品似乎是特別為我們的機能而設計的，它是為了我們而存在的。從消費的角度看，世界是特意為我們存在的，能安頓於我們掌心；從生產的角度看，世界則像是康德的自然界，是因果歷程和自主的法則運作的領域而與人無關。資本主義持續把主體放在價值領域的中心，只是在物質領域才使它偏離中心。我們可以在優美與崇高的辯證裡看到這種移動的軌跡。雖說「**物自身**」是主體無法觸及的，我們還是可以在美好的瞬間裡，把實在界表現為臣服於主體的力量之下，而優美也得以據此匡正這個異化（alienation）。雖說它可能使人驕矜自滿，但是崇高卻一直有著懾人的威力，而這種令人聞之喪膽的危險力量，又會因為主體歡愉地意識到那個力量其實就是它自身雄偉莊嚴的理性而冰銷瓦解。

[92]

康德在《判斷力批判》裡說，美感判斷既主觀而又普遍。因此，在康德的理論體系，它是一張百搭牌；事實上，在康德的用法中，除了把「美感判斷」看作一種矛盾修辭之外，我們很難有什麼其他解釋：怎麼會有個東西既是把個別事物涵括在知性法則裡的判斷，卻又只是一種感覺呢？康德說，美感判斷的語法形式其實是既誤導又有歧義的。譬如說「我是優美的」、「你是崇高的」，這個形容詞看似是謂詞（predicate），但其實是個錯覺：這個命題有個指涉性（referential）的語句形式，卻沒有實際效力。當我說「你是崇高的」，並不意味著我在你身上找到某種特質，而只是報告我自身的感覺。鑑賞力判斷看似是對世界的描述，其實卻是掩飾下的情緒（emotional）語句，一種偽裝成描述式語句（constative）的履踐式語句（performative）。這種措辭的語法形式和它的真正邏輯性質扞格不入。可是另一方面，你又不能把「X是優美的」解讀為「我喜歡X」，因為在康德看來，鑑賞力判斷是完全沒有利害關係的，不涉及個人偶然的偏好和欲望。這種判斷當然是主觀的，卻是**純粹地**主觀，體現了主體的本質，而不受個人偏見污染，「完全沒有任何據以分辨判斷者和其他人的必要條件」，[16]因而我們可以說它們是普遍性的。當主體超越了它一時的需要和欲望，真正的主觀判斷就會完全撇開分別人我的種種偶性（accident），而在所有個人之間產生直接的共鳴。因此，美感判斷可以說是「非個人而個人的」（impersonally personal），[17]是「沒有主體的主體性」，就像康德所說的「普遍的主體性」。作出美感判斷，就表示那種全然主觀的反應是每個人都必定會經驗到的，必定在所有人之間自然而然地產生共識的。

因此，我們可以說，在這個意義下，美感是意識形態的典範（paradigm）。因為意識形態的命題的獨特之處，就在於我們可以略帶誇張地一言以蔽之說，其實並沒有意識形態命題這種東西。就像康德所說的美感判斷，意識形態的語句在指涉性的形式裡隱藏著基本上是情緒性的內容，看似描述世界，事實上卻是描述說話者和世界的關係。這並不是暗示說意識形態的論述其實不包含可判定真偽的指涉性命題，只是說那並不是意識形態最獨特的地方。意識形態事實上在重要層面上包含很多錯誤的命題，例如主張說亞洲人比歐洲人低等，又或說英國女王英明睿智；但它們之所以是意識形態，並不在於這些命題是錯誤的，因為不是所有錯誤的命題都是意識形態的，也不是所有意識形態的述句都是錯誤的。這些錯誤的命題之所以構成意識形態的要素，那是因為它們之所以犯錯的那個**動機**：它們暗藏著和社會權力的產物有關的情緒態度。而許多恰巧為真的意識形態語句也是如此，例如主張說英國女王有多麼認真而全心全意地履行職務。意識形態當然不能以錯誤的命題為其特質，那不是因為它的錯誤其實沒有那麼多，而是因為它根本和命題性（propositionality）無關。它是關乎願望、詛咒、恐懼、敬畏、欲望、詆毀等態度，是一種**履踐式**論述，就像康德的美感判斷，並不奠基於真偽的概念範疇，雖然它和這些範疇牽涉甚深。「愛爾蘭人比英國人低等」，這句話是偽裝成指涉性質的加密祈使句，其實就是「打倒愛爾蘭人」的意思。這就是為什麼你很難拿這個句子跟人家爭辯。

[93]

康德所說的審美跳過了概念，讓具體的殊相直接和某種普遍法則接上線，而這種法則是無法表述的。美感領域和純粹理性以及實踐理性的領域不同，在美感裡，個體不是透過抽象而成為共相，而是以其個殊性而舉揚為共相，自然而然地以其表象體現它。「在美的現象中，不可思議的事發生了：在默觀美的時候，每個主體仍然是它自己，完全沉浸在它自身的境界裡，卻又同時解消了所有偶然的個殊性，體認到自己承載著某種整體，而不再屬於『這個』或『那個』感覺。」[18]意識形態觀點也相當類似，它既完全屬於我的，又是完全不涉及主體的真理，它既是主體內心重要的構成部分，有時候主體會為之生為之死，但它又是某種普遍法則，儘管這種法則看似自明地鐫刻在物質現象之上，因而沒辦法加以理論化。在意識形態和在美感裡，我們都停留在事物本身，所有具體的物質性都保存下來，沒有被解消在抽象條件裡；可是這種物質性，這種無法複製的獨特形式或整體，卻很神祕地有一種舉世皆然而難以抗拒的邏輯。意識形態和美感是那個無規定性的（indeterminate）領域，介於經驗和理論之間，在這裡，抽象性質看似洋溢著無法化約的獨特性，而偶性的殊相則被提升到擬似認知的位階。主觀經驗零散的偶然性被賦予了法則的約束力，但這種法則無法抽離經驗而認知。意識形態總是不停地要超越具體事物而探索某個有爭議的命題，但是那個命題總是難以表述，終究還是回到事物本身而消融在其中。在這種獨特的存有條件下，個別的主體成為了某種普遍的、無法逃避的結構的承載者，這種結構並且在主體上留下烙印，成為了主體的同一性的本質。從某個觀點來看是和個人完全無關的止義，從另一個觀點來

[94]

看，卻不過是「偶然」的感覺而已；但這種「偶然」卻是可避免的。意識形態一方面是「誰都曉得」的東西，是一大堆褪色的格言；但這種量身訂作的標籤和陳腔濫調的大雜燴，卻能深深觸動個人獨特的同一性的根源，而足以唆使主體殉道或殺人。

根據康德的觀點，把「X是美麗的」這個述句解讀為「我喜歡X」，那並不正當，同樣的，把「愛爾蘭人比英國人低等」這個命題解讀為「我不喜歡愛爾蘭人」，也顯然不恰當。如果意識形態只涉及這種附帶的偏見而已，那就無疑比較容易推翻。以修辭把情緒語句轉化為指涉性的語法形式，其實暗示著某些態度既「僅僅是主觀的」又是必然的。在這個意義下，說也奇怪，康德的美學讓我們更容易以唯物論的角度去理解意識形態。美學界定了第三種領域：介於不一定涉及主體性的理論理性的命題（「二加二等於四」）以及反覆無常的偏好之間。由於我們心智機能的不變本性，康德認為，某種主觀判斷必然會得到他人的普遍認同，因為這些判斷都是出自我們共同的能力的純粹形式操作。在某些物質條件下，我們都會認為，某些主觀反應必然具有普遍有效的命題的約束力，這就是意識形態的領域。

在美感判斷裡，指涉物（referent）的本質或其存在都無關宏旨；正如意識形態基本上也無關乎特定觀點的真偽。真正在審美裡顯現的客體，只是一個使我們心智能力歡愉地協調一致的機緣。鑑賞力的普遍性質不能來自客體，因為那是純粹偶然的，也不是出自主體的任何特定欲望或愛好，因為那一樣也很狹隘；因此它必然出自主體本身的認知結構，而那應該是每個人都相同

[95]

的。因此美感的愉悅有一部分是由於我們體會到，身為人類主體，我們的身體構造本來就是和諧一致的。那就像是說，在任何具體的對話或論辯之前，我們就已經達成了一致看法，**被模塑成**一致的心態；而審美就是這種純粹無內容的共感的經驗，我們自然而然地和他人莫逆於心，卻不一定意識到我們一致同意的指涉對象是什麼。一旦我們放下特定的概念，使我們感到愉快的，就只剩下是一個超越一切庸俗功利的普遍的團結，那是一種**「共感」**（*sensus communis*）；在康德的論述中，和它對立的是**「意見」**（*doxa*）或大眾見解，那是零碎的、未經思索的偏見和意見。假如當時就有「意識形態」一詞，說不定康德會用它指稱這種**意見**；但是**共感**則是純粹化的意識形態，並且普遍化而納入了反思，是意識形態的理想化騰升，超越一切派系偏見或習慣性條件反射，而有點神似理性本身。中產階級為了確立自己成為握有普世價值的階級，不能僅僅是提出零碎的做人道理：他們的主流意識形態必須同時彰顯理性事物的普遍形式以及感性直接事物的必然（apodictic）內容。

對康德來說，美感判斷本質上意指一種利他主義（altruism）的形式。在回應藝術作品或是自然美的時候，我會擱置自身偶然的愛憎而設身處地地以普遍主體性的角度作判斷。描繪乳酪的靜物畫之所以美，不是因為我碰巧愛吃乳酪。在這個意義下，康德所謂的美感對階級社會既提出挑戰也加以肯定。一方面，美感判斷超然忘我的無私和康德所說的「粗野的自我主義」對立，那是社會生活裡常見的自私自利。美感的相互主體性暗示了一個由眾多主體組成的烏托邦共同體，以

[96]

其存有的深層結構團結在一起。在這個意義下，對康德來說，文化範域有別於政治範域，政治只是個人為了若干目的而呼群保義的外在工具性形式。這種外在性的團結終究要有強制力（coercion）的支撐：康德認為，如果沒辦法強制推行若干公共準則，那麼社會生活終究會崩潰。相反的，文化範域是一種非強制性的共識範域；美感判斷在本質上是勉強不來的。因此「文化」以公民最血濃於水的主體性為基礎，促使他們心悅誠服地團結在一起。在這個倫理和美感的層次上，「沒有任何人只是一種手段，所有人都是目的本身，每個人都體會到他對整體的可能性的貢獻，因而會以整體的觀念去界定自己的地位和作用。」[19]政治侷限於公共的功利行為，不同於在美感判斷裡「作為兼具理性和感情存有者的主體，以內心的、個人的方式團結起來」。[20]如果說文化隱約勾勒出一種非宰制式的（non-dominative）社會秩序的輪廓，那麼它就是把現實的宰制性社會關係加以神祕化和正當化。現象界和本體界之間的分界可以說政治化了，設定為社會生活內部本質性的裂縫。康德高度形式主義（formalistic）的倫理學最終無法衍生出任何獨特的政治理論，頂多就是傳統自由主義的老調重彈；儘管這種倫理學提出一種每個主體都是目的本身的夢想式共同體，但是終究太抽象了而無法讓人真正體驗到這個理想。唯獨美感才有辦法；可是它同時又會複製它原本要抗拒的那種社會邏輯。康德那個無私的美感判斷者，抽離了所有感官動機，在某種意義下，就是市場上那個抽象的、序列化的主體的精神化版本，正如商品的同質化，它也徹底泯除了自己與他人的差異。鑑賞力正如商品交易，所有個體都可以無差別地進行交換；文化

[97]

也變成了它本來要解決的問題的一部分。

§

正如傅柯在《物體系》（*The Order of Things*）裡指出的，批判哲學和意識形態的概念在同一歷史時刻誕生。[21] 可是就如傅柯所說的，「意識形態的科學」的創始人狄崔西（Destutt de Tracy）安於表象的探索，耐心地研究其中的組織法則（狄崔西說意識形態是「動物學的一部分」），而批判哲學創始人康德則是把它擴及於純粹現象以外，探討這些表象的先驗（transcendental）條件，而探索的對象也就是可表象性（representability）本身。結果浮現的是既有啟發性也叫人警惕的矛盾真相，也就是一切值得珍惜的事物都在表象之外。如果說它使有價值的東西不致屈服於像蘋果或扶手椅那樣的被規定的狀態，那麼它也會使人類主體的本質變得空洞。如果自由終究是無法表象的，而意識形態本身就是表象的問題，那麼它該如何行使其意識形態的力量呢？因此我們要想辦法在經驗世界裡不以化約的方式去想像這種自由，而這就是康德所謂的美感的一種作用。審美就是在低層次的世界反映更高層次的事物；在那兒，那些最終完全擺脫表象的東西，正如崇高向我們暗示的，卻竭盡所能地找到感官的體現或類比。人性會窺見它的雪泥鴻爪，而優美和崇高也毫不費力地補其不足。

我們看到康德的美感發揮了多種作用。它以想像的方式把人類主體放在一個有人性而合目的的實在界的中心地位，從而使人類歡悅地感受到自身的內在融貫性，也因而確認自己的倫理主體地位。然而它並沒有停止規訓和懲戒主體，一再提醒主體說，敬虔而順服地意識到世間的無限性才是他真正的歸宿。美感又使人類之間有一種自然的、直接的而勉強不來的共識，提供一種感情的團結，而超越社會生活的疏離。美感也使個人以直接經驗認識對方，以一種具體個殊性的論述，它既具備理性法則的不容懷疑的形式，卻沒有那種討厭的抽象性。美感使個別性和普遍性神祕地融合起來，而不必透過概念性的中介，因而以領導權而非暴政的方式，在天生感性的身體上銘刻了一個普世的律令。最後，美感更提供了一個完全自決的自律形象，在其中，原本有條件限制而被規定的自然，有如煉金術一般地變身成合目的性的自由，而鋼鐵一般的必然性也奇蹟地搖身成為絕對的自我立法。美感因而為個別的主體和社會秩序提供了一個意識形態的典範，因為美感的表象正是一個**社會**，其中每個成員也構成了每個其他成員合目的性的存在的條件，也在這個幸福的全體裡找到自身的立足點。

[98]

就這種理論而言，你很難不因此認為，有關美感和意識形態的關係的傳統論辯，都可以說是多此一舉，不管把說它是一種反映、產物、超越、疏離等等。從某種觀點來看，美學「就是」意識形態。然後如果因而主張說，我們面對的種種對立，包括自由和必然性、自我和他人、精神和自然界等，都可透過美感得到和解，那麼我們會很沮喪地承認這種和解無異於緣木求魚。能夠成功調解社會矛盾的審美活動，就像馬克思挖苦地指出的，中產階級根本不屑一顧。對他們來說，重要的不是**藝術**本身，而只是**美學**；阿多諾在一九七〇年就提到，「今天，美學漸漸淪為藝術的訃告而無力扭轉」，[22]其中值得商榷的就只有「今天」這個語詞。事實上在啟蒙時期就產生了雙重的置換（displacement）：起初是從文化生產置換為藝術作品的特定意識形態，接著則是置換成一般性的意識形態。統治階級需要的顯然不是像狄崔西所說的「觀念的科學」這種死氣沉沉的主知主義（intellectualist）的東西，而是意識形態實踐的理論，一種概念不得其門而入的直接性結構。如果說意識形態基本上是感覺的問題，美感就可以比動物學更有效地模塑它。如果把直接的東西形式化，那只會弄巧成拙，如果「意識形態理論」本身就是個矛盾修辭，那麼藝術本身的奧祕性就是關於這種不可能性的最佳寫照，它是個既有規律又沒有規律的領域。

然而，我們沒有理由假定「意識形態」總是個貶義的語詞，而美感則總是站在社會壓迫的那邊。康德為了對抗奠基於自我主義和欲望的社會哲學，提出一個「目的王國」的宏大願景，並在美感的自由和自律裡中找到人類可能性的一個原型，而迥異於封建社會的專制主義以及自私自利的個人主義。如果這種相互尊重、平等和仁慈的可貴理想無法在物質現實世界實現，如果那是我們只能心裡一再排練而無法實現的理想，這可不是康德要負責的事。

在這種大膽的願景裡，馬克思從內在批判找到了立足點，探討為什麼這個自由和道德尊嚴的夢想，到頭來卻重蹈暴力和剝削的覆轍。「在藝術，一如在其他地方，」阿多諾在談到觀念論的美學時寫道：「只有出於自律的主體的事物才值得我們尊重。然而對主體而言有效且為真的東西，對非主體的他者卻既不有效也不為真；對主體來說是自由，對非主體則是不自由。」[23]康德急著為這種兩難提出的解決方案，就是把主體一分為二，把自由藏在深不可測的地方，使得自由雖然不可侵犯卻也無用武之地。現實和理想之間的這種決裂，對意識形態始終是尷尬的處境；而這有待黑格爾後來以辯證法把兩個領域拉在一起。

注釋

1 Fredric Jameson, *The Political Unconscious: Narrative as a Socially Symbolic Act* (Ithaca & London, 1981), p. 251.

2 Jacques Derrida, 'Economimesis', *Diacritics* 11:2 (1981). 平心而論，康德毫無疑問會認為，用現象性的語言表述非現象領域的事物，是完全無可避免的。

3 Georg Lukács, *History and Class Consciousness* (London, 1971), pp. 114-34; Lucien Goldmann, *Immanuel Kant* (London, 1971).

4 Lukács, *History and Class Consciousness*, p. 121.

5 Walter Benjamin, *Charles Baudelaire: A lyric Poet in the Era of High Capitalism* (London, 1973), p. 55.

6 Charles Taylor, 'Kant's Theory of Freedom', *Philosophy and the Human Sciences*, vol. 2 (Cambridge, 1985).

7 Karl Marx, *The People's Paper* (19 April 1856). 有關康德的政治觀，參見：Howard Williams, *Kant's Political Philosophy* (Oxford, 1983).

8 Alasdair MacIntyre, *A Short History of Ethics* (London, 1967); A. MacIntyre, *After Virtue* (London, 1981).

9 Ernst Cassirer, *Kant's Life and Thought* (New Haven & London, 1981), pp. 246-7.

10 佛洛伊德認為康德所說的「絕對律令」（categorical imperative）概念「直接繼承自戀母仇父複合情結」，參見：Sigmund Freund, 'The Economic Problem of Masochism', *Standard Edition of the Complete Psychological Works of Sigmund Freund*, ed. J. Strachey (London, 1955-74), vol. XIX, p. 169.

11 Salim Kemal, *Kant and Fine Art* (Oxford, 1986), p.76.

12 H.J. Paton, *The Categorical Imperative* (London, 1947), p. 256.

13 Jacques Lacan, 'The Mirror Stage', *Écrits: A Selection* (London, 1977); Louis Althusser, 'Ideology and Ideological State Apparatuses', *Lenin and Philosophy* (London, 1971).

14 有關崇高值得參考的論述：Thomas Weiskel, *The Romantic Sublime* (Baltimore and London, 1976), Part 2; Gilles Deleuze, *Kant's Critical Philosophy* (Minneapolis, 1984), pp. 50-2. 有關康德美學的其他論述：Donald W. Crawford, *Kant's Aesthetic Theory* (Madison, 1974); F. Coleman, *The Harmony of Reason* (Pittsburgh, 1974); Paul Guyer, *Kant and the Claims of Taste* (Cambridge, Mass., 1979); Eva Schaper, *Studies in Kant's Aesthetics* (Edinburgh, 1979); P. van De Pitte, *Kant as Philosophical Anthropologist* (The Hague, 1971). 以下二文是對康德美學的負面批評：D.S. Miall, 'Kant's Critique of Judgement: A Biased Aesthetics', *British Journal of Aesthetics*, vol. 20, no. 2 (1980); Karl Ameriks, 'Kant and the Objectivity of Taste', *British Journal of Aesthetics*, vol. 23, no. 1 (1983).

15 Benjamin, *Charles Baudelaire*, p.55.

16 Ted Cohen & Paul Guyer, Introduction to Cohen and Guyer (eds), *Essays in Kant's Aesthetics* (Chicago, 1982), p. 12.

17 同前引書。

18 Cassirer, *Kant's Life and Thought*, p. 318.

19 Kant, *Critique of Judgement* (Oxford, 1952), Part 2, p. 23n.

20 Kemal, *Kant and Fine Art*, p. 76.

21 Michel Foucault, *The Order of Things* (New York, 1973), chapter 7.

22 Theodor Adorno, *Aesthetic Theory* (London, 1984), p. 5.

23 同前引書，頁92。

第四章

席勒和領導權

康德的徒子徒孫很快就明白，康德在認知和美感判斷之間涇渭分明的二元性裡有著自我毀滅的種子。因為如果審美指稱一個客體如何指涉一個主體，那麼就如康德承認的，它必然呈現為我們所有知識的一個環節（moment）。我們對於自然的所有探索，必然假定自然的結構符合或「尊重」我們的認知能力。康德在思想上的「哥白尼革命」，把人類主體放在世界的中心，因此自然而然地求助於美感，使得整個經驗世界不會是邊緣的、不必要的或補充性的。代表著認知能力的和諧的美感愉悅，其實也是所有經驗認知所需要的和諧。因此如果說審美是我們其他心靈活動的「補充」，那麼以德希達的邏輯來說，它其實更像是心靈活動的基礎或預設條件。就如德勒茲（Gilles Deleuze）所說的，「要不是所有能力都能實現〔審美的〕自由主體性的和諧，任何個別能力絕不可能扮演立法和決定的角色。」[1]

正如麥克穆瑞（John MacMurray）指出的，對康德來說，創造性的想像是所有知識的根源；而這意味著康德所說的知識在某種意義下一直是虛構的。[2]可是，認知在起點上的美感化傾向必須受到嚴格控制，否則理性就會流於浪漫主義的氾濫成災；而康德所說的審美不涉及確定的概念，除了說明美感的獨特運作模式，也保護理性免於這種胡亂的模仿。此中的危險在於把那些使心靈滿足的事物認定為真理，正如在倫理範疇把創造力的實踐誤認為善行。對於如清教徒一般謹小慎微的康德來說，這種快樂主義（hedonism）至為可厭：真理和善行不能輕易獲致，必須律己以嚴，付出努力。可是就實踐理性的絕對自決以及以自身為基奠的本質而言，它很類似某種「美

[102]

感」現象；因此其他人總是可能把這兩個向度混為一談。對中產階級社會來說，美感因而是個危險的矛盾對象。一方面，美感是以主體為中心的、普遍的、自然產生共感的、親切的、和諧的以及合目的性的，能充分滿足中產階級社會的意識形態需求。另一方面，在這些功能之外，它卻可能流於失控，因而顛覆了理性和道德義務的基礎。美感鑑賞力在某個層次上是和真理以及道德涇渭分明的，而在另一層次上卻是真理和道德的基礎。現在是解構的時候了，若干浪漫主義也得以把整個實在界美感化。中產階級思想面對一個艱難的抉擇：為了保存理性而把一個在意識形態上大有作為的模式給邊緣化；或者是為了培養美感而損害了真理和道德。

我們也許可以說，席勒的《美育書簡》（*Letters on the Aesthetic Education of Man*）既朝著這種解構踏出了大一步，卻仍然停留在康德的探索範圍。如果說康德把自然和理性劃分得太決絕了，那麼席勒對美感的定義，則是讓它在原始的感官和崇高的理性之間扮演銜接或過渡的角色。在所謂的「遊戲的驅力」（play drive）的形式下，美感的狀態調解了「感官的驅力」（sense drive）（善變、混亂以及貪著的感官和欲望）以及「形式的驅力」（formal drive）（康德所說的主動的、具塑造力而恆常不變的理性）。席勒寫道：

> 〔感官的驅力〕堅決以絕對的實在界為依歸：〔人類〕把一切單純的形式轉化為世界，從而徹底彰顯其潛能。〔形式的驅力〕以絕對的形式性為依歸：人類在心裡摧毀一切僅僅屬於世界的

東西，為他自身的一切變化賦予一種和諧。換句話說，人類把心裡的一切外在化，而為一切外在於他的東西賦予了形式。[3]

調解感官和精神、物質和形式、變化和永恆、有限和無限的，正是審美作用，一個被席勒完全人類學化的知識論範疇。

可是美學只是通往非感性的實踐理性律令的過渡階段或通道，作為康德忠實追隨者，席勒完全認同這點。他不可能會因為把真理和道德美感化而消滅了它們；它們始終是人類最崇高的目標，但是在對於人類的感官本性的要求方面顯得太專制或麻木不仁。我們可以把席勒的論述解讀為基本上使康德理性的律令式「超我」軟化了，這個馴化有其意識形態上的必要性。如果理性老是和身體交戰，又怎麼立足於人生經驗？「理論」又怎能變成有血有肉的「意識形態」？席勒提出這個論點時，腦海裡有法國革命黨人「恐怖統治」的陰影，這或許可以解釋為什麼他相信抽象理性需要有一點憐憫的節制，但他面對的意識形態兩難更具一般性的意義。用葛蘭西的話來說，如果理性要風行草偃，就只能透過合意而不是威逼；它必須和它所征服的感官攜手建立領導權，而不是殘暴地踐踏感官。康德的自然和理性的二元性使得意識形態的重建陷入短路，不知道怎麼從一個領域跳接到另一個領域。而席勒則體會到，絕對的倫理誡命只會和中產階級本性裡的庸俗功利心態僵持不下，因此這些誡命必須更寬容而放輕鬆一點，而美感正好可以發揮這個困難的雙重作用。但是我們會看到，對於從自然過渡到理性的問題，這個做法其實是即遮即照的。

美感是感官和欲望的漸次去蕪存菁，它成就了一種解構：它推翻了「感官驅力」的殘暴統治，不是透過外在命令，而是從內部著力。「以美感調節心靈，理性的自律就在感官範域裡展開，感官的統治從內部瓦解，屬血肉的人不斷地刮垢磨光，只要依循自由的法則，就可以從屬血肉的人發展成為屬靈的人。」（163）在美感的領地裡，人類必須「在物質的領域裡對物質宣戰，也就不必在自由的神聖領土上和可怕的敵人角力」。（169）換句話說，如果理性從自然內部著手腐蝕且昇華它，就更容易掌控這個感性的自然；精神和感官之間的美感式互動正好有此功能。在這個意義下，審美基本上是在執行前置作業，著手拆除感官活動的原始材料的引信，使它們順服於理性。在審美活動裡，理性則順從感官，把它們刻在心裡，像在敵營裡布建內應，為了攀上更高的善和真理作準備。否則，人類作為沉溺於欲望的動物，面對理性的命令難免會悻悻然，覺得它專橫武斷而拒絕服從。席勒深深體會到康德以「義務論」（deontology）為基礎的道德命令，並不是馴服頑強的物質世界的有效意識形態機制。康德所說的義務，就像偏執狂的獨裁君主，不相信民眾會出於本能地服從他。這個吝嗇而猜忌的獨裁者因而必須博得人民的同感，才能鞏固他的領導權：「義務是必然性的聲嚴色厲的訓斥，它必須語調溫和一點（因為語調取決於抗拒心態的程度），它必須更加尊重自然，相信自然會對它心悅誠服。」（217）義務必須更加深入人的習性：如果唯有犧牲本性才能成就道德人格，那麼後者就是有缺陷的，就像「如果唯有

[104]

壓抑多元性才能成就團結，那種政體會很不完美」。（19）這種政治上的暗示十分貼切，因為對於席勒來說，「感性驅力」無疑會直接喚起嗜欲甚深的個人主義。這是他所說的沒有教養的「野蠻人」，「追求自身利益，卻根本沒有自我；沒有法度，也沒有自由」（171），這並不是什麼外邦的部落民族，而是德國中產階級的販夫走卒，他們在森羅萬象的自然裡只看到自己的獵物，要不是以過度的欲望吞噬任何碰到的對象，就是當對象構成威脅時瘋狂地把它扔到一旁。「感官的驅力」也代表無產階級，他們只有「粗野而無法無天的本能，隨著公民秩序的廢弛而爆發，以狂放不羈的行為滿足自己的動物本能」。（25）

席勒所說的「心靈的美感化調節」（aesthetic modulation of the psyche），事實上代表了意識形態在根本上重建的宏圖。審美作用是以往被遺漏的中介，它所調節的，一方是沉溺於單純的欲望的野蠻市民社會，一方是秩序井然的政治國家理想：「人類要實際解決政治的問題，只能透過美感尋求答案，因為只有透過美，人類才能走向自由。」（9）所有進步主義的政治，如果不能循著心靈探索之路處理人類主體性的轉化，就必然像雅各賓黨一樣垮台。在這個意義下，席勒所說的「審美作用」就是葛蘭西所說的「領導權」的變調，這兩個概念都是隨著革命希望的悲慘幻滅而誕生的政治思維。唯一站得穩的政治學，看來必須植根於重新建構的「文化」和革命化的主體性。

審美作用不會直接使人類得到自由、合乎道德或謹守真理，卻可以讓人類隨時接受和回應理

[105]

性律令而朝這些方向進發：「雖然這種〔美感的〕態度本身不能對我們的洞見或信念造成任何決定性的影響，我們的知性和道德仍然充滿疑問，它卻是我們形成任何洞見或信念的先決條件。一言以蔽之，把感性的人變成理性動物的唯一方法，就是先把人變成審美動物。」（161）席勒不安地意識到這可能使理性屈從感官表象，因而破壞理性的自我確認能力，於是他迅速回歸康德的正統觀念：「真理和義務不能憑自身之力對感性的人產生效力嗎？我必須回答說：它們不僅能夠，而且肯定必須本身就具有這種決定性能力……。」（161）美感賦予了思考和決定的**權力**，在這個意義下，它是真理和道德的基礎；可是它不會實際干預權力的行使，那基本上是自決的。審美使思想和行動有所交集，但對於兩者交互作用的結果卻沒有決定權；它絕對不會越俎代庖地搶占理性的角色，它只是鋪路讓理性昂首闊步地前行。可是，它也不是你憑著它往上爬之後就可以踢開的梯子；因為雖然審美只是真理和道德的先決條件，卻也預示了最終的結果。真理並不等於美，因此席勒堅定反對把真理美感化；可是美在原則上包含著真理。席勒開闢了一條羊腸小徑，它既不會在康德的二元論下使感性和理性毫無交集，也不會以美感化的主張而把兩個範疇混為一談。

審美是道德的先決條件，這句話到底是什麼意思？這大體上表示，在這種獨特條件下，「感官的驅力」的嚴格規定性，和「形式的驅力」的專制權力，兩者不斷產生交互作用，終於相互抵銷對方的壓力，讓我們達成消極的自由，或稱是「自由的可規定性」（free determinability）。

[106]

「〔遊戲的驅力〕在一定程度上剝奪了感覺和感情的動力，使它們和理性概念和諧一致；它又在一定程度上剝奪了理性法則的道德強制力，讓理性和感官的興趣達到和解。」（99）審美是一種虛構的或啟發的（heuristic）作用，在其中，我們擱置了一般的驅力，以心靈的自由實驗，以想像的方式切換不同驅力的性質。暫時切斷驅力和生活現實的關連，就可以在想像中使不同驅力彼此交流，以可能的消融方式重構精神的衝突。但是它還不是自由，因為從康德的觀點來說，真正的自由在於和道德律的莫逆於心；然而它是這種積極自由的潛在基礎，是積極自決的能力的無規定性源頭。在審美活動裡，我們暫時擺脫了一切規定，不管是身體的還是道德的；我們可以說是穿越了一個完全可規定性的領域。這是一個假設的世界，持續處於「彷彿」的狀態，我們的權力和能力是純粹形式的可能性，剝除了所有個殊性；因而是一個相當於康德所謂認知的純粹審美能力的存有境況，而無視於任何概念的規定。

可是，這一切卻使得美感這個在我們的道德人性深處裡的強大驅力，變成一個**疑難**（aporia）：兩種強大對立力量互相抵銷，形成一個僵局或虛無，而這種想像的虛無卻是所有價值的先決能力。然而，這個「空虛啊空虛」、單純的否定，以及充滿潛能的虛空，擱置了一切個別的侷限，為自由的行動開闢了一片沃土。在審美條件之下：

〔人類〕因此必須在某個意義下回到完全沒有規定性的否定狀態，那就是任何事物在感官中

[107]

形成印象之前的狀態。這種前置的狀況完全沒有內容；而現在的問題就是，怎樣把這種完全的無規定狀態以及隨之而來的無限的可規定性，盡可能和一切內容結合起來，從這種狀況直接產生肯定性的結果。人類以感官得到的規定性必須保留下來，因為我們不能讓現實流失。但在此同時，由於這種規定有它的侷限，又必須設法廢除它，因為我們要讓無限的可規定性得以形成。因此問題就是，怎樣才能既揚棄又保存眼前的規定。可行辦法只有一種：以另一種規定和它抗衡。一個天秤如果兩邊都沒有東西就會平衡；如果兩邊有同等重量的東西也一樣會平衡。（141）

審美是一種創造性的僵局，它使所有規定性的條件和欲望處於死寂的擱置狀態，裡頭充滿了完全不確定的內容。審美消除了感官知覺的侷限，也消除了它的強迫性，因而成為崇高的無限可能性。在審美狀態裡，「如果我們談到具體結果而不是人的整體能力，又考慮到他完全沒有任何個別的規定的話，那麼人就是虛無」。（146）但這個否定性也意味著包容一切：一個沒有侷限的存在者，任何低下的特殊性都沒辦法規限它。整體來說，美感的狀態是至為肯定的；然而它也是一片空白，是深沉而使人迷惑的黑暗，一切規定性都變成灰色，一個無限的虛無。席勒對種種悲慘社會狀況感到哀痛：人類能力在勞動分工中被割裂、人類才能的專門化和物化、人類力量的機械化和疏離化，唯有一種沒有任何個殊性的境況，才能拯救它。美感是完全無規定性的，以其存有的悠遊自在，對抗社會極端的片面性。而審美擺脫一切規定，也是中產階級社會秩序所夢想

[108]

的絕對自由。無限的可規定性既磨刀霍霍，也以一個永恆的虛擬式觀點，對一切現實的而規定性的存有提出烏托邦式批判。

席勒談到，人類在審美中失而復得的力量是「最可貴的禮物」（147）。他有另一句名言說，人類只有在遊戲中才稱得上是完整的人。可是如果這樣，審美就是人類存在的**目的**（telos）本身而不是它的墊腳石。審美看來肯定比道德範域更自由，因為它在解消身體的侷限的同時，也打破了倫理的樊籬。一方面，審美「只提供我們得以成為一個人的可能性，剩下來的就由自己的自由意志來決定我們的實現程度」（149）；另一方面，審美作為融合感官和理性的一種不受束縛的可能性，看來又高於它所成就的一切，它們的根基是一片比它們自己更加高聳的土地。這種模稜兩可的狀況，反映了意識形態真正的兩難。康德所說的自由的問題在於，使這種自由獲得神聖力量的道德律，會反過來妨礙了自由。這種道德的自由是無比專橫的，它頒布命令式的諭旨，對於它的主體本身的需要和本性則漠不關心。因此，真正的自由會轉移到美感；然而由於它對於所有道德取向和具體的規定性一無所知，我們很難看到它作為社會實踐的形象會怎麼做。審美和任何特定社會利益無關，對任何特定行動沒有偏好，但是正因為如此，它是一般性的促進力量。文化以全體性為名，否定一切具體的主張和承諾；這種全體性因而是完全空洞的，因為它不過是所有被否定的環節的全體化。簡單來說，審美是一種超然物外的無差別論（indifferentism）：「因為它不會為了保護某個人的能力發揮而對其他人置之不理，它對所有人一視同仁，因為它是他們所有人的可能性的基礎。」（151）它在訴說一個東西時，不能不同時訴說一切，因而其實什麼也沒說；它滔滔不絕地訴說，卻什麼都沒說。在培養各種可能性以至於極限的同時，它也可能使我們肌肉僵硬而動彈不得。如果在所謂美感的愉悅之後，「我們會傾向於特定模式的感覺或行動，而對另一種感覺或行動不適應或抗拒，那就確切地證明了我們根本沒有得到純粹的美感經驗……」（153）。美感作為美德的根柢，除非對於殉道者或殺人者一視同仁，否則就顯然無效。審美是創造性地思考和行動的方式，是實踐的超越性基礎，然而所有具體思想和行動都要脫離它。一旦我們處於具體的規定之下，就失去了這個孕育一切的虛無，只能從一種缺如翻覆到另一種缺如。人類的存在看似永遠在兩種否定之間擺盪不定。單純的美感能力透過行動而陷落到存有的侷限，然後又回到它自身。簡單來說，審美就是在社會裡的無用之用，就像庸俗的批評家所說：「因為美不論在知性或意志方面，都不產生任何特定結果。它不論在知性和道德方面都不會成就任何特定目標；它既不會發現個別的真理，也不會協助我們履行具體的義務，簡單來說，就是不適於為知性的領悟提供任何堅實的性格基礎。」（147）但這一切正是審美的最高榮耀：對於片面的真理、目的或實踐，它保持至高的超然態度，代表了人類全體的無限可能，而在實現的那一瞬間消滅。文化就是對一切的持續開放態度。

[109]

席勒在論述結尾讓美感超越了「理性之婢」的卑微角色。它在形式上臣服的道德律，在一個重要方面似乎遠遜於它：道德律無法在個人之間產生肯定性的凝聚力。律法使個人意志臣服於共同意志，從而保障一切使社會生活成為可能的一般性條件；它使主體們彼此平等對待，抑制他們的偏私，卻不是社會和諧和愉悅互動的動力泉源。理性在人類內心植下了社會行為的原則，但只有美才能為這個行為賦予社會性格。「只有鑑賞力能為社會灌注和諧，因為它在個人裡孕育和諧……只有美感的溝通模式才能團結社會，因為它和普遍的人性有關。」（215）審美作用除了提供這一切，也帶來快樂，這是道德的嚴峻結構做不到的：「只有美才能使整個世界快樂。」（217）而美德要付出的代價就是自我否定。美感是人類團結的語言，正面對抗所有分裂社會的菁英主義和特權：「在鑑賞力的領域裡不容有任何特權或獨裁。」（217）透過鑑賞力，祕不示人的知識被攤到「共感的一望無際的陽光下」，成為社會整體的共同財產。簡單來說，美感狀態就是中產階級自由、平等和民主的烏托邦式公共領域，在它裡面，所有人都是自由的公民，「和貴族一樣有同等的權利」（219）。受限於階級鬥爭和社會分工的社會秩序，在以共感為原則的美的國度裡被超越了，那個國度就像眼前朦朧的天堂。鑑賞力及其自律、普遍、平等以及民胞物與的感覺，是一整個另類的政治，以一種無私的手足之愛的形象，擱置了社會階級，而重構個人之間的關係。文化是唯一真正的社會和諧，是觸手可及卻影影綽綽的一個反面社會，是人類和目的本身的本體國度，神祕地超越了事物和因果的現象國度。可是如果說美感暗示著一種全然不同的社會秩序，那麼它的實際內容，卻也似乎只是一種無規定性的否定，裡頭只有滿溢著它自身難以言喻的潛態。換句話說，階級社會的肯定性團結看起來什麼都不是，它強而有力，卻神祕而難

[110]

以捉摸；任何論述如果要超越社會現實而雜多的區分，都必須是有歧義的。美感作為凝聚被割裂的現實的理想力量，必須是歧義而含糊的；如果認為那只是一種潛態，那就是承認，在這個社會裡，個人的任何舉動都會造成對立。文化上的團結必須被往後推到所有現實的自我實現之外，因為後者可能是宰制而片面的；文化的存在容許人類有自決權，而這種自決權卻也會侵犯到它。若要保存它的力量，它的內容就必須縮減到什麼都沒有。文化絕對不會規定我們該怎麼做；而是當我們在做眼前的事情時感到一種均衡，暗示我們可以同樣輕易地做其他的事。因此那是風格的問題，又或席勒所說的「優雅」：我們在什麼都不做的時候，最能領略到該怎麼做。

因此，不論是道德律還是美感境況，都不足構成理想社會的願景，這也許就是為什麼席勒的作品有時候不自覺地把道德律置於美感之上，有時候卻把美感置於道德律之上。當然，道德律在形式上是至高無上的，卻不能對它所意指的自由提供感性的想像，我們必須面對一個令人警惕的真相：道德不能提供社會凝聚所需的意識形態維繫力量。康德所說的道德太抽象、個人主義而專橫，自虐性地要主體屈服，而不能有效執行需要合意的任務。這個責任因而轉到美感身上；可是如果說倫理太公式化而沒有彈性，對個人的差異渾然不覺，因而無用武之地，那麼美感在性質上來說則同樣欠缺實踐的內容。如果說道德法則太嚴厲而男性化，在要求上欠缺寬容，那麼審美作用就是太溫順而女性化了。文化對於感官的寬容代表了形式主義的道德意識形態的進步；可是在擁抱感官的同時，它又除掉感官的規定性內容，因而到頭來還是掉回到它原本要超越的形式主義。

§

對席勒來說，審美就是表象的創造。但是因為表象性是以創造性的態度漠視自然，「原始的」人正是透過美的表象的愉悅而跨出第一步，漸次從對於環境的動物性倚賴攀升到美感的自由境界。人類踏上通往真正自由的路，突破生物本性，由此「開始偏愛形式多於實質，為了表象而損害了現實」。（205）如果這種行動在某個層次上放棄了自然，那麼它在另一層次上其實是忠於它的，因為自然大方贈予受造物的，遠多於生計所需，透過這種物質的豐盛，人類可以隱約預見美感自由的不可侷限性（illimitability）。因此，審美作用是屬於自然的：我們必須憑著自然本身的力量，才能擢升到美感境界，因為除此以外，能把我們擢升到該境地的，只有意志，而意志是自由的結果，而不是自由的先決條件。可是美感又是不自然的，為了要無入而不自得，想像力必須透過神祕而難以言喻的跳躍，從純粹的物質豐盈跳到它自身肥沃的自主性。簡單來說，自然和自由之間的關係是個疑難：自由和自然一刀兩斷，卻不知怎的臣服於自然的衝動。自由不能自己起飛，因為那表示它有一個那麼做的意志，變成自由在它自身之前就存在了。可是如果自由和自然有某種親密關係，它又麼能是自由的呢？為了回答自由從哪裡來、抑或自由怎麼會誕生於不自由的世界之類的問題，位於自然和自由之間、必然和理性之間的過渡環節的美感，它的否定性

[112]

的無規定性就派上用場了。以美感的謎樣性質去回答這個難題，那其實就只是以一個謎題去解答另一個謎題。席勒關於美感的學說之所以曖昧不清，正是因為它無法解釋一個問題：如果理性的主體性是所有感官性和物質性的否定，那麼自由怎麼會誕生自這樣的社會？自由和必然性、主體和客體、精神和感官，怎麼在這種異化的社會秩序裡相容，我們沒辦法以理論去說明它。可是人們有迫在眉睫的政治原因需要這種理論的說明，而席勒思想裡的美感的曖昧不清，正是要突破這個難關。

對於席勒論述中的種種歧義性，英文譯本的編輯很盡責地把它當作「弔詭」（paradox）處理掉，其實那正好意味著真正的政治兩難。其實他的論述整體來說是一種政治寓言，其中「感官的驅力」和「形式的驅力」，或自然和理性之間令人費解的關係，始終很像是對於群眾和統治者、公民社會和專制國家之間的理想關係的政治反思。席勒也很明白地做了兩者的類比，他把理性（要求統一性）和自然（要求雜多性）的關係比擬為政治國家和社會之間的理想關係。國家對於統一性的要求是絕對的，卻必須尊重它的質料（被統治者）「主觀而個殊的性格」；它必須尊重且培養民眾自然而然的驅力，在不壓抑多元性的情況下達成統一。正如在美感領域裡，理性巧妙地介入感官，從內部使感官汰蕪存菁，使它服從理性的命令，對於政治國家而言，「如果它要成為現實，就必須使每個部分都和整體的觀念步調一致」（21）。美感作為意識形態的重建機制和領導權的策略，正好派上用場；「一旦個人在內心和自己和解，那麼不管他的行為再怎麼普遍化，仍然能夠保存他的個體性，而國家只是個人內心深處的本能的詮釋者，只是更清楚地說出個人對於是非對錯的觀感」（21）。席勒警告說，如果無法實現它，如果「主觀的人抗拒客觀的人」，那麼後者（國家）就會被迫鎮壓前者（公民社會），「無情地剷除極具煽動力的個人主義，以免國家受到危害」（21）。在這種嚴峻的政治現實之下，「『個體』的具體生活會被摧毀，俾使『整體』的抽象觀念勉強持存下去，而國家對國民來說，也就始終形同陌路，因為國家絲毫沒有觸及民眾的感受。」（37）

簡單來說，政治權力必須立足於個人的主觀性，它的宰制才能牢固；而這個過程必須創造一種國民，使倫理和政治的義務內化為個人的自然習性。席勒在〈論優雅和尊嚴〉（On Grace and Dignity）裡說，道德的偉大在於服從道德法則，但道德的**美**則在於優雅地順服的習性，也就是道德法則的內化和習慣化，以此重構個人的整個主體性。道德判斷的真正目標正是這種整體文化的生活方式，而不是康德所說的個別行動：「人類不是意欲履行個別道德行動，而是要成為有道德的人。他不是要擁有種種，美德只是他的準則，美德只不過是履踐義務的習性。」[4] 原子式的倫理認真計算個別行動的意圖可能有什麼後果，這是反美感的：從道德轉移到文化，也就是從頭腦的理性權力轉移到心靈的統治，從抽象的決定轉移到身體的習性。我們在其他地方談過，那個「整體」的人類主體，必須把它的必然性轉化為自由，把倫理義務轉化為本能習慣，一舉一動都像美感的藝術作品。

就像《美育書簡》一樣，〈論優雅與尊嚴〉對於這種美感的政治基礎直言不諱。「讓我們假設，」席勒寫道：「如果在一個君主國家的治理方式之下，雖然一切都要服從一個人的意志，每個公民卻相信自己擁有且僅僅順從自己的習性，那我們就應該把這個政府稱為自由主義的政府。」（200-1）同樣的，「如果從感性主體進展到心靈領域的運作中，各種指令以最忠實嚴謹的方式履行，各種感覺以最完美的方式表達出來，沒有半點違背美感對現象的體認，那麼由此產生的就是我們所說的**優雅**。」（201）優雅之於個人的生活，簡單來說，就相當於民眾的自然順服之於政治國家。在政治和在美感秩序上，每個個體的行為表明了它對自身的支配就像受到人類整體法則的支配。理性的專制王國不能剝奪臣服於理性的感官所有的行動自由，卻也不能對感官放任不管。席勒指責康德偏袒地壓抑了感官本性的權利，他認為道德必須和人的習性攜手成為人類的「第二本性」。換句話說，康德的道德理論根本不能成為有效的意識形態。如果說道德律是對於人類的光輝最崇高的見證，卻只會使我們受到羞辱和指責，它又怎麼擁有康德賦予它的地位，成為自我賦予的自由的理性法則？如果人類抗拒一種看似外來的而且對他們漠不關心的執法權力，那應該不會使人太訝異吧？

可是席勒也很清楚，把道德律美感化以至於什麼都不是，也是一樁危險的事。他在〈優雅與尊嚴〉裡指出，「唯有習性和道德行為互相配合，人類才能使道德的完美發光發熱」（206），然而他也在〈審美態度的道德效益〉（The Moral Utility of Aesthetic Manners）裡指出，以審美作

[114]

為人類道德存在的基礎，會使人心生疑慮。雖然說「鑑賞力為人類靈魂指引方向，使它對於美德心生嚮往」（132），但是體現於美感裡的秩序、和諧和完美本身，卻不能是說美德。在另一篇文章〈論形式之美在使用上的必然侷限〉（On the Necessary Limitations in the Use of Beauty of Form）裡，他也主張恢復理性的優勢地位：席勒提出「物體」或物質對象和概念性內容的對比，前者容許想像力在修辭上的自由馳騁，可是後者卻提醒我們以詞害意的危險，也就是修辭的意符（signifier）會侵佔概念的意指（signified）。這種舉動太過抬舉了女性的特質，因為女性關切的是真理的外在媒介或「質料」，也就是華麗的詞藻，而不是真理本身。好的鑑賞力會調整各種對偶（coupling）關係：男性和女性、意符和意指，描述式語句（constative）和履踐式語句（performative）；但是這個對偶是不對稱的，因為權力和優位必須落在每個對偶的前項。修辭或論述的感性整體不能忘記，它是以手指月，「履踐一個從其他地方發出的指令」，它要處理的也不是它本身的事務；如果人們真的忘了，到頭來就會對理性的實質內容漠不關心，而被空洞的外在表現誘惑。簡單來說，女性特質作為合作夥伴，必須認清自己的地位：「鑑賞力必須僅限於調節外在的形式，而理性和經驗則決定概念的實體和本質。」（245）簡單來說，鑑賞力有它的缺陷：它越是使我們優雅而繁複，我們就會不想履行和感性牴觸的義務。我們固然不應該橫傹不文，卻也沒有理由因而就變成太監。

霍華德·凱吉爾（Howard Caygill）曾經一針見血地說，康德的美學是處在兩個對立傳統的

[115]

匯流點：其一是英國的「共感」、道德感和自然法（natural law）的概念譜系，相信能在司法的強制力和政治命令以外，在中產階級公民社會裡促進和諧的團結；其二則是日耳曼自萊布尼茲（Gottfried Wilhelm Leibniz）、窩爾夫（Christian Wolff）以至鮑姆嘉通的理性主義，它對於美感的必然性與普遍有效性的探討，始終和關於開明專制主義的合法性的意識形態脫不了關係。[5]德國美學偏重於法則和概念，而不是感官和感覺，暗示國家合法性凌駕於公民社會的「道德」或感情領域。席勒的作品可以說是對這個趨勢的重要針砭之言：社會團結必須在某個意義下「自下而上」，源自一個以美感轉化或是以意識形態重建的公民社會，而不是來自上頭的專斷命令。所謂「在某個意義下」這種保留說法是重要的，因為那不是一種濫情的人民主義，相信人民的自發性，而是偽裝成美感的理性潛入敵對的感官陣營，以期知己知彼。如果是這樣，席勒一方面對於法律憂心忡忡，他在文中談到法律如何限制且羞辱我們的悲慘境況，而另一方面，他也對於感官疑神疑鬼，認為它可能會妨礙理性精神的自由翱翔。唯心論汲汲於使感官昇華而煙消雲散，和唯物論謹慎地承認大自然的頑強自主性，兩者無疑是互斥的。但如果說前者輕率地落入理性的專制主義窠臼，那麼由於後者承認感官經驗的實在性，而可能被迫放棄理性的專制主義以及想像力的轉型權力。

如前所述，美感的理想是感官和精神的交融，讓我們領悟到「人類道德上的自由，絕不會因為人類不可避免地倚賴物質事物而被剝奪」。[6]可是這種幸福的夥伴關係並不是那麼水乳交融：

[116]

「在真理和道德的領域，感覺可能根本沒有說話的餘地；但在存有以及幸福的領域裡，形式有存在的權利，而『遊戲的驅力』則有管轄權。」換句話說，解構是單向的：陽性的理性擁有賦予事物形式的力量，它會滲透且征服還在萌芽當中的陰性的感官；「感覺」在真理和道德領域沒有對等的發言權。在審美這個至高的人性境況裡，「表象」擁有最高的地位，「所有單純的物質不復存在」（217）。美麗的表象掩蓋了感官實在界卑微的一面，並且「透過悅人的自由假象，掩飾了我們和物質之間羞辱人格的關係」（219）。女性作為美的理想化體現，正可以抗衡美作為感性的屈辱形象。席勒的論述差堪比擬於尼采在《悲劇的誕生》（*The Birth of Tragedy*）裡歌頌美是使生命昂揚的幻覺的觀點；而他們在歌頌之餘，也都對物質生命抱著同樣的悲觀看法。席勒的美學一方面是正面而建設性的，是一種領導權的策略，在這種觀點下，文化不再是孤獨的沉思夢想，而是活躍的社會力量，透過有教養的交流，形成一個烏托邦的公共領域，從而提供了在公民社會的卑下境況（自然）和專制國家的政治要求（理性）之間欠缺的那個中介。這種機智的社會策略和席勒的美感主義（aestheticist）唯心論存在著部分的矛盾：前者信賴感性的身體，並且主張自由主義，不信任理性的專制，而後者卻是深信不疑。把物質提煉成精神的大膽嘗試，雖然總算保留了**作為**物質的它，卻在公民社會貪得無厭的生活模式裡一敗塗地，在危機的時刻，甚至可能使整個卑微的感官領域隨著美感化而消散於無形。在這種情形下，美感並未能轉化物質生活，而只是替物質世界的慢性凋萎披上高雅的薄紗而已。文化既是活躍的社會重整力量，也代表了虛無縹緲的存有境況，既是真實的自由，也是快樂的幻覺；它是個具普遍意義的共同體，卻只位於「若干篩選過的圈子裡」（219），它包含著內部矛盾，因為它和社會只能處於對立關係。

§

席勒的美學思想為新興的中產階級領導權提供了若干必要元素；但它也激烈地抗議方興未艾的社會秩序對於精神造成的災難，而它的這個面向或許是使人懷念的。[7]「在最優雅的社會生活的中心，」席勒在《美育書簡》寫道：「自我中心主義（egotism）建立起它的體系，卻沒有得到一顆真正友善的心，以致我們全都受到社會的染汙。我們的自由判斷屈從於社會上的專斷意見，我們的感覺也屈從於社會上的荒唐習俗，意志屈從於引誘；只有我們的怪誕幻想才能對抗它的神聖權利。」（27）技術性知識和經驗知識的急劇增長，加上社會性勞動和知識勞動的分工，割裂了「人性的內在統一」，在「災難性的衝突」中，讓人性中的和諧力量演變成人與人之間的不和（33）。「人類始終被綁在世界整體的一塊小碎片，個人也只能像碎片一樣，無法圓滿發展；人類耳朵只聽到他所轉動的輪子的單調聲音，人類存在境況的和諧永遠發展不起來；個人無法把人性的烙印施加於自我本性，只能變成自身的職業或專門知識的模子。」（33）席勒相信，這樣的片面發展是理性邁向未來的綜合（synthesis）的必要階段；馬克思也有同樣的觀點，他對工業資本主義的批判，深深植根於席勒有關人類潛能受挫、權力潰散、人性整體崩潰的看法。從柯立芝

[117]

到馬庫色（Herbert Marcuse）的整個激進美學傳統，對工業資本主義的無生命的、機械性的本質感到哀痛，也是從席勒如先知一般的批判裡獲得洞見。這裡必須強調的是美感的矛盾本性，它一方面為中產階級社會提供人類主體一個別具潛力的意識形態模型，一方面又對人類潛能提出一個願景，用以評價中產階級社會而顯示社會在這方面如何匱乏。那個有關人類主體力量豐盛全面發展的理想，繼承自中產階級形成之前的傳統人文主義，與自私自利的個人主義勢不兩立；但美感有其他方面的內容，能夠滿足這種個人主義的意識形態需要。中產階級社會由於殘缺不全的偏向性，可說是美學思想的敵人；可是這種思想重整了法則和欲望、理性和身體之間的關係，對形成中的社會秩序有莫大的貢獻。要檢驗什麼是真正的激進美學，端視它是否既有能力批判社會，卻又不會成為替政治搽脂抹粉的依據。

[118]

注釋——

1 Gilles Deleuze, *Kant's Critical Philosophy* (Minneapolis, 1984), p. 50.

2 John MacMurray, *The Self as Agent* (London, 1969), chapter 1.

3 Friedrich Schiller, *On the Aesthetic Education of Man*, ed. Elizabeth M. Wilkinson & L.A. Willoughby (Oxford, 1967), p. 77. 來自本書的引文以下用括弧註明頁碼。

4 'On Grace and Dignity', *Works of Friedrich Schiller* (New York), vol. IV, p. 200. 來自本文的引文均引錄自這部文集，以下用括弧註明文集中頁碼。

5 Howard Caygill, 'Aesthetics and Civil Society: Theories of Art and Society 1640-1790' (University of Sussex, 1982); 沒有出版的博士論文。

6 Schiller, *On the Aesthetic Education of Man*, p. 187. 來自本書的引文以下用括弧註明頁碼。

7 例如可參見：Georg Lukács, *Goethe and His Age* (London, 1968), chapters 6 & 7; Fredric Jameson, *Marxism and Form* (Princeton, 1971), chapter 2, Part 11; Margaret C. Ives, *The Analogue of Harmony* (Louvain, 1970). 其他有關席勒美學的研究，參見：S.S. Kerry, *Schiller's Writings on Aesthetics* (Manchester, 1961); L.P. Wessell, 'Schiller and the Genesis of German Romanticism', *Studies in Romanticism*, vol. 10, no. 3 (1971).

[119]

第五章

世界作爲藝術作品：費希特、謝林、黑格爾

康德以原始唯物主義者的熱誠替物質世界保留一個**物自身**（*Ding-an-sich*），黑格爾卻不屑地說：「這是不堪一擊之物。」在他看來，既然說似一物即不中，那麼保留這種東西有何意義？既然它不會有任何謂詞，康德的物自身就只是個沒辦法符號化的密碼，就像拉岡所說的「真實」（real, réel）；它的謎樣性質更甚於「上帝」（起碼我們可以宣稱他擁有若干特質），只是個「缺如」（absence）的記號。要保存實在界的本質，就只有使它脫離認知的領域，然後把它除掉。在若干求死的幻想裡，為了讓世界安全無虞，我們必須把它消滅掉，讓它消失在自身的虛無裡，和善變的主觀感覺隔離。無以名狀的東西是無從侵犯的；黑格爾也知道，只有虛無才是存有的純粹形式，倖免於一切規定（determination），因而根本就不存在。如果我們的存在沒有那麼多侷限，那麼我們的世界的任何一個點或許都會和一整個幻影似的宇宙交會。我們可以說，那種表象會很不一樣，可是由於我們說不上哪兒不一樣，那個差異就變得很純粹，也可說它什麼都不是。作為純粹的差異，**物自身**也完全無分別的。不管怎樣，我們可以放心地說，有個神聖不可侵犯的存有領域，它離我們的生活很遙遠，就像我們不知道為什麼要理解什麼是直角三角形一樣。

物自身代表著思想面對客體在最後關頭臨陣退縮，不敢完全滲入這個對象，黑格爾在這方面卻不會娘娘腔地畏縮不前。對他來說（後來對尼采來說更是如此），康德這個肯尼斯堡的哲人就像可憐的老太監，就在擁抱整個存有的當下，像女人一樣猶豫不決，而無力往前跨半步。他最多只是半個男人，雖然設想說思想是主動的，就在思想就要對客體頤指氣使的時候，卻突然把兩者

[120]

隔開。康德對於母親身體的戀母情結保護心態，使得他對於現實敬而遠之，不讓主體和客體有任何不敬的偶合，而黑格爾的辯證法卻極力攛掇著把他們送作堆。康德的思想體系是個軟弱無力的雌雄同體，在思想上主動，在感覺上被動，這種忸怩作態的觀念論只能濫情地和經驗主義糾纏不清。黑格爾等人察覺到，這樣怯懦地妥協的結果就只會自相矛盾：物自身就像母親的身體，在被定立的同時就被禁止了，而始終自我封閉，語言碰上了它只能退避或轉向而噤聲不語。康德的知識論把概念和直觀、男性形式和女性內容揉合起來，但這個婚姻自始就不穩定而非驢非馬。在知性的領域裡，形式脫離了內容，在實踐理性裡，形式也沒有任何內容，但是在美感判斷裡，形式卻被擢升為目的本身。相比之下，黑格爾以其觀念論充滿男子氣概的勇氣，深入客體的本質，揭開了它最內部的祕密。他把思想的矛盾帶進事物本身，闖入隱蔽而禁忌的領域，因此可能會割裂了康德認為必須保持完璧之身的實在界，不斷地以否定的東西使它自我分裂。但這種做法之所以可行，是因為黑格爾知道，這個被割裂的存在物，透過像梅蘭妮．克萊茵（Melanie Klein）所謂的「修復幻想」（*phantasy* of reparation），可以恢復完整。**精神**（*Geist*）的故事也許充滿激烈的衝突，可是這個辯證的運動被涵攝到**精神**圓形的、如子宮一般的圈地裡，它的內容其實有如同語反覆（tautological）一般的不斷回到它自身。在這個觀點上，康德和黑格爾的性別角色剛好顛倒。在康德那裡，我們只看見倫理「應然」的孑然孤寂，嚴酷地遠離欲望，禁止自由和自然的任何交媾，臣服於不斷和肉體交戰的理性；而黑格爾的辯證法卻把形式原本的肉欲內容還給這些蒼白而沒有血色的形式，把單純的道德揚棄（sublate）到「**倫理**」（*Sittlichkeit*）的感官身體，使所有形式範疇回歸到**精神**自我生成（self-becoming）的豐盈活動。

黑格爾那個從不靜止下來的活躍主體，一頭栽進自然界最祕密的深處，揭示自然界其實是自我的一個次等版本，毫不畏懼他的欲望會使自我從自然界被連根拔起，因而喪失了立足基礎。當主體脫離了它與世界的想像式交流，儘管在破裂會產生自我異化（self-estrangement）和苦惱意識（unhappy consciousness），但那只不過是「精神」在想像中回歸自我的必然環節。對於主體來說，那看似災難性地掉進某種象徵性秩序的洪流，但對「絕對者」（The Absolute）來說，那不過是它想像式自我回歸的巨浪裡的浮漚而已。主體從自戀式的攬鏡自憐到異化，只是絕對者沉思式的自戀的策略，它以理性的策略，終究會在人類自我意識的鏡子中享受自我沉思的愉悅。就像有戀母情結的兒子，主體首先必須放棄它與世界之間沒有中介的統一性，忍受分離和遺棄，最終的報酬就是與理性本身的結合，因此在這種暫時境況中，它只是把仁慈誤認為嚴苛對待。分化和矛盾是更深層的想像式同一性的要素；分割是會撫慰人心的幻想，其實也是一種治療，把**精神**的圈子箍得更緊密，精神作為同一性和非同一性的同一，會把差異收攝在自身裡而使自己更加豐盈。因此，它不斷地喪失其存有，其實是它不斷自我實現的動力。

如前所述，在康德的分析之下，為主體而存在的世界的那種美感虛構，迥異於知性頭腦清晰的世界，後者告訴我們，客體終究是為自己而存在的，而且是心智無法觸及的。黑格爾則把這種區別一筆勾銷：他既不願意像費希特（J.G. Fichte）那樣，把客體想像為自我的一部分，也不願意接受康德那麼蒼白地認為客體和人類完全無關。在黑格爾看來，實在界對我們和它自身來說，都不能和我們分割，它在本質上是為我們而存在的。事物是自在之有，但唯有不斷地把它們的規定性整合在精神的辯證性整體裡，它們的真理才會顯現。使客體為真的東西，同時也會是對人類顯現的東西，因為它的存有原則和我們的主體性是同氣連枝的。黑格爾把康德的美學虛構投射到實在物本身的結構，也使主體擺脫主觀主義的**傲慢**（hubirs）以及異化的種種不幸。客觀事物非我所有，而我所擁有的也不再是什麼客體，中產階級的這個兩難終於解決了：凡是完全屬於我的，也是完全現實的，它之所以是我的，正是因為它是實在的。想像從審美層次提升到理論層次，從感受換檔到認知。意識形態以主體和客體的同一性為其形式，在科學知識的層次上確立下來；黑格爾因此可以在他的體系裡只賦予藝術一個卑微地位，因為他已經暗地裡把包含了藝術在內的整個實在界美感化了。

查爾斯．泰勒（Charles Taylor）指出，黑格爾的重大成就在於化解了一個衝突，那就是中產階級的主體既要追求自由，又意欲和世界在深層意義上統一起來。[1]簡單來說，他成就了啟蒙運動和浪漫主義之間顛撲不破的綜合。中產階級主體的兩難在於，他的自由和自主，也就是他存有本質，使得他和自然界對立，而砍斷了他賴以確認自己的根基。主體愈是自主，它就越加難以證成自己的存在；它越是熱情洋溢地實現它的本質，它就越加變得疏離而不確定。自由的代價是徹

[122]

底的無家可歸，就像席列格（K.W.F. Schlegel）關於浪漫主義反諷（romantic irony）的說法所證明的：中產階級的欲望的狂暴動力，踰越了和世界的任何客觀性關係，使得它們看起來既像是權宜之計而又陳腐老舊。實現了的欲望和有缺憾的欲望一樣無關緊要。因此，黑格爾深深體會到，浪漫主義的主體那種有如欣快感一般的活力，和絕對的虛無主義（nihilisim）只是一線之隔，任何一刻都可能在厭倦中如夢初醒，彷彿只是陶醉於一個無法實現的夢想而徒勞無功。意識形態最基本的要求，就是讓人類合理地安身立命，在周遭環境中找尋確認自我身分的迴響，可惜這種要求和中產階級自由至上主義的意識形態看起來扞格不入。費希特在康德的**物自身**背後察覺到斯賓諾莎主義（Spinozism）的脅迫陰影，它推崇自然而否定自由，於是他提出以主體活動為依歸的絕對自我（absolute ego），這個自我只是把自然定立（posit）為自我表現的空間和工具。世界不過是自我展現能力且樂在其中的一個概念規限，是自我反彈回到自身的臨時跳板。自然作為「非我」，只是自我的一個必然環節，是隨時都要被超越的一個瞬間，一被定立就馬上要被揚棄；黑格爾體會到，費希特式的自我如果不想只是不斷地追著自己的尾巴跑，如果要找到根基和保證，就必須被迫從這種不得體的自大狂回到自然和歷史的清醒領域。費希特的瘋狂行動主義是一種美感主義：絕對自我就像藝術作品，只承認自身的法則，只為自己而擴張權力。黑格爾要抑制費希特狂想式的自我指涉，喚醒我們回到客體，但那只是以一種美感化形式取代另一種：在**精神**的這個偉大的藝術品裡，主體和客體、形式和內容、部分和整體，以至自由和必然性，不斷地相互進

[123]

出，而這一切都只是為了它自己：它們都只是**精神**不厭其煩地追求自我完善的種種策略。

如果要為主體奠基而又不致於否定它的自由，那麼歷史和自然就必須首先轉化為自由的。如果主體要和客體結合而不致損及主體的自主性，主體性就必須偷渡到客體自身裡。歷史必須是充滿著所有理性自決的自主性，殖民化為**精神**的家園。黑格爾因此能為康德的主客體二律背反（antinomy）找到解答，那就是大膽地把一方往另一方投射，把康德的美感虛構（在判斷的行為裡成就主客體的統一）轉化為存有學的神話。如果世界被主體化了，主體就可以扎根其中而不受傷害；費希特為具有創造力的自我賦予的主動力量，仍然可以通行無阻，但現在就不怕它會把客體鏟除了。黑格爾的一位追隨者指出：「精神不是靜止不動的存有者，相反的，它是永不停歇的存有者，是純粹的活動，是對於抽象知性的每個固定範疇的否定或精神化。」[2]這種瘋狂的否定最終揭示的，就是世界的理性全體；而為了完整揭露它，人類的主體性是不可或缺的。如果說我們在這個歷史裡感到自在，那是因為歷史在實現過程中需要我們的自由。對於現實基礎和自主性之間的衝突，我們很難想像有其他更漂亮的解法辦法了。「理念」（Idea）由於其自由和必然性而終究要意識到自身，而那就是黑格爾學派的哲學家心裡所想的。人類的主體性絕不是無意義而偶然的，而是在世界伊始就被放到方程式裡。對黑格爾來說，如果沒有了有限性，也就沒有無限性，無限世界需要我們，正如我們需要它。也就是說，在客體方面有個想像物：在客體本身有個定立理性主體的東西，否則客體就會落入虛無。黑格爾在《哲學全書》（*Encyclopedia of the*

[124]

Philosophical Science）裡寫道，心靈認知到自然的邏輯「理念」，而把自然提升到本質層次。就像在嬰孩的靈魂不朽的夢裡一樣，如果沒有那個夢，世界也就不存在；實在界要具有自主性，就要以我們為中心。中產階級因此不再受困於「霍布森的選擇」（Hobson's choice），也就是沒有選擇的選擇：要麼抓住自由卻放棄世界，要麼抓住世界卻放棄自主性。如果理性使我們與自然疏離（在康德看來，自然是存有和人類之間的楔子），那麼理性，這次是指**「理性」**（*Vernunft*）而不是**「知性」**（*Verstand*），就可以轉身帶我們回家，保存了啟蒙運動思想的理性收穫，也化解了它們的異化損失。理性作為使我們和存有割裂的力量，經過辯證法的轉折，總是會安全地把我們送回存有的懷抱。中產階級歷史的矛盾投射到實在界本身，以透過辯證法狡慧的**致命一擊**，我們在矛盾中掙扎的同時，也和世界成為一體，而這個世界可以說和我們面對著同樣的問題。如果說矛盾是實在界的本質，那麼也可以說，所謂的自我分裂其實就是植基於實在界。

費希特在《全知識學基礎》（*The Science of Knowledge*）裡指出，有些人可悲地固戀於鏡像階段，必須以外在現象支撐自我同一性，而逃避自身的實存自由：

> 有些人沒有完全意識到自身的自由和絕對獨立，只沉溺於事物的表象；他們只有附著在事物上面的零碎自我意識，只能在事物的雜多裡撿拾它們。事物反映了他們的自我形象，就像鏡子一樣；如果把這些映象拿掉，他們的自我也隨之失落；他們為了保存自我，也就不能放棄事物具有

獨立性的信念，因為只有當事物存在，他們才會存在……[3]

黑格爾把主體從這種愚昧的狀況拯救出來，但和費希特不一樣，他不會把主體放逐到它自身自主性的荒涼巔峰上。他要在更高的層次上重構這個想像物，把世界還給主體，但現在是作為「理念」。我們都知道他怎麼透過辯證法轉折達成這種結果。絕對者必須是個主體，否則它便會受限於外在的規定而不再是絕對的。因此，任何存在的東西都是主體；但那是不可能的，因為不能只有主體而無客體。因此必須有客體，但這些客體又必須是某種獨特的主體。如果說這是個矛盾，對於黑格爾這個萬能的辯證法思想家而言，卻不感到困擾。

§

黑格爾在《精神現象學》（*The Phenomenology of Spirit*）的前言裡寫道，他不想在這部著作裡談到當下的環境。一般著作的前言多少都會談論時局，在這裡卻是題外閒話，和一個哲學體系普遍而自我證成的本質不相配。如果這個思想體系是完整的話，它對於世界的支配權同樣適用於它本身的先決條件。否則一種絕對知識的論述就永遠不能起步，因為不管它以什麼為起點，都會有個先於它存在的條件，因而在它的領導權之外。如果有個起點，這個體系的超越性地位就會受到威脅，把論點一提出來就會被摧毀。這個系統似乎必須一直處於已然起步的狀態，又或起碼在

[125]

某個正在進行的狀態而和客體並存。它必須在某種意義下以自身為開端，把自己對世界開放的同時，沒有一刻放棄這種緊密的自我涉入；可是如果一種論述沒有任何起點，完全出自身深處，那麼它除了這個說話的動作以外，還有什麼內容？它的內容不就只能是它的形式嗎？

要是說一個絕對體系必須以自身為開端，那麼就表示它賴以建立並一直支持著它的假設，正好是提出理論的那個純粹行動。論述的假設必須包含在論說行動中，就像美學內容和美學形式無法分離一樣。我們永遠無法再往前追溯的公設（postulate）到底是什麼？費希特在《全知識學基礎》裡認為，那只能是主體本身。雖然我可以想像有個東西在主體後面定立它，但是做此想像的仍然是作為主體的我。主體永遠不能從外部抓住自己，因為永遠要有個主體那麼做，而這所謂的外部又會變成內部。就像令人頭暈目眩的景觀一直無限延伸，主體也無窮後退，超越一切可想像的起點，而拒絕任何起源。謝林（F.W.J. Schelling）在《先驗觀念論體系》（*System of Transcendental Idealism*）裡寫道：「自我意識是整個知識體系的光源，但是它只能往前照，而不會往後照。」[4]對費希特和謝林來說，在自我定立（self-positing）的行動中，我知道自己是無限和絕對的；而由於先驗哲學不過是關於這個行動的繁複闡釋，奠基它的絕對原則就是自我意識這個動作本身。整個哲學論述不過是主體這個原始的、明白無疑的自我定立行動的複製，是主體不斷浮現和再度浮現到存有裡的無限環節的隱喻。哲學所說的和它所做的是同一回事，它的形式和內容不能區分，它的描述式（constative）性格也等於它的履踐式（performativie）行為。理論是

[126]

它所表述內容的活生生形象，分受了它所開顯的內容，因此是以論述文為形式的一種浪漫主義象徵。

如果一個系統的奠基公設是絕對的，那麼它會拒絕一切的客體化，絕對不會是規定性的。因為如果這樣的原則是規定性的，那就蘊含著外頭有個規定它的根基，因而一舉摧毀它的絕對性地位。主體正是這個純粹自我規定的點，這個「東西」永遠從它自身湧現，它根不是什麼「東西」，而是個不能概念化的歷程，無限地超越任何卑下的既與物。然而若是如此，這種無法否定的第一原則豈不就從知識之網溜出來，這個理論也豈不是完全沒有了根基？哲學如果在主體這種無法捉摸的幽靈裡定錨，這種對於說似一物即不中的現象的滑溜模仿，它既是我們一切行動的根源，卻不完全在任何行動中？當先驗哲學家每次嘗試抓住一切行動的不可名狀的條件時，他們不都是撲了個空嗎？那個東西在認識的當下（被賦予了規定）就被他打死了。這種先驗思想不就像是抓著自己的鞋帶把自己提起來一樣的荒謬，有如鬧劇一般的自打嘴巴，嘗試把主體給客體化，殊不知主體由於本身的性質而必定要逃避一切的客體化？所有知識都奠基於主體和客體的一致性（coincidence），但這種說法在宣告主體和客體完婚的同時，就不得不落入使他們婚姻破滅的二元性裡。把自我視為客體的那種知識，不可能是對某個物體的認知，因為這會使得所有哲學的無條件的第一原理變成規定性的和有條件的。認識自我同時也會破壞它的先驗權威；可是如果不去認識它，就會只剩下一個密碼的空洞先驗性。哲學需要一個絕對的根基，可是如果這個根基必須是無規定性的，那麼它也不能被規定為一個根基。我們看來面對一個「霍布森的選擇」：在意義和存有之間選無可選，要不是為了抓住第一原理而把它摧毀，就是讓第一原理保留下來，卻對它一無所知。這個兩難的唯一出路，就是一種客觀化的知識形式，它和自我同時生滅，甚至是構成自我的要素，這個認知能力使我們從主體深處衍生出客觀性，而不會危及主體的自我同一性，這種知識模仿主體本身的結構，排演著主體使自己進入存有的永恆戲劇。

這種得天獨厚的認知方式，就是主體對自身的直觀式臨現。對費希特來說，主體不過是這種自我定立的無窮歷程；它的存在，就只是因為它對自身的開顯，它的存有和自我認識是同一的。主體唯有把自身定立為客體，它才會成為主體；但這種行動完全侷限在主體性的圈地裡，只是看起來逃出主體而成為他者。謝林指出，那個客體其實在認知行動中就消失了；因此在這種原始的主客關係之中，我們瞥見的實在界，並不是先於主體而存在（那會使主體喪失其先驗地位），而正是構成主體的結構。自我是那個特殊的「東西」，它不能獨立於對它的認知行動；它也構成了它所認知的對象，就像一首詩或一部小說，或一件藝術品，它的規定性的內容和那定立它的創作行動是不能分割的。就如藝術作品的規定性的客體性只是主體據以踏入存有的自我生成歷程，自我也是那種崇高的結構性動力，它終究會認識到，它的種種規定性的面向，都不過是它無窮的自我定立的短暫環節。

由於這種無窮的自我生成正是主體自由的本質，而哲學所做的是重複這種自我認知的行動，

[128]

因此是一種解放的行動。謝林寫道：「自由是支持一切事物的原則」，客觀存有者對此不會造成障礙，因為「所有其他系統裡可能導致自由被剝奪的力量，其實都從自由衍生而來」。[5]從這個角度來說，存有只不過是「自由的擱置」。因此，哲學對於其對象而言絕對不是偶然的，而是它的自我表述的本質部分。因為哲學會彰顯說，自由的主體雖然覺得客觀的存有者是對它的限制，但其實是主體的無限性的必要條件，那是主體定立的一種界限或有限性，而又要奮力超越它。在自我意識的行動中，作為認知者的主體是無限的，卻在認知中認識到自己是有限的；但這種有限性對主體的無限本質是必要的，因為就如費希特說，主體如果克服了整個客體性而完全實現了它的自由，就無異把自己消滅，再沒有什麼東西可以被意識到了。

因此在理論的行動裡，主體獲致最深刻的自我認知，比原來的自己更根本也更真實；先驗論述因而是倫理的，甚至是生存的行動，而不是一堆陳腐的公理；它也是一種解放的行動，在行動中，主體在完整自我意識的層次上，經驗到一直隱含在主體內在結構裡的東西。哲學只是概述主體在自由裡的自我創造的奠基行動，模仿一個完全無條件的實在界，因而實現了自身的絕對性，而主體也正是那個實在界的生動象徵。這種先驗主體性不能從外部去認識，它事實上是純粹的過程或活動，是某種無內容的、像水銀般不可捉摸的能量；因此我們只能在實踐中認識哲學，而哲學也只能在自我創造的形式過程中證實它自身。我們能體認哲學的種種真理，就像我們體認到主體性的先驗本質，因為我們**就是**它，也正在**實踐**它；因此所謂理論，就是我們在作為主體的行動中抓住自己，在更深的層次上掌握原本的自己。主體的先驗自由是這個體系的基礎，卻也是不能和體系分離的本質，因為一旦有什麼分離出來，就會馬上使體系對於絕對的自我同一性的體認變得毫無意義。這個基礎就是體系在自由裡的自我創造，也是自我回歸的歷程，在過程的每一刻裡，它都不斷地自內部自行殖生。哲學的第一公設是不容爭辯的，否則哲學的最高地位就會不保；哲學不能淪落到有條件的或有爭議的低下層次，而必須具有一切直觀性的自明性，也就是我在這個當下正在經驗中的這個事實。當這個原則在種種繁複的論辯中逐步開展，我們就會察覺它沒有一刻不依附著自身的內在性，一切可以從它衍生出來的概念，其實自始就隱含在它裡頭，我們只是沿著一個巨大的圓周踱步，而那正是我們自身自由定立的一個圓圈。我們在心裡想到自己正在思考著，預演著閱讀眼前重大主題的這個動作的形式結構。我們發覺其實是在反映自我的戲劇，它現在被提升到自我意識的崇高層次，在哲學闡述的行動以及創造整個世界的實踐當中通透清澈。費希特和謝林指出，這一切論述如果要有任何意義，先驗的自由就是首先必須認定的公設：我們早就在這個論證裡頭，如果在得出結論時能理解它，那是因為我們一直以來就認識它。就如我們只有實踐自由，才知道我們擁有自由，任何可以用概念客觀化的東西因此都不是自由；我們是在論證中抓到那個論證，正如我們無法說明一首詩或一幅畫的指涉力量如何和它的表述形式分割開來。哲學不是在描述人類的自由，而是在實踐這種自由，把它演示出來；由於自由不是認知的可能對象，它只能在心智指涉自由的動作中體現出來。就如一件藝術作品一樣，理論的內

[129]

容事實上就是它的形式：它實踐它所描述的，把言語道斷的內容鐫刻在它本身的結構上，並使閱讀中的主體自我覺照，讓它在自我建構過程中體認到自身。哲學在持續實踐中型塑出自身的客體，而不是像奴隸般仰賴一堆抽離其表述的前提：謝林指出，哲學「這整個科學所關切的是它自身的自由結構」。[6]理論是一種自我消耗的藝術品，在使主體絕對地認識自我的行動裡，理論自身就顯得很多餘。

這是說，康德的倫理主體或藝術作品的自我指涉性，現在被投射到認知論證的結構中，而這種論證總是首尾相連的。康德的論述彷彿仍然囿限於以實在論的或表象式的做法去處理完全無法表象的「事物」，終究只能轉向哲學的「現代主義」而圈住它，這種理論作品有如象徵主義的詩，完全從自身的實體中衍生出自己，從自身的形式機制中投射出自身的指涉物，逃遁到絕對的自我奠基裡，不受任何外在規定性的染污，以自身作為自己的源頭、原因和目的。康德哲學裡自我證明的倫理實踐主體，跳了好幾個檔次，切換到認知本身的行動。康德小心翼翼劃分的論述，像純粹理性、實踐理性和美感判斷，現在全揉合起來，成為「理論理性」（theoretical reason），就如謝林指出，那只是為自由服務的想像力。另一方面，費希特接管了康德的道德主體，把它投射到動態的革命行動主義。康德的追隨者也承認，這整個改造行動之所以可能，是因為康德的體系裡有個致命的內在矛盾。這個體系可以解讀為蘊含了或忽視了對於一個既非邏輯性亦非經驗性的主體的認知；正如它拒絕承認，如果我們要認識到主體和客體如何以互動而獲得認知，那麼這

[130]

個認識本身就必須是絕對的。從這個觀點來看，康德未能把這個問題往後推得夠遠；面對這種看似在論理上的卻步，他的追隨者則是一個個縱身躍入先驗直觀的深淵。康德擺在我們眼前的自然，是不能衍生出任何價值的，因此價值必須是目的本身；他的追隨者則逆轉了整個程序，把自我衍生的主體視為自然的模型，因而讓主體奠基在一個和主體結構相同的世界裡。主體作為一件小型藝術作品，它的形式和內容奇蹟式地統一起來，它是個小宇宙，相對來說，宇宙本身則是代表了壯觀的美感全體。

對費希特來說，自我是一種為行動而行動的衝動；可是當它反思自身，就體會到這種自我活動其實遵從著一項法則，那就是根據自我規定（self-determination）的概念去規定它自身。因此，在自我之內，法則和自由是不能分割的：如果設想自己是自由的，就不得不同時設想自己的自由是遵從一項法則；反過來說，只要想到那法則，就不得不同時想到自己是自由的。就像在藝術作品中，自由和必然性融合成為統一的結構。這就是說，在康德的純粹理性中擔當特定角色的想像力，現在的功能大幅擴充。對康德來說，想像力的作用是提供一個答案，說明感官直觀的與料如何收攝到知性的純粹概念裡，因為這兩個領域看起來是異質的。在這裡想像力作為中介作用而介入，產生各種「圖式」（schema），而圖式又產生各種心像（image），負責規限以範疇適用於表象的過程。費希特賦予想像一個更核心的角色，作為一種信念的源頭，讓我們相信有個獨立於自我而存在的世界。費希特這種狂熱的自我哲學，顯然很難解釋，為什麼我們在經驗上相信存在

[131]

著獨立於我們意識的實在界；費希特說，這是因為在絕對自我之內有一種自然而無意識的力量，它能產生「非我」的觀念。絕對自我自然而然地限制自身不停不休的活動，定立自己為受到自身以外的一個客體影響；而它所倚賴的能力就是想像力。費希特進而從這個基礎的想像行動演繹出康德的種種範疇：一旦定立了看似自主的客體，就必須定立客體所處的空間和時間，以及透過概念規定客體性質的種種思考工具。簡單說，純粹理性和經驗知識，如今都可以從先驗的想像推衍得到；實踐理性或道德也可以來自同樣的源頭。因為想像力定立的「客觀世界」或自然，對不停奮鬥的自我來說也是必要的，而據費希特的觀點，自我是所有倫理行動的根本；自我不能有所謂「奮鬥」，除非它遇上某種抑制力量，外在世界因而被定立為這個角色。自我**感覺到**它的衝動受制於看似外在於它的一種力量，這種感覺是對於世界實際存在的信念的基礎。實在界不是由理論知識確立的，而是透過一種情感；費希特把知識的可能性整個美感化了。我們對世界的認知，只是一種更根本而無意識的力量的想像；在知性的表象背後有個「表象的衝動」。同樣地，道德生活是我們無意識的本能更高層次的發展，有趣的是，這是佛洛伊德學說的先聲。因此，外在世界、道德和種種知性範疇，都可以從絕對自我的自然、無意識驅動力演繹出來，而這種動力的根本就是想像力。整個世界就植根在一個美感的源頭上面。

謝林最初是費希特的追隨者，後來對這位導師極端片面的主體性哲學漸漸不滿。因為既然有個所謂的主體，就必然會推論出一個客體作為它的條件，在這個意義下，那個有意識的主體本身就不可能是絕對的。換句話說，所有主張把主體本身等同於被反映的客體的理論，都會陷入惡性循環，而費希特也無法突破：如果主體能認識到它的客體化就是它自身，那麼它應該早就認識到自己了，那麼它要證明的東西早就是它的預設了。我們不知道這樣的理論怎麼避免論述上的無窮回溯，就如費希特最終也承認：要區分能思的「我」和所思的「我」，看來就得再定立一個做區分的「我」，而以至於無窮。[7]謝林於是撤退到絕對理性或絕對同一性（absolute identity）的觀念，這種概念超越了主體和客體的二元性，又或者是對兩者「漠不相關」，而它本身則是絕不能客體化的。這個絕對者看似作用在有意識的主體身上的無意識力量；可是在謝林的《自然哲學》（*Naturphilosophie*）裡，它又同時成為了所有客觀存有者的本質。而在主體和客體判分之前，最能體現絕對同一性的，正是藝術本身。

謝林在《先驗觀念論體系》說，世界上只有在審美當中，我們才能看到自我藉以創造它自身的「知性直觀」的真正客體化過程。「客觀世界，」謝林寫道：「不過是精神的原始而無意識的詩篇；而哲學的普遍性工具，以及它的整座拱門的基石，就是**藝術哲學**。」[8]世間上一般的主體，似乎嚴重分裂成意識和無意識：我只有某個受限的部分會顯現在意識裡，而主體本身另一部分則會限制他者的行動，正因為它是所有限制的源頭，必定是無法想像的，而成為不可名狀的超越性力量。我只能察覺到自己的侷限性，而不能覺察到定立限制的那個行動；而只有透過自我限制，自我才會存在；但由於自我只能認識受限的自我，它就不能夠為自己而存在。就像對中產階級整體來說，自我被分裂成永不止息而不可名狀的生產力，以及那些具有規定性的產品（自我定立的行動），而在它們裡頭，自我在找到自己的同時也喪失了自己。這是使主體完整的自我同一性受挫的一個疑難：它既是完全空洞的能量，又是具規定性的產物；自我知道自己**的確是**受限的，卻茫然不知自己是**怎麼**受限的，因為如果知道自己怎麼受限的，那就表示它是從某個無主體的外界把握自我的。如果沒有限制，也就不會有生成，因而沒有自由，可是這個程序的機制卻很頑固地抗拒直觀的體會。哲學必須以這種兩難的某種具體的和解收場，而這個統一的名字就叫作藝術。在藝術裡面，無意識穿透意識而和它等同；審美直觀因而成為一般知性直觀的獨特物質性表象，透過這個程序，哲學的主觀認知也客觀化了。「藝術，」謝林寫道：「成為哲學唯一真實而永恆的工具，它不斷對我們提醒哲學無法以外在形式描述的事物，也就是行動和創造的無意識元素，它也告訴我們說，那個無意識和意識原本是同一的。」[9]當哲學登峰造極的時候，它就必須合乎邏輯地消融在美學裡，反轉它的前進動力，而回歸它很久以前誕生時的詩篇裡。哲學的東西只不過是從一種詩性情境到另一個情境的自我抹滅的軌跡，是精神煥發過程中暫時的抽搐或扭曲。

事實上，謝林在《先驗觀念論體系》接近結尾的地方，就踏出了回歸的步伐：

> 我們因此以下面的評論作結。當一個體系回到它的起點，它就滿全了。我們自身的情況也是

這樣。唯有透過知性直觀，主體和客體之間的一切和諧的終極根基才會顯現在它的原始同一性裡；而透過藝術作品，這個根基才會從主體裡整個彰顯出來，轉化為完全客觀的東西；就是這樣，我們逐步把這個客體，也就是自我本身，帶回我們原來的立足點，也就是哲學思考的開端。[10]

這裡提出了藝術作品的觀念，那是主體性最典型的客體化，謝林的論述必須合乎邏輯地走完一圈回到它自身，在談到藝術的同時，它成了自我密封的藝術作品。以藝術作品作為它的巔峰，哲學快步回到它的抽象主觀性，回到那個自然而然地在世界中客體化的主體，這正是哲學反思的起點。哲學在這個邊界上自我揚棄為藝術，把自己反轉過來，重投知性直觀的懷抱，那是它最初騰飛的地方。藝術的境界高於哲學，因為哲學是從自身的主體性原則掌握客觀性，而藝術則是把這整個過程客觀化，讓它躍升到更高層面；如果說哲學是在精神的神祕隱蔽之處進行這個過程，藝術卻是在現實世界讓它發生。哲學可以在探索的深處把主體和客體合而為一，但這個深藏的祕境必須具體外在化。而這所謂「必須」，從某方面來說，卻是意識形態的律令。因為一般人顯然不可能從事謝林的神祕哲學思維；這種哲學觀念要有感官表象的體現，它的和解力量才能發揮作用。作為物質性的客觀媒介，藝術相對於哲學是更加普遍可及的知性直觀，而在謝林看來，哲學也不可能很普及。哲學中的知性直觀不會在一般人意識發揮作用，藝術卻把這種直觀具體顯現出來，起碼原則上所有人都可以接觸到。如果把感官客觀性從藝術移除，它就會掉回哲學的層次；

[134]

反過來說，如果替哲學添加這種客觀性，它就會在審美中超脫自身的侷限。謝林借用席勒的話說，藝術屬於「完整的人」，而哲學只是抓住人的一部分把它提升到一個高峰。因此從某個意義來說，超脫哲學就是回到平常的感知層面，而藝術則是不可或缺的橋樑或中介。

也就是說，審美作用使理論更加被日常社會經驗所理解，而體現為意識形態，在自然而然的知性裡，所有蒙昧主義式的枯坐冥想都變得有血有肉。可是若是如此，它就在所謂理論之上掛了一個大大的問號：像謝林本身的論述一樣，這種理性就會以自毀收場，消失於它密閉的圈子中，一腳踢開了由概念構成的梯子，然而那梯子卻是像維根斯坦在《邏輯哲學論叢》（*Tractatus Logico-Philosophicus*）裡一樣費了很大的勁才攀上去的。這並不是說謝林本身的哲學是沒有必要的，因為只有透過理論的迂迴，我們才能看到理論的最終消亡，看著它揮刀自戕。這也不是說認知理性最終被審美直觀驅走了，事實上兩者一直並存著。這整個過程的反諷之處在於，理性如果要完全以自身為根基，那就必須一開頭就以審美作用為楷模：它要保障自身的絕對性，自身就必須是空無一物。但可以肯定的是，一旦我們讀過了謝林的論述，就不再需要哲學了；也就是說，就像其後黑格爾的體系，在這個意義下，他的思想體系不僅把它勢不可擋的支配權延伸到過去，也伸展到未來。

§

[135]

大家都知道，黑格爾斷然拒絕像謝林一樣，把理性全面美感化，輕蔑地譏諷謝林把「直觀」說得威力無邊，無異說晚上所看見的牛全是黑色的。謝林說出這種狂想式漫不經心的話（黑格爾咕噥說：「非驢非馬的虛構觀念，既不是詩也非哲學。」），侮辱了中產階級理性的尊嚴，是失敗主義者的投降之舉，因為害怕世界可能不是全都能理性地理解。如果是這樣，中產階級可能乾脆在思想萌芽前就把它放棄了；在黑格爾看來，浪漫主義正是「理論的自殺」的可怕例子。相反的，黑格爾的哲學試著在最後關頭盡力替社會把理性挽救回來；直觀主義者（intuitionist）也嘗試這樣做，但黑格爾更徹底也更堅定地從理性立場出發。康德把真實世界排除在知識之外；費希特和謝林恢復了它，卻只是透過異想天開的直觀；而黑格爾則是奮力救贖了世界和知識。如果中產階級要在政治、經濟和文化上成為真正普遍的階級，那麼費希特或謝林那種自己說了算的空洞的專制，不但在意識形態方面不充分，在另一層次上也有不祥的弦外之音，那聽起來就像中產階級整個啟蒙運動要摧毀的獨斷論的專制。哲學需要更穩固的根基；直觀的問題在於，它在某種意義下比任何其他東西都確定，但在另一種意義下卻脆弱得可憐。沒有什麼比眼前的東西更難以抹滅而不證自明的；但是也沒有什麼它更變幻不定、更莫名其妙而且無法證明。它的力量看來和它的絕對空洞性是無法分割的；它只是單純的存在，它的誘人力量也正是它尷尬地派不上場的原因。它是不能否定的，但那只是因為沒有什麼明確的內容可被否定。在一個複雜而充滿矛盾的社會裡，關於價值的爭論十分激烈，中產階級渴望從必然為真的事物獲得慰藉；但這僅僅在形式主義

[136]

的抽象下才看得到，而且薄弱到才觸及就消失在自身的純粹性裡。因此在達到目標的瞬間也就得面對失落。沒有人會在乎對一個空洞的空間表達什麼反面看法；在那莊嚴崇高的一刻，當什麼東西都不重要的時候，我們就能團結一致；事實上，此刻我們所經驗的，就像在康德的美學裡，只是像「共感」那種抽象的形式，而沒有沾染任何可能造成分歧的內容。一個理論體系如果以這種空間為基礎，可能免於反面論證的攻擊，但這只是因為它懸吊在虛空中而岌岌可危。要是說某個體系奠基於先驗直觀，那就相當於尷尬地說它沒有奠基在任何東西之上；康德那種道德主體的形式性而空洞的自我證成，在他的體系裡處處都概括化，以致它的絕對自我奠基和無意義的同語反覆（tautology）無甚區別。這種理論立足於一種根本的空虛性，因此不停地回歸空虛狀態，它之所以讓我們讚歎，就如同雜耍藝人複雜的疊羅漢，那種可疑的勝利可能隨時會塌下來而一敗塗地。

任何理論若奠基在絕對直觀上，很難避免惹來自相矛盾的嫌疑。因為它帶給我們的最終真相，看似難免會違背了揭露它的那個繁複文字，以致我們不得不懷疑，如果這一番工夫真的有其必要，那麼絕對者就不再那麼絕對了。在符號即遮即照的雙重作用中，揭露最終真理的論述，不得不同時遮蔽它，迂腐地嘗試回歸天真狀態，尋索在隱祕的永恆直接性裡驚鴻一瞥的真相。在這個意義下，把絕對真相和我們隔絕開來的，正是我們用以尋索它的論述。我們需要這樣的論述，事實上就表示某些事情有所偏失；哲學的出現是因為人類從天真狀態墮落，而哲學在嘗試修補時，其實是在重複這種墮落。如果一切像這種直觀理論所說的那麼好，我們為什麼還要讀書，何

[137]

不就沉浸在直觀的豐富內容裡？如果哲學能夠存在，我們起碼可以推論有另一種東西存在，那就是矛盾或虛假意識（false consciousness），這是哲學的基本先決條件。但如果是這樣，那麼就沒有哲學是絕對的，因為哲學本身的出現證明它必然和某個東西是相對的。如果實在界不是在一般意識裡被割裂而破碎不堪，我們哪裡還需要科學？

在某方面來說，黑格爾哲學是對這種兩難的狡獪回應。哲學本身的存在清楚證明了衝突的存在；事實上，黑格爾也說，分裂正是我們需要哲學的原因。可是哲學會顯現說，這樣的割裂是它要傳達的真理所固有的，哲學這麼做，就把它自身的歷史條件投射到精神本質。我們之所以探討哲學的原因（因為我們掉進虛假意識的陷阱，碰碰撞撞找尋出路），它早就隱約預見了，那就是哲學要我們耐心迂迴地尋索它。就像在佛洛伊德的理論裡，這些錯誤與盲目是真理軌跡的一部分，是我們要經歷的過程，這個治療過程就是閱讀黑格爾的著作，我們該接受治療而不是殘忍地潛抑它。

理念在其過程中創造出一種假像，設定一個反命題去面對，而它要做的事就是消除它自己創造的假像。只有透過這樣的錯誤，真理才會顯現。在這樣的事實中，就存在著和錯誤以及有限性的和解。錯誤或是他者，即使被取代了，仍然是真理的必要動力元素；因為真理只有自己成為自身歷程的結果，它才能成為真理。[11]

[138]

真理不僅是理論探索的描述性命題，更是理論本身的修辭性履踐，和一些至為微妙的扭曲和偶爾陷入的絕境不可分割，它是一種實踐方式，而不是可以抽出意義的陳述。「絕對理念」早就慷慨地把讀者的實體化幻覺和對於邏輯的搖擺不定包含在自身之內，因此它的出發點總是先於讀者的出現或讀者的一切歷史。如果哲學起步得太晚，如果密內瓦（Minerva）的貓頭鷹只能在黃昏裡起飛，那只是因為它所重演的歷史大戲要求它作為演員要晚一點盛裝上台；絕對精神是整齣戲的導演，它自始就預見了理由何在。

如果割裂和矛盾是絕對精神在時間裡大開大闔的必要環節，那是因為黑格爾把使得他的理論成為必然的歷史性衝突納入了理論建構，卻也因此使得這些衝突相對化，把它的先決條件轉化成它的辯證形式。《精神現象學》因此勢必重複它試圖克服的種種否定；這部著作的每個讀者也要重新投入這個程序，因為這個程序的不斷重複成為了哲學僅剩的內容。但這個履踐本身是**精神**全面自我開展的必要部分，它原就銘刻在這種理論中，是歷史歷程的後續，是絕對精神在鏡子裡看到主體的心而獲致完全的自我意識的必要行動。在這個意義下，這部著作的描述性向度，並不像乍看下那樣牴觸了在論述過程中探索這些議題的履踐式行為。因此我們用不著像蜀犬吠日的浪漫主義那樣，以為絕對精神是說似一物即不中的，因為絕對精神是同一和差異兩者的同一，它體認到只有透過內部的撕裂或解讀，它的完整性才能形成。如果說理論之所以有其必要，是因為虛假意識的存在，那麼虛假意識本身也是必要的，只有這樣，哲學才能當下被拯救脫離偶然的地位。

黑格爾的著作從失落和匱乏起步，卻在修補過程中顯示這些否定本身其實是肯定性的本質。整個哲學在歷史上是必要的，那是精神盤旋而上的開展的一部分，是實踐的一個自由卻又被規定了的環節，它在整個世界的實踐裡，描述並模仿著那個整體；但這樣讓自己植根在歷史基礎上，並不是要讓外在的規定介入，因為歷史也是精神本身的論述產物，因而原本就在精神之內。黑格爾的論述因而既是描述性的也是履踐式的：它以自身原理的自我指涉構造，開顯世界的實相，因為世界和這個過程相似。哲學和實在界是同一個根源，它在沉思中回歸自身的構造之際，也向我們呈現了一切存在者的內在結構。

這種自反性（self-reflectiveness）和現代主義的文本正好相反，因為儘管這種內在策略也相當反諷，但是它把所有反諷都趕出它和實在界的關係之外。現代主義文本裡的自我生成的本質，隱含著某種**無奈**：如果文本批准了它自身的論述，那是很諷刺地因為我們無法假定有個可靠的歷史依據。世界不再是個故事形態，因而無法提供一種文本形式的外在規定，那個文本也只能被拋回自身的構造，陷入自己一路上杜撰的可悲又可笑的同語反覆。這裡的「以自身為基奠」，只是揭露了所有基礎的任意性，除魅了既存結構所暗示的某種自然開端的推測。相反的，觀念論自我證成的論述，是要模擬既有境況的結構：它的語言越是枯坐冥想地以自身為目的（autotelic），它就更加像是堅定的實在論。論述和歷史之間沒有任何反諷，因為論述已經吞沒了歷史。說這樣的觀念論哲學沒有可規定的基奠，其實就是很弔詭地賦予了它最深層的保證，因為這麼一來，它的基礎就相當於實在界本身無法規定的第一原理。現代主義作品以自身為起點，很反諷地並沒有和自身同一，因為它宣稱自己無力證明它所要傳達的真理。它隨時都會變成任何別的東西，也使得它的實際闡述隱隱然有此可能性。對黑格爾的辯證法來說，任何時刻的任何事物其實都是另一個事物，但是那正好標誌著它在理性全體裡的位置。對黑格爾來說，思考是相當反諷的事，因為它會以概念的普遍性壓抑了既存者的個殊性，反之亦然；但這些個別的反諷現代主義裡不會聚集成一個巨大的反諷，因為整體會是什麼東西的反諷呢？先驗哲學不會**無奈地**證明它自己：如果說它不必訴諸任何權威，那是因為它早就把權威注射到自身之內。

謝林所謂的直觀的兩面性在於，它既是在經驗上確定的，也是在理性上可被推翻的；黑格爾的理性的歧義性則是在於它具有內在的融貫性，卻很難感覺到。因此，這兩個模型作為意識形態的範本，各有它的長處和弱點。黑格爾的問題在於，面對社會狀況的極端複雜性和矛盾性，對社會整體的認識不可能是船到橋頭自然直的；任何理性全體化的企圖都會被迫走上迂迴曲折的路，它的**意識形態的**有效性因而可能受到侷限。黑格爾使世界在理論面前變得透明，卻可能使理論對於世界來說變得不透明。黑格爾把古希臘的社會比擬作藝術品，在行住坐臥之間就可以認識到整體，但這樣的社會早已不再。我們現在要投入艱巨的辯證歷程；黑格爾這方面的工夫也許做得太好了，起碼對於謝林那種「馬路上的主體」來說：那樣的主體可能會在想像上被藝術觸動，卻不大可能走到街上大喊「凡理性的都是現實的！」又或「同一和差異的同一萬歲！」這並不是說黑

[140]

格爾主義不能成為政治力量，正如馬克思和青年黑格爾主義者（Young Hegelians）所證明的；但這是暗示著，在一個感性意識形態表象的體系裡，它會困難重重。黑格爾不同意謝林的看法，他說：「哲學由於它的本質和一般存在形式，是**所有人**都能懂的。」[12]事實上，黑格爾對直觀主義的蔑視，不僅是由於他害怕獨斷的獨我論（solipsism）會破壞所有社會凝聚力，也因為他相信只有具規定性的思想體系才是可理解的。他在《精神現象學》裡說，只有在形式上具有完全的規定性的，才是一般人能明白的，是每個人都能夠理解、學習和擁有的知識。相當反諷的是，黑格爾的種種怪誕作品，居然是要讓一般人都能夠理解的。由於直觀「在恐懼中排除了一切中介」，因而極難理解，在起點就有了意識形態上的缺陷；相反，具有知性規定的內容，對科學家和外行人來說都是一樣的，黑格爾因而認為它有助外行人進入科學的領域。黑格爾嚴重低估了感性表象的意識形態力量，他的體系對於藝術的貶抑就透露了這點。「概念思考打斷了以形象性觀思考的習慣，」他在《精神現象學》裡寫道：「對這種〔理性式〕思考本身的不安和困惑，不下於形式知性的活動，在它的論理裡，完全沒有現實的思想可供推論。」[13]

以這種有如基督新教嚴酷的破除偶像的方式，黑格爾顯示自己是康德的真正繼承者，康德在《判斷力批判》一段有名的文字裡，基於對於共同理性的堅定信念，而唾棄了感性表象的低俗：

在猶太人的法典裡（出埃及記）裡恐怕沒有別處比下面的命令更為崇高的：「不可為自己雕

刻偶像，也不可作什麼形像，來比擬上天、下地和地底下、水中的百物。」只有這個命令可以解釋猶太民族在他的文明旺盛時期，當它把自己和別的民族相比較時，對它的宗教所感的熱情，或穆罕默德教裡注入自心內的那自尊心。同樣，這情況也見於道德律的表象和我們內心對於道德的稟賦。那是一個完全迷妄的憂慮，假使人們以為把道德性裡的一切能付與感性的東西全剝奪掉了，這道德性就只會是冷酷的、無生氣的讚許，並且在自身不能伴有鼓動力或感動。恰正與此相反，因為，在那裡，當諸感官在自己面前不再見到任何物時，而那不可錯認的和不可磨滅的道德的觀念卻仍然留剩下來，這時卻更加需要把那無限制的想像力的高揚加以抑制，不讓它昂進到激情，這種需要更勝過由於害怕這些諸觀念的無力便替它們在形象和幼稚的道具裡找幫助。[14]（中譯見《判斷力批判》，宗白華、韋卓民譯。）

觀念論哲學，就像它的許多範疇以之為模型的商品一樣，不能墮落到感官性裡，必須堅決和身體保持距離。可是說如果它使人敬畏的權威，有一部分是因為它能完全從抽象理性裡自我生成，那麼也可能限制了它的意識形態效力。中產階級面對的兩難選擇就是，要麼接受一種理性的自我辯解，它卻太過沉溺於繁複的推論而不能找到合適的感性表象，要麼採取一種在意識形態上誘人的直接性形式（審美的直觀），它卻因為摒棄一切嚴格的社會全體化而顯然易受攻擊。席勒也曾提到這種兩難，他在一篇文章指出：「感官現象從某個角度看是**豐富的**，因為有時候只是想

[142]

要感知一**個**境況，卻可以因而得到完整的畫面，所有的境況，一整個個體。但從另一個角度來看，它又是**有限**而**貧乏的**，因為有時候必須從整體去理解，但是它卻侷限於單一個體和單一境況。因此它賦予想像力優勢的同時，也同樣損害了知性……」[15]康德認為究竟實相是不可知的，又替倫理掛上一個響亮而空洞的「應然」，而有生命的合目的性只是鑑賞力的一個假設；費希特和謝林似乎對他們因而墮入的意識形態混亂感到恐懼，於是把康德的倫理學轉化為革命性的自由的具體原則，又把他的美學轉化為一種知識形式。但這只表示他們把直觀擴及於全世界，讓知識淪落為純粹感覺。黑格爾因此必須扭轉這種險境，同時又要避免康德的知性的荒涼以及浪漫主義的直觀令人窒息的迫近性，重新統一了精神和世界，既有康德的知性的嚴謹分析，也有直觀的想像力。這種知識形式就是更高層的「理性」（*Vernunft*）或辯證法。

不可否認，在辯證法體系**內部**，黑格爾很巧妙地把具體和抽象、感性和精神都結合在一起，他否定前者，卻在更高層次上把它恢復過來。可是這並沒有解決體系本身的具體表象性的問題；而如果說審美作用是這種表象的楷模，黑格爾卻拒絕了這個解決辦法，而在存有學位階方面把藝術擺在宗教和哲學之下。對黑格爾來說，種種美感表象欠缺哲學的純粹透明度，因為它們的基本意義（質料的或譬喻的）會模糊了它們作為精神的種種表現的終極意義。事實上，對黑格爾來說，藝術根本不是表象性的，而是直觀的呈現，它只是表現一種視覺觀感，而不是在模仿一個客體。它體現了絕對者的一種感性覺知，消除了一切偶然性而讓**精神**顯現出它的生命必然性。就像康德的審美作用，這種感官性是無關欲力（non-libidinal）的，擺脫任何欲望，它所包含的美原本的侵擾性物質力量都被充斥其間的精神平息了。這個親近而理想化的身體，具物質性而又奇蹟地並不割裂，不可名狀的直接性，卻又有其形態和風格，這就是浪漫主義所說的「象徵」，精神分析學所說的「母親的身體」。難怪黑格爾在這種形式的物質性中發現某種隱晦而謎樣的特質，裡面有若干元素，想盡辦法抗拒理性的透明力量。這種令人不安的力量，尤其可見於東方或埃及藝術的「壞的無限性」（bad infinity），裡面怪誕散落著一堆東西，含糊不清，像是一直在摸索，無窮無盡，在這種怪誕的異質性之下，純粹精神可能被有如科幻小說一般的夢魘吞沒。黑格爾對於物質的過分殖生特別憂心忡忡：在他的體系裡，這種無形式的女性事物只有被灌注理性形才可以得到救贖，它的物質性臨在必須被否定，而整合到理念的內在統一裡。在東方藝術階段，有如孩子被一個肉欲的母體窒息；在古希臘充滿和諧的藝術品裡，孩子和母親達到某個對稱的統一；在浪漫主義的最高藝術階段裡，幾乎擺脫了身體糾纏的精神，渴望從物質性囚牢釋放出來，孩子正要克服戀母情結而完全脫離母體。因此我們不會停在審美階段很久，而是會拾級走到宗教，雖然仍舊會以形象來呈現絕對精神；如果這個歷程繼續下去，我們最後會臻至哲學本身去蕪存菁的純粹概念表象。

可是黑格爾的體系是無所不包的，因此藝術和宗教的魅力不會一碰到冰冷的哲學就消失無蹤。他們兩者（尤其是宗教）隱身幕後，替我們提供這個理論所謂的意識形態，也就是它在行住坐臥間必要而次等的體現。有人指責說，黑格爾的理性主義完全不利於意識形態的有效性，他們其實忽視了宗教在他的體系裡的關鍵角色。宗教是仍然浸潤在感性裡的普遍者，但它以其諱莫如深的變形，比藝術更能夠捕捉絕對精神。宗教為黑格爾實踐了兩種重大的意識形態功能，那是哲學本身做不到的：它在我們和絕對精神之間建立起一種關係，那是關乎感受、心靈和感性，而不是枯燥的概念性；而作為一種**儀式性的**東西，它不僅屬於主觀性，也屬於體制化的社會實踐的「客觀精神」。作為意識形態，宗教是感受和實踐之間的關鍵中介，提供空間讓兩者互相培育；而雖然政治國家最終一定不能建基於宗教，而只能建立在理性的穩固獨立基礎，它卻需要宗教作為一種信仰的、感性的、表象性的領域，這是倫理信念的領域，理性律令在這裡可以產生本能的共鳴。這項任務不能留待倫理文化來擔當，否則人類與絕對精神的關係會變得目光狹隘，糾纏在特定社會的**習俗**當中。對黑格爾來說，宗教是以感性去表象普遍真理的中介，因此扮演了類似康德的審美判斷的角色。人類渴望看到徵兆，而在宗教信仰在意識形態的領域得到滿足，而哲學就是這種信仰背後的公開祕密。

如果黑格爾把審美概念貶降到**精神**演化歷程的卑微位置，部分原因在於，就像後來的葛蘭西，他把「文化」的整個概念從美學轉移到日常生活或人類學的意義下。他因此偷偷地從康德那裡推動了一項重大進展；比較之下，康德所說的文化共感，主要是建基於狹隘的審美判斷，在某程度上缺乏制度的實體性。因此黑格爾早在葛蘭西之前，就協助推動政治理論的決定性轉移，從

[144]

意識形態的難題轉向**領導權**的問題。後者的概念比前者範圍更廣且更具包容性：粗略來說，它意指著政治權力在例行制度的實踐裡用以鞏固其權力的一切方法，而不是倚賴某些特定符號、圖像或表象之類所謂意識形態的東西。因此，黑格爾體認到，社會凝聚力不能以抽象的、無差別的美學相互主體性去穩固它，而必須植根於文化實踐，在社會生活緊密的關係網裡，從家庭的親密關係擴展到種種社會組織，像階級、企業、會社等。國家作為社會團結和歷史中的神旨的至高象徵，除非它是這些地方性的、直接的、日常制度性事物的複雜揚棄，否則就無法維繫其威嚴的普遍權力。社會團結的基礎不在於政治國家層面，也不在脫離政治的普遍化的審美內在性；但對黑格爾和康德來說（或起碼對康德來說），社會團結也無法奠基於中產階級的經濟實踐，也就是狹義的「市民社會」，儘管康德希望這種實踐也許**最終**能夠促進人類的和諧。事實上，由於這種實踐看來無法成為基礎，也就成為了觀念論一般要解答的重大問題。像康德一樣，黑格爾在這方面的問題就是：我們如何以某種社會形式去實現社會團結，而這種形式卻又處處否定慣常的經濟活動？如果中產階級社會的意識形態團結性不會是來自一般的社會實踐，如果這兩個範疇彼此對立，隨之而來的誘惑就是把這種和諧投射到一個虛無縹緲的領域（例如文化、美感、絕對直觀、國家），有如一下子就短路了，而發揮促動共同經驗的力量。黑格爾的「具體倫理生活」，相當於葛蘭西的「公民社會」，替這個困境提供了一個很好的解答，在個人內在的愛憎和**精神**的普世真理之間發揮複雜的中介作用。

[145]

和康德不一樣，黑格爾沒有犯上幼稚的錯誤，試圖把精神的共同體建立在無利害關係的不穩定基礎上。私有財產和抽象權利顯然太過深陷於自私自利的排他主義，而無法作為意識形態的共識的基礎；但是我們最好是從這些不樂觀的狹隘觀念起步，看看怎樣透過分工、社會階級和企業之類的中介，讓它們以辯證方式超越自身而成為更利他的團體。這一切的巔峰，就是黑格爾最精緻的美學性藝術品：國家作為有生命的「具體的普遍者」（concrete universal）。而由於黑格爾所說的國家具有強烈的干預主義，它會延伸到社會關係以加強其中的凝聚力。簡言之，全體性必須從具體社會生活的實際區分中得到生命力，而不是人為地覆蓋在那些區分之上；黑格爾透過客觀的社會中介過程把具體和抽象統一起來，而不是僅僅透過美感判斷的行動把兩者連繫起來。在社會演化的程序中，每個較小單位以辯證的方式產生投入更大單位的需要，把自身的個殊性消融在更大的普遍性裡，由此拾級而上，獲得更高的整合；由於層次更高的體制體現了個別主體的自由本質，主體和客體的統一因而不是在審美判斷的沉思行動中，而是在這個本質上實踐性的領域裡。黑格爾所說的「文化」，並不是什麼特別的向度，而是在理性的觀點下的社會生活具體的全體性。黑格爾在這個全體當中重新注入康德的抽象道德，那在黑格爾看來是片面的衍生物；他的社會團結性比康德的相互主體性的共感更加以物質為基礎，而同時由於它只有在理性的全體化之下才能顯現其整體，因而在某個意義下又是更加抽象的。面對一種侵略性的個人主義社會秩序，康德局部地把文化和政治制度區分開來，透過感覺而非概念達成共感；黑格爾的文化和政治的辯證關係，則代表了感覺和概念的相互作用，由此，普遍理性的種種抽象表象會從它們一直在其中暗暗躁動的**生活世界**（*Lebenswelt*）逐漸顯露出來。

具體的倫理世界，是由傳統的、基本上不加反思的虔誠和實踐而構成的世界，因此它呈現一種「自然而然的合規律性」或「無規律的規律性」，很近似康德所說的美感。可是，要從這裡前進到政治國家，康德式美感的直接性就必須讓位予概念的推論，把個人和社會融合起來；這不是直觀的相互主體作用的融合，而是費力的、間接的過程，憑著家庭、階級、企業機構等的複雜中介作用而達成。康德式的「文化」，黑格爾認為太理想化了：他認為只有從看來最惡劣的起點，從公民社會本身的競爭對抗演化而來的社會團結，才能為統治權提供健全的物質基礎。也只有把抽象道德消融在豐富而基本上不自覺的習慣性的實踐經驗中，才能超越康德的感性和實踐理性的二元性，而鞏固葛蘭西的意義下的政治領導權。要朝一個特定方向把社會生活美感化，把它看作多種有望獲得創造性發展的具體潛能，就表示採取理性的一種恰當的辯證形式，和僅僅作為直觀的直接性的美感化分道揚鑣。

黑格爾相信政治團結必須奠基在公民社會上，這肯定是明智的想法；只不過在中產階級社會裡，這種策略顯然難以奏效。中產階級社會能把個人聚合起來，但正如黑格爾體會到的，這基本上只能達成一種否定的、客觀的、無意識的相互依賴。比方說，分工透過技能的區分和專門化，衍生出一種相互依賴；但要把這種完全客觀的相互依賴轉化為社群的凝聚力，卻不是簡單的事，

[147]

而黑格爾也預見了馬克思早期在無產階級身上覺察的現象：這個可能潛藏著不滿的新興階級（馬克思稱之為「貧民烏合之眾」），因為社會上極端的貧富懸殊而感到憤慨。因為要從一個分裂的公民社會演化出政治和諧，既是必要卻又看似不合情理的，黑格爾也就需要哲學；這也可以對個人證明如何能在政治國家的自我意識層次上實現這種團結。如果個人讀了黑格爾的哲學而把它付諸**實踐**，團結最終就會來臨。

簡單來說，哲學不僅是描述理想國家，更是實現它的必要工具。黑格爾的重大成就，因而就是把深植於經驗主義者和康德思想中的事實和價值的二元性，用自己的方法把它化解了。就像後來的馬克思一樣，他認定某種形式的理論描述必然是規範性的，因為它們提供了社會解放必需的知識。而這種知識正好相當於黑格爾的整個思想體系。該論述的描述性向度因而和它的履踐性層面不能須臾分割：只有當我們意識到絕對精神（或更確切地說，使絕對精神在我們之中意識它自身），這種精神才能在政治範疇上加以培育、體現和開展。如果哲學要建基在絕對精神之上，它就必然是實踐性的，因為絕對精神的本質正是要不停在世界中自我實現。如果黑格爾的理論本身不是活躍的政治力量，那麼它就會喪失絕對的基礎。於是，黑格爾從事實轉移到價值，從認知轉移到政治，並從知識論到倫理，沒有截然分割的意識，這是休謨和他的繼承者無法做到的。**精神**是一切存在者的本質，關於它在時間裡的探險的種種說明看似只是描述性的；但它之所以是一切存在物的**本質**，那是因為它是重要的內在結構或軌跡，關於它的說明其實也正是提供我們若干倫

[148]

理和政治行為的規範。沒有任何歷史時期或社會秩序能存在於精神以外，所謂的**精神**只不過是對於該整體的描述；可是任何個別的時代或社會秩序，可能未能充分察覺到**精神**的律令，儘管這方面的缺憾其實在不知不覺中推動了**精神**的最終勝利；在這個意義下，**精神**在既有的歷史現實裡是扮演一種批判判斷的角色。

如果黑格爾的哲學既是理論也是實踐，是精神的一部分動力，而不僅僅是對於它的沉思描述，那麼人們在讀了哲學後就更要付諸實踐，必須建構起適合絕對精神在歷史上的自我實現的政治結構。這種活動不能留待歷史本身的自然運動來實現，因為那種運動本身有所欠缺，只有哲學的自我意識才能填補所欠缺的元素。哲學的價值取決於它所劃定的自然程序的侷限。歷史發展的巔峰就是理想的政治國家；但即使是在這個國家裡的個人，也沒辦法自然而然地認識複雜的社會整體，因為現代社會的分化作用，使得這方面的任何知識變得不可能。理想國家的公民只能透過中介和社會整體建立關係，也就是透過他們個別的機構或階級地位。黑格爾並不相信今天的國家還能像古代的社會一樣，其中每個公民能直接體認共同生活的原則。理想國家裡的不同階級會在不同方式下體現他們與整體的關係，沒有任何個人能在自身之內把所有各種方式統合起來。如果這樣，黑格爾的國家就變成虛構的東西，因為沒有個人能夠認識它。它只存在於論述層面，這就是為什麼黑格爾本身的哲學是必要的。對於全體的認知，只能存在於黑格爾的哲學之中。就如亞歷山大．柯耶夫（Alexandre Kojève）指出，對黑格爾來說，絕對知識只以一**本書**的形式存在：

「因此一個公民能否具有完全的自我意識，就視乎他是否讀得懂（或寫出）《精神現象學》。」[16]這是因為黑格爾的智慧並不只是要**活出**和全體的關係，而更要**認識**這個全體。這就是說國家作為一個整體，只存在於思辨的理論家心裡：是黑格爾讓這個理想國家存在的，他以其知識維繫它的存在，就像上帝支撐著世界的存在。國家的全體化落在國家自身之外，落在認識它的心靈裡。政治性的東西把哲學性的東西物質化了，但是不能和哲學相提並論；在理論和政治實踐之間有一道鴻溝：當國家在生活中被實踐了，它並不是作為理論裡的複雜全體，而當它被認知了，它並沒有被「實踐」。理論和意識形態，又或意義和存在，最終還是處於對立。

就像齊克果一直抱怨的，在這個意義下，黑格爾的體系終究是無法**活出來**的。它只是在概念上作為一個整體而存在，卻沒有感性的類比物。現實是一件有生命的藝術作品，但它不能透過審美直觀而自然而然地被認識為一個整體。對黑格爾來說，智慧終究是概念性的，從來都不是表象性的：整體只能透過辯證理性去掌握，而不會**現形**在其中。藝術和宗教信是最逼近的具體形象；但兩者都是會削弱概念的清晰度的感性表象。辯證理性可以把實在界呈現為一個不可分割的整體；但這樣做的同時，卻從審美直接性的觀點上被迫陷入所有理性論述的分割性、線性和迂迴式的路徑，使得它原本試著全體化的東西支離破碎。只有哲學論述的**結構**，才能透顯哲學嘗試闡明的「理念」的共時性真理；該「理念」就如黑格爾指出，「是它的自我生成的過程，在這個圓圈裡，預設終點就是它的目的，並且以它的終點為起點」。[17]哲學所表達的原則是「美感」的；卻不能以此作為理由，讓哲學墮進某種自命不凡的直觀主義。

在黑格爾的體系裡，理論跟隨在實踐之後，是晚一步才起飛的密內瓦的貓頭鷹；因此，理論不會干涉實踐，不會讓自然而然的智慧因而受到傷害。精神在習慣性的、不自覺的社會活動或所謂「文化」中趨於成熟；當它忘記了自己在具體生活中的位置，而在時機未成熟之下採取抽象行動，結果就是革命的狂熱，就像法國大革命的雅各賓黨一樣。理論的姍姍來遲，使得實踐免於抽象作用的傷害，成為自我意識在其中開花結果的沃土。當理論最終在這個基礎上浮現，當「理念」開始認識自我，它的基本動作是回顧式的：以平靜的目光觀照整個歷史過程，認定這一切是美好的。理論的展望的、履踐式的作用，就在這種平靜回顧的背景中運作：「理性」的任務在於護送漸漸圓滿的結果，使原本存在的東西更加本質化的。當然，要說一切朝著最美好方向進發，這本身就是不簡單的事。反過來說，要為這種難以置信的主張辯解，必須有一套辯證的機智，那會在純粹心智的運作凸顯出來，使心智和自己它衍生出來的具體的、自然而然的歷史分割開來。因此，理論在證成歷史的過程中，也和歷史分家了；在另一個意義下來說，為理性而拯救世界的大計，在黑格爾的體系裡，只是某種程度的猜想，顯然很難作為一種意識形態模式而被採納。

面對如何在杌隉不安而充滿衝突的社會秩序中建立社會和諧的難題，為新興的中產階級辯護的人會陷在一種分裂中，那就是理性和直觀、辯證法和美學的分裂。如果社會團結可以像藝術品的形式一樣直接感知，那當然十分方便，就像在古希臘，社會全體的法則像鐫刻在社會本身的種種形態上，可以讓社會的每個參與者自然體會到。由於現代生活的分化和複雜性，這樣美感化的社會知識再也不是我們冀求的：美感作為一種社會認知形式，只能提供我們狂熱的空洞性。社會確實是像一種藝術品，是主體和客體、形式和內容、自由和必然性在宏觀層次上的互相滲透；可是由於層層虛假意識介入經驗意識和整體性之間，只有透過辯證理性的耐心探索，我們才能窺見這種交互作用。家庭、國家和公民社會，被扣緊在緊密的團結性當中，於是黑格爾在既有社會秩序的物質性制度中找到意識形態的共識。但要證實家庭、公民社會和國家之間的隱藏關係，只能在概念層次而不能在經驗層次進行；而黑格爾思想與作為感性表象的意識形態之間的關係為何，也難以說明。在社會上甚至在理想政治國家的實際生活，不可能是我們所追求的全體性本身，因為那是沒有任何感性體現的，只存在於論述當中。面對這樣的困難，中產階級理論沒多久之後就完全放棄了理性辯解，而漸漸求助於美感事物。

[151]

注釋

1 Charles Taylor, *Hegel and Modern Society* (Cambridge, 1979), chapter 1.
2 引錄於：Stanley Rosen, *G.W.F. Hegel* (New Haven & London. 1974), p. 51.
3 J.G. Fichte, *Science of Knowledge* (Cambridge, 1982), p. 15.
4 F.W.J. Schelling, *System of Transcendental Idealism* (Charlottesville, Virginia, 1978), p. 34.

5 同前引書，頁35。

6 同前引書，頁29。

7 這些論點值得參考的討論，見：Peter Dews, *Logics of Disintegration* (London, 1987), chapter 1; Rodolphe Gasché, *The Tain of the Mirror* (Cambridge, Mass., 1986), Part 1, chapter 2.

8 Schelling, *System of Transcendental Idealism*, p.12.

9 同前引書，頁220。

10 同前引書，頁232。

11 G.W.F. Hegel, *The Logic* (Oxford 1892), para 212.

12 引錄於：Charles Taylor, *Hegel* (Cambridge, 1975), p.431.

13 G.W.F. Hegel, *The Phenomenology of Spirit* (Oxford, 1977), p.43.

14 Immanuel Kant, *Critique of Judgement* (Oxford, 1952), pp. 127-8.

15 F. Schiller, 'On the Necessary Limitations in the Use of Beauty of Form', *Collected Works* (New York), vol. IV, pp. 234-5

16 Alexandre Kojève, *Introduction à la lecture de Hegel* (Paris, 1947), p.305.

17 Hegel, *Phenomenology of Spirit*, p.10.

第六章

欲望的死亡：叔本華

叔本華無疑是筆下流露著最悲觀的看法的哲學家之一，可是他的著作包含著一個無心插柳的喜劇，那就是它談到的身體問題。叔本華在大學念的是生理學，對肺臟和胰臟如數家珍。有個驚人看法說：他在大學選讀的學科，可能重塑了西方哲學的整個走向，一直到我們這個時代仍盛行不衰的新尼采主義（neo-Nietzscheanism）。叔本華以粗略的唯物論沉思，談到從咽頭和喉頭以至抽搐、痙攣、癲癇、肌僵直和狂犬症等作用，尼采由以推演出他冷酷無情的生理學化約主義，以及十九世紀關於神經節和腰椎部位煞有介事的論述，這個過時的論點起碼延續到勞倫斯（D.H. Lawrence）的時代，作為一個冷僻範疇，喚起對於身體的重新關注，到了我們這個時代，就擴及到更積極的且政治性的影響。

叔本華大言不慚地歌頌意志（Will），認為它是作為一切現象的根本，是盲目而持存的欲望；意志也體現於打呵欠、打噴嚏和嘔吐，還有身體各式各樣的急抽或抽搐。他似乎完全沒察覺到，他的論述可能在一兩頁內就從超超玄箸的自由意志反思急轉直下，而談到脊椎神經的結構或毛毛蟲的贅生物。他從**精神**談到性器官，從神諭到口腔，有點像巴赫汀所說的「突降法」（bathos）或布萊希特所說的**粗獷思考**（*plumpes Denken*）；然而在巴赫汀手上，這起碼是一種政治武器，用來對抗統治階級唯心主義對肉體的偏執狂式的恐懼。對叔本華來說，這卻不是什麼政治反叛的問題，而是一種樸拙的觀點，就像他指出一個人很難同時走路和說話，一本正經地以此說明身體和心智的衝突：「因為腦袋一旦要把幾個觀念湊在一起，就無法有足夠的力量讓運動神

[153]

經使喚雙腿持續走動。」[1]此外他又推想，整個無窮盡的客觀世界「事實上不過是頭蓋骨裡那一團物質的特定運動或屬性」（2:273）；他又認為短小的身材或脖子特別對天才有利，「因為血液到大腦的路徑比較短而且有更多能量」（2:393）。所有這些庸俗膚淺的看法，本身卻是一種理論性的姿態，是對自命高深的黑格爾哲學的譏諷抨擊；而提出批評的叔本華雖然本身也是徹頭徹尾的形上學家，卻認為黑格爾是極端的假內行，又認為大部分哲學思想，除了柏拉圖、康德和他自己的以外，都是裝腔作勢的空話。他是個尖酸刻薄的諷刺者，脾氣古怪，高傲而愛唱反調，不諱言地表示他相信德國人說話像老太婆的裹腳布那樣又臭又長，那是因為他們遲緩的腦筋得多花點時間思考；他的著作和他的名字一樣，揭示了不凡和平凡兩者令人眼花瞭亂的結合。

事實上，不協調的特質在叔本華手上成了一個成熟的喜劇理論的基礎。他認為，所謂滑稽，就是把某個對象很弔詭的涵攝在一個異質的概念之下，因此，正如阿多諾一樣，他所謂的事物和概念的非同一性（non-identity），就可解釋為什麼動物不懂得笑。根據這種貌似有理的概括化觀點，幽默大抵上就是用詞高遠而意義低下的效果，因此像叔本華的哲學一樣具有一種反諷或辯證的結構。這種觀點本身有其深刻的反諷意義，因為如果說知覺對象和概念的不一致引發戲謔的效果，那正好說明了經驗和知性、或意志和感官表象之間的分裂，這就構成了叔本華對於人性的厭惡的核心思想。這種至為冷酷的觀點的內在結構，因此正好是個笑話的結構。理性是專橫的意志粗鄙而笨拙的僕人，總是一種可悲的虛假意識，是欲望的反射作用，荒謬地自以為能如實呈現世界。十九世紀一種有名的非理性主義（irrationalism）就認為，概念無法表現經驗的繁複內容，而只會笨拙而粗鄙地化約一切事物。可是如果說它使人類的存有陷入幻覺的裂隙，以致於思考本身就是自我欺騙，那麼它也為佛洛伊德的幽默理論提供了分析的元素：

> 〔知覺〕是當下、歡樂和愉悅的中介；而且它和任何行動沒有關連。思考剛好相反；它是知識的動力，這種力量的運用總是很費力的；而思想概念往往和直接欲望的滿足對立，因為它作為過去和未來的中介，代表了嚴肅的一面，承載著我們的恐懼、遺憾和擔憂。因此，當我們看到理性這種嚴格、沒完沒了而煩人的支配捉襟見肘的時候，一定會很開心。根據這樣的分析，戲謔在態度或表現上和愉悅感覺十分接近。（2:98）

喜劇就是意志對於表象的嘲弄報復，是叔本華式的「本我」對於黑格爾式的「超我」（superego）的惡意攻擊；說也奇怪，這種愉悅卻也是徹底絕望的根源。[2]

如果說幽默和絕望焦不離孟，那是因為對叔本華來說，人類存在境況不是什麼悲壯的悲劇，而是悲慘的鬧劇。人類在貪婪的意志下辛苦勞累，受到不斷被理想化的無窮欲望驅使，因此根本不是什麼悲劇主角，而是可憐的笨蛋。人類事業的最恰當象徵，就是腳爪像鏟子的鼹鼠：「用牠那鏟子般的巨大腳爪使勁地挖掘，那就是牠一輩子的事業；被包圍在永恆的黑夜中……這樣充滿

[154]

煩惱而沒有半點歡樂的一生，到底獲得了什麼？攝取了營養並得以繁殖，也就是說，只是讓同樣的悽慘生涯延續下去，或在新的個體身上重新開始。」（2:353-4）對叔本華來說，清楚不過的是，如果世界根本不存在，那反而好多了；世界的存在是個可怕的錯誤，早就該喊停，只有瘋狂的唯心論才會相信生存的喜悅多於痛苦。只有最大刺刺的自欺（理想、價值和其他毫無意義的附屬品）才會使人盲目相信這種可笑的自明真理。人類深陷嚴重的愚昧，他們堅信所謂有價值的歷史，就只是記載著人類的殘暴、困苦和悲慘，而我們對此的思考能力之薄弱，只能解釋為意志的策略，這種卑下的奸詐伎倆讓我們看不見意志的徒勞。叔本華無法不爆發歇斯底里的狂笑，因為在他眼中，人類傲慢而自以為是，被無情而根本對人類不屑一顧的生存意志（will-to-live）掌控，卻虔誠地確信人類本身具有至高無上價值，競相追求著某些所謂嚴肅的目標，而它們其實毫無價值。世界就像個廣大無邊的市場，「世界上充斥著不斷設法滿足需要的動物，他們的生命就在互相吞噬，生存在焦慮和渴求中度過，時時忍受可怕的折磨，直到最終掉進死神懷抱」（2:349）。「飽受折磨、痛苦不堪的人類處身的這個戰場」（2:581），沒有宏大的目的（telos），只有「片刻的滿足、由欲望決定的短暫歡樂、眾多而漫長的苦難、不斷的掙扎，**所有人你爭我奪**（bellum omnium）；每個人都是獵人又是獵物，還有壓力、渴求、需要和焦慮，尖叫和怒吼；**這一切永無休止，持續不息**（in saecula saeculorum），或直到世界再次陷入天崩地裂」（2:354）。如果人類能花一點時間，客觀思考他們如何誤入歧途而死抓著這種不快樂狀態，就必

[155]

然感到厭惡。全人類就像病入膏肓的乞丐，懇求別人施以援手，這種可悲的存在苟延殘喘，儘管客觀來說，死亡更值得考慮。只有濫情的人，才會把這種客觀考慮視為冷酷無情，拒絕相信這才是清醒。最幸運的人生，也不過是欲望受到抑制，並且相對沒有痛苦，雖然結果就是枯燥乏味的人生。叔本華認為，枯燥是尋求群居關係的主要動機，我們為了迴避枯燥而尋求他人毫無愛意的陪伴。這一切構成了高度的悲劇，可是我們更使這個境況雪上加霜：「我們的人生必須包含悲劇的所有悲痛，可是我們甚至不能維護悲劇角色的尊嚴，因而在人生的主要軌跡上，我們無可避免是喜劇的愚笨角色。」（1:322）。歷史不是典雅的莊嚴故事，而只是卑下的滑稽表演：「所有人完全不曉得為什麼出現這種悲劇喜劇兼而有之的整體狀況，因為它沒有觀眾，而演員本身經歷無盡的憂慮，只有很少而且都是消極的樂趣。」（2:357）。人生是一齣出奇差勁的荒謬劇，充滿了不斷重複的鬧劇元素，是一部拙劣劇本的一系列無聊變奏。

叔本華這種悲觀看法有其冷酷無情的一致性，單調而機械性地重複譴責那個狀況而不斷抱怨，其實這樣有它的有趣一面。如果對叔本華來說，喜劇就是把客觀對象涵攝到不恰當的概念之下，那也反諷地適用於他本身的悲觀主義，因為它把自己不容改變的色彩加諸一切事物，因而有一種偏執狂的滑稽性質。這有如強迫症一般的把差異全部轉成同一的做法，不管實際上看起來如何悲劇性，也都是個喜劇。在烤羊腿與烤一個嬰兒之間看不到什麼分別，而把兩者都看作形上的意志漠不關心的表現，這就如同把自己的左腳誤認為自然正義一樣可笑。我們取笑這種對一切無

[156]

情冷待的褊狹觀點，部分原因在於，看到它荒唐地嘲弄模仿我們必須掩飾的殘忍的自我主義時，我們會感到如釋重負；雖然對叔本華的徹底悲觀主義來說，這種取笑態度也可能是緊張不安的自我防衛機制。他不顧一切地忽視人生的正面元素，這本身就是令人吃驚而可笑的，就有如看到有人們只關心偉大的畫家們誰有口臭，我們會啞然失笑一樣。

可是叔本華的強烈悲觀主義，在某種意義下並不令人吃驚，事實上，他認為那是很清醒的現實主義。雖然他的觀點流於片面，但是整個階級歷史的基本事實就是，大部分人的命運都逃不掉苦難與徒勞的悲哀。叔本華也許沒有掌握全部真相；但他所掌握的勝於他所批評的那些浪漫的人文主義者。任何關於人類比較樂觀的觀點，如果不把叔本華考慮進來，就必然會沒有說服力。到今天為止，歷史的主要故事滿載著殘暴、悲慘和壓迫。美德從來都不是任何政治文化裡的決定性動力。這些道德價值如果能在某些地方勉強扎根，主要也都限於私人領域。敵對、欲望和支配才是歷史的單調動力。這個卑污傳統境況的恥辱顯而易見：你可以問問大家他們是不是生不如死。任何程度的自由、尊嚴和舒適，僅限於極少數的人，而窮困、鬱鬱寡歡和勞苦終身，才是大部分人的命運。「五歲就進入棉紡工廠或其他工廠，」叔本華指出：「每天坐在那裡，最初是十小時，然後是十二甚至十四個小時，從事同樣的機械式操作，這是用昂貴的代價買來苟且偷生的愉悅。」（2:578）人類歷史的戲劇性突變，一個又一個時期的爆發和動盪，從某個意義下來說，不過是剝削和壓迫這個永恆主題的變奏。未來的任何轉變，不管如何徹底，都不能對這個記錄造

[157]

成重大改變。儘管班雅明以他的雄辯吹響號角，呼喚死者挺立起來，儘管他汲汲於在一群虛弱的生存者當中召喚被不正義壓制的受害者蠢蠢欲動的陰魂，但是殘酷的真相始終是，死者只有在革命的想像裡才會站起來。[3]沒有任何實在的辦法可以補償他們在既有的統治下所受的苦難。我們不能使被迫害者死而復生，不管是中世紀的農民、早期工業資本主義的工資奴隸、階級社會裡棲身陋室而在恐懼與淒涼中死去的兒童、被傲慢和鄙視的政權奴役至死的婦女，以及壓迫者眼中危險而迷人的被殖民民族。我們沒有辦法召喚死者的陰魂向暴虐者討回公道。真相就是，過去就過去了，不管怎樣重寫或反思歷史的不幸，過去的經歷不可能從現在更有同情心的社會秩序裡得到什麼好處。叔本華提出的可怕景象，不管本質上怎樣古怪以至冷酷而偏執狂，在很多基本元素上是真實不妄的。他把一切歸咎於破壞力十足的意志，這固然是錯誤想法；但在某個意義下，他正確地把它視為至今的歷史的**本質**。對政治激進分子來說，這個真相很難以接受，儘管在某個意義下，這正是使他們揭竿而起的動機。他們認為這個無法接受的歷史進程不能持續下去，因而萌生抗爭的信念，雖然歷史使人喪氣的重擔，看似默默見證這種信念根本行不通。激進政治的動力泉源，因此也總是使它衰敗的潛在因素。

叔本華也許是現代思想家當中首先把**欲望本身**這個抽象範疇放到作品核心的人，而不是論述任何個別欲望。後來精神分析學繼承了這種有力的抽象概念，儘管認為叔本華是史上少數偉大人物之一的佛洛伊德，可能在自己的理論形成後才讀到叔本華的著作。這就有如資本主義社會已演

[158]

化到一個階段，馬克思才有辦法從它抽繹出「抽象勞動」的主要概念，那是只在特定物質基礎上才能夠成立的概念活動；中產階級社會裡的「欲望」這個規定性的角色及其規律性的反覆，現在有了一種戲劇性的理論轉移。也就是說，欲望可以被建構為一個物自身，一種重大的形上學事件或自我同一的力量，不同於以前的社會秩序，那時候的欲望仍然相當狹隘而個殊主義的（particularistic），和地方性或傳統責任密不可分，而沒辦法這樣實體化。在叔本華的分析下，欲望成了人類歷史大戲的主角，人類主體只不過承載著欲望並順從它的命令，或當它的走卒。這不僅因為在社會秩序的興起裡，欲望體現為一種人人為己的個人主義，而一時蔚為風尚，甚至是主流的意識形態和主要的社會實踐方式；更具體來說，也因為在社會秩序裡就可以覺察到欲望的**無限性**，積累的唯一的目的就是積累本身。目的論（teleology）被徹底擊垮，欲望變得獨立於任何具體的目的之外，或起碼和那些目的不相稱；當欲望一旦不再是（現象學意義下的）意向性的（intentional），它就開始醜惡地僭稱為**物自身**，一種看不透、深不可測、自我驅動的力量，完全沒有目的或理由，就像是「神」的某種可怕的漫畫版。叔本華所說的意志，是一種沒有目的的合目的性，是康德式美感的東施效顰，是我們最好棄而不顧的劣質藝術品。

一旦欲望經過同質化首次成為了單數的「實體」，它就可以成為道德判斷本身的對象，這種情況對某些道德家來說可能難以理解，因為在他們看來，沒有「欲望本身」這種現象，只有這樣或那樣的個殊渴望（appentency）才是個殊判斷的對象。如果欲望本身被實體化，對於威廉·布雷克（William Blake）以至德勒茲以來這個悠久的浪漫主義和自由至上主義（libertarianism）傳統來說，可能是非常正面的一回事；可是如果浪漫主義者要肯定這種觀點，它的先決條件和叔本華對於**整個簡單**欲望的譴責的先決條件是一樣的，事實上後者正是接受了浪漫人文主義的種種範疇，卻翻轉了對它們的評價。就像叔本華一樣，你可以保留一整套中產階級人文主義最正面的全體化觀念，認定整個實在界，整個宇宙全體，充塞著一個核心的原理，也就是現象和本質之間的穩定關係，同時卻惡作劇地掏空它們的理想化內容的這些形式。你可以把體系的意識形態實體都榨乾，自由、正義、理性、進步，而注入中產階級日常存在境況的現實卑下質料。叔本華認定了這是意志的所作所為；從結構上來說，意志的功能正好相當於黑格爾的「理念」或浪漫主義者的「生命力」（life-force），但現在它其實不過是中產階級野蠻的掠奪行徑，卻被抬舉成為一種宇宙力量，搖身一變，成整個宇宙的形上學原動力。這就像保留了柏拉圖所說的「理型」（Idea）的整個體系，卻認定它就是利潤、市儈、自私等等。

這種作法的結果是有矛盾的。一方面它把中產階級的行為自然化且普遍化：世間一切，從萬有引力以至珊瑚蟲盲目的抖動或腸子發出轆轆之聲，都被視為徒勞的渴望，整個世界被套上市場的意象。另一方面，這種大筆一揮的概括化，把中產階級的「人」變得更加一無是處，誇大得令人反感，把卑鄙的欲望投射成宇宙性的東西。把人類化約成珊瑚蟲，一方面是讓他無可奈何地成為意志的傀儡而為自己的責任開脫，同時也是對人類的侮辱。把假面具揭去的這種自然化作法，剝奪了任何尋找歷史出路的希望，同時也從根本上動搖了中產階級的意識形態。叔本華的體系因此站在中產階級歷史命運的前端，仍然自信能在**形式**上具有統一、本質化和普遍化的作用，卻又透過這樣的行動把社會生活的貧乏**內容**放大到令人髮指的地步。這些內容被賦予形上學地位，卻同時變得聲名狼藉。黑格爾思想體系的形式範疇遭到這種哲學的報復反擊；全體化仍然是可能的，卻變得完全否定性的。

在另一種思路上也有同樣情況。對黑格爾來說，自由的主體勾勒出意識（**精神**）的一個普遍向度，那卻是使得主體獨一無二的同一性的核心。而這個先驗原則若要成立，就需要這種個體化（individuation）。叔本華保留了這個概念結構，卻惡作劇地扭曲了它。使我能夠成為我的是意志，而我只不過是它的物質化，意志對於我的個體同一性卻是毫不在乎的，它只是利用我這個同一性進行它漫無目的的自我複製。人類主體根本上存在著一種和他斷然疏離的力量，因此至為辛辣的反諷就是，意志作為我的存在的精髓，遠比我內心感覺到的任何其他東西更為直接，但是它卻和我一點都不像，沒有意識也沒有動機，就像翻起波浪的力量一樣，完全沒有感覺而來歷不明。對於所謂疏離，沒有比這種對於理想主義的人文主義的惡作劇模仿意象更鮮明的了；在這裡，康德的**物自身**成為主體的內在直覺可以認識的對象，卻仍然是康德所謂的理性不得其門而入的。這種不得其門而入的狀態不再是知識論的事實，而是一種惰性的、沉重得無法忍受的無意義性，作為我們存在的根本原則，我們在內心承受著它，彷彿我們永遠懷著一個怪胎。「疏離」不再是外在世界剝奪我們的生產成果和身分的壓迫性機制，而是存在於我們自身的每個動作，甚至是四肢最溫和的運動以及我們的語言，在我們的好奇心或同情心的微弱擾動裡，在一切讓我們活著、呼吸和產生欲念的動作中。現在無可挽救地陷入錯誤的，其實是所謂主體性自身的整個範疇，而不僅是自我的某種偏差或異化。它觸及了中產階級社會有罪惡感的祕密或是無法化解的弔詭：人類正是在他的自由當中受到無情的束縛，被禁錮在自己的身體裡，就像被判無期徒刑的人身陷囹圄。主體性原本起碼是我們可自稱為屬己的東西。曾幾何時，我們的欲望，無論是否有毀滅傾向，也起碼是屬於我們自己的；如今卻是欲望在我們內心孵化一個叫做理性的幻覺，以欺騙我們說，它的的目標也是我們的目標。

叔本華並沒有忽視欲望比較有創造性的一面。如果說打呵欠或是尖叫也都是意志的體現，那麼我們更高貴的抱負也會是；但由於這些抱負也糾纏在欲望之中，因而是問題的一部分，而非解決辦法。對抗不正義也是出自欲望，因而也和人生更深層的不義有著共謀關係。只有整個截斷這個因果關係，擺脫目的論的支配，才能達成真正解放。世界每個小片段，從門把手到博士論文以至於生產方式和邏輯的排中律（law of the excluded middle），都是在意圖和作用的龐大帝國勢力之下迷途的欲望的結果；人類本身不過是父母的交媾本能活生生的物質化。世界是個沒有用處的激情橫無際涯的外在化，這是唯一的真相。由於所有欲望都建立在匱乏之上，所有欲望因而都是痛苦：「所有**意欲**都出自匱乏，由於有所欠缺，因此也是出於痛苦。」（1:196）在意志的迷惑

[161]

下，人類由於內心深處的缺憾而怏怏不樂，就像因為潰瘍而彎下腰；叔本華也清楚意識到現代精神分析學所說的「欲望超出需要」。「當一個願望實現了，起碼有十個願望是未能實現的。而且，欲望持續一段很長的時間，但要求和渴求卻是無窮無盡；滿足是短暫的，成果也只是一點一滴。」（1:196）因此問題並不是我們需要更多的尋求創造性的衝動：不是像傳統道德主張把欲望放在一個價值天平上比較，以正面欲望勝過毀滅性的欲望。只有讓衝動本身平息下來，我們才能得救；可是就像佛教有名的弔詭，這種平靜的「追尋」本身只會適得其反而已。

§

那麼我們往哪裡走，才能讓深入我們的血管和腸子的那種無法滿足的欲望暫且平靜下來？叔本華的答案就在於美感，它不是指對於藝術的渾然忘我，而是對現實一種脫胎換骨的態度。令人無法忍受的存在的煩惱，在於我們無法突破自己的臭皮囊，不能擺脫主觀卑微利益的緊身咒。我們做任何事都把自我拖在身旁，就像酒吧裡討厭的傢伙，就算閒話家常也總要扯上自己沉迷的東西。欲望意指我們無法直接看到任何事情，總是被迫以自私的角度對待所有事物。激情「把知識的對象都染上了顏色」（2:141），出於自身的願望、焦慮和期待而虛偽造假。對於意志壓倒理性的這種現象，叔本華給我們提供了一個簡單的例子：他沉重地指出，在我們整理財務帳單時，那些不自覺的錯誤幾乎總是對自己有利的。美感讓我們暫時逃離這個主觀性的囚牢，擺脫所有欲

[162]

望，能夠如實觀照現象本身。當我們放棄了對眼前事物聲稱的權利，就會心滿意足地轉化成為純粹的、無意志的認知主體。但如果成為純粹的認知主體，卻很弔詭地再也算不上主體了，這樣的自我完全被去中心化，成為沉思的客體。叔本華指出，天才的天賦不多不少，就是最完全的客觀性。美感是在某個幸福的片刻破繭而出，突破了目的論的可怕支配，擺脫了功用和效果的枷鎖，暫時把認知客體從意志的箝制裡拉出來，把它當作純粹的景物去欣賞它。（叔本華認為，荷蘭的靜物畫是有瑕疵的審美對象，因為它們描繪牡蠣、鯡魚、螃蟹和葡萄酒等，而使人感到飢腸轆轆。）只有把世界美感化，才可以使世界從欲望解脫出來；在這個過程中，欲望的主體會後退到一個完全沒有利害關係的消失點。但這種無私性迥異於馬修·阿諾德所說為大局著想的想法，那是不偏私地衡量對立的利益關係而以社群整體的正面效益為依歸；與此相反，叔本華所說的美感化則要求完全放棄自我，是主體泰然自若的自我犧牲。

然而人們很容易把這種信念看作逃避現實。在這一點上，叔本華受益於佛教思想，這個傳統最難捉摸的想法，就是如實觀照諸法實相，這是素樸的實在論，或（海德格可能會說的）「讓事物任運自然」，而不是我們力所能及的，這種狀態只會在神祕觀照的神遊片刻才會自然出現。對叔本華來說，這種實在論也不是任何的實證主義：恰好相反，在這方面，他是徹頭徹尾的柏拉圖主義者，堅稱我們如實觀看事物，就是從它們永恆的本質或種屬存有加以掌握。在審美的漠不相關的怡然心態下，就能達致這種幾乎不可能的實在論，世界變成有如劇場般的啞謎，種種尖叫和呼嘯都安靜了下來，成為舞台上從容的閒聊，讓不動心的觀者在愉悅中沉思。在這個意義下，審美是一種精神的防衛機制，以原來負擔太多痛苦的心靈，把痛苦之源轉化為無害的幻象。因此，崇高是最典型的美感情態，讓我們以絕對的平靜去沉思有敵意的對象，因為體會到它再也不會傷害我們而感到泰然自若。在崇高中，偏執狂的自我幻想著某種不會受到傷害的勝利狀態，像神話中的諸神對於惡毒的力量的報復，使對方永遠擺脫不掉魔咒。這個最終的主宰力量，雖然使原來侵害人的世界解除武裝而變成一種幻覺，但是就如佛洛伊德指出，它其實是一種死亡狀態，被攻擊的可憐自我被迫尋求自保。叔本華式的主體因而是以自殺去超克自身的可能死亡，以審美預先的自我否定而智取了侵略者。叔本華的審美就是上演中的「死亡驅力」（death drive），雖然死亡其實是種隱祕的生存方式，是偽裝成**死神**的**愛神**：主體如果仍然感到愉悅，就不可能是完全被否定，儘管它是在自身消解的弔詭歷程裡感到愉悅的。審美狀態因而呈現一種無法克服的矛盾，就如濟慈（John Keats）對於夜鶯的沉思：一個人不可能品評自身的死亡。美感主體愈是在客體面前欣喜地經驗自身的幻滅，這種經驗本身就必然歸於失敗。

這種無差別的心態，對叔本華來說，既是政治的也是美感的存有狀態；在這方面，他既繼承了也推翻了席勒把藝術視為社會典範的經典概念。叔本華和前人一樣，認為美感之所以重要，是因為它涉及的不僅僅是美感範疇。在對藝術作品沉思的幸福時刻感到的超然物外或不動心（ataraxia），是強調欲望的個人主義的另一個隱含選擇；藝術不僅是社會的反命題，而且是超越

[163]

了國家所能理解的一種倫理存在的形象化例證。只有當我們撕破幻魔（Maya）的面紗，體會到個人自我的虛假，我們才會以真正無差別的心態對待別人，也就是說，不在別人和自己之間作出重要區分。諷刺的超然物外，因而也是慈悲心，在這種狀態下，**個體化原理**（*principium individuationis*）一旦被揭去面紗，而顯現為意識形態的騙局，不同的自我就可以透過移情作用互換身分。正如所有真正的知識都源自主體的死亡，所有道德價值也一樣；道德的行為不是採取任何積極的立場，而是根本沒有任何立場。唯一美好的主體就是死亡的主體，或起碼以移情的方式而不起分別心，設身處地替其他人著想。問題不在於個人體貼他人，而是突破整個「個體性」的可悲幻境，這樣的靈光乍現，班雅明稱為「世俗的啟明」（profane illumination），使我來到個體遙不可及的無所有之鄉。這種想法讓叔本華超越了中產階級有關合法性、權利和責任的規範，因為他否定了個別主體的基本感知。不同於今天盲目崇拜差異性的人，叔本華相信人性裡的共同性仍然遠遠大於差異性。

於是，道德行動和美感知識一樣，看來是個難以思考的弔詭。因為沒有主體就沒有實踐；一旦有了主體又有宰制和欲望。而談到具有同情心的主體，更是自相矛盾的概念：即使純粹沉思中的善意是可能的，但是一旦付諸行動，就會墮入貪婪意志的陷阱。在叔本華看來，知識和實踐反諷地互相對立，就像在某些當代思想中「理論」和「意識形態」的對立：如果沒有主體就沒有真理，但是有了主體也一樣沒有真理。對叔本華來說，一切實踐都屬於幻覺的範域：把我對你的憐

[164]

憫付諸實踐，也就是在同一刻消滅它，接下來自己只會在競逐私利當中打滾。只有完全超越主體性這個有害的範疇，個人才能感受到他人；但這個命題又會自我否定。威廉·布雷克也知道，憐憫和憂傷意味著災難已經發生，要不然這些感情就沒有存在的必要。在一個由欲望驅使的社會裡，所有行動無可挽救地受到污染；同情心也必須被放逐到「審美」的沉思領域。在某種意義下來說，審美作用替我們提供全然不同的社會生活形式：它在冷靜而不涉道德的取向下，引導我們擺脫造成障礙的欲望，讓我們卑微地、不存貪念地過活，像聖人一樣單純。這種境界因而是對於烏托邦的驚鴻一瞥，同時有一種完全息交絕游的快樂。但這種快樂永遠不能主動實現：就像席勒所說的審美情態，它一旦進入物質存在，就會對自身構成背叛和否定。

無論如何，我們很難知道這種無私狀態是如何生起的。它顯然不是意志的產物，因為它是意志的暫時擱置；但我們也很難看到它如何生自疏離了的知性，而在叔本華那個極端壓縮的宇宙裡，也實在沒有其他動力可言。他自己含糊談到知性這時「暫時凌駕了」意志；但這種不尋常的翻轉動力源頭仍是曖昧不清。早期的維根斯坦是叔本華的忠誠信徒，他認對價值根本不能「存在於」世界，而必須超越世界。[4]我們看來沒有辦法可以從事實過渡到價值；叔本華因此在一種無法說明的二元性中掙扎著：一方面是歷史的殘酷現實，另一方面是類似休謨的人類直覺情感的含混觀念。叔本華寫道，在對他人的同情心當中，我們體認到自己「真正的內在自我」；可是我們也反覆被告知，這個內在自我只不過是貪婪的意志。

叔本華堅信哲學不能改變人類行為，而在著作中規避一切規範的意圖。認知和倫理之間沒有任何關係，而倫理和意志呈現的現象則處於永恆敵對的關係。可是叔本華的整個哲學體系可以解讀為隱隱反對這種觀點，而不同於表面上的觀點，它在暗示著事實和價值、描述性語言和規範性語言實際上有可能相互界定。事實上，他繼承自東方思想的想法，正好揭示了事實和價值的二元性其實是民族性之故，也揭示了認為價值無法自事實推論得到，其實有其科技史的影響，因為在這種觀點下，事實一早就被建構成價值的否定。相比之下，佛教對個體化原則的批判，既是描述性也是規範性的；它既描述世界的存在方式，同時也不可分割地建議某種道德行為。如果人我之分真的沒有那麼重要，那我們很難相信這個想法怎能不影響我們的實際行為。叔本華似乎也同意，如果我們認識到自我同一性的虛假本質，那麼也會在個人行動顯現出來，但是他不願意承認他自己的論述可能得出什麼倫理的結論。

如果他承認這種結論，那就無異和他的主要觀點牴觸，承認理性能夠影響意志。以叔本華對於理性的工具主義式（instrumentalist）的堅定理解方式來說，這種結論顯然是無法接受的。理性只不過是為了實現欲望的笨拙計算機制，而欲望本身和理性論辯根本八竿子打不到一塊兒。在這個意義下，從叔本華和尼采到當代實用主義（pragmatism）一脈相承，其實上是在重複霍布斯、休謨和邊沁等人所說「滿載欲望的人」的中產階級模型。理性只是私利的工具和欲望的奴隸，面對私利和欲望可能的掙扎，卻沒有論辯餘地。可是如果叔本華所認定的是正確的，那麼他應該寫

[166]

不出任何作品來。如果他真的肯定自己的學說，那麼他就不可能作出論述。如果他的理論能夠剖析意志的狡獪運作，那麼理性必然可以反過身來，檢視那種使它甘心充當意志的奴僕的動機。叔本華要麼是在理論中讓我們逃避意志，要麼他的理論本身就是另一種毫無價值的空談。

叔本華把哲學和音樂作比較，看來他真的相信我們能夠逃避意志。在所有藝術當中，音樂是意志的最直接呈現；它其實就是把意志變成可聽見的形式，它是欲望內在生命看不見摸不著的圖像，以非概念性的論述揭露世界的純粹本質。所以說，任何真正的哲學都只不過是把音樂的內容轉化為概念形式，理性地演繹音樂以直覺成就的效果。一種認識到世界實相的理論，在性質上就是一種美感的實現，也就是說它本身是一件藝術作品，拒絕一切論述的割裂或延宕，俾使它在共時性的統一底下，表象出萬物如何在意志裡凝聚在一起。因此，哲學必須是先驗的；可是它唯一能指認的先驗實在界，似乎就只有意志本身。哲學卻不能從意志的觀點去看世界，因為這樣的話，它就不能對世界提出任何真正論述；因此它似乎是從另一個先驗觀點去檢視意志及其一切作品。但是由於叔本華的著作沒有承認任何這樣的觀點，哲學就只能站在一個無所有之鄉，從某個沒有它的地方說話。事實上，他的理論裡確實有這種無所有之鄉，那就是審美，但這不是概念性的；我們看不出來它怎麼轉化為概念形式，而不致馬上掉進知性的假象。簡單來說，真理看來是不可能的，但我們也難以解釋何以至此。我們只能說，在罕見而神祕的時刻裡，知性不是很確定地掌握到原本在擺布著它的意志。叔本華遺留下來的知識論兩難，就留待他最有名的繼承者尼采來解答。

中產階級思想傾向於建構一種重複顯現的二元對立：一方面把知識視為被欲望決定的反射作用，一方面又把知識視為一種無私的崇高形式。如果說前者是在嘲諷中產階級公民社會的真實情況，也就是說，任何思考都會受到私利影響，那麼後者就只是在幻想裡否定這種狀況。只有魔鬼的欲望才會夢想著有如天使一般的反命題。日益物化且割裂的社會秩序，漸漸使這種秩序難以理解，崇高的無私考量只能逐步讓路給實用主義的覺醒。可是代價就是，任何意識形態在為社會整體奮力辯護時，由於脫離了個殊的利益，就會漸漸喪失它在社會實踐上的影響力。叔本華和尼采在這方面是過渡人物，在某方面是集大成者，另一方面卻是覺醒了的實用主義者。由於陷入了這種矛盾，叔本華最終主張一種沒有主體的先驗主義：絕對知識的地位由此保住了，但是它欠缺了所有具規定性的同一性。沒有任何主體可以填補它，因為有了主體就有欲望，有了欲望就陷入迷惑。這種唯心論哲學一度夢想透過主體尋求救贖，現在卻被迫思考一種無法言傳的願望，那就是只有透過主體的徹底犧牲才能獲得救贖，儘管主體在整個體系中原是至為尊貴的範疇。

當然，在某種意義下對主體的難堪遺棄，不過是中產階級社會秩序裡司空見慣的現象。叔本華奠基於移情作用的倫理學，把所有個人都序列化為同等的可替換性，就像市場運作一樣，儘管層次比較高。在這個所有文化當中最猖獗的個人主義裡，個人和一個虛構沒多大分別，因為資本主義經濟對個體漠不關心。只不過這種把個人的特異性齊一化的平庸做法，如今必須被揚棄到一種精神共同體的形式，（就像康德的美感）對於務實的自我主義不屑一顧，事實上它卻是仰賴這種心態作為物質基礎。這就像是說資本主義生產方式對個體同一性的冷淡，必須被推崇為一種靈修，提升到靈魂的體貼的相互關係。如果說這種孤注一擲的策略是在模仿原來的問題而偽裝為答案，那麼它的激進主義起碼也同樣引人側目。一旦把現實的中產階級主體，而不是深思高舉的理想主義所描述的主體，循著叔本華的思路放到理論核心，我們難免會推論出這種理論的瓦解。因此在這條路上再也沒有所謂明智審慎的改革：主體的革命必須是它自身的神祕引退，主體才有辦法從自身中解放出來。主體性的哲學因此是自我毀滅的，沿路留下絕對價值的聖祕（numinous）光環，而那正好就是虛無。

雖然叔本華是狂熱的康德主義者，對他來說，審美所意指的正好和康德的說法相反。我們前面談到，對康德來說，把世界看作純粹形式的無私觀點，是探究客體神祕的合目的性的一種方式，把客體從原本糾纏不清的實用功能抽離出來，賦予它主體的自我規定的自主性。康德的審美客體正是以這種密碼般的主體性向個人招手「歡迎」，語重心長地和他們說話，對他們保證說，自然界並不完全和人類事務疏離。但是叔本華卻不認為如此：我們在審美領域所瞥見的，並不是我們難以忍受的主體性的另一個形象，而是對於我們的渴望漠不關心的實在界。如果對康德來說，審美是在想像力的領域裡運作，那麼對叔本華來說，它的運作則會使人欣慰地轉移到象徵的東西，而我們終於接受客體遠離了我們的事實，它不需要我們，這是更好的結果。這就像是說，

[168]

當他無情地把整個實在界擬人化，一塊石頭掉下來，或一朵玫瑰花隨風飄零，都認為那是人類欲望的類比，叔本華終於對這個怪物般的擬人化世界感到噁心，驅使自己另行想像，如果我們在觀看事物時自己根本不在，那會多麼令人欣喜。可是這當然是我們無法達到的境界：我們前面看到，這個拚命抓住事物的自我，它的消解也必然是出於狂喜的幻想，要為自己尋求永遠不受傷害的存在。因此，審美作用也許不過是生存意志最後不顧後果地攤開的底牌，正如對叔本華來說，自殺只不過是個病態的笑話，那是意志狡獪地透過個體的自戕而肯定自己。

夢想能超越自己的卑微主體身分，這是相當常見的理想主義幻想；但它通常會逃遁到更高層或更深層的主體性，也會因而得到無所不能的宰制力量。事實上，僅僅是把主體集體化或普遍化，並不能因此就逃避它。叔本華卻看出來，由於主體「就是」它的個殊觀點，當它被超越之後，就會一無所有：那就是美感沉思的涅槃寂滅。即使這種虛無，其實也是個某物，是知識的一種否定形式；但至少我們擺脫了超越性的肯定性模式的幻覺。剩下來的就是對於世間事物的憐憫之心，因為它們被我們有傳染力的欲望感染了，如今我們以消失的魔術戲法拯救了它們。從某個觀點來看，這是不負責任的逃避心態，但是從另一角度來看，則是倫理英雄氣概的最終表現。

尤其在身體上，叔本華體會到存在難以解消的真實兩難，因為在身體裡，我們赤裸裸地面對身處的兩個水火不容的世界。叔本華重寫了康德有名的二元論：我們從裡面體驗到的身體是意志，而作為客體之一的身體則是表象。也就是說，人類主體體驗到和他的身體獨特的雙重關係，既是本體的，也是現象的；身體是個虛無縹緲的邊界，在其中，意志與表象、內心與外在世界，神祕而不可思議地交會，把人類變成一個活生生的哲學謎題。在我們對自身的直接呈現，以及我們對其他一切事物的間接表象認知之間，有一道無法修補的裂痕。那當然是最庸俗的浪漫主義的二分法；但叔本華賦予它一種獨創的想法。雖然他在浪漫主義風格下認定內心的特殊地位，但是他卻也拒絕賦予它任何價值。在這個轉移之下，我們對自身沒有中介的認知，根本不是意指任何理想性的真理，而只是焦慮地體認到滿載欲望的意志。在這裡確實有一種認知，迴避了概念認知不確定的操作，但它不帶來任何價值。我對自身的直覺呈現本身就是個問題，而不是什麼以理性為中心的答案；而且無論如何，我也只能從現象去認識意志在我身體內的運作，而不是直接認識它本身。可是如果自然的和直接的東西唐突地和創造力仳離，中產階級理想主義的一種美感化策略就會被一筆勾銷了。對叔本華來說，這並不是把一種有價值的認知模式提升到另一種無價值的認知，而是把整個價值問題存而不論，因為它和欲望的恐怖行為密不可分。唯一真正的價值就是整個廢除所有的價值。這事實上正是美感情態的「沒有價值的價值」：這種洞見認定事物只是永恆地如實存在，是客體保持著自身同一性的腦筋急轉彎。要體認這樣的事實，需要某種直覺；可是這是跳到第二個層次的直覺，是無意志地征服了意志的自然舉動，它容許我們在瞬間寂然不動地注視到黑暗深處，而我們身邊的種種客體更加明亮，更加毫無意義而令人歡喜，而我們自己則漸漸消萎縮成虛無。

[170]

美感儘管是不動心的，但是哭泣和歡笑卻是最能表現美感的。如果說它意指著和他人無限的同胞之情，那麼它也是一個脫離了整個醜惡鬧劇而超然物外的人不信任的笑聲。這些對立的回應彼此盤根錯節，就是叔本華看到的喜劇悲劇兼而有之的境況：我和你一起受苦，因為我知道在你內心的是殘酷的意志，而我有同樣的意志；但由於一切都是這種致命的內在特性建構起來，我鄙視它最終的徒勞無功而發出褻瀆的笑聲。美感情態是認知和倫理的真理的最高形式；但它告訴我們的是，理性是無用的，解放也是遙遙無期的。它是一種疑難的狀況，自其中，我們同時看到生與死、動與不動、圓滿與毀滅，它是超越所有條件的一種條件，以其矛盾證明不可能有解答，而以此作結。叔本華的論述因而摧毀了中產階級理想主義寄託於美感理念的所有殷切盼望，儘管他仍然把美感視為某種最終救贖。從身體的慣常說法起步的這套論述，現在變成了逃避身體性存在的主張；應許能帶來另一種社會秩序的無私，現在也成了歷史以外的另一種歷程。透過某種怪誕的邏輯，美感最終摧毀了它原來意圖培育的主體性範疇。康德或席勒思想體系裡令人難堪的裂縫，把現實與理想、公民社會與美感理想**共同體**（*Gemeinschaft*）割裂開來，但現在叔本華更把裂隙推到毀滅性的極端，因為被割裂的兩個範疇之間的任何可行的聯繫都一概被否定了。叔本華以他本身的陰鬱方式，勾勒了中產階級公民社會那個清楚明白的故事，巧妙地撇除了正面的意識形態的語彙；而他是那麼腦筋清晰而勇敢地尋索這個故事殘酷的隱含意義，提出了他的惹來是非而又無法有什麼憑據的結論。

[171]

注釋

1 Arthur Schopenhauer, *The World as Will and Representation*, tr. E.F.J. Payne (New York, 1969), vol. 2, p. 284. 來自本書的引文以下用括弧註明屬第一或第二冊及其頁碼。

2 叔本華以先見之明提出的諸多佛洛伊德觀點，另可見於他曾提到：「心智是那樣被排除在它本身意志的真實決策和祕密決定之外，它要對這方面有所認知，有時也只能像一陌生人出其不意加以刺探；就為了發現意志的真正意圖，它在自我表白時也必須讓意志感到愕然。」

3 Walter Benjamin, 'Theses on the Philosophy of History', *Illuminations*, ed. Hannah Arendt (London, 1970).

4 有關叔本華對維根斯坦的影響，參見：Patrick Gardiner, *Schopenhauer* (Harmondsworth, 1963), pp. 275-82; Brian Magee, *The Philosophy of Schopenhauer* (Oxford, 1983), pp. 286-315. 叔本華的美學思想，可參考以下或稍嫌粗疏的論述：I. Knox, *The Aesthetic Theories of Kant, Hegel, and Schopenhauer* (New York, 1958).

[172]

第七章

絕對的反諷：齊克果

在某種意義下，齊克果作為一位反諷者、嘲弄者、疑難法（Aporia）的門徒、任何全體論的敵人，在今天這個解構時代裡，居然沒有引起更大的注意，這確實令我們很驚訝。在另一種意義下，這卻又毫不稀奇：因為齊克果對差異的堅執、嬉笑怒罵的幽默感、愛玩弄假名，還有對形上學的游擊式攻擊，總是和他熱切而片面的使命有關，而現代的反諷者對此恐怕只會感到不安。在我們這個時代，當存在主義（Existentialism）和基督教福音派教義不再是知識分子的主流思潮，也許值得回頭看看齊克果這位孤獨的怪人，他擾動人心的能力，並沒有像某些人所假定的，隨著思潮的轉移而遭到削弱。[1]

齊克果眾多的怪異想法當中，包括了他對美感的態度。從康德到哈伯瑪斯（Jürgen Habermas）的主要哲學家當中，他是少數拒絕賦予美感任何重大價值或優位的人。因此，在現代歐洲思想的美感化潮流中，他只能負隅頑抗，但這不是說美感不是他自始至終念念不忘的東西之一。他像美學論述的創始人一樣，認為美感原本指涉的不是藝術，而是感官經驗的整個體驗向度，指稱的是日常生活現象，然後才是意指著文化創作。因此對他來說，美感指謂的是「非真實性」（inauthenticity）的家鄉。美感式的存在是空洞抽象的直接性（immediacy），這個存有者的領域在時間性或歷史性的事物之前就存在，在其中，主體的行動有可能都是它本身的行動。在這個不經反思的領域，在某種意義下近似佛洛伊德所說的早期嬰兒階段，主體生活在片段的雜多性裡，太過分散而稱不上是統一的自我，不能分辨自身與環境，幾乎無異於一種被規定了的反射作

[173]

用。主體夢想著在感官上和世界合而為一，把自身的存在和感覺印象混淆在一起，類似拉岡所說的「想像界」（the imaginary）。對齊克果來說，大部分社會生活都只是這個感官被動性更高層次的表現而已；他在《致死之病》（*The Sickness Unto Death*）裡譏諷地指稱，[2]那是「直接性再加上一點點自我反思」，因為很少個體能超越社會的條件限制而提升到具規定性的自我身分。他在《日記》裡提到，對世界的判斷不是道德而是美感的，人們欣羨「一切有權力、狡獪、自私的事物」。[3]中產階級社會從來沒有成熟長大，只是像嬰兒一般，是不斷反覆的驅力的去中心的（decentred）玩物。

因此，美感就是黑格爾所說的「壞的」直接性的一個版本；矛盾的是，它卻也是黑格爾所謂的無止盡的自我反思的「壞的」無限性。美感的這個「層次更高」或反思的階段，代表著和感覺直接性的決裂，卻沒有擢升到具有規定性的自我性，而是下墜到某種深淵一般的個殊性，在這裡，各種反諷（irony）此起彼落，主體既沒有安穩地處於中心地位，而且也只在身體直接性的「想像界」裡才看得到。於是，莎士比亞（William Shakespeare）筆下的哈姆雷特（Hamlet）和卡利班（Caliban）就成了彼此對調的鏡像；在美感作用下，一個人的自我不是太多就是太少，不是和現實性糾纏不清，就是在可能性裡載浮載沉，缺乏了在這兩個領域之間的辯證張力，那是一種努力要做自己的倫理弔詭（paradox）。反思性（reflectiveness）否定了直接性，把它粉碎成無限的無規定性，而和直接性也沒有多大的差別了。自我反思的主體和美感直接性的虛假自我一樣徹底的空洞，它抹滅了時間性，而不停地從虛無中重新創造自身，尋求保存一個無拘無束的自由，而其實只是自我吞噬的否定性。這種存在模式就叫作反諷，而蘇格拉底（Socrates）這樣的人物就是最佳例子。蘇格拉底的反諷，把主體從它與世界漫不經心的共存關係裡拉了出來，批判性地把它和現實分離；但由於這樣做沒有產生另一種肯定性的真理，而使主體無所適從地飄浮在現實與理想之間，在世界之內也在其外。現實是反諷者的元素，「但他在穿過現實的過程中，是徬徨而腳步飄忽的，幾乎沒碰觸到地面。因為他仍然和理想性的真實（authentic）領域疏離，所以他還沒有從一個領域轉移到另一領域，只是每一刻都正準備啟程」。[4] 蘇格拉底這個人的存在就是一個反諷，那是社會秩序的無限否定，但仍然沒有達到倫理層次，還有待達成具有規定性的主體身分。由於沉醉於無止盡的可能性，後來的「絕對」反諷者，像費希特和浪漫主義者，他們在定立自我的同時也摧毀了它，他們活在虛擬式的或假設性的境況中，而剝奪了自我的連續性。這樣的美感的反諷者，他們的現實世界完全只有可能性而已，驕矜自大地佔有神聖的特權，那是他得以捆綁和釋放的虛弱的自由（譯按：見《馬太福音》16:19; 18:18）。《致死的疾病》裡的絕望的主體，倔強地要做他自己，以他的恣意欲望為形象，浮誇地重塑自身的整個有限存有。這樣的美感式的實驗主義（齊克果說有如「東方詩作令人著迷」），是每一刻都**從虛無中**念咒召喚自我的舉動，輕浮地把歷史性和自我的既存性的重擔一筆勾消。這種藝術性的自我塑造或自我立法，看起來是在耍派頭，其實只是勉強遮掩它的虛無主義：如果說主體任何時候都可以把這個複雜的虛構物化為烏有，那麼它的全能也就無異於它的虛無。自我作為一種永不止息的**無端的行動**（acte gratuit），只不過是一種自我抵銷的自由：「反諷就像那個老巫婆，不停在強烈誘惑下吞噬所見的一切，然後也吞噬了自己，又或像那個老巫婆吞噬了自己的肚子。」[5]美感作用作為自我多重能力的自由發展，立足於一種強烈而空洞的恣意任性（self-willing）之上。

因此，「直接性」和「反思」的美感主義（aestheticism），其實是把主體從中心地位拉到相反的方向：不是把它壓平成為永恆的實在界，或是讓它徒勞地掉進它自身陡峭的深淵。這兩種對立的美感式存在，都可以從齊克果所說的自我的基本境況推論出來，那是有限者和無限者的一種矛盾綜合（contradictory synthesis）。一旦這種不穩固的統一性破裂了，主體就只好逃遁到感性的有限領域，放棄自我而卑怯地服從社會秩序，要不然就像怪物一般自我膨脹而飄忽不定，在「趨向無限的過程」中如醉酒一般脫離自我，而它的潛藏動力就是美感想像。作為必然性和可能性之間的疑難式的結合，那個不知悔悟的自我發覺兩方面的力量一直爭執不下：不想要做自己，和不顧一切地要做自己，同樣是屬靈的絕望，摒棄必然性就像否定可能性一樣，都是徹底災難性的。

如果反諷是美感的百搭牌，是自我與世界最初仳離的裂痕或解構點，那麼它就可以說是美學和倫理之間的起點。作為原初分裂或切割的邊界，它讓主體從美感式「想像」去中心化的直接性過渡到倫理式「象徵秩序」既統一而又分化的狀態。在這個意義下，《反諷的概念》（*The Concept of Irony*）所講的蘇格拉底是處於閾限上的人物，在具有規定性的主體同一性的邊緣搖擺

[175]

不定，還沒有找到作為決斷計畫和自主決定的自我性。只有到了猶太教時代，律法或倫理的階段才真正進場。雖然反諷的空洞無限性使人聯想到美感的「壞的」直接性，這兩種情況因為都是無規定性的而大同小異，但是反諷卻也否定了那個直接性，而開啟了過渡到倫理之路。由於反諷不能避免定立它所要否定的東西，它終究會否定了自身的否定性，而讓肯定的東西浮現。因此，並不是說反諷要被拒絕；相反的，我們將會看到，它大抵上是齊克果的論述基礎。反諷是必要的，不過是作為無盡的尋求真理過程中的一個「被掌握的片刻」；這個片刻和「壞的」無限性對立，「它是限制，變得有限，作出界定，從而衍生出真理、實在性和內容……」。[6]可是反諷本身並不因此被否定了，沒有被使命突然中止；而是繼續以使命的形式延續下來，事實上這種使命體認到一種扭曲的不一致狀況：它既面對自身強烈的內在性，又面對它仍然實際接觸的外在世界。使命因此把反諷的矛盾提升到更高層次，保留了反諷對社會現實的質疑態度，又把它和肯定性的信念結合起來。從這方面來說，反諷被揚棄為幽默和喜劇，因為它們在揭穿世界的虛假造作之餘，比起蘇格拉底的顛覆式做法有更深刻的肯定性。

齊克果的否定性還有另一種模式，它侵入美感直接性的充實領域，這就是憂懼（dread）的經驗。憂懼就是自我面對自身的虛無（*néant*），又或更具體地說，是我們對這種令人不安的虛無的反應，就連和感官最沒有關係的自我意識也會憂心忡忡。即使美感直接性沉浸於夢想中無分別的幸福狀態，也總會洩漏某些難以捉摸的否定，看來是體認到差異、他者性和自由的隱約徵兆。這就像是說精神在美感的悠然自得的忘我裡瞥見了它自身未來的可能性；以黑格爾的語言來說，直接性本身的內在行動廢除了直接性。美感的充實狀態也無法避免某些危險的缺憾，當然這不是具體的缺憾，否則美感情態就稱不上充實了，這種缺憾卻是必然隱含於存在本質當中。我們可以用海德格或沙特（Jean-Paul Sartre）的語言來描述這種憂慮，那就是某些事物的充實性不可避免地使我們想起它偶然填補的空虛，因而引起一種莫名的焦慮；又或可設想為拉岡的想像界裡的片刻，比如說母親模糊地現身在孩子鏡像旁邊，而破壞它的一致性。我們甚至可以說，齊克果所說的憂懼使人想起克莉斯蒂娃（Julia Kristeva）所說的「賤斥」（abject）作用，那是在戀母情結產生之前（pre-oedipal），我們最初從母體分離時感到噁心、恐怖和厭惡的原始經驗。[7]不管何者才是恰當的模型，對齊克果來說，顯然並沒有什麼真正的美感狀態、人類墮落前的樂園、或是戀母情結生成前的天真狀態；也就是說，人類的墮落早就存在了，不然人類始祖亞當怎麼能夠違抗神的誡命？在《憂懼的概念》（*The Concept of Dread*）裡，亞當的不服從是個荒謬的難題：由於他的犯罪，而產生了分辨善惡的知識，因此，在這個意義下，從佛洛伊德的取向來理解，原始的誡命本身打開了欲望的源頭；可是亞當要不是在墮落前的天真狀態就隱約預見了自由的可能性，再加上誡命的推波助瀾，他根本就不可能走上墮落之路。所以說，亞當醒悟了自由的純粹可能性，或是能夠有所作為的單純狀態，而這就是憂懼的條件。齊克果以驚人的席勒式語言表明，憂懼「不是必然性的規定項，但也不是自由的規定項；它是被束縛的自由，這種自由本身並不自由，

[176]

而是受束縛的，不是必然如此，而是自身即是如此。」[8]就像席勒所說的存有的美感境況，憂懼是在自由和必然性之間的懸而不決；但是席勒所謂的無以名狀的潛能至為正面的狀態，對齊克果來說，卻是存有學的**憂懼**（Angst）的一種形式。

「罪預設了它自身，」齊克果寫道，意思也許就是，罪的本源無法從任何時間性的意義去思考。罪既無空間也無本源，它現身在矛盾的徵兆裡。所謂犯罪，總是已經有犯罪的能力；因此，罪的概念推翻了任何對於理性倫理或超越性起源的探索，而憂懼經驗則是對於無罪的內在否定。我們可以斷言，就如《憂懼的概念》清楚指出，任何把人類的墮落設定在某個時間點的神話式思維，像《失樂園》（*Paradise Lost*）那樣，只會一頭栽進無法克服的弔詭。如果說亞當是所謂「原罪」的源頭，那麼他自身應該是沒有這個污點的，那就會把他排除在他的後代種族之外，因而無法獲得救贖。如果他是唯一沒有歷史的個體，那麼在他之後開枝散葉的種族，就會是源自一個不是個體的個體，這就同時摧毀了種族和個體的概念。人類怎麼可能有個自身以外的起源？如果沒有超越性的起源可以免於它所生成的歷史的污染，那就沒有所謂原始的無罪（不知罪的狀態）；無罪在世間是以自我抵銷的徵兆出現的，「它來到世界時，既是作為被廢除前的東西，而今卻又被廢除」。[9]因此，無罪不是有待恢復的完美狀態，「因為我們一旦對它有所期望，它就已然不見了」。[10]所有人都像亞當一樣，把罪惡帶到世界來；所謂原始狀況不是無罪，而是犯罪的結構可能性，而這必然一直就存在著，當我們焦慮地意識到這種狀況，那就是憂懼。憂懼是一種浮動的指標，在分辨差異之前就隱約意識到差異的可能性，這是齊克果所說的「自由在可能性中向自身顯現」。[11]這不是直接性體認到在自身之外有其他可能性，而是可能性自身顯露了可能性的端倪；它也不是和他者性的範疇可能性最初的擾動判然有別的直覺。這種境況有偏執狂的一面，因為這樣的他者性由於無規定性，因而既有威脅也很有吸引力，產生了齊克果所說的「反感的同感」（antipathetic sympathy）。如果他者不在自我的掌握，主體就不能界定自己，變成了外在於自身的存有，但這種境況下的焦慮也是一種耐人尋味的愉悅，因為如果主體以他者來界定自己，那麼它就同時抓住也喪失了自己。自我本身的虛無既誘人又令人反感，因為它把崇高事物的恐怖和誘惑揉合了起來。難怪齊克果特別喜歡把憂懼和女性混為一談，因為後者也是既誘人而又可怕的。憂懼是「一種女性的虛弱狀態，自由在那樣的狀態下神魂顛倒」，[12]它像崇高一樣，體現了「可能性的自我主義式的無限性，它不是像個特定的選項那樣誘人，而是透過甜蜜的憂懼，既叫人警覺又心醉神馳」。[13]女性以其感官直接性，以及有如美感主義一般的欠缺精神，喚起憂懼的虛無，而矛盾地體現為壯美的深淵，隨時要把膽怯的自我吞下去。憂懼是「不可名狀的虛無」，籠罩著一切感性，還隱約見到精神的純粹否定痕跡，因此它是天真而變化莫測的女性的恰當形象：

> 女性身上煥發的青春代表了純粹的平靜、和諧與愉悅，即使從人性來說那是一切事物中最美

[178]

最可愛的，它還是代表了絕望。那無疑是快樂，但快樂不是精神的特質，而在它深沉的深處，在它最內在的部分，在快樂的隱僻角落，也存在著焦灼的憂懼，也就是絕望。……所有直接性，撇開了它平靜安寧的假象，事實上都是憂懼，因此相當一致的，它是對虛無的憂懼。……14

簡單來說，一個女人越是完美，她必然病得越厲害，正如古希臘的感官愉悅，因為排除了「精神」，在齊克果看來，其實籠罩一種深沉的哀傷。憂懼是精神以後要占據的位置，憂懼在預期精神將臨之際，在感官愉悅當中打開一個空間，讓精神在此萌芽。因此，對齊克果來說，美感和疾病是分不開的，儘管這種疾病是過渡到倫理狀態的必要的預兆。《憂懼的概念》認為，感性本身不是罪；但沒有罪就沒有性愛。差異和他者性對於性愛是必要的，它們也是罪惡的結構可能性；而由於沒有性愛就沒有歷史，因而罪是這兩者的先決條件。因此在這個意義下，那種罪就是原罪：但那不是人類墮落後的歷史的超越性根源，而是自由、差異和他者性一直存在著的條件，它也構成了我們的歷史存在基礎。

§

和美感多樣的無規定性正好相反，對齊克果來說，倫理領域意指著對立、決心，是強烈的片面使命。如果說美感的主體處於恆久的當下，是對於信仰的永恆瞬間的低層模仿，那麼倫理的自

[179]

我，就是以當下充滿激情的決心，把罪惡的過去（以適當方式承認過錯並且悔罪）和未來還沒有實現的可能性結合起來。透過這種方式，自我就成為一個具有規定性的、時間上首尾一貫的主體，在任何意義下都具有了「時態」。整個行動的弔詭在於，在這個自我選擇的革命性危機之前，自我可以說既存在也不存在：因為如果「選擇」一詞具有意義，自我必須在選擇之前就存在，但是自我也正是透過選擇的行動才誕生的。一旦作出了決定，由於它是個人存有的根本取向，而不是這個或那個的個別選擇，他就必須不停重來；在這個不斷生成的無盡過程裡，主體把自身的歷史整合為自我一致的計畫，就像某種美感的自我塑造。它和這種奇特的自我發明不同的是，不僅在於它根本的片面性，還有它對主體裡任何「既有的」東西保持開放的態度，包括了主體無法逃避的有限性和滿載罪惡的時間性。如果倫理的自我決定相當於美感的自我建構，那麼建構的成果就是使人憂慮而暫時性的，它的源頭不在掌控之內，它的終點也不可得見。無論如何，它堅決擺脫了美感存在的惰性，踏上不斷生成的動態歷程，以熱情的關切，唾棄美感的不動心，同時排斥思辨思想的冷漠。（齊克果指出，他寧可捨棄「客觀」思考而以幽默作為出路，因為這是成果更豐碩的超然心態。）活在倫理中，就是對存在有無止盡的關切；對齊克果來說，「存在」意指著一種任務而不是既有的**境況**（donnée），是主動達成的而不是被動接受的。美感和理論的無利害關係永不可能把我們帶到真與善的境界；只有永不接受安撫、忠於一生的志業，才能獲致這個境界。要如實看人生，就不要把它視為穩定的或整體性的；真理是會騙人的、倔強的、不可捉摸的，不是任何自由多元論或美感方面的多才多藝就能理解的。[15]對於竭力以趾高氣昂的全體化把一切現實涵攝進去的黑格爾，齊克果輕蔑地稱之為「那個學究」。

如果說，在美感直接性的領域中，可以區別主體和客體，那麼這個存有領域也會涉及內在和外在世界的相互關係。「反思性的」美感所要推翻的，就是這種對稱性的交流：自我反諷型的自戀者，要不是完全無視外在世界，就是只把外在世界視作他的幻想以可擺布的材料。《非此即彼》（*Either / Or*）裡的誘惑者全神貫注於自己的性愛策略，對於不幸的對象視若無睹；他的反思性可以說成了他的直接性。在反諷狀態下存在，就是活在內在和外在世界的不一致關係中，模稜兩可地懸置於自己的否定主體性和它所面對的世界之間。由於傳統上的美感判斷被視為主體和客體之間的和諧關係，反諷因而會被視為一種反美學的模式。對蘇格拉底來說，「外在與內在世界並不構成一個和諧統一體，因為外在和內在是對立的，只有透過這個折射的角度才能理解他的看法」。[16]倫理境界的達成，也會使主體轉向，因為唯一和倫理有關的問題，就是自己的內在現實；可是由於倫理也涉及了公共領域，也就是個人和共同世界的關係，它因而在更高層次上再造了主體和客體的某種「美感性的」可共量性（commensurability）。這無疑就是《非此即彼》裡的法官威廉（Judge Wilhelm）的倫理意識形態，他認為婚姻關係是倫理生活的原型。在他看來，婚姻把主觀感覺和客觀制度結合起來，因而使個體與共同體、感性與精神、自由與必然性、時間和永恆之間的二律背反得以和解。這樣的倫理正是黑格爾辯證法的「綜合」，這卻是齊克果深表懷

[180]

疑的。「黑格爾的哲學，」齊克果在《哲學片段的非科學結語》（*Concluding Unscientific Postscript to Philosophical Fragments*）寫道：「所成就的巔峰就是所謂外在即內在而內在即外在。到這裡，黑格爾實際上就到了終點。但這個原則基本上是屬於美感的形上學，在這樣的方式下，黑格爾哲學就高興地宣告終結，又或是欺詐地宣告終結，把一切（包括倫理和宗教）不加區別地全堆到美感的形上學裡。」[17] 威廉典型中產階級的倫理，像是辛勤工作、家庭、責任和公民義務等價值觀，在它所沉迷的沉思中蒼白地把一切矛盾掃除淨盡。因此，齊克果在《日記》裡說：「讓我們不要以美感的觀點說話，以免讓人覺得倫理是一種愉快的和藹可親的態度。」[18] 威廉把倫理擺到美感之上，可是他的倫理卻立足於他原本試圖超越的美感概念。在他看來，合乎倫理的人格是真正稱得上美的，那是個絕對者，像藝術作品一樣，在自身裡包含了目的論。倫理生活作為主體和客體、內在和外在、個體和共同體之間的對稱中介，是一件了不起的、沒有衝突的藝術作品，包含著種種自我規定的殊相；齊克果正是要打破這種美感化的倫理，以宗教信仰取而代之。

宗教信仰把倫理的順理成章的中介砸毀，推翻了驕矜自滿的自律性的自我，和公民美德對立。它的強烈內在性，阻卻了任何主體和客體間的對等交流，因為這種交流欠缺了任何充分客觀對應：「基督教是精神性的，精神是內在的，內在是主觀性，主觀性基本上是激情，在最高程度上是對自身永恆快樂無盡的、個人的、熱烈的關切。」[19] 這種狂熱的主觀主義執著於殊相，抗拒

[181]

一切辯證式的和解以及普遍化。像威廉這種倫理學式的宗教，只不過是建立在共相上，是全體性的理性論述的一部分，在齊克果看來，碰上了堅如磐石的宗教信仰就必然潰散。這種自鳴得意的理想主義論述，無法完全承認罪和過犯的現實，那就是說，在上帝面前，我們必然都犯了罪，而自我總是承受著痛苦和受傷的沉重負擔，無法輕易勾銷。罪是一種恥辱和障礙，所有「哲學」和理性倫理必然因為它而鎩羽而歸：「如果倫理必須包含罪，便會喪失它的理想性……一種忽視罪的倫理是完全徒勞無功的探索，可是一旦它假設了罪，那就踰越了自身。」[20]道成肉身是基督教信仰的核心，它同樣地摧毀了一切理性想法；它所揭示的真理包含在某種無法理解的弔詭，永遠無法理解的「他者」怎麼會變得有限者而有血有肉。和黑格爾的「理念」不一樣，神是完全不得其門而入的他者，所以如果說有個人是神在時間裡的化身，那是完全荒謬的。在齊克果看來，時間與永恆之間沒有必然關係，兩個範疇並無交集；神**並不是**像黑格爾所說的那樣需要世界，而時間性也不屬於神的必然性的一部分，因此神在歷史中的出現違背了一切的內在性（immanence）和連續性。因為神並不內在於時間裡，歷史也不是某種理性的、演化的全體，而是一系列自由的、偶然的事件。可是，無限的神卻以奧祕的形式和有限的、卑下的、空洞的時間有交集；個人的信仰必須奮力領受這個客觀的荒謬性。而這個領受本身又可以視為主體和客體的更高層次的可共量性；可是在此同時，主體和客體如今卻又如此費解而令人困惑。它們之間的關係因此充滿了內在矛盾，反而突顯了它們原本暫時克服的對立。如果說信仰重構了一種統一性，因而在一定程

[182]

度上是「美感的」，那麼那也是有裂痕的統一，隨時會再度破裂，它因此必須不斷重新領受，這就是齊克果所說的「反覆」（repetition）。因此，信仰是個無止盡的任務，而不是黑格爾所說的意興風發的終點；它是以暫時的弔詭克服了內在和外在之間的裂痕，在強烈的內在性湧現之際，緊緊抓住客觀性：「一種客觀的不確定性，在內在性最激情的領受下被緊緊抓住，這就是真理，是對一個**存在的個人**而言最高的真理……真理就是這種冒險行動，以無限者的激情選擇了一種客觀的不確定性。」[21]因此，信仰的「知識」是某種衝突中的統一，其中主體無條件地關聯到它認為有問題的客觀實在界。

於是，信仰涉及了和外在世界的一種不穩定的關係。它放棄有限者而追求無限者，因而在內在和外在之間裂開了一道深淵；但是希望的行動補救了這個深淵，它重新發現了和世界之間平凡無奇的可共量性，以無限性的反諷觀點，接納了有限者本身。齊克果指出，信仰必須抓住永恆，但在放棄了有限性之後，又必須以某方式仍然緊抓著它：「讓自己的日常生活置身於無限者的決斷的辯證中，卻又生生不息：這就是人生的藝術及其難處。」[22]在無盡的對立行動中，既面對現實也背離現實，信仰的主體因而同時體認到「反思式的」美感造成內在和外在世界的裂痕，而倫理則使主體和客體更和諧地交流。但這不會是愜意舒服或習以為常的境況：它永遠不能凝固成習俗或自然習慣，如果要確立為永久的、集體的、制度化的生活方式（黑格爾的**倫理**），那就恐怕會陷入嚴重的不真實性。對齊克果來說，信仰絕對不能這樣自然化，同化為社會秩序的無意識習俗或傳統，因而牴觸了政治領導權的種種目的。如果說，法官威廉的倫理學是宗教信仰的美感化版本，反映了對普遍法則一種愉悅而本能的服從，那麼對齊克果來說，這種信念則是過於個人主義，也會變動不安而無法使社會生活運作平順。信仰是一種**時機**（*kairos*）而非習慣，是一種「恐懼與戰慄」的狀態，而不是文化的意識形態。它絕對鄙視社會演化的邏輯，而以啟示的方式橫切到時間裡，因此對齊克果和班雅明而言，每個片刻都是救主可能走過窄門現身的時機。[23]

這種信念雖然是激進的個人主義，卻不能對中產階級倫理領域裡的自律性自我帶來多少安慰。宗教使命確實是自由的自我規定的問題；但在選擇投入之際，個人要承認自身的現實的一切頑固的事實性，也就是在神面前是總是有過犯的，而那也是最終無法掌握的奧祕。只有沉痛地承認這一切，也就是悔罪，才能把主體拆解然後重組，而不是陷入「自由」美感式的自我虛構。對齊克果來說，自我是自由和必然性、精神和感官、有限和無限的統一體；但這些二律背反不能以理性的辯證去思考。在信仰的當下起作用的，是自由和必然性之間的疑難而無法決定的關係，是主體完全倚賴它所選擇的東西以及主動領受之間的關係。「自由之所以**存在**，只是因為在它存在的當下，以無限的速度以選擇順從而無條件地束縛了自己；這種選擇是真實的，因為其中並沒有什麼選擇的問題。」[24]由於信仰的使命既是也不是主體的自由行動，因而不能以美感直接性去理解，因為在這種直接性中，不能說那就是自我的行動；但它也不能以中產階級的自我塑造的模式去理解，因為那並不承認在自身珍貴的自由以外有任何規定者。依附於信仰中的那個自我，對理性的自我來說，始終是個謎題，糾纏著它的矛盾，只能透過存在式而非理論性方式來化解，在存有境況中透過每個片面的冒險行動暫時被束縛，而不是在概念的平靜境況或藝術作品的穩定下統一起來。齊克果在《哲學片段的非科學結語》裡寫道，並不是同一性廢除了矛盾律，而是矛盾廢除了同一性。

從美感轉移到倫理，並不會把美感消除。「在選擇自己的時候，個人是在倫理方面作選擇的，而把美感絕對排除在外，但由於選擇的是自己，並不因選擇自己而成為了另一個個體，於是整個美感又相對地重新回歸。」[25]如果倫理轉化的是**這個**頑固的自我，它就和它所譴責的美感的生活風格脫不了干係。同樣，宗教也不會把倫理抹滅，而是像齊克果所說的，只是「目的論的擱置」。這種擱置狀態的代表人物就是《恐懼與戰慄》（*Fear and Trembling*）裡的亞伯拉罕（Abraham），他忠於一個超越一切理性的神，因而也超越了世間的倫理領域，和絕對者建立了直接而無中介的關係。亞伯拉罕把兒子以撒（Isaac）獻祭，違反了世間的倫理，事實上，從倫理的角度看，那就是殺人罪，而違反了康德和黑格爾眼中的所有理性。亞伯拉罕從倫理領域進入充滿弔詭的信仰領域，這是語言無法描述的領域，因為如果說語言是把個殊者提升到普遍者，那麼它本身就不可避免地站在普遍者這一邊。一般人都認為，不以個體的身分存在並不困難，困難的是超越卑鄙的自我主義而把自己轉化為普遍者。對齊克果來說，卻恰好相反。《恐懼與戰慄》裡的「信仰騎士」（knight of faith）有一種虛假的美感心智，「認定能轉化為普遍存在的個體就是

[184]

美善的，認為這樣做是把自己體現為一個澄澈優雅的人，逼近完美無瑕，讓所有人能欣賞……」[26]這種美感化的倫理看似通透而可辨識，讓個人行為在普遍者的觀點下清晰而可以理解，卻忽視了信仰的諱莫如深的特質，以及潛藏的矛盾的不可解讀性。亞伯拉罕瘋狂般的忠實，不能以康德的實踐理性的普遍原則去解讀，而只能從無法以理性為中介的絕對律令來理解。

齊克果在《日記》裡提醒自己，「『現實』是無法思考的」；[27]在其他地方又說，「個殊者是不能思索的」。[28]這就推翻了美學，因為這種論述試圖在獨一無二的殊相裡尋求某種理性結構。這種做法的愚昧在於，存有和思想是完全異質的，認定有一種思考方式能靈巧地穿透人生經驗而揭開它的祕密，那只是唯心論的妄想。形上學的「同一律」，也就是主體和他自身、和客體以及其他主體的同一性（identity），在存在本身的事實面前土崩瓦解，因為存在正是代表了主體和客體痛苦的割裂，而不是它們的自然統一。因此，對齊克果來說，相信人類主體之間有任何直接的透明性，夢想著美感式的相互主體性，或是個人之間設身處地的溝通，都建立在有害的同一性的意識形態上，和中產階級的倫理和政治領域裡抽象而等值的主體十分脗合。他談到在這種社會秩序中「個體相互關係裡否定的統一性」，以及代表了抽象性凌駕於個別人生的「齊一化」。[29]不管鄰里之愛以何種方式在較高層的、宗教的領域被視為可能，認為絕對的信仰可以凝聚眾人，但是俗世歷史的真相卻顯示，人類主體有多麼看不透而彼此無法溝通。對我來說，另一人的現實從來都不是擺在眼前的事實，只是一種「可能性」，我絕不能透過模仿而轉成自己的經驗。

以前的思想家把想像式移情模仿視作人類社會性的根基，如今被全盤否定了；在無法化約的個殊個人之間，沒有任何直接溝通的可能性。任何主體的內心都只能間接被別人認知：所有信徒都像耶穌一樣，是「隱匿身分者」（incognitos），被禁錮在一種充滿反諷的不對稱關係中：一方面是內在強烈而隱祕的主體性，另一方面是作為公共世界公民的平凡外表。信仰和人都是沒辦法被表象的，因此在根本上是反美感的。齊克果在《日記》裡寫道，他那個時代的新發展不可能是政治方面的，因為政治是個人和社群在個人的表象裡的辯證關係問題，而「我們這個時代的個人太喜歡沉思了，而無法滿足於只是**被表象出來**」。[30]因此政治和美學成了難兄難弟：它們都是徒勞無功地試圖把殊相涵攝到抽象的共相底下，而只會廢除了它們努力要揚棄的東西。

§

齊克果如果不想陷入履踐上的矛盾，那麼他所主張的直接溝通的不可能性，在邏輯上也必然適用於他自己的寫作。於是他必須以假名大耍把戲，藉此對讀者的虛假意識展開游擊戰，從側面襲擊，讀者也必須狡獪地以側翼迎戰，由此獲得真正的啟蒙。作者不能現身為「內心思想的叫街者」，而必須實踐某種蘇格拉底的無知，揭露讀者真正無知的假裝或虛假的先決條件。因此齊克果的寫作策略，就像一個革命鼓吹者在艱困的政治情勢下散布一堆宣傳冊子，其內容不過是質疑讀者左傾自由主義的侷限。他不是要在讀者面前鋪陳只會讓人反感的絕對真理，而是必須偷偷走

[186]

進讀者的觀點，從內部進行解構；就像他所說的，「沿著對方的錯覺走下去」，哄騙對方進入宗教領域。因此，他把用假名發表的作品稱為「美感產品」：「我總是和我的作品處於一種全然詩性的關係，因此，我自己就是個假名。」[31]如果讀者自作主張地停留在美感領域，憑著任性的衝動而不是倫理決意的驅使，就如齊克果在《作為一個作者我的作品之觀點》（*The Point of View of My Work as an Author*）裡指出的，這時貿然介入，和他直接討論基督教，那是不恰當的。他反而應該請讀者來討論美學，以旁敲側擊的方式推論出真理。如果真理一直堅持其主觀性，那麼傳達真理就要用比科學客觀性語言更迂迴的方式。這就是美感比較隱晦的模式，它「意識到因應受眾可能的誤解而應該採取哪一種溝通形式」。[32]美感的論述會在表述的同時不斷反思和修正，那是第二層的表述方式，在受眾的耳朵裡聽到自己所說的話。如果說「別人聽到什麼，完全取決於你怎麼說」，[33]那麼寫作時就必須考慮到讀者的自由，考慮到讀者可以隨著自己的意願接受或拒絕你提出的真相，在這種寫作結構裡表現出真理本身的隱祕的、無法證明的、並非絕對為真的本質。在這個意義下，如果寫作不是徹底對話性的（dialogical），沒有在表達上考慮到讀者可能的反應，那就只會抵銷了它所提出的真理的解放作用。因此，真理和反諷、熱情的使命和迂迴的懷疑態度，對齊克果來說，是共謀的關係而不是對立的；這並不是說真理「本身」是對話的，而是說它的堅韌絕對性使得它對於在歷史中墮落的人類來說無法解讀，因此只能以反諷、欺矇和假裝無知等方式呈現。問題並不在於真理是「無規定性」的；它其實有足夠的規定性，只不過它是荒

[187]

謬的。因此，它不能透過自我同一性的意識形態、或無窮解構的反諷的獨斷論去掌握。這也不是說齊克果確切掌握了真理，而使用狡獪宣傳技倆誘導他人達致真理境界，因為在恐懼與戰慄中抓住的真理是不可能牢靠的。如果真理只能體會而不能認知，那麼這也必然適用於齊克果本人對真理的經驗，正如適用於他的讀者。真理容不下任何中介，必須在頃刻間理解，要不然就是完全不理解；但由於它容不下中介，對它也不能直接說些什麼，這表示它既是規定的又是無規定的，既反諷而又自我同一。

如果真理的內容同時是它的形式，又或說如果真理只在自由領受的過程中存在，那麼「真理的理解模式就相當於真理」，[34]這使得真理在內容和形式上不能分割，因而屬於美感範疇。過程和產品，就像美感的藝術品，在深層是一體的；在這個意義下，信仰並沒有完全拋開美感，而是為了它本身隱藏的動機而像個內奸一樣重新進入並擁抱美感。宗教在內在和外在的不相稱，卻又近似反諷或沉思式的美感；但它也和美感的直接性近似，在更高的精神層次上，重建了感性濃密的不可穿透性。因此信仰和美感直接性，都抗拒倫理學貿然把殊相融入共相的做法。信仰的主體在運作上是個殊者和絕對者的自然關係，而沒有普遍法則作為中介，因而可以說本身就是一件藝術作品，憑藉的是直覺而不是理性；它的奧祕性因此可解讀為康德的美感表象的一個版本，那也是個殊者和更大的「法則」的融合，拋開了中介概念。如果對觀念論來說，美學把時間裡的存有轉化為永恆本質的形式，那麼在某個意義下，齊克果的信仰可以視為存有的美感模式；但最終來說，這兩個領域的差異還是大於它們的類比。因為信仰總是無法全體化，並且有內在裂痕，被弔詭和矛盾擾動，這種狀態不會出現在具美學效果的藝術作品裡；而且由於持續的危機以及惱人的不斷反覆，使它和一切社會習慣和公民美德疏離。宗教的事業意味著不能在似乎理所當然的文化遺產裡安之若素，也就是無法接受制度化的運作：它不能苟同於因為服從法則而得到的本能快感，也無法認同民眾作為在中產階級的領導權下的「自治」主體。齊克果鄙視中產階級社會理論裡所謂的「輿論」或集體**習俗**，也斷然打破了黑格爾所謂的道德和快樂的統一。宗教和幸福或感官滿足完全無關，因此在這個意義下是對於美感的批判。齊克果寫道，真正的基督徒「會離棄肉體的滿足、生趣和快樂」；[35]信仰「並不是美感的情緒，而屬於更高的層次，因為它預設了順服；它不是內心直接的習性，而是存在的隱含弔詭」；[36]對齊克果來說，沒有像夏茲夫博里那種從內心的愛憎通往倫理的絕對價值的道路，宗教意識和美感鑑賞力也沒有什麼共通點。信仰的詩篇「是美麗而親切的笑話，但宗教心態卻鄙棄它的安慰，因為宗教正是在苦難中誕生的」。[37]對於所謂「詩性的存有」，《恐懼與戰慄》堅決認為，「這是詩意化（poeticising）的罪而不是存在的罪，透過想像和真與善建立關係而不是真正成為真與善，或在存有境況中奮力接近真與善」。[38]詩意是觀念論的思辨而不是宗教行動；即使美感的崇高，也是神聖超越性的拙劣肖像。[39]

齊克果的論述超越了黑格爾把責任和欲望揉合起來的集體化「倫理」，也超越了康德把快樂和道德正當性一分為二的作法；他這樣做摧毀了康德倫理學的自律主體，同時摧毀了主體和他人在普遍者裡的統一，如前所述，個別的信仰者並不是把理性法則施加於自己身上，因為他謙卑仰賴的恩寵完全否定這種邏輯。這種絕無妥協餘地的內在性，因而撕破個人之間的聯繫，使得個人無法相互了解，甚至無法解讀自己；這恐怕就會推翻任何可想像的社會關係結構。中產階級公共領域的美感化政治，是奠基於自律的主體彼此和諧的反映，因為每個人的內在性是透過「具體的倫理」的中介切入他們的集體社會存在，然後再回到個人。齊克果激進的個人主義，使這種內在和外在之間流暢的連續性戛然而止，打破了所謂個人反映於周遭世界而且得到確認的形象。信仰者絕對不能在這種意識形態的理解下以自己為中心；齊克果寫道：「有限的經驗是無家的。」40 充滿激情的主體性不會有任何客觀的對應物；主體因而被拋離世界，與世界只能維持反諷的關係，在一切純粹制度性的生活裡成為一根永恆的肉中刺（譯按：齊克果不時以「肉中刺」自況）。

[189]

§

齊克果論述的弔詭在於，它捕捉到中產階級社會狂暴的個人主義，把它推論到令人髮指的極端，以致這種秩序在社會和意識形態方面的統一性在接縫上撕裂。更弔詭的意義是，他這個顛覆行動發生時，丹麥社會還沒有任何成氣候的個人主義。齊克果當時的社會仍然在君主專制的統治下，自中古時代以來，很多社會習俗都沒有改變過。丹麥在走進十九世紀的過程中，面對一連串的劇變：拿破崙戰爭帶來的巨大破壞、一八一三年國家財政破產、一年後喪失挪威領土，還有一八二〇年代的經濟風暴和糧食短缺。到了一八三〇年代，腓特烈六世（Frederik VI）的保守王室維持貴族政治，就連最溫和的自由思想也遭到殘暴鎮壓。儘管以前有立法改革，打破了農民和地主的奴役關係，並建立了公共教育系統的雛型，但是齊克果時代的丹麥，仍然是政治暴虐而文化落後的，是個傳統的農業社會，和工業化還有幾十年的距離。教會和審查制度使得文化生活窒息，而城鎮的行會也阻礙了商業發展。

在諸多限制的框架裡，社會進步的力量卻正要凝聚起來。丹麥的農民開始意識到他們代表一個社會權力整體，而奮起爭取更大規模的土地改革，透過他們的代表組織農民之友協會（*Bondevennernes Selskab*），在一九四〇年代後期爭取到有限度的農地改良計畫。作為丹麥農業合作社制度先驅的農民信貸會社，協助農民購買小塊農地；農村地區的逐步解放，正好配合上丹麥政府漸漸認同英國中產階級政治經濟思想的開放貿易原則。在一八五七年，推行改革的立法解散了麥丹的行會系統，掃除了商貿城鎮裡的古老貿易壟斷。一八四四年，國內鐵路問世，為一八六〇年代國內自由貿易開啟了大門。民眾教育的改善和文化復興運動，使農民的政治意識逐漸提升，中產階級自由主義知識分子也趁勢在一八三〇和四〇年代奮力爭取憲法改革，向開明專制君主克里斯提昂八世（Christian VIII）爭取男性全民投票權和民選的立法議會。到了一八四九年，一部自由主義憲法終於頒行，保障全國境內的言論自由、宗教寬容和其他公民自由權。可是中產階級的工業革命還沒有出現；事實上，丹麥的大規模產業寥寥無幾，全國的中產階級由於欠缺經濟基礎，而且受制於教會和國家的沉重保守主義，在膽怯順服之餘，只能深思熟慮地追求少許的利益，齊克果指斥說，那意味著一個欠缺激情的時代。

作為國民自由黨（National Liberals）的激烈反對者，齊克果是政治反動力量的堅決擁護者。[41] 他主張菁英主義、清教徒主義、對女性懷有偏見，而且內心苦澀，他為審查制度、教會和君主專制辯護，對於「暴民」大加撻伐，並且執著於他認為反映神對受造物的支配的階級結構。自由改革主義爭取的平等，被視為抽象的齊一化，會摧毀具體的社會凝聚力，並且抹滅了個別生命的純粹差異。他以路德派的立場，把社會保守主義和極端個人主義揉合起來，也就是在倒退的意識形態下，熱切地鼓吹社會上的獨特個人身分、對家庭、職業、宗教和祖國的忠誠，抗拒中產階級社會理論的抽象共同主體。他這樣以個人主義對抗中產階級社會，揭示了這個社會的真正反社會特質，儘管以政治和精神上的詞令加以掩飾。齊克果的社會批判不是憑著理想主義態度，堅持以「社群」對抗自我主義，而是窮究那種自我主義，而把市場社會裡的抽象個體它轉化為一個無法化約而抗拒任何社會整合的獨特個體。事實上，沒有什麼比這個孤獨的齊克果式的自我更抽象的了，它完全沒有歷史和文化；可是這個似真若假的「具體」主體，摧毀了所有社會共識，成為了中產階級團結的障礙。在中產階級權力實際在丹麥生成之前，齊克果就已經先發制人地揭穿了它的重大矛盾：它在意識形態領域裡推尊獨一無二而別具價值的個體，事實上是不斷以反諷式的化約，而把個體翻轉成在經濟和政治領域裡可以隨意替換的密碼。因此在某種意義下，他思想裡的這種反動性質，包括對公共領域的鄙視、尖刻的主觀主義，以及以貴族心態蔑視現代的同質化社會無面目可言的「大眾」（堪稱尼采和海德格的先驅），推論出至為爆炸性而激進的結論。齊克果作為自我壓抑的禁慾主義者，包括他對於感官的猜疑以及對身體的敵意，也有同樣結果。在他的著作中，感官作為身體愉悅的生活模式，代表了沒頭腦的中產階級欲望的美感領域，被視為丹麥中產階級呆滯而自我滿足的「生活世界」。

作為一種**精神性**的個人主義，齊克果所說的信仰也是在對抗卑鄙欲望的人生（中產階級的市民社會）以及所有空洞的理想主義的普遍性（中產階級的倫理和政治領域）。簡單來說，他的策略就是原本要調解感官經驗和精神性的共相的傳統美感概念一分為二。感官經驗的向度自成一格，切斷了一切有益的普遍性，這就是美感領域；抽象觀念論的後者形式，則是棲身在倫理世界裡。這樣就在兩方面都揭露了新興中產階級社會的真面目：一方面是徹底的個殊主義（particularism），一方面又空洞地不具任何特殊性。齊克果在強烈的反黑格爾傾向下，把感官和精神、殊相和共相都切割開來，因此挑戰對於社會兩難問題的一切美感化的解決方案。鮑姆嘉通試圖使理性能夠認識到感官的殊相，這是現代美學的根基，而今卻被一舉推翻。在這方面，儘管齊克果秉持著宗教的絕對主義，卻和他認為是屬靈的冒犯的唯物論邏輯相差不遠。我們這個時代陷入一個夾縫，一方面是解構式反諷的「壞的」無限性，一方面是政治主體太過封閉而過度概括

[192]

化的理論，就此而論，齊克果的論述也許不像表面看來那麼無關宏旨。信仰的主體放棄了觀念論的倫理的慰藉，察覺到自己偏離了中心地位而完成無容身之處，驚惶地面對自身在歷史過程中隱藏的罪，在革命性的**悔改**（metanoia）中獲得釋放，因而能夠抓住未來某些轉化的可能性。它的片面使命是自由多元主義所鄙棄的，但它面對無法化解的歧義性而活在恐懼與戰慄中，因而在奮力改變自身存在的基本而獨特的面向時，被迫承認他者性和差異，也就是整個無法掌握的殊相領域。它同時有所倚賴卻又是自我規定的，領受自身的「虛無」而藉此成為歷史裡具有規定性的存有者，儘管總是處於一種危險而暫時的狀態。儘管主體的生活戒慎恐懼，卻又必然是喜劇性而反諷的，體認到自己的革命性選擇在世人眼中有多麼愚昧，而為了這種違和感而竊竊自喜，卻在眾人面前一臉沉重的樣子。它甘於放棄自身的同一性，相信這種愚昧裡有著深不可測的智慧；它終究放棄了應許任何最終綜合的「壞的」烏托邦思想，寧可投入無盡的未完成的存在。但是這種無止盡的狀態，其實是不斷反覆的自我決斷，而不是螺旋式的逃避性自我反諷。

齊克果指出，這個時代值得批判的不是它的片面性，而是它的**抽象**片面性。內心的純潔就是只意欲一個東西；因此真實的存有必須否定美感那種誘人的全面性，否定人類能力的豐富多元發展，其實是好事一樁。在這個意義下，對齊克果來說，使命和美感是無法和解的。然而我們卻有另一條出路：一方面就像齊克果堅持片面的使命，卻又追求全面性的創造發展，為此，我們必須轉向馬克思的論述。

[193]

注釋

1 齊克果的一般研究可參考：Louis Mackey, *Kierkegaard: A Kind of Poet* (Philadelphia, 1971); John W. Elrod, *Being and Existence in Kierkegaard's Pseudonymous Works* (Princeton, 1975); Mark C. Taylor, *Kierkegaard's Pseudonymous Authorship* (Princeton, 1975); M.C. Taylor, *Journeys to Selfhood: Hegel and Kierkegaard* (Berkeley & Los Angeles, 1980); Niels Thulstrup, *Kierkegaard's Relation to Hegel* (Princeton, 1980); Stephen N. Dunning, *Kierkegaard's Dialectic of Inwardness* (Princeton, 1985). 有關齊克果式個體的抽象性的精細評論，參見：Theodor Adorno, *Kierkegaard: Konstruktion des Ästhetischen* (Frankfurt, 1973).

2 Søren Kierkegaard, *Fear and Trembling and The Sickness unto Death*, trans. (with 'Introduction') Walter Lowrie (New York, 1954), p. 191.

3 The *Journals of Søren Kierkegaard: A Selection*, ed. & trans. Alexander Dru (London, 1938), p. 385.

4 Søren Kierkegaard, *The Concept of Irony*, trans. (with 'Introduction') Lee M. Capel (New York, 1965), p.158.

5 同前引書，頁92。

6 同前引書，頁338。

7 Julia Kristeva, *Histoires d'amour* (Paris, 1983), pp. 27-58.

8 Søren Kierkegaard, *The Concept of Dread*, trans. (with 'Introduction') Walter Lowrie (Princeton, 1944), p. 45.

9 同前引書，頁33。

10 同前引書，頁34。

11 同前引書，頁99。

12 同前引書，頁55。

13 同前引書，頁55。

14 Kierkegaard, *The Sickness unto Death*, p. 158.

15 這並不是說自由思想的多元主義就沒有嘗試挪用齊克果的主張，例如可見於馬克・泰勒（Mark C. Taylor）《自我的旅程》（*Journeys to Selfhood*）在結論中以排比句表達的虔誠願望：「多元中的統一；演化中的存在；轉變中的不變；動盪中的和平；差異中的一致；統合與不統合的統合性——疏離當中的調解。自我實現旅程的終結。」（p. 276）不過很難說這一系統空洞口號表示什麼，你可以質疑它的意識形態更多是屬於當代的北美洲的而不是十九世紀的丹麥。

16 Kierkegaard, *The Concept of Irony*, p. 50.

17 Søren Kierkegaard, *Concluding Unscientific Postscript*, 'Introduction' by Walter Lowrie (Princeton, 1941), p. 186.

18 Kierkegaard, *Journals*, pp. 186-7.

19 Kierkegaard, *Concluding Unscientific Postscript*, p. 33.

20 Kierkegaard, *The Concept of Dread*, pp. 16-17; *Fear and Trembling*, p. 124.

21 Kierkegaard, *Concluding Unscientific Postscript*, p. 182.

22 同前引書，頁78-80（註）。

23 Walter Bemjamin, 'Theses on the Philosophy of History', *Illuminations*, ed. H. Arendt (London, 1973).

24 Kierkegaard, *Journals*, p. 371.

25 Søren Kierkegaard, *Either/Or*, trans. Walter Lowrie (Princeton, 1944), vol. 2, p. 150.

26 Kierkegaard, *Fear and Trembling*, p. 103.

27 Kierkegaard, *Journals*, pp. 373.

28 Kierkegaard, *Concluding Unscientific Postscript*, p. 290.

29 引錄於：Taylor, *Journeys to Selfhood*, p. 57.

30 Kierkegaard, *Journals*, pp. 151.

31 同前引書，頁132。

32 Kierkegaard, *Concluding Unscientific Postscript*, p. 70.

33 同前引書，頁72。

34 同前引書，頁287。

35 Kierkegaard, *Journals*, pp. 363.

36 Kierkegaard, *Concluding Unscientific Postscript*, p. 390.

37 同前引書，頁390。

38 Kierkegaard, *Fear and Trembling*, p. 208.

39 Kierkegaard, *Journals*, pp. 346; 齊克果在此把崇高貶為「美感的簿記」。

40 引錄於：Taylor, *Journeys to Selfhood*, p. 64.

41 嘗試把齊克果政治觀的反動色彩減輕的一項非常欠缺說服力的論述，可見於：Michael Plekon, 'Towards Apocalypse: Kierkegaard's Two Ages in Golden Age Denmark', *International Kierkegaard Commentary: Two Ages*, ed. Robert L. Perkins (Macon, 1984).

[195]

第八章

馬克思主義的崇高

在本書到此為止的敘述裡，美感作為一種剛發軔的唯物主義，看來表現不大理想。事實上，在某種意義下，美感（aesthetic）或許更應該說是一種麻醉劑（anaesthetic）。康德把一切感官性逐出了美感表象，只剩下純粹的形式；就像布迪厄（Pierre Bourdieu）和阿蘭．達貝（Alan Darbel）所說的，康德的美感快感是「一種空洞的快感，愉悅遭棄絕，純化成為再無愉悅的愉悅。」[1]席勒把審美理解為某種豐富而具創造力的無規定性，和它試圖轉化的物質世界對立。黑格爾對身體特質的取捨很挑剔，只認許本質上能概念化的感官；而在叔本華手上，審美最終成為物質世界歷史的斷然抗拒。如果說齊克果轉身回到美感領域，那主要是一種否定的樣態：審美一度被視為美的最圓滿實現，如今卻被理解為無聊的幻想和卑下的欲望。鮑姆嘉通的論述最初試圖調解感官和精神，現在完全變得兩極化：要不是成為反感官的唯心論（叔本華），就是體現為頑固的唯物論（齊克果）。

如果這樣，看來唯一能有成果的策略，就是回到起點，重新思考一切，但這次是從身體的立場思考。美感隱含的唯物論仍可保留下來；但美感如果要擺脫把它壓垮的唯心論重擔，就只能透過以身體為起點的思想革命，而不是仰賴理性為它爭取一個空間。或許，與其把身體納入既有的理性框架，我們可以從身體衍生出理性概念。或許我們可以透過驚險的嘗試，在身體的基礎上重新踏步向前，而重建倫理、歷史、政治、理性。無可否認的，這個計畫充滿危險：它怎麼避免墮入自然主義（naturalism）、生物決定論（biologism）、感官經驗論（sensuous empiricism），又

[196]

或避免陷入有關身體的機械性的唯物論或虛假的先驗主義？事實上，這一切都和這個計畫所對抗的意識形態一樣有害。人類的身體本身既是歷史的產物，又怎麼能成為歷史的源頭？身體在這樣的構想下，豈不成了另一種被賦予特權的事物，就像費希特式自我虛假地以自身為根基？

可是或許有某種方式，可以從手的抓物能力和口腔欲望的驅動力奮力往上探索，最終觸及個人內心神祕的狂喜境界，以至人類社會工業或軍事上的複雜結構。馬克思、尼采和佛洛伊德這三位現代最傑出的「美學家」，正是奮勇地投入了這樣的探索計畫：馬克思著眼於勞動的身體，尼采把身體視作權力意志（will to power），佛洛伊德則著眼於欲望的身體。然而隨之而來的問題就是，這樣的理論該如何表述？因為這種形式的思想看來是自我否定的。也就是說，它否定了這種想法是具自主性的現實，我們被引回衍生這種想法的身體愛憎。「思想這個元素本身，」馬克思寫道：「又或表達思想所必需的語言元素，本質上是感官性的。」[2]如果一種唯物論在論述過程中不至於背叛它的唯物論前提，那是因為，就如馬克思指出，理論性的反思必須以物質性的實踐方式掌握。

§

「**感官知覺**，」馬克思在《經濟學哲學手稿》（*Economic and Philosophic Manuscripts*）寫道：「必須是所有科學的基礎。只有當科學以感官經驗為起點，從**感官的**意識和**感官的**需求的二元形式出發，也就是說，只有當科學以自然為起點，它才是真正的科學。歷史整體上是一個準備過程，一種發展，讓**人類**成為**感官性**意識的對象，而『**人類身而為人**』的需要就成為（感官性的）需要。」[3]

在鮑姆嘉通宣稱一種新科學已然誕生的一個世紀之後，馬克思就號召要重建它。但審美原是作為理性的卑微延伸工具，如今卻強橫地取代了它原來要補充的理性。感官知覺固然不可忽視，可是它能作為知識的**基礎**嗎？這樣的做法又比庸俗的經驗論高明多少？馬克思在《經濟學哲學手稿》用了很多篇幅重思考歷史和社會，而且從身體起步。伊萊恩·史凱莉（Elaine Scarry）說，馬克思在所有著作裡「假定世界相當於人類的身體，而把身體投射到這樣建構起來的世界後，人類本身就解體了、精神化了。」[4]史凱莉指出，經濟生產系統，對馬克思來說是身體的物質化隱喻，譬如他在《政治經濟學批判大綱》（*Grundrisse der Kritik der Politischen Ökonomie*）裡提到農業是把土壤轉化為人類身體的延續。資本則是資本家的代用身體，是給他提供知覺能力的一種替代形式；馬克思在《大綱》又提到，如果物體幽靈般的本質就是它們的「交換價值」（exchange value），那麼就是它們的物質性「使用價值」（use-value）給它們賦予身體般的存有。

馬克思主義要講的故事，就是那個驕矜自大的經典故事：人類身體延伸成為我們所說的「社會」和「技術」，結果延伸過了頭，超越了自身而使自己一無是處，當它把世界轉化為身體本身的器官，就把感官的豐富內容抽象成為密碼。這個悲劇之所以發生，當然不僅是由於技術上過分

[197]

自傲，也因為技術發展的社會條件。這是鬥爭的條件，因為勞動力的成果遭遇激烈爭奪，所以需要一系列具有各種功能的社會制度，對那些毀滅性衝突發揮調整和穩定作用。能夠達成這種效果的機制，包括壓迫、昇華、理想化和否定，在政治理論以至精神分析學上為人熟知。可是那些佔有和控制身體能力的鬥爭，不那麼容易平息，並且銘刻在嘗試壓制它的制度當中。事實上，這方面的鬥爭緊迫而延續不斷，對整個制度的歷史造成重壓，使它變形，扭曲了它的真相。在這個過程裡，由於對身體能力展開爭奪，我們的心智生活和制度性社會生活也尋根溯源直探它的物質基礎，這在馬克思主義裡稱為上層結構（superstructure）和基礎（base）。就像身心症的病徵，被壓迫的身體顯現在上層結構裡，但你要懂得解讀其中的符號。那是某種特定身體——「早產」、具有溝通潛力、需要投入勞動，和其他動物的身體不一樣，它產生了歷史；而馬克思主義所說的，這段歷史從身體的掌控中溜了出來而陷入矛盾。把特定形式的身體描述為歷史性的，就是說它總是有辦法創造出那些原本創造它的東西。在這個意義下，語言是人類歷史性（historicity）的指標，作為一個系統，它的特色在於能讓事件超越它們自身的形式結構。但人類作為在語言上具創造能力的動物，這種無可估量的自我超越能力，其中一種作用就在於能把身體延伸到一個抽象網路，以致身體違反了本身的感官本質。

如果馬克思可以主張一種奠基於感官的科學，而不墮入庸俗的經驗主義，那是因為對他來說，感官不是孤立的領域，而可以理性地觀察它的「法則」，並視之為我們對現實的實踐關係形

[198]

式。「經驗的可能對象的客觀性，」哈伯瑪斯寫道：「因此〔對馬克思來說〕是奠基於一種自然的基質（substratum），那就是人類的身體組織，以行動為導向，不是奠基於統覺（apperception）的原始統一性。……」[5] 對馬克思來說，感官知覺首先是人類實踐活動的結構元素，而不是一組具思考作用的器官；事實上，它首先要扮演前者的角色，才能夠發揮後者的作用。私有財產是人類與自己身體異化的「感官表現」，是我們感官的豐富性可悲地被佔有欲的驅力取代：「**所有**肉體和心智的感官都被取代了，取而代之的是直接造成**所有**這些感官異化的**佔有感**。人性原本可以孕育出內在的財富，如今卻被化約為絕對的貧乏。」[6]

對年輕的馬克思來說，隨著資本主義而來的是感官生活的分裂和兩極化，在兩端都可以看到真正感官性的身體朝古怪的方向演化。在某個層次上，資本主義把人類源於身體的圓滿性貶低為「粗鄙而抽象的需求的簡單性」：它是抽象的，因為在談到物質需求時，對象的感官性質是無關緊要的。用佛洛伊德的話來說，人類**身體**的**驅力**原本可以讓人類超越自身的侷限，資本主義社會卻使它貶降為**本能**，成為固定而單調重複的衝動，使得**身體**被囚禁在自身之內：

> 把工人的需要限減為維持身體存活的卑微需求，把他的活動貶降為最抽象的機械動作……政治經濟學家說，不管在消費還是其他活動方面，人類都沒有其他需要了……他把工人變成沒有需要也沒有感官的人，把工人的活動變成一切活動的純抽象形式。[7]

[199]

可是如果說，資本家剝奪了勞工的感官，那麼他也同樣剝奪了自己的感官：「你少一點吃喝、買書、看戲、跳舞、喝酒、思考、戀愛、說理、唱歌、繪畫、做擊劍運動……，你就能省下更多的錢，你擁有的那種蛇蟲鼠蟻吃不掉的財富就愈大，那就是你的**資本**。」[8]資本家相對於工人的主要優勢，在於他能實現一種雙重置換（double-displacement）。他在為了資本而使感官異化之後，又利用資本的力量間接恢復異化了的感官：「任何你不能做的事，你的金錢都能為你做到：它能夠吃喝、跳舞、看戲，它能夠擁有藝術、學問、歷史奇珍、政治權力，它還能遊歷，它**有能力**為你做到這一切……」[9]資本是個幽靈般的身體，一個怪異的**替身**，在它的主人睡覺時到處遊走，機械性地消費著主人在苦行下放棄的樂趣。資本家越是否定自己的享樂，把自己的勞力用於打造這個僵屍般的**另一個自我**（alter ego），他就越能獲得二手的滿足。資本家和資本都像行屍走肉；資本家有生命卻無知覺，資本無生命卻是活躍的。

如果嚴酷的禁慾主義是資本主義社會的其中一面，它的反轉鏡像就是不切實際的美感主義。在某層次上，感官性的存在被褪除到最基本的需要，在另一層次上，卻又過度膨脹。盲目維持著生物性的生存的工資奴隸，對立面就是蕩檢踰閑的游手好閒者；對這類耽於逸樂的寄生蟲來說，「人類基本能力的實現，所實現的不過是自身一場胡塗的存在，個人一時的興致以及古怪而反覆無常的念頭」，[10]如果說工人礙於生計而被蹂躪，那麼上層社會的閒人就因為不愁吃穿而變成廢物。不受物質環境限制的欲望，在他身上變得反常地具自生能力，成為了某種「精細、不自然、**幻想式**的欲望」，極盡精緻之能事而任意揮霍。對馬克思來說，這就是哲學唯心主義的社會對應物，弔詭的是，這一切現象最平凡乏味的物質代表就是金錢。在馬克思看來，金錢是徹頭徹尾唯心主義的，它屬於變化不定的幻想領域，這個領域中的一切身分都是短暫的，任何存有者隨時可以轉化為另一存有者。就像社會寄生蟲的幻想式欲望，金錢是純粹的美感現象，它會自行繁衍、自我指涉，自主而不受一切物質性真理的制約，在它的召喚下，數之不盡、千變萬化的世界會成為具體存在。在資本主義之下，人類的身體因此從中間剖開，在粗鄙的唯物主義和搖擺不定的唯心主義之間被痛苦地切割，不是太貧乏就是太過流於奇想，又或要不是過度節制，就是因為任性的愛欲而無限膨脹。正如所料，這裡的辯證關係就是，這些對立面是相生相待的。自戀和必然性、忍饑受餓和過分的欲望（就如阿多諾或許會說），都是原來整個身體性的自由的一分為二，可是再把它們拼回去，再也無法獲致自由。

馬克思主義的目標，就是恢復身體被掠奪的能力；但只有廢除私有財產，感官才可以回復自身的能力。如果共產主義是必然的，那是因為我們的感官、味覺、嗅覺和觸覺不能像原來那樣圓滿地運作：

私有財產的廢除，因此是人類所有感官和屬性的完全解放；但這之所以成為解放，是因為這些感官和屬性在主觀和客觀上都人性化了。眼睛成為人的眼睛，視覺的客體也成為了一種社會性的、人性的客體，由人類為人類打造而成。感官因此在直接實踐中成為了理論家。它們為了自身的緣故而與事物建立關係，但事物對自身和對人類來說，則代表一種客觀人性的關係，反過來，人類與事物也維持同樣關係。需求和享樂因而喪失了它們的自我主義的本性，而自然界也喪失了它的單純效益，因為在某種意義下，自然之用途成為了人類之用途。[11]

馬克思「美感性」地相信，人類感官、能力和潛能的運作，是以自身為目的的，不必有任何功利主義的證成；但如果要實現這種以自身為目的的感官的豐盈，只能很弔詭地透過嚴格的工具性實踐去推翻中產階級的社會關係。只有當身體的驅力擺脫抽象需求的專制，而客體同樣從功能性的抽象恢復為感官上獨特的使用價值，我們才能以美感方式活下去。只有把國家推翻了，個人才能經驗到自己的身體。由於人類感官的主觀性其實是完全客觀的事實，是複雜的物質歷史的產物，因此只有透過客觀的歷史轉化，感官主體性才能枝繁葉茂：

只有讓人性的豐盈本性客觀地開展，才能培育或創造主觀人類感性的豐盈，包括有音樂感的耳朵、能察覺形式之美的眼睛，簡單來說，就是讓人能獲得滿足的感官。因為不僅是五種感官，還有所謂精神感官、實踐感官（意志和愛等），一言以蔽之，一切人類的感官又或感官的人性化

[201]

本質，只能透過它們客體形式的存在才得以體現，也就是透過自然界的人性化。五種感官的培育是此前一切歷史所做的工夫。感官作為素樸的實用需求的囚徒，只有一種有限制的感官。對一個飢餓的人來說，具人性形式的食物是不存在的，存在的只是食物的抽象形式；它可能只體現為最粗鄙的形式，很難說這樣一種進食方式和動物有何分別……在一個完全發展的社會裡的人類，具有存在的一切豐盈本質；他是個永遠富有的人，深刻而豐盛地擁有一切感官。[12]

如果說，中產階級的美學思想在某個罕見的瞬間暫時泯除了主體和客體的分別，那麼馬克思則是透過跨越這種分別而把它保留下來。和中產階級的唯心主義不一樣，他堅持認定感官的解放有其客觀物質的先決條件；但感官原本既是客觀和主觀的，是兼具物質實踐和豐富經驗內容的運作模式。馬克思所說的「工業的歷史」，可以從兩方面解讀：從歷史學家觀點來說，是生產力的累積，從現象學來說，則是人類身體的物質化文本，是「人類基本能力的呈現」。感官能力和社會制度是一體兩面的，是對於同一個現象的不同透視。就如在鮑姆嘉通推動下，美學論述的演化勾畫出不想被客觀主義的理性吞噬的感官特質，馬克思警告說，「對這種**心理學**來說，原本屬於歷史最看得見摸得著的、最可以理解的那本〔有關感官的〕書已經闔上了，它永遠不能成為具有真正內容的**真正**科學」。[13]我們需要的知識，應該能檢視感官與世界各種不同關係的物質先決條件：「一個拜物者和一個希臘人的感官知覺是不一樣的，因為他的感官存在並不一樣。」[14]

馬克思在又名為巴黎手稿的《經濟學哲學手稿》裡，一舉超越了觀念論哲學裡核心的實踐和美感的二元性。他把這個傳統裡物化的、商品化的感官，重新界定為社會實踐的歷史產物和形式，從而把身體的主觀性重新設定為演化中的工業歷史的一個面向。但這種對唯心主觀主義審慎的抑遏，卻很反諷地是以主體為名義：重新召回主體的客觀性質的唯一意義，就是更加理解以主觀能力作為目的本身在政治上的先決條件。在某個意義下，「審美」和「實踐」是不能分割的統一體；在另一個意義下，實踐是為審美而存在。就如瑪嘉烈．羅斯（Margaret A. Rose）指出的，馬克思把席勒翻轉了過來，認為人類的自由就是感官的實現，而不是從感官獲得解放；[15]但他繼承了席勒的美學理想：主張全面的、多面向的人類發展，他也像唯心主義美學家一樣，強烈主張人類社會是（又或應該是）以自身為目的的。人類的社會交流不必以形上學或功利主義為其根基，而是人類「種屬存有」的自然表現。就像席勒在《美育書簡》接近結論之處提到的，人類社會是誕生自實用的目的，但經過演化而超越了這種功利目的，成為了悠游自在的目的本身，因此，馬克思在政治工具的核心裡，瞥見了這種「美感」凝聚力的輪廓：

當共產主義的工人集合起來，他們當下的目的是教育和宣傳等等。但在此同時，他們產生了一種新的需求，對於社會的需求；原來看似是手段的，如今成為了目的。這種出於實際的發展可見於法國社會主義工人的結集。吸菸和吃喝不再是人際關係的手段。最終以社會為目的的結伴、結社和對話，對他們來說就足夠了。人類的手足之情不是空話而是現實，在他們經過工作磨練的身影，向我們散射出高尚的氣質。[16]

如果對資本主義來說，生產本身就是目的，那麼對馬克思來說，在頗為不同的意義下也是這樣。人類能力的實現是人性中一種愉悅的必然需求，像藝術作品一樣，不必進一步提出什麼功能方面的證成。對馬克思來說，藝術其實是物質生產的理想典範，因為它顯然是以自身為目的的。「一個作家，」他說：「並不認為他的作品是獲致某個目的的手段。那些作品本身就是目的；對作家本人和對他人來說，它們根本不算是『手段』，以至於如果有必要的話，作家寧可為了作品的存在而犧牲自己的存在。」[17]《政治經濟學批判大綱》提到中古時代的手工藝是「仍有一半的藝術性質；它們有自身的目的」，[18]而在《經濟學哲學手稿》裡，馬克思則認為「真正」的人類生產，就在於擺脫當下的需求而自由創造的衝動。藝術不講求報酬，超越了卑鄙的功利，和被迫的勞動形成對比，就像人類的欲望和生物性本能形成對比。藝術是一種創作上的盈餘，徹底超越了生計所需，用拉岡的術語來說，它就是需求（demand）減掉需要（need）的結果。

馬克思尤其以「使用價值」的概念解構了實用性和美感性的對立。當他談到解放的感官「在直接實踐中成為了理論家」，他的意思就是，**理論**（theoria）作為對某個對象的物質特性進行的愉悅沉思，是我們在和該對象的功能性關係下展開的主動歷程。我們把事物拉進我們的意指計畫裡，因而經驗到它們的豐富感官內容，這種態度和「交換價值」粗鄙的工具主義不同，也和無利害關係的美感沉思不一樣。對馬克思來說，「實用性」包含了對於個殊性的「美感」反應；它有兩方面的敵對力量，一方面是對客體和驅力的商品化抽象，一方面是社會寄生者的美感式幻想，這種幻想切斷了使用和快感、必要性和欲望的聯繫，使得這些對立面的後者脫離了物質規定性而水漲船高。由於這種唯心主義把快感和欲望轉化為商品，這兩方面的敵對力量也暗地裡合而為一；那些游手好閒的富人所消費的其實是他們對於自身的快感消費行為的自戀。在馬克思看來，不是物體的利用違逆了它的美感存在，而是它的抽象化使它成為像空洞的容器，這是交換價值的支配力和需求的非人化（dehumanization）造成的。傳統的美學和商品的戀物癖，都廢除了物件的特殊性，把它們的感官內容抽掉，以至剩下形式的純粹理想性。在這個意義下，馬克思對於康德的美感相當不以為然，他是反美感的，意欲推翻一切無利害關係的沉思。物體的效益是我們欣賞它的依據而不是對立面，就如社會交流的愉悅和這種交流的必要性是分不開的。

如果說早期的馬克思在這個意義下是反康德的，他在另一個意義下卻又是十分康德的。「只有當客觀現實普遍成為人類基本能力的現實，」馬克思在《經濟學哲學手稿》寫道：「也因而是人類**自身**基本能力的現實，所有客體對人類來說才成為**他自身的客體化**，也就是確認和實現人類個體性的客體，就是**他的**客體，也就是說，他自己成為了客體。」[19]沒有什麼能比這種論斷的政治觀和康德更天差地遠的了；但很容易看到它在知識論上和康德《判斷力批判》裡的主客體反思

[204]

性的想像關係沒有什麼分別。《經濟學哲學手稿》看似瞥見了自然與人性的對立的基本解構之道，因為透過解放的勞動，自然就不斷被人性化了，而人性又逐漸被自然化。主體和客體不斷介入對方的這種對等交流，對馬克思來說，是歷史的希望，而對康德來說，則是規限性的假設；但是馬克思那個確認主體的客體，與康德在沉思中瞥見的令人心旌搖曳的「合目的性的美感表象」，兩者並沒有不可跨越的差距。只是到了後來的馬克思主義唯物論，才戳破了這種想像中的相容現象，堅持物質和意識的異質性，認定物質是不能化約的恆久存在，因而必然在我們的自戀裡留下一道傷痕。暫時來說，主體和客體之間令人嘆為觀止的同一性，並沒有在後期的馬克思和恩格斯（Friedrich Engels）的論述中成為主題，卻進入了盧卡奇和若干西方馬克思主義思潮的論述。

如果說年輕的馬克思和康德處於矛盾關係，那麼他對席勒的態度也是兩面性的。如前所述，馬克思繼承了席勒的「非功利」觀點，認定人類能力的全面實現是目的自身；[20]但使得這能在歷史上實現的程序，和古典非功利觀的差距卻是任何人能想像的最遠距離。馬克思令人尷尬的獨創性在於，他把席勒那個對稱而多元的崇高人性構想，和高度局部性、個殊而片面性的政治力量結合起來。共產主義的手段和目的耐人尋味地形成對立：實踐傳統觀念裡的**人性**（Humanität）的，是那些人性被傷害和剝奪得最徹底的人們；一個美感性社會，是最決絕的工具性政治行動的成果；最終的多元權力來自最決斷的黨派立場。這就彷彿是馬克思讓二次大戰期間德國威瑪共和國

[205]

（Weimar）的人文主義，和齊克果勇往直前的**使命**進行交配：人類心智機能的無利害關係的解放，不是繞過個殊的社會利益獲致，而是一路穿過這些利益，而從另一端走出來。這樣的行動可以破解席勒的一個謎題：一個牴觸個殊利益的理想文化，怎麼能實現物質性存在而不陷入有危害的妥協。

美學論述嘗試解決感官和精神、欲望和理性之間可悲的異化；而對馬克思來說，這種異化的根源在於階級社會的本質。隨著自然和人性在資本主義之下漸漸工具化，勞動過程受到一種強加的抽象法則支配，而喪失了一切身體上的愉悅。馬克思在《德意志意識形態》（*The German Ideology*）裡說，享樂因而成為了統治階級少數人的哲學信仰。在這種情況下，「精神」和「感官」看似和解無望，也就是調停社會生活的高壓理性形式和它那完全個殊的內容。在這種社會秩序下，形式和內容的悅人的「美感」同一性，看來是遙不可及。這個二分法切割了人類的身體：身體的生產能力被理性化和商品化，而它的象徵性、原欲的驅力要不是被抽象為鄙陋的欲望，就是被認為是多餘的而被抽離。人類被趕出勞動的過程，來到三個各自孤立而重要性依序遞減的領域：藝術、宗教和性愛。「真正」的美感實踐，原是可以揉合感性與理性的自然和社會的一種關係，如今卻分裂為兩個對立面：一方面是嚴酷的禁慾主義，一方面是巴洛克式（Baroque）奇詭譎怪的美感主義。從物質生產被放逐之後，人類的創造力要不是消散在唯心主義的幻想中，就是在佔有欲的悲涼扭曲心態下自我放縱。資本主義社會的構成，一方面包含了這種失控欲望的無節制

[206]

表現，同時也包含了把身體排除在外的至高無上理性統御。就像某些令人吃驚的拙劣藝術作品，它的感性內容淪為純粹的原始直接性，而它那具支配力的形式則變得愈來愈刻板地抽象和自律。

美學的其中一個目的，就是嘗試重新接合這些分裂的社會活動領域，就如鮑姆嘉通所做的，在這些領域裡發現某種同質性的邏輯。一種艱險的形式主義（formalistic）理性，必須體現資本主義體系認為幾近於廢料而拋棄的種種元素。如果說理性和快感處於對立，那麼藝術作品則可以提供和解的模型，就像席勒所說的遊戲驅力把理性感性化而把快感理性化。而且藝術作品還可以啟發人們如何解消自由和必然性的難題；因為在既有社會關係下，自由淪於無政府主義，而必然性則變成頑強的決定論。我們將會在尼采的論述看到，藝術創作可望解構這種對立：藝術家在創作行動中，到底是絕對自由，還是受到某種無法改變的邏輯支配，很不可思議地難以判定。美學嘗試以想像方式調解的問題就是，為什麼在特定的歷史條件下，人類的身體活動會產生一套「理性」形式，而把身體本身吞沒了。馬克思透過「使用價值」的概念，把感性和理性重新結合起來；但只要商品仍然具最高支配力，使用價值就無所謂解放，這就是為什麼「**理論上**的對立只能透過**實踐**方式去解決」。[21]如果美感要實現自我，它必須涉足政治，其實它一直在暗地裡這麼做。如果要撫平原始的欲望和脫離身體的理性之間的割痕，就只能透過革命性的人類學，窮究人類理性隱藏的根源，直到具生產能力的身體的需求和能力。因為在那些需求和能力的實現當中，身體不再侷限於自身，而開拓出一個共享的社會世界，在其中，個人的需要和欲望必須和他人的

[207]

需要和欲望一起評量。就是這樣，我們在一條直接管道上，從創造性的身體被引導到看似抽象的理性、正義和道德，這些因素在中產階級社會裡遮蔽了身體惱人的吶喊以及它的具體利益。

馬克思很多最重要的經濟範疇都隱含著美感本質；事實上，米哈伊爾．利弗希茲（Mikhail Lifshitz）就提醒我們，馬克思在剛要撰寫他的主要經濟學著作之前，曾經詳細研究德國美學家弗里德里希．費舍爾（Friedrich Vischer）。[22]如果說他在著作裡特別著眼於抽象和具體的難題，那應該就是在於所謂「商品」（commodity）這個著名的形上學謎題。或可以說，商品是真正藝術作品的恐怖諷刺，它物化成為完全個殊的物體，在形式上卻惡狠狠地反物質，既有物體的堅固性，卻又如幽靈一般的捉摸不定。米契爾（W.J.T. Mitchell）提到，「馬克思用來描述商品特質的術語，取材自浪漫主義者美學和詮釋學（hermeneutics）的詞彙」。[23]對馬克思來說，商品是在精神和感官、形式和內容、共相和殊相之間紛擾的匯合點：就如他在《資本論》（*Capital*）裡指出的，它既是物體也不是物體，「是感官可知覺又不可知覺的」，是社會關係的虛假具體化也是虛假抽象化。透過某種「此刻你看到它，此刻你又看不到它」的神祕化，商品同時存在也不存在，是一樣可觸摸的東西，而它的意義卻是完全非物質性的而總是在另一個地方，在於它與其他物體形式上的交換關係。它的價值不在自身，它的靈魂或本質轉移到另一商品身上，而該商品的本質又同樣地轉移到別處，也就是各自的身分無盡地往他者延伸。以一種極為自戀的行為，商品「把任何其他商品看作它本身價值的體現形式」，[24]它漫無目的而迫切地和其他商品交換身體和靈魂，它茫然地與自身的身體斷絕關係，因為「事物以商品的身分存在，並且因為勞動產物之間的價值關係而被**認定為**商品，和它們的物理性質以及物質關係毫無關係」。[25]商品就像是精神分裂症患者，是自相矛盾的現象，只是自身的一個象徵符號，它在意義和存有上完全對立，它的感性身體之所以存在，只是個外在形式的偶然承載者。馬克思在《政治經濟學批判大綱》裡寫道，金錢作為普世通行的商品，「隱含的必然結果就是事物的價值和本質的割裂」。[26]

商品作為美感客體的反命題，就像一種有偏差的藝術作品，它的物質存有不過是抽象交換法則的隨機體現。如果這是黑格爾所說的「壞的」普遍性，商品作為戀物對象，也體現了「壞的」直接性，否定了商品得以產生的普遍社會關係。作為純粹的交換價值，商品抹滅了自身所有的物質因素；作為誘人光環一般的物體，商品在一種虛假物質外貌之下誇耀它獨有的感性存有。但這種物質性本身就是一種抽象，它的作用就是掩蓋產生它的具體社會關係。商品一方面把那些關係的實體變成幽靈，另一方面又試著以一種似真實假的物質密度去充實它本身的抽象性。在這種隱祕的運作裡，以及在對物質的瘋狂敵意中，商品是形上學唯心論的拙劣模仿；作為戀物對象，它也是墮落的物質性的根本類型。它因此在壓縮的空間裡怪異地聚合了中產階級社會的各種矛盾。

馬克思的經濟思想引用了形式和內容之類的美感領域，他的政治論述的一個中心部分也是這樣。當他在《黑格爾法哲學批判》（*Critique of Hegel's Doctrine of the State*）裡批評黑格爾陷入「政治學形式主義」，認為黑格爾的政治思想對於中產階級社會現實拳拳服膺，在這種狀況下，個人在政治國家中抽象的平等性，昇華而壓抑了公民社會中個人的具體差異和不平等。馬克思在《經濟學哲學手稿》說，這麼一來，「真實的個人和社會」看來就只是「沒有形式、沒有生命的物質」。[27]再一次的，物化的形式主義和粗糙的唯物主義成為彼此的反轉鏡像。中產階級社會在公民社會的主體插入一個致命的楔子而使他裂開來，一半成為「感性的、個體的和**直接的**存在」，一半則屬於政治國家領域的「抽象的、人造的人、**寓言式和道德性**的個人」。[28]在這意義下，「國家把唯心主義推演到極致，公民社會也同時讓唯物主義趨於完善」。[29]政治解放要成為可能，唯一的辦法就是克服這種抽象與具體、形式與內容之間的脫節；這種錯誤導致「真實的、個別的人變成了抽象的公民，而個人在經驗生活、個人作為和個人關係上又都成為了『種屬存有』……」。[30]馬克思在《黑格爾法哲學批判》裡說，只有在民主制度裡，「形式原則……才會和**實質**原則同一」，[31]具體的個殊性與個人的公共政治角色達成一致。民主社會是理想的藝術作品，因為它的形式就是其內容的形式：「在民主政體裡，憲法和法律，也就是政治國家，本身不過是人民的自我規定，是人民賦予規定性的內容。」[32]非民主社會是拙劣的藝術作品，它的形式始終外在於實體：它的法律不能從內部為社會生活充填實質，因而「既是支配的卻又不真正具有支配力，也就是沒有實質上滲透到所有非政治領域的內容」。[33]對比之下，在民主國家裡，這種抽象法律結構會被吸收到公民社會，成為這個社會具生命力的有機形式。個人以其獨特的個殊性，構成國家的實體（substance），而不僅是無面目的公共密碼。馬克思關於非民主與民主社會

[209]

的對比，複製了康德在純粹理性或實踐理性與神祕的美感「法則」的區分；前者和個殊者是異質的，後者則和構成它的物質內容一致。對馬克思來說，就如同啟發他的盧梭（Jean-Jacques Rousseau），一個獲得解放的社會是形式和內容的美感式交融。

§

形式和內容的交融，事實上可視為馬克思的美感理想。他談到在他如何在自己一絲不苟地講求技巧的文學風格裡成就這種統一，又痛恨他眼中的浪漫主義對兩者的失衡對待，他們只知道以異國風情妝點平凡的內容。我們將會看到，這方面的不相稱成為了他在《路易波拿巴的霧月十八日》（*The Eighteenth Brumaire of Louis Bonaparte*）裡對中產階級革命的批判基礎。在一八四二年討論德國財產法的一篇文章中，馬克思說「形式是沒有價值的，除非它是內容的形式」。[34]

對馬克思來說，形式與內容之間的微妙平衡，關鍵就在於**計量**（*Mass*）的概念，它表示一件人造物在計量、標準、比例、適度甚或緊密的內在結構方面的體現。要保持應有比例，「對每個客體設定它固有的標準」，[35]看來就是馬克思的目標，由此提供一個方便的立場可對資本主義作出批判。早在他有關古希臘的博士論文裡，馬克思就把他所說的「尺度的辯證法」和「無尺度的」政權作對比；而一般來說，他的典型看法就是可從古代社會看到一種對稱和比例，這是出於它的落後本質。這個信念觸發他在《政治經濟學批判大綱》的導言提出的惡名昭彰的評語，聲稱

[210]

我們再也沒辦法回到古希臘藝術的完美，因為那是奠基於物質性的不成熟。[36]資本主義也包含平抑和約束的運作，因為交換價值的束縛作用阻礙了使用價值的自由生產；可是和古代社會不一樣，這些限制不會造成內部的對稱。恰好相反，資本主義不合常理、不知節制、片面而不成比例，因此牴觸了馬克思的道德感和美感。事實上，這兩種能力彼此盤根錯節。資本主義的生產模式肯定採取一種計量：那就是勞工工時。但這個制度的其中一種反諷特質在於，隨著它進展到機械生產階段，它開始逐步破壞它本身的衡量標準。「資本主義本身是一種移動中的矛盾，」馬克思在《政治經濟學批判大綱》裡寫道：「因為它奮力把勞工工時減至最低，另一方面又把勞工工時設定為財富的唯一計量標準和來源。」[37]一旦工人群體占用了自身的剩餘勞動（surplus labour），一種新的計量標準便會建立起來：這就是「社會上個人的需要」，接下來這個標準就用來決定用在勞動上的時間。

如果這是一種計量，它的彈性卻非常大，因為在馬克思看來，這種需要在社會上和歷史上當然都是變化不定的。在《哥達綱領批判》（*Critique of the Gotha Programme*）裡，他嚴厲批評了把相同標準施加到難免不平等的個人身上，譴責這種「社會主義」做法是中產階級法制的殘留。如果人類的需要在歷史上是可變的，可能性是開放的，那麼馬克思所說的計量也必須如此；這種計量包含某種非計量標準，使得它和任何固定的通行標準有所區別，儘管馬克思另一方面不能接受想像中的所謂無窮無盡的需要。他在《政治經濟學批判大綱》說，真正的財富是「〔人類〕創造潛力的絕對體現，除了之前的歷史發展以外，沒有任何預設假定，這代表了發展的整體，也就是所有人類能力以自身為目標的發展，而不是以**預先決定**的一種衡量標準來量度」。[38]因此看來創造性人類潛能的展現，就是它本身的衡量標準，超越任何固定或既有形式。就如馬克思進一步認定的，如果人性被視為「演化的絕對運動」，那就很難看到，在這種無休止的變動下，當唯一的標準就是變化本身，那種傾向於穩定而作為經典範式的形式與內容的平衡，怎麼能不受到質疑。可以肯定的是，沒有所謂「**預定的**衡量標準」，也就是形式和準則不可能外在於歷史本身的「內容」。這種內容必須自行發現它本身的形式，衍生出自身的衡量標準；我們也很難看到這是否代表了所謂「有機的」形式概念的勝利，抑或是形式這個概念全面的瓦解。是什麼在「引導著」自由演化能力這個不斷轉變的程序？

因此或許可以說，在馬克思的論述裡，有兩種不同的「美感」，彼此不完全相容。如果其一稱為優美，那麼另一個也就不妨稱為崇高。固然，對馬克思來說，有所謂「壞的」崇高，就像黑格爾有所謂「壞的」無限性：它就在於資本主義本身無休止、過度的運動，使形式遭到無情地瓦解，各種同一性摻雜在一起，一切個殊的性質被混雜為一個無規定性的、純粹量化的程序。商品的這種運動，在這個意義下來說，就是一種「壞的」崇高，一種不能停止的借喻式（metonymic）連鎖轉移，其中一個物體指代另一事物，又由此再指代另一事物而沒完沒了。就像康德所謂數學的崇高，這種純粹在量方面的無窮積累，摧毀了一切穩固的表象，而金錢就成為了主要的意符。

「金錢的**量**（quantity），」馬克思在《經濟學哲學手稿》寫道：「漸漸變得成為唯一重要的性質。當它把一切化約為它本身的抽象形式，它在自己這種運動中也把自身化約為某種**量的**（quantitative）東西。**無尺度性和不可衡量性**成為了真正的標準。」[39]再一次的，馬克思所說的尺度本身變成不可衡量的，只不過這次是在否定的意義下。對馬克思來說，金錢是一種怪物般的崇高，一個無限制地蔓延的意符，切斷了和現實的一切關係，是一種幻想式的唯心論，遮蔽了個殊的價值，就像傳統上所說的崇高一樣：有如狂暴的海洋和高山峭壁，在它們狂放不羈的擴張中，吞噬一切個殊的同一性。對馬克思和康德來說，崇高就是**無形式的或是有如怪物一般**（*Das Unform*）。

[212]

可是這種「壞的」崇高，可以用「好的」崇高來抗衡，《路易波拿巴的霧月十八日》裡清楚提出這個觀點。[40]這肯定是馬克思的主要符號學（semiotics）著作，它開頭部分的描述指出，偉大的中產階級革命正好顯現了形式與內容、意符（能指）和意指（所指）之間的裂縫，這種斷裂是傳統的美學家不能認同馬克思的地方。這就像是歷史只是換上了異性的服裝，每一次的中產階級革命都像使詐一般，戴上前一個時代的炫目徽章現身，以這種自鳴得意的形式，掩蓋了它的真實社會內容可恥的貧乏。在這種塑造未來的行動裡，這些革命舉動其實是被迫重複著過去；歷史是它們試著喚醒的噩夢，但他們這樣做只是再度陷入夢境。每一次革命都是上一次革命的鬧劇式滑稽模仿，在一種互文性的（intertextual）連鎖關係下，使用外在於自身的符號意義。[41]中產階級革命在本質上是戲劇性的，是一種誇耀式而使人目不暇給的修辭，是一種浮誇的瘋狂表現，它傾瀉而出的詩情和它貧乏的實質內容成反比。它在結構上就有一種虛假性，包含一種隱藏的瑕疵，使得形式和內容變得模糊不清。

可是這些革命上的重複，並不是對於原本無庸置疑的諷刺的戲謔模仿或諷刺。相反，召喚以往的目的，正是召集死者為當下拔刀相助，把它們危險的力量化為助力：

> 因此在這些革命中喚醒了死者，目的就是顯榮新的鬥爭，而不是滑稽地模仿過去；它是在想像中放大既有的任務，而不是在現實中逃避解決辦法；它是再次找出革命的精神，而不是讓革命的幽靈再度到處遊蕩。[42]

只有透過夢想過去，革命者才能從過去的噩夢被喚醒，因為他們就是由過去塑造而成。只有回到過去，以班雅明所說的「新天使」（*angelus novus*）的驚惶表情，革命才能乘著歷史之風吹往未來的國度。不論對於中產階級革命分子或班雅明來說，過去都必須被迫為當下服務，古代傳統必須被異端邪說附會和竄改以拯救他們的時代。革命分子不僅是誕生自當前的政治壓迫勢力，更是誕生自往昔的篡位者，繼承他們而把危險力量傳給後代。有個手足之情一般的團結力量，劃破了統治階級歷史的空洞而同質化的連續體，班雅明稱之為「傳統」。因此，把過去循環再用，既是麻醉藥也是啟發力量，它以挖苦的態度盜用過去的「靈光」，然而卻如班雅明或許會說的，以驚人的「排列」（constellation）懸置了歷史時間的平順流動，當下的政治需要和獲救的過去之間，突然閃現兩者深奧難懂的對應。[43]

《路易波拿巴的霧月十八日》進而把中產階級革命的符號學（semiology）和未來的社會主義革命作對比：

> 十九世紀的社會主義革命要尋求它的詩情想像，不能回顧過去，只能前瞻未來。它若不徹底清除有關過去的一切迷信，就根本不能起步。早期的革命需要過去世界歷史的回憶，是為了在有關它自身的內容上麻醉自己。為了發掘它本身的內容，十九世紀的革命必須讓死者把已逝的埋葬。過去是言詞超越了內容；如今是內容超越了言詞。[44]

這裡涉及的問題是表象性美學的整體概念。往日的革命都是形式化的，把一種虛假的「言詞」或形式嫁接到內容之上；但這樣做的後果就是以意符掩蓋意指。相反的，社會主義革命的內容凌駕一切形式之上，走在它們的詞令前頭。除了它自身之外，沒有任何事物可以代表它，只能以其「絕對的生成行動」去意指它，因此是一種崇高性的表現。中產階級社會的表象性工具屬於交換價值；這種生產力的指涉框架必須被打破，把不同質的使用價值釋放出來，它們的獨特性拒絕一切標準化的表象。問題不在於發現某種形式「足以」表現社會主義的實體，而是重新思考這種整體對立：對形式的掌握，不是把它看作一種符號模型，把內容實質灌進模子裡，而是要捕捉「內容的形式」，作為無休止自我產生的結構。

這樣去構想形式，和馬克思的傳統的美感並非完全不相容；事實上，在某個觀點下，它可被視為形式和內容的統一。共產主義社會的內涵，就像浪漫主義的藝術作品，必須從內部衍生出它自己的形式，發掘它自身的水準和衡量標準。可是如果共產主義是眾多個殊使用價值的全面解放，其中唯一的絕對性看來就在於「發展」本身，這又是怎麼樣的一種形式呢？如果這眾多的使用價值，也就是人類能力令人欣喜的多元性，要從交換價值的形上學囚牢解放出來，社會主義可以給它指定必要的制度形式，可是這樣的解放會從同一的東西釋放出不同一的東西，問題就是這種不同一性又怎麼能成為自己的表象。阿多諾寫道：「和解（reconciliation）會釋放不同一者，會解除它的強制力，包括精神化的強制力；這就開啟了眾多事物的雜多性，剝奪了辯證法對於它們的宰制。」[45]這樣一個社會的內容，沒辦法從為了產生這個社會而設定的制度「讀取」。「我們一定要有個維持生活的方法，有維持共同體的方法，」雷蒙・威廉斯（Raymond Williams）在《文化與社會：一七八〇至一九五〇年》（*Culture and Society: 1780-1950*）裡寫道：「然而憑著這些方法活出什麼內容，卻是我們不能知道也不能說的。」[46]馬克思主義不是有關未來的理論，而是如何使某種未來成為可能的理論和實踐。作為一種學說，它完全屬於馬克思所說的「史前」

[214]

領域；它的角色只在於化解某些造成障礙的矛盾，讓我們能跨越這個時代而進入歷史本體。對於歷史本體，馬克思著墨不多；他一般對這個問題保持典型的沉默。唯一真正的**歷史**事件，就是把歷史前進路上的障礙清除，讓歷史起步。到此為止，沒有什麼特殊的事發生：至此為止的歷史還是那個老掉牙的故事，是壓迫和剝削的持續結構的變奏。商品的無盡循環和重新流通，就是這個歷史死結的最近體現，階級社會的持續存在，無異否定了它是在某個時間點誕生的，因為承認了它是誕生而來的，就表示它會壽終正寢。但這個循環不能透過某個將來的表象而打破，因為表象的方法屬於一個將要被取代的現在，它沒有能力作為將要超越它的那種內容的衡量標準。我們所說的「內容超越了言詞」，正是這個意思。

班雅明提醒我們，就如虔誠的猶太人被禁止刻畫上帝的未來形象，否則就視為拜偶像，政治激進分子也不能為終極的欲望繪畫藍圖，否則就是拜物主義。[47]這不是詆毀烏托邦思想，而是提醒注意它的虛構性質或純粹調節作用，這是它作為一種表象性工具的侷限。馬克思政治生涯的起步點，可說是對社會主義的假設狀況展開的論爭，質疑極端理想主義者所說的「如果這樣就好了」，提出「讓死者把已逝的埋葬」這個直率指令，正是提醒我們，所有烏托邦都是源自過去而非未來。真正的預言者或占卜者，其實是壟斷性資本主義所雇用的技術專家，他們窺探這個制度的內部，向統治者保證，他們的利潤在往後二十年都安全無虞。就如班雅明體會到，激發人類起而革命的，不是獲得解放的子孫輩人士的夢想，而是關於被奴役的祖先的記憶。像任何有關解放

[215]

的理論，馬克思主義試圖做到的是讓自己逐步退場。它的存在，只是為了導出那些最終會使它消亡的物質條件，就像《聖經》裡的以色列人領袖摩西，他不會和他的民族一起進入應許之地。所有關於解放的理論自身都有某種自毀機制，迫切預想著它可以功成身退的一刻。如果政治激進分子延續一個世紀而不衰，這就是可怕的情景。因此，現在無法想像在社會主義發生作用的未來，解放力量的多種使用方式是怎樣的；這樣的程序將如何展開，那是無法表述的，因而在這個意義下，它就是崇高。更頑強地擺在我們面前的問題，如前所述，就是即使知道那個過程已經展開，我們究竟應該如何表述它，因為我們都曉得，感官個殊性的本質很難用一般表象去捕捉。

在另一個意義下，馬克思對於內容和形式的和解所表現的典型關切，在他的論述裡也提出了重要的限制條件。就如柯恩（G.A. Cohen）所說的，把特定社會的物質（生產力量）和形式（社會關係）區分開來，「揭穿了資本主義謊稱的它是創造物質財富的不可取代方式……內容和形式的混淆創造了一種反動的幻象：彷彿物理上的生產和物質上的成長只能從資本主義的投資達成。」[48]在這個意義下，中產階級政治經濟學家是「古典主義者」，他們依循的那種看法，把資本主義形式和生產物質「混為一談」（conflation，異文合併）。柯恩提到，共產主義可以描述為「物質對形式的征服；因為透過對交換價值的否定，它把內容從囚禁著它的拜物經濟形式釋放出來」。[49]這是否表示共產主義沒有形式？柯恩認為，在共產主義下，人類的活動並非沒有結構，然而也不是預設了結構。沒有任何社會形式**強加**在它上面，但它卻有它的形式。「你可以說：**如**

今所謂形式就是事物本身所創造的界限。」[50]這裡，再一次的，馬克思在古典主義和崇高之間飄忽不定。共產主義的形式和它的內容是全然一體的，在這個意義下，你可以說這是古典主義的對稱或兩者之間的同一。共產主義和傳統的崇高不一樣，肯定不是無形狀可言或無定形的。但形式和內容之間的同一性是絕對的，以致形式實際上消融在內容中；而由於內容不過是自行設定界限的持續自我開展的多元性，其實就是某種崇高。

我們可以有另一種表述。柯恩談到共產主義的結構「不過是其成員活動的大綱，而不是成員必須把自己擠進去的某種結構」；[51]這很容易使人想起康德所說的美的「法則」。這種「法則」，如前所述，完全內在於內容：它是內容內在組織的形式，而不是某種外在抽象規則。因此馬克思實際所做的是，把這種內在性（immanence）投射到康德另一種美感情態，也就是崇高。如果說，康德所說的優美對馬克思在政治上的目的來說太過靜態，太過和諧地有機性，那麼他的崇高則是太過沖漠無朕了。只有把兩者揉合起來，才能窺見共產主義的境況，這個揉合程序包含了崇高所有潛在無限的擴張，然而仍然在自身之內有其形式法則。

§

馬克思對現代史的敘述可以說相當直截了當。資本主義的生產模式是由利潤和自私的狹隘動機推動的；而這種鄙陋意圖的整體結果，就是生產力史無前例的積累。中產階級如今把這些力量推到極致，以致於社會主義夢想中免於勞苦的社會秩序在原則上是可實現的。因為只有在這樣高水準的物質發展基礎上，社會主義才成為可能。沒有這樣儲存起來的生產能力，唯一能實現的「社會主義」就是馬克思尖酸形容的「普遍匱乏」。有可能做到的是，有人奪取了一個發展不足國家的生產力控制權，把它往社會主義方向推進。否定這種做法的一種理由就是，一般在溫和心態下尋求快樂的人，不會自願接受如此艱辛而又令人沮喪的任務，而如果他們不這麼做，就只能留待專制的官僚體制國家代勞了。不管這種反面看法優劣如何，毫無疑問的是，馬克思眼中的社會主義是建立在中產階級的成果之上。

生產力的這種大規模釋放，對馬克思來說，和人類富足的開展是不能分割的。資本主義的勞動分工，使得個人各盡其能，正如資本主義經濟因為推翻了阻撓全世界通有運無的狹隘地域障礙，為國際社會的形成奠定了條件。同樣，中產階級的政治和文化傳統培育了自由、平等和普遍正義的理想，儘管這只是局部和抽象的。資本主義代表了人類從樂園墮落到世間的一個幸福版本，儘管你或許可能相信彌爾頓（John Milton）在《失樂園》所說，如果人類從來沒有墮落過，那就更好了。我們當然不需要某種庸俗目的論的暗示，認為每個社會都必須經過浴火重生才能實現社會主義；但馬克思對中產階級壯闊革命成果的讚美，是他著作中持續出現的主調，和一切浪漫主義極端的鄉愁以及道德論戰處於對立。今天的激進分子慣於把中產階級和父權統治混為一談，認為它們都是壓迫性的結構；但這是一種範疇謬誤，因為父權統治無甚可取之處，但中產階級歷史卻有不少值得讚賞的地方。透過資本主義，個人獲得發展而富庶，衍生了新的創造力和新的社會溝通方式。

當然，這一切是付出了至為可怕的代價而換來的。「比起任何其他生產模式，」馬克思在《資本論》裡寫道：「〔資本主義〕更加浪費人類的生命或『活勞動』（living labour），不僅對血肉之軀是這樣，對神經和腦袋也一樣。事實上，只有透過對於個人發展的大量揮霍，在有意識地形成社會以前的那個歷史時代裡，人類的發展才勉強保存下來。」[52] 人類潛能這種動態的、令人振奮的釋放，也是漫長而無法形容的人類悲劇，其中大部分的人被迫過著悲慘生活，徒勞地苦幹。分工同時也有培育和殘害的作用，產生新的技術和潛能，卻是透過一種後果嚴重的片面方式。讓人類能夠控制環境，能消除疾病、饑荒和自然災害的創造力，也同時使人類成為它的掠奪對象。每一種新的溝通媒介，也同時是分化和異化的工具。文化同時是文明的文獻，也是野蠻行徑的記錄，兩者緊密相連，就像一體兩面。資本主義的發展把個人微妙的自覺推上新高點，為主觀性賦予繁複的內容，但這方面的舉動也使個人成為掠奪性的自我主義者。

馬克思認為，這一切是因為原本能創造生命的生產力在演化過程中所處的剝削社會關係。在演化過程中，這些社會關係是必要的，因此「好的生產力」和「壞的關係」的簡單二分法是不成立的；但這些關係現在變成自由生產力發展的桎梏，必須透過社會主義的轉化去消除。在社會主義關係的生產方式下，原來造成苦難和異化的力量，會用於所有人創造性的自我實現。資本主義

[218]

衍生了豐富的種種潛能，卻夾雜著匱乏、異化和片面性等瑕疵；現在要把這些潛能放回個人手裡，讓每個人都能喚起歷史上只在彼此孤立之下產生的能力。

這整個問題，就在於動態的能量受到僵化制度的阻撓和挫敗，由此看來，馬克思顯然應該屬於浪漫主義的人文主義陣營及其人類存在的「表現和潛抑」（expression/repression）的對立模式。儘管這個模型有其道理，如今我們卻不能不加批判地接受。首先，在馬克思主義論著裡有個顯著的難題：生產力作為物質性技術，以及構成生產力核心部分的人類力量和能力，兩者之間是什麼關係？這個難題之所以出現，起碼部分原因在於，生產力包含了那些人類力量，卻又是**為了那些力量**而發展起來的。在某個意義下，生產力和人類能力看來不可分；在另一意義下，兩者又基本上維持一種工具性的關係。馬克思自己一般把這兩個領域相提並論，譬如他曾寫道，人類財富是「個人需要、能力、快樂、生產力等的普遍體現」，[53]但他在《政治經濟學批判大綱》裡又說「生產力的最高發展，因此也是個人最豐盛的發展」。[54]柯恩提到生產力的擴充和人類能力的成長在馬克思思想裡「廣泛地相提並論」；[55]喬恩·艾爾斯特（Jon Elster）則指出馬克思的歷史理論可以概括為「生產力的無間斷進展，人類發展和社會整合的間斷式進展」。[56]這表示，儘管生產力在資本主義下的發展，容許社會主義使人類潛能得以圓滿實現，但其實在資本主義時代裡，它也對某些潛能造成妨礙和損傷。在這個意義下，生產力的發展和人類能力的發展最終是同義的，但它們獲致這個結果的其中一個條件，卻是人類能力在資本的支配下受到悲劇性的損傷。

[219]

因為在資本主義之下，這種損傷是無可避免的；而資本主義對生產力的發展又是必要的，進一步來說，這又是人類潛能在社會主義下實現的先決條件。

對馬克思來說，藝術是這種反諷情況的最佳例子。在他看來，在古希臘等社會不成熟的狀態下的藝術蓬勃發展，這時候的品質和比例仍然不受商品支配。一旦到了高度發展的歷史時代，藝術就受到量化的影響，相較於從前的完美，它就開始墮落了。在這方面的成果，人類潛能和生產力不但不同步，反而是成反比的。但這只是故事的一部分。因為資本主義所產生的能力，一旦從交換價值的專制解放出來，就能提供一個基礎，讓未來的社會主義藝術比古代的先行者更為燦爛。再一次的，人類能力和生產力的發展終究為合而為一；但如果這要能夠實現，人類能力長時間的倒退是必要的。

因此，生產力和人類能力之間的關係，不是某些馬克思主義者甚至馬克思本人所暗示的那麼同質性。這種理解在另一個意義下也是真確的。我們很容易看到「表現和潛抑」的對立模型如何用在生產力之上，生產力只要突破資本主義社會關係的外殼，就可以發揮它本身的作用。但這個模型用在人類能力之上，就不是那麼具啟迪意義了。社會主義革命並不是表現主義者（expressionist）所想像的，把資本主義所產生的各種潛能都釋放出來就對了，因為這些潛能並不全都是正面的。資本主義生產模式為人類賦予主觀的豐富內容，卻也養成了支配、侵略和剝削等習慣，沒有社會主義者會想要把這些特質都「釋放」出來。比方說，我們不能從對人類的壓迫結

[220]

構，輕易以理性推論出對於大自然的宰制。馬克思最明顯的浪漫人文主義傾向，就在於他顯然假設只有異化、壓迫、割裂或片面性，才會毀損人類潛能。但這當然是個危險的錯覺；我們的所謂潛能，必須包括暴政和發動戰爭等行徑。「能力」和「潛能」這些用語有一種誤導性的正面意義，而當然「創造」一詞也一樣。戰爭是創造的一種形式，集中營的建造也是人類能力的實現。要避免馬克思主義這些令人不安的副作用，就只有寬鬆含糊地界定「潛能」，使它看起來很空洞。

對於馬克思的主張還可以提出另一種反對意見，那就是人類能力和潛能的自由實現的理想，有著男性主義和民族優越感的心態。在奮力自我創造的主體身上，不難察覺到西方男性強者的影子。這種道德觀看來對於淡泊寧靜和安時處順不屑一顧，又或創造性的被動、明智的被動，以及海德格後來所說的泰然任之（*Gelassenheit*）比較正向的層面。在這個意義下，馬克思的思想也許有某種性別主義的結構，這也可能見於他把生產領域這個傳統上男性的保留地賦予特殊地位。如果以此作為否定馬克思主義的理由，那麼自石器時代到星際大戰的幾乎每一樣文化產物也都要被否定了。不過，我們不妨以這種批判態度來面對原本相當誘人的人類全面自我實現的願景。

如果人類能力沒有那麼理所當然地正面，那麼對於這些能力的釋放就要小心區分了。可是，同樣的論點也適用於生產力的一般情況，這裡採用所謂「表現和潛抑」的對立模型也過於簡單化。一座核能發電廠是一種生產力，可是很多激進分子反對它的發展。換句話說，這裡存在著的

[221]

問題是，在社會主義價值的框架內，生產力是否不能以自己的方式延續下去，而必須和社會主義生產關係相容。艾爾斯特在一個簡略的腳註裡提到這種潛在的衝突，指出「一種在效率上最理想的技術，對人類福祉來說不一定是最好的」。[57]某些工作形式可能根本牴觸了自主、合作和創造性自我實現社會主義價值；馬克思似乎是主張勞動過程總是免不了包含某些殘存的勞役成分，而要盡可能把人從這種不受歡迎的勞力中釋放出來，生產力的擴張是必要的。安德魯．雷文（Andrew Levine）和艾利克．歐林．萊特（Eric Olin Wright）提出了很有說服力的觀點，指出某些技術上的進步可能使勞工階級組織遭到削弱，而助長了中產階級的政治和意識形態的力量。[58]換句話說，隨著生產力的演化，如果那些力量要被社會主義佔用，有可能造成那些需要培育的政治能力不進反退。

因此有兩種截然不同的觀點。其一是生產力的擴張本身是一種價值，而社會主義只是為了全民福祉而佔有且發展它們。另一種看法則不妨以馬克思的一則評語總結，那就是生產力的發展必須「以對人類本性最有益並最合乎其價值為其條件」。[59]生產力的整個概念在事實與價值之間游移不定，又或像我們將看到的，有如尼采所說的權力意志。如果人類潛能被認為本來是正面的，並視為生產力的「一部分」，那就或可推斷生產力的擴張本身就是好事。可是如果把生產力的發展視為實現人類潛能的**工具性作用**，那麼無可避免而來的問題就是，哪種形式的物質發展最能理想地達成這個目標。

[222]

可是，一旦認定了某些人類潛能是毀滅性的，就有必要對這些潛能本身加以區別。我們該從哪裡找尋判斷標準？浪漫主義的表現主義者對於這個問題傷透腦筋：對他們來說，如果潛能是存在的，那麼唯一的律令就是實現它們。價值可以說是蘊含在事實當中：我們具有某些潛能的這個事實，同時帶著規範性的判斷，要求我們自由地實現潛能。事實與價值的兩難，可以透過把價值投射到事實而予以「化解」。但人類潛能的開展過程本身不會告知我們應該或不應該實現什麼，不會向我們提供內建的選擇標準；因而會使人想到要從某種超越性的領域引進標準。馬克思顯然反對這種看法，因為他整個理論建構計畫，其中一個目的就是不認為所謂道德的論述可以和歷史分割開來。

究竟馬克思實際上是否相信有所謂「道德」概念，是馬克思主義裡一個爭議性的問題。[60] 問題在於他看來往往把道德斥為意識形態，卻在批判階級社會時暗地裡引用了道德的概念。實際的情況是，馬克思並不否定道德，大抵上是把它從上層結構轉移到下層。這麼一來，「道德」就等同於人類能力的動態自我實現，可說是投射到了生產過程本身，而不是被放逐到另一領域，成為一套上層結構的體制或意識形態。人類生產能力不需要從他處或特殊的倫理領域引進道德判斷；這種能力在本質上就是正面的，所謂「不道德」，就是這種能力的受阻、異化和失衡。馬克思事實上秉持一種「絕對的」道德標準：每個人在潛能上豐富而全面的發展就是不可置疑的美德。任何社會結構的評量，無論是就其當下是否有助於自我實現，或是它未來是否有助於達成這種境況，都是從這個觀點出發的。

可是，這遺留下很多有待解決的問題。為什麼「全面」發展**應該**是道德上最可取的目標？什麼才算是全面？歷史鬥爭過程的目的，是否就是把我的施暴能力和愛人的能力依據對稱和比例關係加以平衡？耐人尋味的是，馬克思這方面的觀點看起來是形式主義的。它不在於我們表現了**什麼**能力，而在於我們是否把他們從異化、傾斜的狀態拯救出來，使它們盡可能的多元、圓滿而全面地實現。[61]

可是，對於馬克思論點的整個詮釋有一種有力的反駁。最直接的反擊指稱，認定馬克思相信所有人類能力本身就是正面的，那只是誤解了他的著作裡的浪漫主義色彩。馬克思其實區分了不同的人類能力，所根據的是他繼承自黑格爾的學說，這為共產主義倫理提供了基礎。判別標準就在於，我們該培育的能力，是讓我們以他人的自我實現而成就自身的自我實現。這可以說是社會主義和自由主義的重要分水嶺。這是對馬克思思想的浪漫主義解讀的一項重要但書；但它仍然留下一些待解的難題。其一就是，即使它的確是馬克思政治信念的核心，但是不可否認的，他在談到人類能力時，往往就像是說它本來就是正面的，而忘掉了他自己提出的警告。另一點就是，任何自我實現的規範性概念，都即時隱含著正義和平等的概念以及相關的道德概念，這就表示道德終究不只是生產力的「基礎」。相反的，因為這個原因，社會需要一種法律和倫理的「上層結構」制度，作為一種協調複雜判斷的工具，用以判定人類各種大體上合理的、具創造性的需要和

[223]

欲望。我們有證據相信，馬克思儘管提出了「生產主義式的」道德，卻也承認這個事實，而沒有斷然否定正義的概念，以及維繫正義的司法制度的需要。可是也可以說，所謂以他人同樣的自我實現而成就自身的自我實現，只是把問題往後丟而已。因為，馬克思對這種互惠的自我實現觀點，和黑格爾的不一樣，後者的看法可以完全和社會上的不平等相容。什麼該算是可取的互惠自我實現模式？用什麼標準評估？那些標準必須透過推論建立起來；就像哈伯瑪斯指出的，馬克思始終專注於某種以主體為依歸的哲學，而沒有理會這個相互主體性的溝通過程。[62] 對他來說，問題不在於如何以推論評估人類能力，而在於如何實現這些能力；他的這個立場不只是理所當然地認定人類能力的正面本質，更假設那些能力和需要會以直覺的方式向主體呈現，自然地由歷史過程賦予人類，而不涉及相互主體性的論辯。可是如果說人類主體是有需求的，那麼我們早就知道其中至少包括一種需求：主體必須知道他有哪些實際的需求。由於主體對自我的不透明性，這些需求並非那麼自明，這就是為什麼道德論述是必要的。馬克思的問題不在於道德而在政治：我們假定為具有潛在益處的能力，如何在歷史上實現？「透過把絕對自我的自我定立化約成更加可以捉摸的人類生產力活動，」哈伯瑪斯寫道：「〔馬克思〕排除了以反思作為歷史的推動力，儘管他保留了反思哲學的框架。」[63]

如果說馬克思把價值插入事實，在由世界各國工人政黨組成的「第二國際」（Second International）聯合組織裡，馬克思主義理論家卻在這兩者之間發現了令人不安的二元性。馬克思

[224]

主義科學可以揭示歷史的法則，卻無法評估那些據信必然的結果是否真的有益。因此他們要引入一種新康德主義的（neo-Kantian）倫理，來補充一種看來非規範性的實證論。但就如柯拉柯夫斯基（Leszek Kolakowski）所說的，馬克思主義「不僅是對世界的描述，而是對世界革命性改變的社會歷程的表現和自我認知，因此，無產階級作為自我認知的主體，會透過轉化現實的行動去理解現實」。[64]簡單來說，事實與價值的二元性沒有考慮到解放性的知識，也就是對人類自由來說必要的特殊認知。在任何受壓迫族群或階級的批判意識裡，對於現實的理解和轉化，也就是「事實」和「價值」，並不是彼此分開的程序，而是同一個現象的兩面。就如柯拉柯夫斯基指出的：「由於主體和客體在對於社會的認知中合而為一，也就是說，由於科學是社會的自我認知，而基於同一理由，它也是在任何歷史階段決定社會處境的因素，又由於對無產階級來說，這種自我認知同時也是革命行動，因此無產階級絕對不能把這個『理想』和實現理想的實際歷程切割開來。」[65]

若是如此，那麼馬克思主義對於美學以想像去解答的問題，就提供它本身特殊的答案了。一種相信以非規範性的觀點看待世界的物化理性，會把價值的問題推出了它的疆界，而這個問題就可以在美學裡獲得安頓之所。道德當然也可以是另一個安頓領域，可是康德的二元性提出了本體如何和現象交集的問題。與此不同，馬克思主義把「事實」和「價值」的統一放到人類的實踐和批判行動，它所採取的理解形式最初就是由解放式的利害考量推演出來，透過實際抗爭而推廣並深化，而這就是價值的實現不可或缺的一部分。有某些知識是我們為了自由而必須不惜代價獲取的；這就把事實與價值的問題放在一個很不一樣的觀點下了。

§

馬克思完全認同夏夫茲博里的觀點（看似很不可思議的事）：人類能力和人類社會本身就是絕對的終極目標。生活要幸福，個人能力就必須得以自由而多元的實現，並與其他人同樣的自我實現構成互惠的互動。我們看到這種學說的若干難題，儘管如此，它仍是這個美學傳統裡最有創造性的。作為一位美學家，馬克思無法忍受人類能力的工具化，雖然這種過程在「史前」階段也許無法避免。他尋找值得擁有的道德目標，以期達成「創造性潛能的絕對實現……以所有人類能力的發展作為目標」。[66]在社會主義的領域裡，工作始終是個必要性；但超出了這個範圍，就會展現「以自身為目的的人類能力的發展、自由的真正領域，而若要開花結果，就只能以這個必要性的領域為基礎。每天工作時間的縮短是它的基礎先決條件」。[67]如果藝術有什麼重要性的話，它就是一種完全以自身為目的的類型，因此在其自主性方面充滿了政治的意含。

和後來的尼采和海德格不一樣，馬克思沒有把這種美感化擴及於人類的認知本身。這並不是什麼沒有生氣的理性主義：馬克思和亞里斯多德一樣，都認為人生的目標不在於真理，而在於快樂或幸福。他的著作廣泛探索有什麼必要的物質條件，俾使這個目標實現為一個普遍的人類境

[226]

況，因此它屬於傳統道德的論述。[68]馬克思是傳統意義下的道德家，也就是說，他關切的是美好人生的政治決定因素。他的道德觀因此和現代意義下的所謂「道德」截然對立，後者把道德限縮為人際關係和「精神」價值，而馬克思把這種凋蔽的概念稱為「道德主義」（moralism）。

由於馬克思這方面的探索是歷史上必要的，因此對馬克思而言，起碼就目前來說，思想仍然保持著工具作用。真理也許不是歷史的**目的**（telos），但它在達成歷史的目的方面扮演重大的角色。在迎向我們稱為共產主義的人類存在最終美感化狀態之際，不能率爾讓理性全然向兒戲和詩意的想像俯首稱臣，或讓路給形象和直覺。反之，我們需要一種嚴謹分析的理性，替我們掃除矛盾造成的障礙，而使工具主義喪失其不受歡迎的支配力。也許在未來的社會秩序理論裡，工具性思想或算計的理性不再在人類生活中扮演中心角色，變得無法辨認。現在就預示這種秩序，譬如透過理論和詩的解構，或可以是很有價值的預言。但如果要達成美感式存在，思想一般來說就不該過早美感化。因為這樣會造成令人無法忍受的特權對待；造成社會上活躍於思想或任何其他領域的自由，都成為少數人的特權。後結構主義（post-structuralism）思想家呼籲我們放棄真理而忘情於跳舞玩樂，恐怕就有必要問一下，他們所謂的「我們」到底代表了哪些人。黑格爾體會到，理論之所以必要，正因為矛盾的存在；作為一種物質性事件，它來自現實和可能性之間在歷史裡產生的緊張關係。當馬克思在《經濟學哲學手稿》裡把邏輯指稱為「心智的貨幣」，他是說理論本身是一種概念性的交換價值，在發揮中介和抽象作用之際，必然會忽視了感官的特殊性。可是他同時也主張，如果沒有這樣的概念性交換價值，感官特殊性就只會一直是少數人的體驗。如果美感要普及，就只能透過政治上的轉化；因此政治和美感是一種後設語言學的（meta-linguistic）關係。如果說，馬克思主義是後設語言（meta-language）或後設敘事（meta-narrative，即大敘事），那不是因為它主張說能發現某個絕對真理（那是它堅持要鄙棄的虛構怪物），而是因為它堅稱，任何有關人類的敘事若要發揮作用，就必須已經存在著若干其他的歷史。在這些歷史當中，馬克思關切的是有關物質生活和社會複製；但除此以外，我們還必須加上生殖繁衍的敘事，對此馬克思主義基本上沒有什麼有價值的看法。沒有這些特殊的重大故事，其他的**敘事**（récit）就會真的走不下去。可是這並不是說這些歷史只是提供一個空間讓其他故事可以開展；相反，這些歷史相當重要，涉及人類能量巨大的資源，以致於它們在所有其他比較偶然性的故事上留下無情的痕跡，從內部使其他故事留下瘡疤和扭曲的容貌。

馬克思在知識的美感化方面的矛盾心態，也可以見於他的道德觀點。在某個意義下，馬克思希望把道德美感化，把道德觀從一組超越歷史的規範，轉移到以歷史各種力量的愉快實現為目的本身的問題。可是另一方面，馬克思又採取康德的嚴酷的反美感的**應然**（Sollen）。有關義務的這個嚴格概念，不管它在康德那裡意指什麼，不一定只是潛抑性的意識形態。相反，它的力量可見於社會主義者鬥爭的悲劇敘事，其中人們勇敢犧牲自己的欲求，為了其他人更大的快樂而付出。這種自我犧牲的行動談不上什麼快樂，往往更談不上什麼利益，可說體現了一種愛；雖然愛

[227]

和幸福**最終**可能是一體的，但在任何眼下的關係裡，它們可能形成悲劇性衝突。一種普遍的快樂若要枝繁葉茂，有時候就要放棄個人的滿足。馬克思主義因此不是一種享樂主義，儘管它關切的正是在於個人愉悅的自我實現；事實上，馬克思在《德意志意識形態》中對享樂主義的意識形態的物質基礎有尖銳批評。

「犧牲」是有潛在危險的道德概念，必須慎重對待。比方說，它曾經被視為傳統女性的優點；如果說男人擁有的是快樂，那麼女人擁有的就是愛。如果自我犧牲的概念要超越壓迫和生命的否定，就必須從一個更寬廣豐盛的人生背景去看待，也就是從反諷的角度去看它。在當下的社會體制裡，我們的成就相較於不斷重演的失敗，往往是微不足道的。激進分子就是試著和失敗維持一種合約關係，忠於失敗的情況；但總是會碰上一種危險的誘惑，使這種做法成為盲目崇拜，忘記了政治行動的目的不在這裡，而在於人生的豐盛和肯定。馬克思主義的悲劇教訓就在於，要達致這種豐盛，必須經歷過失敗和剝奪，才能從另一邊走出來。

[228]

因此，馬克思主義處身於兩個世界之間的朦朧地帶，其中一個世界和我們在一起太久了，另一個世界則還無力誕生。如果說馬克思主義仍然依循分析理性的做法，堅定地肩負起不討喜的政治責任，那麼它是以反諷的方式，理解到那些展望未來的必要動作，在未來卻不再是那麼必要。在這個意義下，馬克思主義同時是現在和未來之間的斷裂和延續，和改革主義（reformism）、末世論（apocalypticism）或「壞的」烏托邦思想恰好相反，這些對立的想法都是在面對艱困的辯證法時在其中一端鬆懈下來。所謂的「壞的」或不成熟的烏托邦思想，一下子就要抓住未來，透過意志或想像把自己的想法投射出去，跨過當前妥協性的政治結構。由於它沒有理會在當下**內部**以特定方式開展的力量或裂縫，也就只能以某種條件越過自身進入未來，這樣的烏托邦思想恐怕會提出不可行的訴求，因此就像精神病患一樣，因渴望而病倒。一個可欲但不可行的未來，不能利用目前的潛力作為橋樑，把我們引導到未來，和某種社會決定論（social determinism）剛好相反，後者提出不可避免的結果，卻不一定是可欲的。再一次的，「價值」必須能以某種方式從「事實」推論出來，從當下的墮落境況的實踐裡看到值得追求的未來。這當然才是一直被冷嘲熱諷的目的論的最重要意義。一種不只是讓我們病倒的烏托邦思想，應該看得出來，我們一直欠缺的自身同一性，在未來或許會萌芽，在這點上，未來掩蓋或掏空了當下虛假的豐盈性。

這個敘事的樂觀面向在於，根據歷史，「價值」是可以從「事實」推論出來的，壓迫性的社會秩序，就其它們的日常運作而言，不得不產生原則上會推翻它們自身的力量和欲望。它的悲觀面向則是，如果要消除歷史的噩夢，我們實際可用的方法，就只是歷史提供給我們寥寥可數的差勁而受污染的工具。歷史怎麼會跟自己作對呢？馬克思對這個困境的反應是一切想像中最大膽的。歷史會因為它**最**被污染的產品而轉化，而轉化是由那些在歷史裡傷痕最深的人去推動的。當有權勢的人瘋狂地叫囂隳塗，只有那些沒有權力的人才能提供人類一個願景，而這必然是權力的最終歸宿，由此使權力的意義為之改寫。

[229]

注釋

1 Pierre Bourdieu & Alain Darbel, *La Distinction: critique sociale du jugement* (Paris, 1979), p. 573.

2 Karl Marx, *Economic and Philosophical Manuscripts*, in Karl Marx: Early Writings (Harmondsworth, 1975), p. 356：此一版本有盧契歐・柯雷提（Lucio Colletti）的〈導言〉，以下稱"Colletti, EPM"。

3 Colletti, *EPM*, p.355.

4 Elaine Scarry, *The Body in Pain* (Oxford, 1987), p. 244.

5 Jürgen Habermas, *Knowledge and Human Interests* (Oxford, 1987), p. 35.

6 Colletti, EPM, p.352：另見：I. Mészáros, *Marx's Theory of Alienation* (London, 1970), Part 2, chapter 7.

7 Colletti, *EPM*, p.360.

8 同前引書，頁361。

9 同前引書，頁361。

10 同前引書，頁359。

11 同前引書，頁351。

12 同前引書，頁353。

13 同前引書，頁354。

14 同前引書，頁364。

15 Margaret Rose, *Marx's Lost Aesthetics* (Cambridge, 1984), p. 74.

16 Colletti, *EPM*, p. 365.

17 引錄於：S.S. Prawer, *Karl Marx and World Literature* (Oxford, 1976), p 41.

18 Karl Marx, *Grundrisse* (Harmondsworth, 1973), p. 511.

19 Colletti, *EPM*, pp. 352-3.

20 David McLellan, *Marx Before Marxism* (Harmondsworth, 1972), pp. 243-4.
21 Colletti, *EPM*, p. 354.
22 Mikhail Lifshitz, *The Philosophy of Art of Karl Marx* (London, 1973), pp. 95-6.
23 W.J.T. Mitchell, *Iconology* (Chicago, 1986), p. 188.
24 Karl Marx, Capital, vol. 1, with 'Introduction' by Ermest Mandeel (Harmondsworth, 1976), p.165.
25 同前引書，頁167。
26 Marx, *Grundrisse*, p. 149.
27 Colletti, EPM, p. 186.
28 同前引書，頁234。
29 同前引書，頁233。
30 同前引書，頁234。
31 同前引書，頁88。
32 同前引書，頁89。
33 同前引書，頁89。
34 引錄於：Prawer, *Karl Marx and World Literature*, p. 291.
35 Colletti, *EPM*, p. 329.
36 Marx, *Grundrisse*, pp. 110-11.
37 同前引書，頁706。
38 同前引書，頁488。
39 Colletti, *EPM*, p. 358.
40 有關這段文字一項有趣的符號學分析，見：Jeffrey Mehlman, *Revolution and Repetition* (Berkeley, 1977)。另見以下一文對「馬克思的崇高」的評論：Jean-François Lyotard, 'Marxist sublime', in *Postmodernism: ICA Documents 4*, ed.

Lisa Appignanesi (London, 1986)，文中提到（p. 11）：「馬克思的崇高概念是什麼？十分精確的就在於他所說的勞動力這一點上……這是一個形上學概念。而在形上學內，這個概念代表了不具決定性的狀態。它沒有體現出來，但對可體現狀態具支持作用……有關剝削的整個理論建立在這個觀念上，這就是崇高。」

41 如果「互文性」是以下一段文字的主題，也同樣是它的形式。這裡我的論點取自我以前對《路易波拿巴的霧月十八日》的多項評論而略有調整，那包括了：*Criticism and Ideology* (London, 1976); *Walter Benjamin, or Towards a Revolutionary Criticism* (London, 1981); 'Marxism and the Past', *Salmagundi* (Fall 1985-Winter 1986); 'The God that Failed', *Re-Membering Milton*, ed. Mary Nyquist & Margaret W. Ferguson (New York & London, 1987)。我相信這是我最後一次談到這段文字。

42 *Marx and Engels*: *Selected Works* (London, 1968), p. 98.

43 Walter Benjamin, 'Theses on the Philosophy of History', *Illuminations*, ed. Hannah Arendt (London, 1973).

44 *Marx and Engels*: *Selected Works*, p. 99.

45 Theodor Adorno, *Negative Dialectics* (London, 1973), p.6.

46 Raymond Willaims, *Culture and Society 1780-1950* (Harmondsworth, 1985), p. 320.

47 Benjamin, *Illuminations*, p. 266.

48 G.A. Cohen, *Karl Marx's Theory of History*: *A Defence* (Oxford 1978), p. 105.

49 同前引書，頁129。

50 同前引書，頁131。

51 同前引書，頁131。

52 Marx, *Capital*, vol. 3；引錄於：Cohen, *Karl Marx's Theory of History*, p. 25。有關資本主義同時具解放性和壓迫性的發展，以下一書提供很好的論述：Marshall Berman, *All That Is Solid Melts Into Air* (New York, 1982), Part 11.

53 Marx, *Grundrisse*, p. 488.

54 同前引書，頁541。

55 Cohen, *Karl Marx's Theory of History*, p. 147.

56 Jon Elster, *Making Sense of Marx* (Cambridge, 1985), p. 304.

57 同前引書，頁264（註）。艾爾斯特在這裡固然是在談論勞動歷程，而不是生產力本身，但這個論點也許有更普遍的意義。

58 Andrew Levine & Eric Olin Wright, 'Rationality and Class Struggle', *New Left Review*, no. 123 (September-October, 1980), p. 66.

59 Marx, *Capital*, vol. 3 (Moscow, 1962), pp. 799-800.

60 有關馬克思主義的道德觀，可參考：E. Kamenka, ***Marxism and Ethics*** (London, 1969); Kate Soper, ***On Human Needs*** (Brighton, 1981); Denys Turner, ***Marxism and Christianity*** (Oxford, 1983); Hugo Meyrell, ***Freud, Marx and Morals*** (London, 1981); G. Brenkert, ***Marx's Ethics of Freedom*** (London, 1983); Steven Lukes, 'Marxism, Morality and justice', ***Marx and Marxism***, ed. G.H.R. Parkinson (Cambridge, 1982); Steven Lukes, ***Marxism and Morality*** (Oxford, 1985); B. Ollman, ***Alienation*** (Cambridge, 1971), Part 1, chapter 4; M. Cohen, T. Nagel & T. Scanlon (eds), ***Marxism, Justice and History*** (Princeton, 1980; Norman Geras, 'On Marx and Justice', *New Left Review*, no. 150 (March-April 1985)。有關人類潛能的實現，有趣的是，馬克思在寫作《德意志意識形態》時寫了以下一段文字然後又把它刪掉了（引錄於：Agnes Heller, *The Theory of Needs in Marx* (London, 1974), p. 43）：

> 共產主義組織對於今天的情況在個人身上造成的欲望，有兩方面的效應：部分的欲望——就是在一切情況下都存在而只是在不同社會情況下改變形式的欲望，不過就是在共產主義社會系統下改變了，獲得機會「正常」地發展；另一些欲望——那些在特定社會系統下產生的……則被完全剝奪了存在的條件。

61 對自我實現概念的簡單批判，可參考：Jon Elster, *An Introduction to Karl Marx* (Cambridge, 1986), chapter 3。有關馬克思的「生產力論」（productivism），廣泛、詳細而有啟發性的論述可見於以下一書（尤其是第八和第九章）：Kate Soper, *On Human Needs*。

62 Jürgen Habermas, *Knowledge and Human Interests*, chapter 3; J. Habermas, *The Theory of Communicative Action*, vol. 1 (Boston, 1984), chapter 4. 對「主體的哲學」極佳的批判，可參考：Seyla Benhabib, *Critique, Norm, and Utopia* (New York, 1986), chapter 4。

63 Habermas, *Knowledge and Human Interests*, p. 44.

64 Leszek Kolakowski, *Main Currents of Marxism*, vol. 11: *The Breakdown* (Oxford, 1978), p. 271.

65 同前引書，頁270。

66 Marx, Grundrisse, p. 488.

67 Marx, *Capital*, vol. 11 (New York, 1967), p. 820.

68 Denys Turner, *Marxism and Christianity* (Oxford, 1983), Part 1.

[233]

第九章

眞實的幻覺：尼采

我們不難在歷史唯物主義和尼采的思想之間追尋到某些一般的共通點。因為尼采是個自成一格的、徹頭徹尾的唯物主義者，雖然他不怎麼理會勞動力及其社會關係。你甚至可以說，在尼采看來，一切文化的根源就在於人類的身體，事實上，對他來說，身體不過是「權力意志」的委婉說法。他在《歡悅的智慧》（*The Gay Science*）裡問自己說，哲學是否「只是對身體的一種詮釋，而且**是對身體的一種誤解**」[1]，他在《偶像的黃昏》（*Twilight of the Idols*）又以嘲諷態度一本正經地指出，沒有哲學家曾經以尊敬和感恩的態度談到人類的鼻子。尼采的思想裡也不乏叔本華那種庸俗的生理化約主義（physiologism），例如說，他猜想佛教得以流傳，可能是因為印度人吃米飯的習慣造成活力衰減。但他把身體視為一切傳統哲學的重大盲點，其實是正確的；「哲學說不要管那個**身體**，它代表了感官可憐的**偏執**（idée fixe），沾染了所有邏輯上存在著的、被否定的甚至不可能的謬誤，儘管光是假定身體是真實的就夠放肆了！」[2]對比之下，尼采回歸身體並嘗試透過身體去重新思考一切，把歷史、藝術和理性看作身體的需求和欲望的不穩定產物。他的論述因此把美學原來的設想推演到革命性極限，因為尼采所說的身體，強烈地重新顯現為一切在所謂無私欲的沉思之下被毀棄的殘骸。他在《尼采反華格納》（*Nietzsche Contra Wagner*）裡說道，美學是「應用生理學」。

對尼采來說，身體產生了我們可以獲得的一切真理。世界是這個模樣，那是因為我們感官的特殊結構使然，不一樣的生物學會向我們展現一個完全不同的宇宙。真理是人類物質性演化的一

[234]

種作用：它是我們的感官和環境的交互作用產生的片刻效果，是我們存活和繁衍所需要的結果。尋求真理的意志，意味著建構某個模樣的世界，讓我們的能力得以充分發揮，驅力得以自由運作。求知的推動力就是征服的衝動，作為一種工具，它把事物的豐富多義性簡單化和虛假化，讓我們能把事物據為己用。真理不過是我們的實際需要把現實馴化了、平面化了，而邏輯就是為了生存的利益而建構的虛假對等關係。如果康德所謂的「統覺的先驗統一」（transcendental unity of apperception）有任何意義的話，它所指的不是心智的某種幽靈般的形式，而是身體暫時性的統一。我們用這樣的方式思考，是因為我們有這樣的身體，以及實在界的複雜關係。詮釋世界的是身體而不是心智，身體把世界切割為可掌握的團塊，賦予它適當的意義。進行「認知」的是我們多元的感官能力，它不僅本身就是人造物，是雜亂的歷史的產物，也是人造物的源頭，衍生出改善生活的虛構物，讓我們得以繁衍。思想固然不僅是生物性的條件反射：它是我們的驅力的專化功能，而這些驅力可以隨著時間把這些功能精緻化和精神化。但不變的觀點是，我們一切的思考、感覺和行為，活動範圍都是源於我們作為「人類一分子」的利益框架，沒有獨立於此的現實。溝通本身，對尼采和馬克思來說，實際上和意識是同義的，只是在強迫之下發展出來的，是為了生存的物質性鬥爭的一部分，不管後來我們對於這個活動本身有多麼喜悅。身體是比意識「更豐富，更清晰、更可觸摸的現象」，[3]對尼采來說，其實有如潛意識，是我們一切比較精細的反思生活的隱含意義。因此，思想是物質力量的一種表徵，而「心理學」就是懷疑主義的詮釋學，揭露推動思想的低下動機。對於思想概念，我們不是要質疑它本身，而是發現在它裡面銘刻著人類欲望的痕跡。思考本身有其「意識形態」的本質，作為一種符號學標記，標誌著潛伏在思想下被抹掉的暴力。使尼采感到著迷的是欲望在理性核心內不停地躍動，惡意、恨意或狂喜在驅動著它，在本能自身的潛抑中使用本能；他在論述中關注的是身體的低語，以及它的一切貪婪和過犯。就像馬克思一樣，尼采要推翻思想對自身自律性的滿懷信心，尤其要推翻那種禁慾精神（不管把它叫做科學、宗教還是哲學），這種精神因為恐懼而對於思想概念賴以產生的血與汗視而不見。這種血與汗的運作，他稱之為「系譜學」（genealogy），和撫慰人心的「歷史」演化主義（evolutionism）對立。（他在《善惡的彼岸》〔Beyond Good and Evil〕嘲諷說：「廢話和偶然性的可怕支配力量一直以來被稱為『歷史』。」[4]）系譜學揭破了崇高概念的卑劣本源，還有它們的作用的偶然性，揭示了塑造一切思想的黑暗機制。高唱入雲的道德價值，其實是虧欠、暴虐、責任、復仇的野蠻歷史沾滿血漬的成果，代表了動物性的人類為了文明社會的需要而有系統地被挖空內臟、削弱體能的整個可怕程序。歷史只是病態的道德化過程，由此使人類對自己的本能感到羞恥，「活在世上的每一小步都是以精神和身體的受虐為代價……多少的血和殘暴潛伏在一切『好事』底下！」[5]對尼采和馬克思來說，「道德」不是在解決什麼問題，應該說它本身就是問題；哲學家或許會質疑這種或那種的道德價值，卻不曾把道德這個概念本身視為問題，而這種概念對尼采來說「不過是弄虛作假的符號式語言」。[6]

[235]

就如對馬克思來說，生產力量被一套社會關係束縛和限制，對尼采來說，具創造力的生命本能也被我們所認定的道德主體性削弱和侵害，這種侵害就是傳統社會怯懦而抽象的「畜群」（herd）道德。這基本上是從強制力到領導權的一種運動：「出現在道德之前的是**強制力**；事實上，道德本身在一段時間仍維持著強制力，個人對它服從是為了避免不愉快的後果。後來它就成為了習慣，其後更變成自由順服的態度，最後成為本能：然後，像一切習以為常的事物，它和滿足連繫起來——如今它稱為美德。」[7]我們從盧梭和其他中產階級道德家那裡看到的從法則以至自然行動，從赤裸的權力到愉悅習慣的極為正面的「美感」過渡，對尼采來說，就是自我壓抑的最終認定。古老的野蠻法則讓路給猶太與基督教傳統發明的「自由」主體，作為威權受虐狂似的內射（introjection），開啟了內心的罪惡感、病態感和良心不安，有人喜歡稱之為「主體性」。健康的生命本能，因為害怕對社會造成擾亂而無法宣洩，只有轉向內心，產生了所謂「靈魂」，成為了每個人的內心警察。內在世界越來越厚也不斷膨脹，形成了深度和內涵，因而預示了「野性、自由、到處覓食的人類」的死亡，[8]他受傷、被剝削而無人關心。隨著權力演變成快感，這個新的道德動物也成為了「美感化了的」主體；但它同時意味著舊式美感性的人類動物的死亡，他原是在美麗的野性本能下、在無拘無束的美好狀態下生活著。

在尼采看來，最初是戰士把他們的專制力量施加於謙卑而等待被塑造成的人群。「他們的所做的，就是以本能創造並強行施加某些形式；他們是最不受意志控制的、不自覺的藝術家……他們不知道什麼是過犯、責任或顧慮，是天生的組織者；他們體現了令人敬畏的藝術家的自我主義，看來堅如青銅，覺得自己的『作為』是永遠合理的，像母親對她的孩子一樣。」[9]這種冷酷的統治階級支配力，把受統治者的自由本能趕到地底下，創造了仇視自我的科學、宗教和禁慾主義。但由此觀之，這種病態的主體性是技藝精湛的產物，從它身上可看到抵受痛苦的受虐狂的塑造作用：

> 這種祕密的自我掠奪，這種藝術家的殘酷，這種把某個形式強加於自己的愉悅，它強加一種堅硬、頑強、令人痛苦的材質，並把一種意志、批判、矛盾、鄙視、否定烙印在它上面，這種怪異而可怕地愉快的勞動，代表了一個靈魂和自己的自發性對立，折磨自己，卻因為折磨而感到歡愉；最終這整個活躍的「良心不安」（你也可以猜想到）成為所有理想和想像式現象的孕育地，也衍生出眾多奇異而新穎的美和肯定，甚至創造了美的本身……[10]

無疑的，尼采對於人文主義的主體的可怕誕生過程**期期以為不可**，而和警覺性沒那麼高的現代追隨者不一樣。這種怯懦而自我懲罰的動物，由於紀律與自然性之間誘人的統一、虐待狂的形式和具可塑性的材質，成為了別具一格的美感藝術作品。如果說，藝術是強暴和侵犯，這個人類主體就從不斷的自我侵犯中獲得了違反常情的美感愉悅，這是尼采相當欣賞的愉虐表現。而由於

[237]

藝術就是賦予自身法則的現象，而不是從別處被動接受法則，在某個意義下，極度痛苦的道德自我比起舊時的戰士階級是更具典範意義的美感類型，因為戰士者所掌控的基本上是外在事物。真正的藝術作品同時是被造物和創造者，這一點的真實體現，可見於道德主體而不是專橫的戰將。良心不安有它美麗的一面：尼采從人類的自我折磨中體認到性愛的刺激，因此，他可以推斷人類也能因而獲得刺激。而且，這個在驅迫下自我陶醉的動物，不僅本身就是一項藝術，也是所有昇華作用和美感現象的源頭。文化的根源在於自我憎惡，它在勝利姿態下證實了這種可悲情況。

所幸這一切看來和馬克思主義相去甚遠；但它們其實有共通之處，就在於某種目的論，儘管這個術語現在的尼采追隨者聽起來會很不舒服。即使在今天的馬克思主義者之間，目的論也是很不受歡迎的概念，更不要說尼采的追隨者了；但和很多其他被妖魔化的概念一樣，也許是時候替它稍作平反了。對尼采來說，人類動物舊時可靠的本能結構被推翻，一方面來說是災難性損失，帶來了道德意識形態之下畏縮而自我撕裂的主體，讓人類要仰賴「意識」這種最變化莫測而令人迷惑的心智機能。另一方面，這種沒落也代表了一項重大的進步：如果說本能受到侵害而令人生更不安穩，它卻也一舉開啟了實驗和冒險的嶄新可能性。驅動力的壓抑是所有偉大藝術和文明的基礎，在壓抑之下，人類內心留下一大片空白，只有文化能夠填補。有德者因而是邁向超人（*Übermensch*）的橋樑或過渡：只有當古老的野蠻習性在強加於其上的「畜群」道德之下，出於對法則的怯懦之愛而獲得昇華，未來的人類動物才能掌控這些習性，讓它們順從自主的意志。主體是在病態和屈從中誕生的；但這是把原本毀滅性的力量變得穩定而有秩序的必要步驟，當這些力量以超人的形態出現，就會透過道德形態以新的創造力爆發出來。未來的個人會把這些力量用於一項任務：把自己打造成為一個自由的個體，從齊一性的倫理的枯燥壓迫之下，釋放出差異性、異質性和獨特的自我身分。本能的死亡和主體的誕生，在這個意義下，代表了人類墮落的幸運一面，透過我們對計算式理性的冒險式倚賴，同時造成了性格暗中的軟化以及更豐富的存在的開端。道德律在某階段裡對人類能力的砥礪琢磨是必要的，但現在成為了一個枷鎖而必須除之而後快。「對於道德迄今的成就致以最深的謝意，」尼采在《權力意志》（*The Will to Power*）裡寫道：「但現在它只不過是一種負擔，可能成為致命傷！」[11]「很多枷鎖施加在人類身上，」他在《漂泊者及其影子》（*The Wanderer and his Shadow*）裡指出：「好讓他能擺脫動物的行為模式：事實上，他變得比任何動物更溫和、更精神性、更愉快，也更慎重。但現在他由於背負這個枷鎖太久而繼續在受罪……」[12]如果沒有束縛性的習慣，就沒有自主的主體：被馴服了的人類把專制的法則內在化，變成無面目可言的單一個性的生物，但人類現在作好了準備，可以接受更高層次的美感式自治、自我立法，每個人都有獨特的自主行動方式。簡單說，一種注入人類內心的力量，會讓另一力量得以誕生，演化了的意識的豐富內涵，會被組合成一種新的本能結構，就像古老的野性驅力一樣，以一切剛健的自然動力體現出來。

這個願景和歷史唯物論無疑有似曾相識之處。對馬克思主義來說，從傳統社會過渡到資本主義，也涉及一種虛假的同質化法則，就是經濟上的交換或中產階級民主的法則，它把具體的個殊性侵蝕得只剩下陰影。但這種「墮落」是幸運的，是往上而非往下的移動，因為在抽象平等的枯燥外殼裡孕育出來的力量，可以從必然性的國度破繭而出，到達自由、差異性和不可限量的未來領域。在馬克思看來，資本主義必須建構有組織的勞工群體，並演化出多元的歷史力量，因而播下了自我毀滅的種子，這無疑就如尼采眼中主體盛行的時代的自掘墳墓。馬克思也和尼采一樣，有時似乎把這種顛覆作用視為對於道德本身的顛覆。當尼采談到意識使現實變得抽象化和貧乏時，他的語言和馬克思對於交換價值的論述如出一轍：

[239]

> 由於動物意識的本質，我們所意識的世界只是一種表面的、符號的世界，一個變得普遍而更加平庸的世界；所以意識裡的東西，也變得膚淺、單薄、更加愚笨、一般化、符號化，變成畜群式的符號；一切意識裡的東西都涉及了巨大而徹底的侵害、虛假化、化約為表面特質並普遍化。[13]

意識的這種情況，尼采是從極端的唯名論（nominalism）推論出來的，而對於馬克思來說，那則是商品化造成的效果，也就是使用價值的複雜內容被削減為交易的一個貧乏的指標。可是，對這兩位哲學家來說，歷史都是倒向壞的一面：對馬克思來說，這種商品化歷程把人類從傳統社會的特權和狹隘的觀念解放出來，奠定了自由、平等和普世溝通的條件，而對尼采來說，人類

「變得可計算」的悲慘歷程，對人類整體來說是必要的，因為沒有了這樣的計算，人就不能存活。在尼采眼中，邏輯是一種虛構物，因為沒有兩樣東西可以一模一樣；但就像交換價值的等效作用，它既是潛抑性的，也隱藏著解放的力量。

因此，對尼采和對馬克思來說，現在的時代都是一種更美好的遠景的預備階段，既是阻力也是促進力，是一種具保護作用的基礎，卻發展過度了。他們兩人不僅在這方面近似，在另一方面也驚人地相似。他們都鄙視一切解除痛苦的唯心主義和出世思想：「真實的世界，」尼采用馬克思慣用的說法指出：「建立在現實世界的矛盾之上。」[14]他們也都認定有一種能量，無論是生產力、「生命力」或權力意志，它們是一切價值的源頭和衡量標準，而超越了這些價值。他們同樣抱持著否定性的烏托邦論，也就是指出未來的一種概括形式，而不預擬它的內容；他們各自想像的未來，所依循的概念都是過剩、過度、征服、不可共量性，透過變形了的「尺度」概念而重獲失落的感官性和特殊性。這兩位思想家都拆解了唯心主義所謂的統一性，揭露出它們隱藏的物質衝突性，也都對所有利他主義的詞令十分警覺，在其底下發現了權力和私利的難以捉摸的運作。尼采在《黎明》（*The Dawn of Day*）裡語帶諷刺地提到，如果只有完全為他人著想的行動才是道德的，那就根本不可能有道德行動了。這兩位理論家也都沒有賦予意識很高的價值，嚴厲斥責這個概念的唯心主義**傲慢**，而把它丟回它原來比較卑微的位置，夾雜在範圍更廣的歷史決定因素當中。對尼采來說，意識不可救藥地唯心主義，由此塑造出來的假裝穩固的「存在者」，事實上，

[240]

所處的物質過程包含著「變化、演變、雜多性、對立、矛盾、爭鬥」。[15]對馬克思來說，心智的這種形上學或物化的衝動，看似內在於商品戀物癖的特殊條件中，在這裡同樣把改變凝固了或自然化。他們都對主體這個範疇有疑慮，儘管尼采的疑惑遠高於馬克思。對後期的馬克思來說，主體似乎只是社會結構的一種支持力；而在尼采看來，主體不過是語言文法上的騙局，是支撐住行動的一種方便虛構物。

如果尼采的思想和馬克思有共通之處，它也可以從馬克思的思想獲得闡釋。尼采對中產階級道德的鄙視，以當時德意志帝國的情況來說，是完全可以理解的，德國的中產階級一般來說只要能對宰相俾斯麥（Otto von Bismarck）的專制統治有一點影響力就滿足了，而無意在政治上揭竿而起地挑戰它。德國中產階級慣於順從而務實，他們否認了自身的歷史革命性角色，就是為了獲得大抵而言「自上而下」的資本主義的好處，也就是保護主義的俾斯麥政權，也為了和統治階級互相包容而獲得保護，抵抗很快出現的世界最大的社會主義政黨。由於俾斯麥對議會政治的堅決反對，他們被剝奪了正當的政治代表權，被傲慢的貴族階級阻撓和凌駕，只好在國家權力結構之下妥協並且長袖善舞，對上頭的統治只能提出膽怯的政治訴求，對其下不斷膨脹的社會主義者的喧鬧又感到害怕。面對這個充滿惰性、甘於順服的階層，尼采狂妄地肯定了古老貴族或戰士階級剛健的、建立在掠奪之上的價值。可是我們也可以把這種獨裁的個人主義視作中產階級本身的理想化版本，以及在合宜的社會環境裡獲致的一切膽量、動能和自足性。這個活躍的、敢於冒險的

[241]

超人，懷念古老的馳騁沙場的貴族；但在這種暴虎馮河的行動中，他也讓我們預見了一個重構的中產階級主體。「要擁有並想擁有更多，這就是成長，一言以蔽之，這也就是人生，」尼采在《權力意志》裡反駁社會主義時這樣說。他在《歡悅的智慧》中又提出反思：如果製造商就是貴族，就不會有任何由群眾構成的社會主義了。

可是，相較於卡萊爾或本傑明．迪斯雷利（Benjamin Disraeli）等人夢想把貴族的英雄活力灌注到沉悶乏力的中產階級身上，尼采這個計畫來得更加複雜和矛盾。它涉及中產階級本身的一種尖銳矛盾。問題在於這個階級有關道德、宗教和正義的「上層結構」和它在生產力方面的能量形成衝突。良心、責任和合法性是中產階級社會秩序的根基；可是它們也妨礙了中產階級主體的無拘無束的自我發展。這種自我發展正好和絕對基礎、穩定一致性和不割裂的連續性等「形上學」價值很反諷地對立，而中產階級社會正是以此換來政治安穩。每個創業者的夢想就是在自身活動上完全不受約束，而在法律、政治、宗教和倫理的群體運作形式中獲得保護，免於其他人的活動的潛在傷害。可是這樣的約束也必須適用於他自己的活動，因此就摧毀了它原要保護的自主性。個人的自主和不可共量性是基本的，可是看來只能透過有如畜群一般的齊一化和同質化才能獲致。作為一種純粹無政府狀態程序或生產力量，中產階的主體在無窮盡的演化進程中，恐怕就會破壞了它所需要的具有穩定作用的社會形式。儘管他們不願意承認，中產階級本身正是無政府主義者和虛無主義者，每往前踏一步，都會把他所仰賴的形上學基礎踢開。因此，為了完全實現自我，這個怪異的、自我設限的主體，就必須顛覆自己；這當然就是具有自我超越能力的**超人**的中心意義。自我實現的美感和社會和諧的美感形成了衝突，而尼采義無反顧地寧可放棄後者而保存前者。中產階級人類作為道德、法律和政治的主體，「比起任何其他動物更為病態、不確定、可變而無規定性的，這是毫無疑問的，他是**有病的**動物」；[16]可是他也是勇敢的冒險者，「相較於其他所有物種加總起來，他更勇於探險，做了更多前所未有的事，更加勇敢，也更敢於挑戰命運：他是了不起的實驗者，不滿現狀而貪得無饜，與動物、大自然和神祇爭鬥，要獲得最終支配權；他仍然未被征服，永遠迎向未來，他無休止的精力讓他永遠停不下來……」[17]這種不凡的自我開創的行動，悲劇性地隱含著意識的致命病菌；但尼采可以說把這種生產的動態作用從「基礎」提升到「上層結構」，用前者強烈的創造力，把後者的形上學形式砸個粉碎。

尼采認為主體和客體都是虛構的，是更深層力量的暫時效果。這個怪異觀點也許和資本主義秩序的日常真相相差不遠：尼采認為客體就是某些力量的短暫交會點，這就有如商品是暫時的交易點。對尼采來說，所謂的「客觀」世界（如果能這樣說的話）既充滿澎湃的活力，卻又空洞無意義；這無疑相當精確地描述了市場社會的現象。至於人類主體，儘管獨具形上學特殊地位，也同樣被尼采化約為更深層、更具規定性的程序的一種條件反射結果。尼采正是抓住此一事實加以利用，把主體這個早已被解構的形象進一步掏空，為他提出的超人論清除障礙。作為未來的理想創業者，勇敢的超人學會了拋棄一切古老的安慰，諸如靈魂、本質、一致性、連續性等，他的生

[242]

活萍蹤靡定、靈活多變，隨著生命的活力潮流四處遨遊。在他身上體現的是，現行的社會秩序犧牲了穩定性而獲得自由，擁抱無根基的存在，以此作為無休止的自我實驗的源頭。如果說，中產階級社會被困在能量和存有學的裂縫裡，不知道該對它的目的加以譴責還是合理化，那就必須為了前者而放棄後者。把古老的形上學主體砸破，就是直達權力意志的路，以這種力量去塑造一個新的、無根基的美感存有者，讓它能完全合理化自身的存在。和齊克果的想法相反，倫理終究會讓位給美感，也就是說，虛構的穩定秩序要讓路給永恆的自我創造這種更屬己的虛構概念。

尼采和馬克思之間最值得一提的分別在於，尼采不是馬克思主義者。事實上，他不僅不是馬克思主義者，也是挑戰幾乎一切啟蒙運動的自由或民主的價值。他提醒自己，我們必須抗拒一切濫情的弱點：「人生在**本質上**就是對他者或弱者加以攫奪、傷害、駕馭，造成壓迫、艱困，把自己的方式和組織架構強加其上，又或最起碼、最溫和地說：加以剝削……」[18] 尼采有許多論述讀起來就像青年的探險計畫，又或是對於某個坐領退休金的美國國防部官員儒弱無能的表現大發牢騷。他渴望的是：

因戰爭和勝利而強化的精神，對它來說，征服、冒險、危險，甚至痛苦都變成了需要；要經過習慣才能適應高地的冷冽空氣、冬日的旅程，又或所有意義下的冰霜和高山；要具有某種傲慢的惡毒，一種知識上極為自信的惡意，才會有生命旺盛的健康。[19]

我們對其他人的痛苦必須鐵石心腸，駕著戰車撇下那些病態而頹廢的人。我們心懷的同情憐憫是猶太教和基督教傳統的病態美德，是下等人憎恨自我和厭惡生命的病徵；他們在充滿敵意的怨恨中，透過靈光一閃，說服了他們的主人把這種所謂的美德內在化。那些可憐人狡獪地讓強者感染了他們可憎的虛無主義，因此尼采大聲疾呼，要大家回歸宰殺他人的殘酷和樂趣，回歸「一切高傲的、男子氣概的、攻城掠地的、盛氣凌人的作風」。[20]就像威廉・布雷克一樣，他質疑憐憫和利他主義是侵略行為的漂亮外觀，是巧取豪奪的政權的虛偽面具；他在社會主義裡也看不到什麼可取之處，只是抽象性的平等的災難性延伸。社會主義不夠革命性，它是軟弱的中產階級美德的一個集體版本，而未能挑戰道德和主體的整體戀物癖。它只是社會倫理的另一個版本，在這個意義下，和政治上的敵對者有關聯；唯一可欲的未來，必須包含一切價值的重估。

即使你沒有在尼采的想法裡預見納粹德國的影子，也會被這種有如在陽物崇拜前卑躬屈膝的做法感到抗拒，因為它帶著種種粗暴的厭惡女性思維和好戰幻想。如果尼采對於「沒落的民族的消滅」之類的說法真的從字面理解，他的倫理是十分可怕的；如果這是隱喻，他就是狂妄地不負責任，也不能和這些醜陋詞令後來的邪惡用法完全撇清關係。值得注意的是，尼采大部分的現代追隨者是怎樣委婉地潤飾他的信念裡比較可憎的說法，正如上一代的人把這些觀念改編為反猶太的法西斯主張。他們說，尼采所說的超人，肯定不是成吉斯汗的某種後世版本，意味著殺戮成性

[244]

的衝動，而是一個溫和而有修養的個人，心平氣和而有自制力，在舉止中表現他的敏銳和寬大。如果這樣，對尼采的一種恰當批評，並不是說他會消滅弱者，而是說儘管他的浮誇炫耀的作為，但是實際上並不代表多大的進步，和大家熟悉的文化理想主義中那個中庸而自我約束的個人沒多大分別。即使這樣，在尼采和馬克思之間，仍然有個關鍵差異：這個兩位哲學家都關切的目標，在於個人能力如何從社會統一性的桎梏解放出來，馬克思主張透過所有人的自我實現來達成，對尼采來說，則是在鄙視一切的孤立狀態中達成。尼采對人類團結的鄙視，那是他的基本價值觀，而不僅是抨擊當前盲從因襲的思維。超人可能表現出同情和善意，但那只是他行使權力的愉快一面，是強者對弱者寬大和善的崇高決定。如果強者認為這樣的同情和善並不恰當，那麼弱者就只能任由他擺布了。超人時而把自己的能力發揮到極致以濟助他人，可以獲得美感上的滿足，但是他也總是愉快地意識到他可以用這種力量碾碎他人。

由於自由的個體不會是集體行動的產物，對於這樣的個體怎樣生成的問題，尼采的答案想法必然相當空洞。它不會是主意主義者（voluntarist）的那種轉化，因為尼采不能接受所謂「意志的行動」這種心智虛構物。事實上，「意志力」和他所說的「權力意志」看來正好相反。但它的生成也不可能來自庸俗的歷史演化論，因為超人會暴烈地、不可預測地打破驕矜自滿的歷史連續性。可能的情況也許就是，像尼采這樣的特殊個體，有如奧祕一般地超越現代生活的虛無主義，縱身躍入另一個領域。這樣的跳躍當然不會透過批判理性而達成，尼采認為不可能有這樣的理

[245]

性。作為權力意志的工具，心智如此鄙陋笨拙，又怎能舉揚自己；而它本身正是個人愛憎的盲目表現，又怎能反過來對它批判反思？尼采寫道：「對知識能力的批判是無意義的：當一種工具只能用自己去批判一切時，它又怎麼能批判自己？」[21]和他一些現代追隨者一樣，尼采看來假設所有批判都包含著一種泰然自若的無私；而這種難以置信的後設語言式的夢想，幾近於霍布斯大剌剌地認定理性就是順服權力的奴隸。如前所述，認知只不過是為了實用目的而對世界的虛假簡化：就像藝術作品一樣，概念思維進行編輯，加以系統化，忽視非基本的東西，為「人生」從事一種必要的化約造假。因此它看來無法分析自身的操作，即使尼采本身的著作也很弔詭地在做同樣的事。就如哈伯瑪斯指出的，尼采「否定反思的批判能力，而他所用的手段而且是唯一的手段，也正好就是**反思本身**」。[22]至於馬克思，他會認同尼采所堅持的知識的實用本質，也就是它植根於物質利益，但他會否定附隨的實用主義觀點，並不認為整體具解放作用的批判必然會被摧毀。馬克思關切的是那些歷史上特殊的、「觀點性」（perspectival）的利益，由於這種本質，我們只能從它們的個殊性跨越到對於整個社會結構更深層的探究，才能夠實現這些利益。對馬克思來說，場域的和一般性的、實用取向和整體性思維之間的連結，主要奠基於階級社會本身的矛盾，如果要實現更特殊的要求，就需要整體的轉化。

如果尼采能知道所有的理性思維都只不過是權力意志的產物，那就這種知識就類似理性在古代的範圍和權威，而足以解開現實事物的本質。結果這種本質所展現的真相就是，只能不斷分割的那種詮釋，其實都是虛假的。馬克思和尼采之間的爭辯不在於是否有比理性更根本的東西（兩人都認為有），而是在於在這個更具規定性的背景下，理性的軌跡和地位是什麼。把理性從虛榮的至高無上地位拉下來，不一定就是把它化約成開罐器的功能。事實上，尼采也曾承認理性和激情並非簡單的對立關係：他在《權力意志》裡說，如果說激情不具有一定的理性，那就是錯誤的；而對馬克思來說，批判理性是歷史利益發展中的一種潛力。可以克服資本主義的批判理性，在馬克思看來，是內在於資本主義體系的東西；正如尼采認為理性是內在於欲望的一種特質。馬克思的批判並不是從某種形上學的外域空降到歷史裡，也不是侷限於狹隘的特殊利益的反映。相反，它強橫地抓住中產階級社會本身的理想，而探究為什麼在目前社會狀況下這些理想莫名其妙地一直無法實現。

§

馬克思主義大抵上著眼於權力關係，卻把這個問題轉到和物質生產有關的利益衝突。對比之下，尼采假定權力就是目的本身，除了追求自我滿足的擴展以外，別無其他理由。尼采所說的權力，目的不在於物質方面的存活，而在於追求豐盛、揮霍、盈溢；它的奮鬥除了實現自我之外，別無其他原因。因此很弔詭的，尼采所說的權力最終是不講功利的。它一方面和特殊利益的運作密不可分；另一方面它又永恆地沉思自身的存有，以絕對的無私，面對存有在場域裡的表現。就

[246]

種種方面看來，尼采所說的權力基本上是美感性的：它完全以自身為目的，把這些目的定立為自我實現必要的抗拒點。透過它拋出的偶然目標，權力永恆地回歸自身，沒有任何事物可以外在於它。因此海德格可以說尼采是最後一個形上學家，那並不是說權力意志是世界背後有如黑格爾所說的本質（因為從尼采熱中的現象論〔phenomenalism〕來說，在「表象」以外絕對沒有其他東西），但它是世界唯一的、根本而普遍的形式。權力意志就是一切事物在它們對立的雜多性裡動態的自我拔擢，是力場的轉移，藉以擴張、碰撞、爭鬥和佔有；它因此不是某種「存有者」。但由於它指稱事物的各種力在量上的差別關係，因此難免繼續充當這種「存有者」的概念作用。因此尼采的一位現代門徒德勒茲，以張力十足的修辭寫道：「權力意志是具可塑性的，和規定著它的每一種體現不可分割；就如永恆回歸（eternal return）是一種存有，卻是由生成（becoming）去肯定的存有，權力意志是一元的（unitary），卻是由雜多性（multiplicity）肯定的。」[23]

我們多次碰上的一個力的觀念，它「和規定它的每個體現不可分割」，這就是美感的法則。權力意志是不是一元性的本質，就如藝術作品的內在形式是不是一種普遍法則一樣。支配著藝術作品的「法則」，不是那種可以抽象的法則，即使暫時的抽象也不可能，不能成為論辯和分析的主題；它融入了藝術作品整體當中，不留下半點痕跡，因此必須以直覺掌握而不能論辯。同樣情況也適用於尼采所說的意志，它是一切事物的內在形態，卻又是某種力的場域性的、策略性的變體。因此，它能提供一種絕對的判斷原則或存有學基礎，它本身卻不是這類東西，它就像費希特

[247]

所說的生成歷程一樣稍縱即逝而變幻莫測。康德的鑑賞力「法則」，對於客體既是普遍也是個殊的。以這個權宜之計的矛盾點為基礎，權力意志的概念一方面可以用來痛斥那些尋找表象背後的本質的形上學家，一方面可以譴責那些短視的快樂主義者、經驗主義者和功利主義者（主要是英國人），他們目光短淺，無法欣賞那些在我們身邊開展的森羅萬象。這個概念使尼采得以結合揭露一切存在之祕密的基礎論（foundationalism）以及丟人現眼的觀點論（perspectivism），後者把辛苦追求真理的意志斥為軟弱的幻覺。權力意志是沒有所謂普遍真理的普遍真理，是認為一切都是詮釋的一種詮釋；這種弔詭，尤其在尼采的現代門徒手上，造就了一種破除偶像的激進主義，並且結合了一種對所有「全球化」理論抱持實用主義式的懷疑觀點。就如謝林所說的「無差別」（indifference）狀態或德希達的「衍異」（difference）狀態，尼采的權力意志也是不可能推倒的擬似超越性的原則，因為它是完全空洞的。

值得探究的是，對尼采來說，權力意志究竟是「事實」還是「價值」。看來它本身不會是「善自身」，因為如果它和一切事物接壤，那麼我們能夠用什麼標準來評估它呢？在尼采看來，存在作為一個整體有什麼價值抑或毫無價值，那是無法談論的，因為一談起來就會預設某些外在於存在的規範性標準。「人生的價值是不能估算的，」他在《偶像的黃昏》裡寫道；起碼在這個意義下，他不是虛無主義者。權力意志本身「就是」存在；可是它也是一切價值的源頭。尼采在《權力意志》裡說，價值的唯一客觀衡量標準，就是伸張了的、有組織的權力；因此所謂有價值

[248]

的東西並不在於權力意志「本身」（不管它代表什麼），而是在於權力意志如何以能量的協調複雜結構（complex）伸張且豐富它自身。由於人生也可能因此更加豐盈，尼采因而聲稱「人生本身迫使我們定立價值；當我們定立了價值，人生就透過我們而獲得價值」。[24]但不管怎樣，權力意志由於它的「本質」，原本就會自我伸張並且複雜化。舉例說，蒲公英就代表了權力意志的勝利，因為它無休止地透過占據新空間而擴大它的領域。如果說自我伸張是權力意志的「本性」，那麼作為一種「原則」，它就在事實和價值之間搖擺不定，它的存在本身就是恆久的價值評估。

對尼采來說，世界是無價值可言的，是無意義的一片混亂，面對世界這種全然漠不關心的狀態，我們要做的就是創造自己的價值。濫情的道德家聲稱好的生活就是依循自然，尼采對此則是嗤之以鼻。那些思想家只是把自身任意認定的價值投射到現實之上，然後透過意識形態的慰藉，自戀地與這個自我形象合而為一。哲學以諱莫如深的支配姿態，總是按照自己的模式去塑造世界。尼采就是要打破這種想像的圈地，懷著惡意地提醒我們，自然界完全無道德可言：

你想「依循自然」而生活嗎？啊，你這主張自然與人合而為一的高貴斯多噶學派信徒（Stoics），真是說謊不打草稿啊！試想像一個像自然一般的存有者，無節度地浪費，過度地漠不關心，毫無目的，毫無顧慮，沒有憐憫也沒有正義，既豐盛又荒蕪，卻又完全不確定；試想像漠不關心本身成為了一種權力——你怎麼能按著這種漠不關心的態度活下去？[25]

尼采稱之為「畸形地愚昧」的人類，認定自己是萬物的尺度，認定一切反映人類形象的事物才是美。[26]但尼采的宇宙的漠不相關，和擬人論（anthropomorphism）正好相反，聽起來很反諷地近似尼采最鍾愛的若干價值。他在《善惡的彼岸》裡談到自然界「揮霍而漠不關心的壯闊體現，令人吃驚卻又高貴」，[27]隱含之意就是自然界對價值的漠不關心正是它本身的價值。因此，人類與自然界之間在幻想中連成一氣的圓環，尼采一手把它捏破之後，另一手又把它修補起來：自然界那種傲慢的不聞不問，看來反映了尼采本身的倫理觀。

在這個意義下，不管尼采怎樣嘲諷那些把倫理建立在感情上的感情主義者（sentimentalist），他卻不是一個存在主義者。在某個層次上，他看來是在說，世界欠缺內在價值，使人無法從它獲得道德上的提示，你只好自由地推論出那種無理由可言的價值，也就是把粗鄙而無意義的材料打造成為美感的形狀。這種倫理完全是策略性的：「真正的哲學家……是指揮官和立法者；他們說：『就**這樣**決定！』」[28]但要以這種態度生活，正好就是模仿自然的真實狀況，這個成就遠勝過那些可悲謬誤的倡議者。因為世界的存在方式絕對不會是個殊性的：實在界就是權力意志，是自我伸張的力量的可變項複合體，而人的生活要自主地自我實現，就要依循著它而活。人類成為目的本身，正好就是如實反映了整個宇宙。尼采似乎在存在主義和自然主義之間猶豫，但這種對立是可以解構的，而賦予尼采所有可能的意識形態世界當中最好的那一個。面對無道德可言的現

[249]

實，為自己的價值立法，這種光輝燦爛的無根基的自主性，如今就有其形上學根基，因為它和世界的本質對應。「人生」是冷酷而野蠻的漠不相關；但這不僅是事實，也是一種價值，是一種生氣勃勃而不可摧毀的能量形式，可以作為倫理上的模仿對象。權力意志並不指定**特定的**價值，和感情主義者對自然的信念不一樣；它只是要求你做它所做的事，也就是透過對於多元價值的塑造，以一種善變的、實驗性的、自我即興演繹的風格活下去。在這個意義下，超人所肯定的是意志的「形式」，而不是任何道德內容，因為意志事實上並無道德內容。尼采在《權力意志》裡寫道：「內容因而成為某種僅僅是形式的東西——包括我們人生的內容」。[29]在這種意義下，意志看似是一種至高的價值，也完全不是什麼價值。

可是，為什麼我們要肯定權力意志，卻仍然是一個問題。我們不能說「表現」這種力量就是一種價值，因為世間一切都在表現它。某些事物基於其本質而必然會做某種事，我們再去規定它們要那麼做，那就毫無意義了。有價值的事，在於「伸張」意志；但這種價值判斷的基礎又在哪裡，我們又以什麼標準來判定什麼才是伸張？這就是美感或直覺的認知嗎，正如尼采所說的對於權力的快樂**感覺**？「什麼是健康，」海德格在研究尼采的論著裡一語成讖地說：「只有健康的人能說得準……什麼是真理，也只有講真話的人能辨別。」[30]如果權力意志本身沒有什麼道德可言，那麼伸張它、使它更豐富，又有什麼正面的道德意義？為什麼我們要和這種力量合作，正如我們質疑為什麼要接受我們把感情投射到其上的自然界？顯然我們可以選擇像叔本華那樣否定權力意志，儘管在尼采看來，這樣的否定必然是權力意志的扭曲。但是我們無從得知，根據什麼理由判斷否定權力意志是壞的，而肯定它則是好的。當然，除非我們早就把若干至為肯定的價值投射到權力意志之上，以致促進這種意志就成為了毫無疑問的美德。難道只有當我們擁有某些評估它的價值標準，權力意志的效果才是值得頌揚的？

當然，其實尼采是把他所假定的若干價值偷渡到權力意志的概念裡，這種循環論證的做法和他所鄙視的天真的自然主義者沒什麼兩樣。尼采以和自然主義者一樣矇騙眾人的神祕化手法，把支配、侵略、剝奪、佔有之類的具體社會價值給自然化了，以它們作為宇宙的本質。但由於這些衝突的價值不是「物體」，關於它們的本質主義因而也被神祕化了。當他被指為主觀主義時，尼采可以退守到一種實證論：他不是在倡議任何特定價值，只是在描述人生的方式。人生其實冷酷無情、揮霍無度、心存敵意、沒有憐憫或感情，和所謂人類價值是對立的；可是這些描述語當然是不折不扣地規範性的。真正的價值在於承認人生裡和道德無關的奮鬥是世間最美好的東西。商品市場和傳統精神性的價值是敵對的；但對人生赤裸現實的這種坦白的堅持，本身必然是一種價值判斷。「我的觀念就是，」尼采寫道：「每個具體的個體掙扎著成為整個宇宙的主人，並把它的權力，也就是它的權力意志往外延伸，擊退一切阻擋它擴張的事物。但它也不斷對抗其他個體的類似行動，最終因應它們而自我調整（和它們「統一」）。」[31]關於資本主義的競爭，我們很難想還有其他更露骨的理論了；但尼采要做的，是把這種掠奪狀態予以精神化。在某個意義下，

[251]

權力意志是市場的哲學代碼，但它也對這種鬥爭的卑污工具主義提出「貴族式的」譴責，倡議一種把權力視作美感愉悅的願景。這種關於權力的非理性主義，鄙視一切卑下的目的，由於對資本主義生產的非理性主義的反思，而有別於卑鄙的功利主義。

§

我們怎麼會「選擇」追隨權力意志，而不是像叔本華那樣？選擇或肯定意志，這個動作事實上就是出於意志本身，而很難說那是一種「選擇」；另一方面，如果那不是出於意志，那麼「選擇」就不在權力意志的整個宇宙範圍裡，而在尼采看來，這是不可能的。面對這個兩難，尼采自己的回應就是解構自由意志和決定論之間的整個對立。在肯定意志的動作上，自由和必然性在不確定的狀態下揉合起來；尼采對矛盾境況的基本理解，就是把它看作藝術家的活動。藝術創作不是單純的「意志」的問題（事實上如果有所謂這種意志的話，對尼采來說也是形上學的錯覺），但它卻是解放的最佳例子。

事實上，藝術自始至終都是尼采的主題，權力意志是至高無上的藝術作品。[32]這不是說尼采對於古代的美學有多麼信服：如果說世界是一件藝術作品，它並不是個有機體，而是「永恆的混亂；意思是說，它並非欠缺必然性而是欠缺秩序、排列、形式、美、智慧，又或其他適用於我們的『美感的擬人論』的名字」。[33]美感不是和諧的表象的問題，而是人生本身無形式的生產能量，它在和自身的永恆嬉戲中杜撰出暫時的統一。權力意志的美感內容，正是這種無根基的、無目的的自我生成，是它隨時隨地深不可測的不同自我規定。尼采在《權力意志》裡說，宇宙是自身生成的藝術作品，而藝術家或超人以自由的自我生成涉入這個過程。這種生成的美學，是康德沉思式的鑑賞力的敵人；對康德來說，鑑賞力是對物化的美感客體無利害關係的凝視，而壓抑了客體強橫而執拗的形成過程。

那些只會批判性思考的太監，因此必須被剛健的藝術實踐者推翻。藝術是狂喜和心醉神迷，具有魔力而狂亂，是一種生理的而不是精神的活動。它仰賴柔韌的肌肉和敏銳的神經，是對於身體的砥礪琢磨，把感官的陶醉和毫不費力的訓練融為一體。尼采理想中的藝術家是個突擊隊員，而不是空想家。藝術在根源處被性愛化了：「創作音樂是另一種生小孩的方式。」[34]認定藝術是無私欲的，只不過是挾持著科學、真理和禁慾主義，對權力意志的另一種女性閹割攻擊。海德格在一個卑鄙的短評裡說：「不錯，尼采反對女性美學。但他這麼做是為了男性美學講話，因而也是為美學講話。」[35]**超人**既是藝術家也是藝術作品，是創造者也是受造物，這並不是說他主張對於自然衝動放任不管。相反，尼采譴責「盲目沉溺於某種愛好」[36]，認為那是諸惡之源，他又認為偉大的人格在於以男性氣概駕馭本能。至高的美感境況是「自我領導權」（self-hegemony）：在漫長、卑屈的屈從於道德律之後，**超人**終究會支配昇華了的欲望，冷靜地駕馭著它，讓它實現，就像極有信心的藝術家從材料塑造出形狀。整體的存在因而美感化了：尼采宣稱，我們必須成為「人生的詩人」，涵蓋了最微不足道的日常瑣事。[37]**超人**每一刻都以極其充沛的力量和高昂的精神即興創造自身的存在，把形式加諸世界之流，把混沌打造成暫時的秩序。「搖身成為自身混沌狀況的主宰；迫使自身的混沌變成形式」，[38]這就是最高的美感成就，只有最投入的愉虐者才能獲致。真正的強人能夠平靜承受這種把人撕裂的自我約束；仇視這種約束力的是害怕成為奴隸的弱者。

這裡所說的約束，其實是伸張的而不是壓迫的。就如海德格指出的，這裡尤關重要的，「不是僅僅把混沌納入形式，而是要獲致某種駕馭能力，讓混沌的原始野性和法則的根本性並駕齊驅，以同等的必然性共軛在一起。」[39]未來人類動物的法則，是一種耐人尋味的反律法主義的（antinomian），對每個個體來說都是完全獨特的。使尼采感到憤怒的，莫過於某種侮辱的看法，認為人在某種方式下是可以共量的。**超人**的自我立法，就像藝術作品的「法則」，在任何意義下都不是由外界賦予的，而是來自個人不可比較的自我型塑的內在必然性。美感作為社會共識的模型或原則，完全被這種對自主性的徹底堅持所推翻；也許就是在這點上，尼采的思想在政治上極具破壞力。**超人**是一切既有社會習俗以及對應的政治形式的敵人；他對於危險、風險、無休止的自我建構的喜愛，使人想起齊克果的「危機」哲學，它同樣鄙視逆來順受的**習慣行為**。美感作為自主的自我實現，和美感作為習俗、習慣、社會潛意識作用，兩者現在處於嚴重分歧；又或更確切地說，後者如今從公共領域大膽地挪用到個人人生。**超人**依著習慣本能而活，擺脫了意識

[253]

的笨拙計算；但在他身上值得讚揚的這一面，從社會整體來說是離經叛道的。領導權從政治領域出走，重新放置在和他人無法比較的每個主體之內。尼采的論述顯示出對法則一種類似受虐狂的鍾愛，是一種嚴肅性愛的快感，就像塑造人性的藝術家使勁地把自身的材質打造成為熠熠生輝的形式。但所謂對個人來說完全獨特的法則，這個概念卻剛好使尼采極端的自由至上主義得以調解他深惡痛絕的病態式自我沉溺。

從以上敘述可見，道德律之於尼采，就如摩西律法之於聖保羅，是一旦爬了上去就要踢開的梯子。它形成一個保護罩，讓人在其中長大成熟；然後，在齊克果所說「倫理擱置」的片刻，它必須被拋棄，讓路給自由的自我創造的探險行動。這整個過程，就是把意識在它駕馭一切的時期的慘痛教訓轉化成為本能。在那個時期裡，人類學會了把生存繁衍必需的「不真實」認知吸收到自身的結構中；接下來要看的是，吸收的認知是否能和真理融合——也就是說，體會到根本沒有所謂的真理。**超人**能把這種可怕的認知吸收、消化並且自然化，把它變成優雅的本能習慣，在深淵的邊緣不確定地跳著舞。對他來說，世界是無根基的，那正是美感愉悅的源頭，也是自我創造的一個機會。把習得的文化價值作為潛意識反射而體現在生活裡，**超人**就在更高的層次上複製了原始人以衝動行事的做法。古典式的美學被顛覆過來，本能現在包含了理性：意識經過「美感化」成為身體的直覺，肩負起原來由「卑下」驅力發揮的生命延續作用；結果就是心智和本能、意志和必然性的對立被推翻了，而藝術正是這方面至高的原型。「藝術家看來在這種事情上有敏銳的鼻子，」尼采寫道：「清楚知道何時不再依『意願』做任何事，而是一切依著必然性行事，對於自由、優雅、全能的力量以及創造性的處置、拋棄和形成，他們的感覺現在到達了頂峰；簡單來說，在他們身上，必然性和『意志自由』合而為一。」[40]

因此，尼采所講的故事，開頭是盲目驅力的原始無誤性，這種驅力很矛盾地既值得讚揚也使人害怕；它繼而轉移到一種道德意識，它對驅力構成威脅的同時，也使它們更為豐盛；最終的巔峰是更高層次的融合，身體和精神在前者的庇護下統合起來。最初是粗暴的壓迫，然後是道德領導權的過渡階段，最後達成**超人**的自我領導權。這種新的統治方式，以變異的方式，把第一階段的自然性和第二階段的墨守成規結合在一起。在倫理和主觀性盛行的階段的那種「壞的」法則內射（introjection），讓路給將要來臨的美感階段的「好的」法則內在化（internalization），至此，自由與宰制就在對方身上扎根。對於像尼采這樣永不言悔的反黑格爾主義者來說，這種發展有我們熟悉的影子。它令人不安的原創性在於，在兩個階段的行進以外，再加上第三個階段，前兩個階段從壓迫到領導權，是我們熟悉的美感化思維。領導權的概念保留下來，但最終得到肯定的法則，卻是個人獨特存在的法則。尼采採取「自由地運用法則」的美感模型，卻捨棄掉齊一性和普遍主義的法則，貶抑任何社會共識的概念。「怎麼會有所謂『共善』這種東西！」，他在《善惡的彼岸》裡嘲弄說：「這個術語是自相矛盾的：任何所謂共同的東西都毫無價值可言。」[41]在《偶像的黃昏》裡，他把傳統美德斥為「模仿把戲」，因此輕蔑地否定了柏克等人以美感的

[255]

模仿作為社會互惠的基礎。美學和政治現在是徹底敵對的：所有文化鼎盛的時期，在政治上都處於沒落狀態，所謂「文化國家」（culture-state）的整個概念，認為美感具有文明化、教育和社會治療的功能，那只是對於藝術極度反道德的力量又一次悲慘的閹割。[42]

尼采以貴族姿態蔑視任何共同的尺度，對於中產階級的個人主義來說，並不是完全不能接受的。但它直搗傳統秩序的根源，因此抓到中產階級的痛點，就是自律的夢想和遵守法律的要求之間的矛盾。到頭來，尼采聲稱目前臣服於法律和道德的政權，只是在調停「原始」和「藝術」這兩種無政府狀態。如果對於正統社會來說，這不是什麼好消息，那麼尼采肆意切斷藝術和真理之間的任何聯繫也是一樣。在尼采看來，如果說藝術是「真」的，那只是因為它的幻想本質體現了「真理根本不存在」的這個真理。「真理是醜陋的，」尼采在《權力意志》裡寫道：「我們擁有藝術，以免我們和真理一起滅亡。」[43]藝術表現了權力意志；可是權力意志只不過是近似的、短暫的形相，是感性的表面。人生本身是「美感的」，因為它的目標只在於「外觀、意義、錯誤、欺騙、模擬、虛幻、自欺」；[44]而藝術正由於它的虛假而忠於實在界。藝術對於它也會弄虛作假，因為它為各種力量無意義的爭鬥，賦予了存在的短暫穩定性；如果不是在那個片刻裡遭到扭曲，權力意志根本就不能被表象出來。藝術表現了意志狂野的無意義性，但同時也透過塑造有意義的形式，而掩蓋了意義的缺如。它這樣做，就讓我們暫時受騙而相信世界有某種意義形式，因而滿足了康德的想像物的功能。

因此，藝術越是虛假，就更加忠於人生的基本虛假性；但由於藝術是**具有規定性的**幻象，因而掩蓋了這種虛假性的真理。[45] 藝術既掩蓋了宇宙殘酷的不真實的「真相」，也是它的徵兆，因此它是雙重的虛假。一方面，它具慰藉作用的形式保護我們免於面對「一切都是虛無」的可怕認知，也就是說，權力意志既不是現實的、也不是真的或自我同一的；另一方面，藝術那些形式的內容就正是意志，而那也不過是永恆的解體行為。藝術作為一種動態歷程，忠於權力意志的不真實；藝術作為一種產物或表象，又是對於這種「不真實」的不忠。因此在藝術創作裡，權力意志被控制，而在瞬間對抗它殘酷的漠不相關。從這種混亂的力量產生形式和價值，在某個意義下就是與它對抗；但這樣做的同時，卻有著它那種不動心的平靜，因為他知道那些價值都只是虛構的。

換句話說，在尼采看來，藝術同時具有女性和男性的特質。如果說它是剛強、男性的、有生產力的，它卻也是善變的、愛說謊的、誘人的。事實上，尼采整套哲學都取決於這些性別的刻板印象的奇特混合。一個信奉令人髮指的男性主義的思想家，卻會歌頌形式、表面、外觀、故弄玄虛、感性等等「女性」價值，以對抗本質、真理和同一性之類父權式的形上學概念。在權力意志的概念裡，這兩組性別特質微妙地交織在一起。依循意志而生活，就是堅強而具威嚴地生活著，從擺脫對於法則的女性化順從，體現壯觀的、陽物崇拜式的自主性。但以這種風格駕馭自身，就是獲得了自由，能夠淘氣地、快樂地、反諷地生活著，在戴上面具和表現真我的嘲弄嬉戲中奢侈

[256]

地活下去，以智者的平靜，出入於各種激情和主體的位置。因此，作為當時最惡毒的性別歧視者，尼采和不可救藥地貶抑女性的叔本華齊名，卻反而為「女性的」原則說話。如果真理其實是女性的，那麼這種說法對兩者都不是什麼恭維。

§

在費希特和謝林之後，尼采是美感化主義者最誇張的代表，他把世間一切，包括真理、認知、倫理以至實在界本身，都化約為某種藝術作品。「只有作為一種**美感現象**，」他有一句名言說：「存有和世界才可以永恆地**證成**。」[46]這其中一個意思就是，歷史的「畋獵行為」起碼真是一種**嬉戲**，它並沒有傷害的意圖，因為它只專注於自身。思想本身也必須美感化，擺脫掉沉重的認真態度，轉化為舞蹈、嬉笑和歡欣鼓舞。關鍵的倫理術語是高貴和卑鄙，而不是善與惡，是風格和鑑賞力的問題而不是道德判斷。正確的生活方式是藝術一致性的問題，把自己的存有打造成一絲不苟的統一風格。藝術本身是賜福和神聖化的行為：它必須掙脫修士似的唯心主義，回到我們的身體，回歸到祭神和節慶的儀式。美感式的價值判斷，必須在本能衝動中重現它的真正根基。藝術教導我們的深奧真理，就是如何停留在表面，在感官的表面停下來，不要再往下尋索虛幻的本質。也許這種表面性就是人生的真正本質，而深度只是遮掩事物的真實平庸性的面紗。

聲稱在事物表面以外別無他物，其實就是說，社會對於其所做所為，必須放棄傳統形上學的證成。這是中產階級社會理性化、世俗化活動的一個面向，如前所述，這種做法可能會破壞中產階級社會正當化的形上學價值。尼采的思想對於這種令人尷尬的矛盾指出一條大膽的出路：社會應該放棄這種對形上學的虔敬態度，而大膽地在沒有根基的情況下，在物質活動的永恆真相之下活下去。在這種活動之下，權力意志的概念獲得了作為目的本身的美感尊嚴。中產階級的生產能量必須自行建構根基；確認社會秩序的價值必須從社會自身的活力直接召喚出來，從社會不斷奮鬥掙扎的「事實」而來，而不是超自然的源頭虛偽地疊床架屋。歷史必須學會自行生成，並且自行賦予正當性，對於從美感艱苦得來的教訓洗耳恭聽。以支配、侵略和挪用為目的的整個不斷擴散的網路，必須面對上帝之死，勇敢地為作為自身的存在理由。上帝之死就是上層結構的死亡；社會必須以自身生產力為其「下層結構」，也就是權力意志。

從這個角度看，尼采的論述標誌著一個正當性（legitimation）的危機，其中的赤裸現實就是，中產階級社會不再能夠以傳統的「文化」觀念去合理化自己。我們必須推翻「有教養的人口中的實在界的虛偽華麗外觀」，[47]拒絕承認現有的任何社會的種種正當性，包括不再具說服力的康德式的義務、道德感、功利主義中的快樂主義（utilitarian hedonism）等等。與其焦慮地尋索某些另類的形上學保障，我們應該擁抱權力意志，也就是認定不需要最終基礎的形上學保障，並認定暴力和支配代表了宇宙的運作方式，除此以外，不需要任何理由。這就是尼采所說的美感方式的生活，慶幸權力本身就是目的。但結果這也不過是另一種理由，為人生賦予宇宙式的意識形態

[258]

的一切魅力，然而那其實是我們應該超越的。

尼采把社會生活的生產動力拿來和追求共識的驅力較量，事實上就是讓這兩種美感思潮一較高下。一方面，一種狂暴的美感化傾向，大膽地橫掃整個傳統社會，推倒了它的倫理學和知識論，砸碎了超自然力量的慰藉和科學的圖騰，透過它的徹底個人主義，摧毀了穩定政治秩序的一切可能性。另一方面，美感化力量也可以視作傳統社會的命脈，是以無限生產力本身作為一種目的的壓迫，每個生產者和其他生產者形成永恆的鬥爭。尼采就像是從這種有組織的社會非理性行動發現了藝術本身波瀾壯闊的目的自身。在睥睨膽怯的中產階級的同時，他揭露了自己的理想，那是狂暴地依自我意志行事的個人，每一刻重新召喚起自我，這對齊克果來說卻是「美感」之徒勞無功的最終定論。但這種激烈的嶄新創造，以古老的先驗性自我的高傲，把自身專橫的形象烙印在世界之上，並不像它看來那麼別出心裁。如果說**超人**這種狂暴的動態震撼了頑強的形上學信徒，那麼他也可以表現為幻想中的**另一個自我**（alter ego）的角色，現身於生產的範疇，又或在家庭、教會和國家這些神聖的領域現身。人過著探險和實驗的生活，可能會危及形上學的確定性；但這種機智的自我即興演繹，在市場裡並不是陌生的生活方式。尼采是個讓人跌破眼鏡的激進思想家，他一路摧枯拉朽地闖入上層結構。至於那個下層結構，他的激進觀點則讓一切保持原貌，事實上是更加完好無缺的原貌。

注釋

1 Friedrich Nietzsche, *The Gay Science, trans*. Walter Kaufmann (New York: 1974), p. 35.

2 同前引書，頁18。

3 Friedrich Nietzsche, *The Will to Power*, trans. Walter Kaufmann & R.J. Hollingdale (New York, 1968), p. 270.

4 Friedrich Nietzsche, *Beyond Good and Evil*, in *Basic Writings of Nietzsche*, ed. Walter Kaufmann (New York: 1968), p. 307。這本尼采基本著作彙編以下簡稱BW。

5 Friedrich Nietzsche, *On the Genealogy of Morals, BW*, pp. 550 & 498.

6 Nietzsche, *Beyond Good and Evil, BW*, p. 290.

7 Friedrich Nietzsche, *Human, All Too Human*，引錄於：Richard Schacht, *Nietzsche* (London, 1983), p. 429.

8 Nietzsche, *Genealogy of Morals, BW*, p. 521.

9 同前引書，頁522-3。

10 同前引書，頁523。

11 Nietzsche, *The Will to Power*, p. 404.

12 Friedrich Nietzsche, *The Wanderer and his Shadow*，引錄於：Schacht, *Nietzsche*, p. 370。

13 *The Gay Science*，引錄於：Schacht, *Nietzsche*, p. 190。

14 Friedrich Nietzsche, *The Twilight of the Idols*, trans. A.M. Ludovici (London, 1927), p. 34.

15 Nietzsche, *The Will to Power*, p. 315.

16 Nietzsche, *Genealogy of Morals, BW*, p. 557.

17 同前引書。

18 Nietzsche, *Beyond Good and Evil, BW*, p. 393.

19 Nietzsche, *Genealogy of Morals, BW*, p. 532.

[259]

第十章

以父之名：佛洛伊德

如果說美感為馬克思一些最核心的政治和經濟概念提供了某種基本原則，那麼美感也同樣滲透到佛洛伊德的精神分析學裡。快感、遊戲、夢、神話、場景、象徵、幻想、表徵：這些都不再被視為補充性事物，不僅僅是人生基本事務的美感裝飾品，而是人類存有境況的根源，就像查爾斯．雷文（Charles Levin）所說的，是「社會進程的一種原始材質」。[1] 在佛洛伊德看來，人生之所以是美感的，在於它全部和強烈的身體感覺以及奇詭譎怪的想像活動有關，本質上就是具意義的、象徵性的，和形象以及幻想密不可分。潛意識的運作是一種「美感」邏輯，以藝術的綜合隨機應變，把潛意識中的形象壓縮和移轉。因此，對佛洛伊德來說，藝術並不是別具特殊地位的領域，而是我們日常生活裡的欲力（libido）歷程的延續。如果說它有什麼特殊性，那只是因為日常生活本身就是那麼奇怪。如果唯心主義陣營裡有人鼓吹美感是沒有欲望的感知形式，佛洛伊德就會揭開障蔽，指出這種觀點的天真想法本身就是欲力的作用。美感是我們活著的方式；但對佛洛伊德來說，恰好和席勒相反，如果說這是勝利，它至少也是程度相同的災難。

佛洛伊德以去神祕化的取向，揭穿所謂美感無私性的觀點，尼采其實走在他前面；但在一個重要方面，佛洛伊德比這位驚奇的思想先行者更進一步。尼采的權力意志是完全肯定性的，把它體現出來的藝術作品也同樣受到肯定。精神分析學卻以欲望的概念推翻這種剛健的活力，這種陽物崇拜式的自滿。欲望的存在暗示著這種尼采式的剛健在核心裡其實有所欠缺，有一種否定性或變態會滲入意志，使它無法自我同一。我們的權力因此永遠對它們無法滿足，一種機動性和無規

[262]

定性使它總是無法達成目標，不斷偏離而回到自身；在權力的中心有一種微妙的瑕疵，使得尼采追求健康、清醒和身心健全的強迫性驅力蒙上陰影。因為我們的身體並不是如尼采所想像的極其自主，而是和其他身體的共同演化過程相關，由此造成我們本能衝動上變化莫測的動搖和脫軌。如果說尼采所說的權力使身體變得豐盈，那麼佛洛伊德所說的欲望就是把它掏空。我們對美感的藝術作品的觀點，因此受到影響，即使佛洛伊德本身的傳統美感概念，也無法使我們把藝術作品誤認為完整、面面俱到而對稱的。這樣描述藝術作品，是人文主義主體暗地裡認定的詞令，但在佛洛伊德之後，一切變得不一樣了。他強烈質疑整個古典美學傳統，自歌德（Johann Wolfgang von Goethe）和席勒到馬克思和馬修．阿諾德，質疑那個內涵豐富、壯碩、泰然自若而平衡的主體。和這種觀點相反，佛洛伊德認為我們的驅力是互相矛盾的，我們的機能不斷交戰，我們的滿足是短暫而被玷污的。對佛洛伊德和席勒來說，美感可能只是一種想像式的慰藉，但它也暴露了深層的真相，揭露了人類主體是分裂的、未完成的。人文主義者對完整人格的夢想本身就是欲力的幻想，整個傳統美學也不外如是。傳統美學渴望一個既具感性又遵從法則的客體，還有一個既是身體也是心智的主體，把感性令人渴望的一切豐富性和抽象律令的權威結合起來。因此，它是父母同體或者愛和律法合併的幻想，是快樂原則和現實原則在前者主導下的融合。和美感表象成為一體，就表示在靈光乍現的片刻，恢復客體驅力和自我驅力兩者不能撕裂的原始自戀狀態。佛洛伊德在《文明及其不滿》（*Civilization and Its Discontents*）裡承認說，精神分析學對於美感的美及其本質和源頭，都沒有什麼重要的話可說；可是他肯定（他又怎能不是這樣？）它衍生自「性愛感覺的領域」，作為一種目標被抑制的欲力衝動，然後他以有點不知所措的評語總結這個令人費解的反思，他說男性性器官的外觀違反了美感。[2]

把貝多芬（Ludwig van Beethoven）的一首奏鳴曲和男性的睪丸相提並論，絕對不是傳統美學會做的事。佛洛伊德殘忍地對文化除魅（demystify），把它陰鬱的根源追溯到潛意識深處，就像馬克思主義在歷史的野蠻中揭露理論的源頭一樣冷酷無情。藝術是倒退的，屬於嬰兒期的，是一種非神經形式的替代式滿足（substitute satisfaction）；由於無法放棄令人開心的事物，人類於是從玩弄自己的糞便，轉移到吹奏伸縮長號。與其說藝術作品是個夢境，不如說是笑話，佛洛伊德認為和崇高最接近的就是滑稽。在一篇題為〈幽默〉的短文裡，他認為幽默是克制自戀的一種勝利，也就是說自我拒絕因為現實的挑撥而感到苦惱，而是炫耀地宣稱自己不受傷害。幽默把構成威脅的世界轉化為快感的境況；在這方面來說，它和古典意義的崇高十分相似，因為崇高也是讓我們意識到自己不受周遭恐怖事物的影響而獲得感性的滿足。最崇高的事物的基礎就在最低下的事物，這種巴赫汀式的顛倒，一舉推翻了文化唯心主義虛假的裝腔作勢。浪漫主義最崇高的概念是所謂「憧憬」，很尷尬地和我們稱為夢境的這種卑下的欲力十分接近。唯心主義的文化體現了身體作用，卻很少談到身體，無法揭露它本身得以成立的條件。佛洛伊德極力抨擊這個崇高的謊言，以嚴謹的科學方法、被人推崇的手段，使得被激怒的中產階級只能把他貶斥為粗鄙的化約主義者。如果他真的是這樣，那麼令人困惑的就是，佛洛伊德竟是那麼沉浸於傳統文化，深受它啟迪和吸引。或起碼可以說，如果你並未領會如威廉．燕卜蓀（William Empson）出於田園詩人的睿智而相信的，「最優雅的欲望內在於最平凡的事物當中，要不然它就是虛假的欲望」，[3]你也可能是那些困惑者之一。尼采曾說，每當有人在說人類「如何糟糕，卻不是惡意中傷」，把人類界定為肚子有兩種需要、腦袋有一種需要的動物，這時「熱愛知識的人就應該洗耳恭聽」。[4]

佛洛伊德對傳統美學不言而喻的攻擊，就是瓦解了「文化」和「公民社會」的關鍵對立。令人尷尬的是，他拒絕區分代表價值領域的文化以及代表欲望領域的文明。沒有任何功利主義的倫理思想是不受欲力沾染的，正如沒有任何文化價值不受構成文明的侵略性驅力的影響。中產階級安於他們的清教徒式信念，相信快感和現實是兩回事；但佛洛伊德卻推翻了這兩個重大原則之間的對立，認為現實原則只不過是另闢蹊徑或採取狡獪的迂迴，讓快感原則能達成目標。對中產階級意識形態至為重要的一整套區別，包括進取心和享樂、實用性和快感、性愛和商業交往等等之間的區別，都一一的拆解了。

傳統美學的理想，是精神和感官、理性和自發性的統一。如前所述，我們必須審慎地把身體相關的元素重新引進理性的論述，以免理性流於專橫；但引進的動作必須盡力不要干預論述本身。對於這樣的傳統美學理論，佛洛伊德捎來極壞的消息。他提出的教誨就是，身體始終和語言扞格不入，無法從由此造成的創傷恢復過來，而不能完全跳脫意符的標誌。文化和身體的相遇總是有衝突的；我們的疤痕是我們被歸入符號系統時的瘀傷。精神分析學研究的是欲望具有了說話能力之後所發生的事；而說話能力和欲望從來都不能友好並存，因為意義和存有狀態持續互相排斥；如果最初來說，廣義的語言替欲望開啟了大門，欲望也反過來能使語言口舌不清以至失效。如果人類主體是如此，同樣的境況也發生在精神分析學身上，因為精神分析所分析的力量，也會使這種學問的理論一致性受到威脅而陷入混亂。欲望本身就像崇高一樣，最終會使一切表象失效：潛意識有一種基質，那是無法符號化的，即使從某種意義下來說，它自始就在尋求表達方式而朝著語言走過去。

在這個交接點上，在使語言瘖啞的力量和意義的明確表達之間，佛洛伊德展開了他的探索。這門學問的誕生，最初是作為語意（semantic）和身體（somatic）之間繁忙的十字路口的論述，探索它們之間怪異的翻轉關係：器官是意符，而意符又是物質性的實踐。對佛洛伊德來說，意義當然是意義，而不是身體驅力或反射作用的烙印；可是一旦整個文本過程被反轉，從不同的觀點來看，它就無法不解讀為身體力量的激戰，是身體是否能以語言去表達的語意戰場。佛洛伊德所說的驅力，出現在精神與肉體的邊界上的某個地方，向精神把身體呈現出來；當我們有驅力，精神就因為與身體有關而面對一種要求。說我們「有潛意識」，並不是指稱自我有某個隱蔽的地方，像一個看不見的腎臟或幽靈般的胰臟，而是說我們的意識由於身體在內部對它的強烈要求而遭到扭曲。

[265]

可是對佛洛伊德來說，身體永遠是虛構的表象，而不是原始的物質事實。只有透過一個表象的介入，驅力才能向意識呈現，即使在潛意識裡，一個本能衝動也必須被一個觀念表象出來。如果認同佛洛伊德的主張，認定自我基本上是一個身體性的自我，那就是把它看作一種藝術作品，是身體的譬喻式投射，是對其表面的一種精神式模仿。自我是有如影子一般的內在布幕，放映著身體的複雜歷史實況影片，它儲存了身體和世界的感官接觸和多元互動。佛洛伊德把精神附著在身體上，認為理性建立在欲望之上，而思想又和願望糾纏不清；這卻不是把這些事物視作不可懷疑的堅固物體散射的產物。因為那種「堅實性」本身就是心理的建構物，可以說是自我在「事件發生後」建構起身體的圖像，以符號圖式把它解讀為需求和律令的複合物，而不只是在「反映」它。在這方面來說，自我和身體的關係就像阿圖塞所說的理論和歷史的關係，就如詹明信描述的：

> 由於對阿圖塞來說，我們只能間接接觸到真實的歷史時間，對他來說，行動就有如一種蒙著眼睛的操作，是遠距的操弄，我們最多只能間接看到自己的表現，就像在鏡子所見，從意識的各種種重新調整中反過來閱讀它，那是因應外在處境改變而作的調整。[5]

如果說男孩子把女性身體「解讀」為有所欠缺的，這種解讀其實是在閹割法則下產生的，它不完全是經驗知覺，而是由意符主導的。因此，把精神附著於身體，其實是給它一個不穩固的基礎：事實上，就如呂格爾（Paul Ricoeur）所說的，身體本身有某種不可捉摸和無法定位的特質，使它成為潛意識最適切的形象：

當被問及在未被意識的情況下，意義是否可能存在，現象學家會回答：它的存在模式就像身體一樣，既非自我也不是世界上的東西。現象學家並不是說佛洛伊德的所謂潛意識就是身體；他只是指身體的存有模式，既不內在於我的表象，也不是在我以外的事物，它是任何可想像的潛意識的存在的（ontic）模型。[6]

把自我等同於主體，那會是一種錯誤，因為那些驅力（就像見於自戀和受虐狂的）也很容易突襲自我而使它成為它們的客體。用現象學的術語來說，驅力並非「意向性的」（intentional），也就是說，並不是由它們的對象界定的；對佛洛伊德來說，客體都是偶然而可替換的，只是本能的短暫目標，而本能的目標則是由意欲主導。就如對尼采來說，主體和客體不過是驅力作用下暫時的產物；而主體和客體的二元性最初的形成，則是出於愉快與不快、內射（introjection）和排出（expulsion）等更深層的辯證關係，這是由於自我把世界一些片段分離出來，又把其他一些片段砸碎，建立起原始的同一化，而自我則成為了它們的倉庫或墓地。如果是這樣，佛洛伊德就像尼采一樣，一舉解構整個傳統美學的難題：那就是一個自我同一的主體和一個穩定的客體的對立，而美感鑑賞力則可以使我們有如奇蹟一般地超越它們兩者的疏離。它不再是在想像的片刻把主體從疏離中拯救回來；因為主體無論如何就是疏離的，主體由於欲望的運作而在自己面前變得怪異。如果客體還有什麼重要的地方，那就只在於失去它們的時候。就如茱麗葉·米徹爾（Juliet Mitchell）透過拉岡式的論辯指出的，欲望的客體作為客體而存在，只在嬰孩失去了它的那一刻才開始。[7]當客體被移除或禁止，它就留下欲望的痕跡；要穩固保有客體，只有讓它現身於失落的記號之下，它的顯現被持續失落的可能性扭曲和遮蓋。居於客體核心的這種緊張不安的虛空性，這種永久的疏離可能性，貫串了客體每個面向，古典的美感表象正是以拜物的有機體論去潛抑這個現實。

因此，在某個意義下來說，佛洛伊德的思想是完全「美感」的，全部和感官生活的場域有關。如果說我們的愉快和不快的運動造就了一個客觀世界，那麼我們和這個世界的所有非美感關係，就都會繼續充斥著這種原始的快樂主義。快樂主義由於和自我主義以殘酷的侵略性糾纏不清，因而不具有美感快感在古典意義下的無害性質：美感快感是為了逃避卑劣的本能的一個喘息空間，而不是它的產物。佛洛伊德替無害的、拆除引信了的快感找回原有的殘忍、不悅、怨恨、虐待狂和惡意以及種種否定性和變態。他相信美感態度可以補償存在所招致的痛苦，卻不能保護我們免於它的打擊；如果說美感被想像為豐盈和平衡，或是種種實現了的權力，那麼自斯威夫特

（Johnathan Swift）以降的思想家，也只有少數人會像洛伊德這樣強烈質疑這種理想。快樂原則自始至終主導著我們的心智功能，但它卻是與整個世界對立的；它的實現幾近不可能，因為在創世計畫裡並沒有要讓人類活得快樂。佛洛伊德對人類社會的陰暗觀點，就如霍布斯一樣，使得他無法想像社會有辦法對人類潛移默化，道德在他的想像中也只能是個束縛的力量而非解放力量；因此，他和霍布斯一樣，把夏夫茲博里、席勒和馬克思的願景拒於千里之外，不認為使人類潛能實現的社會秩序本身是可喜的最終目標。在這個意義下，他是徹底的反美感主義者，就如呂格爾所說的，他「對於所謂的美感世界觀」不假辭色。[8]我們或許可以更準確地說，佛洛伊德繼承了十九世紀波瀾壯闊的美感化浪潮的某個層面，以深刻的悲觀精神，接受了這方面的遺產，那是變質了的傳統，現在已經無法回歸純粹理性主義的概念，因為美學完成了它的破壞任務；但是對於同樣抗拒尼采和海德格思想的佛洛伊德來說，這條美感化出路也沒有帶來什麼希望或喜悅。如果說佛洛伊德一直是理性主義者（儘管他像斯威夫特一樣，是對理性很懷疑的理性主義者），其中一個原因在於他夠冷靜，不為情所動，不會輕率頌揚本能、直覺和自發性，那些都是最為素樸的美感主義門徒必然認定的討厭附加條件。事實上，這種思想的特定歷史流派，驅使佛洛伊德走上自我放逐之路。

§

[268]

有個故事佛洛伊德聽了也許會很欣賞：據說，摩西帶著刻有上帝律法的石板從西乃山（Mount Sinai）走下來，向聚集的以色列人說：「我把它刪減到十條了，但不可姦淫仍在其中。」

佛洛伊德認為這些律法是他最古老的敵人，他的治療計畫大抵上就是要減低律法虐待狂一般的殘害，那是足以使人瘋狂或絕望的。對佛洛伊德來說，律法當然不只是敵人，因為在他看來，如果你不受它支配，你就被視為有病了；但這是一種過度的暴力而必須對抗它。起碼在佛洛伊德其中一種說法裡，這種律法或「超我」（superego），就是「本我」（ego）的一種分化，透過它而讓本我（id）貪婪的能量疏導和轉移成為對於「自我」的冷酷無情的暴力。超我的源頭，就在於佛洛伊德在《自我和本我》裡所說的個人最初並且最重要的仿同（identification），也就是他自身史前階段裡的父親。[9]由於這方面的仿同先於任何客體欲力投注（object-cathexis），自我的這個部分和另一個部分形成對抗，它成為了道德理想、良心的聲音和嚴厲的判官。超我的形成是本我在自我那裡的行動招致的自我分裂。作為父權禁令的內化形式，超我是伊底帕斯情結（Oedipus complex）的繼承者，是這齣可怕大戲的殘留影響；而事實上，它對於這種情結的潛抑作用（repression）有著決定性的影響，因為男孩對於父親的敵意轉化為對於他的象徵性角色的仿同。超我因此是本我最早的客體選擇的殘留；但它也代表了佛洛伊德所稱對那些選擇所產生的強力「反向作用」（reaction-formation），因此它誕生於一種矛盾。它一方面激勵孩子要像父親，一方面又禁止他從事父親某些最令人羨慕的活動。超我因此是一種矛盾或不可能的狀況，面對一個謎題或兩難處境而無法服從它的命令。[10]由於超我是伊底帕斯情結的繼承者，因此，正如佛洛伊德所說的，它「也是本我最強烈的衝動和最重要的欲力變化無常狀態的表現」，[11]比自我更接近潛意識。因此，在掌控伊底帕斯情結的行動中，自我迫使自己服從於本我，或更準確地說，服從於超我所意指的本我表象。

這一切都賦予律法可怕的力量。超我這麼強勢，那是因為它是原始的仿同的結果，在發生的時候，自我仍然相當軟弱；而由於超我源自伊底帕斯情結，它「因此把最重大的客體引進自我」。[12]它是一切唯心主義的源頭，也是我們一切罪惡感的源頭；它既是大祭司也是警官，既是正面也是負面的，是欲求對象的形象，也是禁忌和禁令的推行者。作為良心的聲音，它的源自閹割構成的威脅，也是我們自我憎惡和折磨的幕後推手，對此，佛洛伊德諷刺地評論說，「正常」的人比他所知的遠遠更不道德，也遠遠更道德。這種不可阻擋的律法，對膽怯的自我施以佛洛伊德所謂的「非比尋常的嚴酷暴烈對待」，以無情的暴力向它肆虐；在憂鬱症或嚴重沮喪的情形下，這種暴力可能導致自殺而使自我滅絕。[13]佛洛伊德指出，在這些特別的情況下，超我的殘忍能量得以如實揭露出來，開顯為「死亡本能（death instinct）的純粹文化」，超我抓住這個本能，把它變成掠奪的目標。

超我不僅是自相矛盾的，在某種意義下更是自我瓦解的。佛洛伊德假定人類同時具有一種基

[269]

本的自戀傾向以及一種基本的侵略性；而文明的構成同時包含了兩者的昇華（sublimation），把它們疏導到更高遠的目標。我們部分的基本侵略性因而從自我疏導出來，而和**愛神**（Eros）融合，這是促使人類建構城市、支配大自然、創造文化的力量。在我們的攻擊性中潛伏著的死神（Thanatos），因而從它的惡毒意圖被誘騙出來，而和建立社會秩序的努力綁在一起。但這種社會秩序必然導致放棄本能的滿足；因此，我們的侵略性部分被趕回到自我身上，成為超我的代理執行者，那就成為了法律、道德和理想主義等對社會運作的必要元素。由此而來的矛盾就是，我們越是文明，就會被罪惡感和內在侵略性撕裂。放棄本能滿足的每一步，都強化了超我的權力，強化了它的殘暴性，深化了我們的罪惡感。我們愈是成為令人仰慕的理想主義者，就愈是在自身之內助長一種毀滅性的自我憎惡文化。而且，我們愈是把部分的自戀欲力疏導到文明的創建，就愈是掏空了自身內部的資源，以致成為了**生存本能**的宿敵（**死亡本能**）的掠奪對象。對父親的仿同包含了一種昇華作用，因而這是「愛欲」驅力的去愛欲化，在佛洛伊德所描述的潛意識嚴格資源分配中，使得這個驅力丟盔棄甲，更是無力對抗死亡驅力這個強大敵手。

在這個意義下，佛洛伊德認為文明是很獨特的自我毀滅形式。超我在構成上極為矛盾，既表現了本我，也是對本我的反向作用，從伊底帕斯情結取得能量，卻反過來潛抑它。以一種無情的反諷，它從本我那種瘋狂的非道德力量中抽取一部分，用於追求社會理想主義和道德的純粹性。要對抗本我、潛抑本能，就更容易受到本我以另一種偽裝的毀滅性傷害；因此自我自始就陷入徒勞無功的處境，四周被致命的敵人圍困，在討價還價中，只獲得卑微的結果。可是超我的內部複雜性還要進一步延伸。因為它在一個層次上是外在權威的內射產物，在另一層次上，又糾纏於自我對自身的基本侵略，佛洛伊德在後期著作裡認為，它的受虐狂比虐待狂更根深柢固。就如佛洛伊德所說的：「超我的虐待狂和自我的受虐狂互補而結合起來，產生同樣的效果。」[14]如果說超我因而是一種多重規定（overdetermined）的現象，在另一個意義下，它也是這樣。因為它對自我的敵意，同時是內射了的家父長作用，也是孩子本身對於這作用的攻擊性反應。這就像是說，孩子把家父長式的嚴厲對待方式搶了過來，把自己的敵對反應和它融合起來，然後兩者一起用來對抗自我。就像李歐・貝爾薩尼（Leo Bersani）所說的：「孩子會機靈地認同那種〔家父長式〕權威，不是為了在心裡延續它的懲罰，而是為了在自身安全地擁有它，把它作為自己的侵略衝動的對象或受害者。」[15]簡單來說，超我對於懲罰它的父親擁有了一切復仇的意圖；「對侵略性的抑制，」貝爾薩尼指稱：「是滿足侵略的唯一現實可行的策略。」[16]超我因此代表了過去和現在之間、又或嬰兒階段和人格成熟階段之間的一種矛盾：就在它向我們顯示人類理想境界之路的一刻，它無情地把我們拉回到童年階段。「透過超我的制度化，」諾曼・布朗（Norman O. Brown）寫道：「父母內在化了，人類最終成為自身的父親，代價卻是變成自己的孩子，並且使自我待在嬰兒階段。」[17]

佛洛伊德這整個論述最具破壞性的一步，在於揭露律法其實是建立在欲望之上。律法只不過

[271]

是本我的一種模態或分化；因此它不再像傳統唯心主義所主張的，設想為一種超越性的權威秩序而不受欲力的傷害。相反的，佛洛伊德的著作說，這種崇高的理性能力是近乎瘋狂的非理性，在行使權力時，殘酷、復仇心重、滿懷恨意和惡毒、自負而偏執狂，它的專斷要求到了肆無忌憚的瘋狂程度。就像馬克思眼中的政治國家，律法看似超越性而堂皇威嚴，事實上卻是欲望的昇華，「愛憎」深植其中，卻裝出公正無私的樣子。它完全沒有現實性，對於什麼是自我能合理地抵受的，以及什麼命令超乎自我的脆弱力量，都駑鈍地一無所知。呂格爾寫道：「康德談到欲望的病症，佛洛伊德卻談到義務的病症。」[18]其實，佛洛伊德在〈受虐狂的經濟問題〉（The Economic Problem of Masochism）一文裡明白表示，康德的絕對命令是伊底帕斯情結的直接繼承者。所謂律法只是一種傲慢的恐怖主義，就像聖保羅眼中的摩西律法，只是要告訴我們有多麼難以達到它的要求，它指示我們要避免什麼，卻沒有告訴我們如何達到展現在我們眼前的理想。說到了超我的禁令層面，佛洛伊德無疑會認同奧登（W. H. Auden）戲稱的道德律法無用論，認為那不過是觀察了人性，然後再加上一個「不」。我們所說的道德，因此是一種永久的自我異化；每個人類主體都被一個外來的主人殖民占據，那是自我的內奸。

因此，佛洛伊德的超我相當於本書中和領導權對立的政治高壓手段（coercion）。它代表了絕對、粗暴而無啟發作用的理性，在席勒看來，它亟需感性的調節。這種政治權力形式適合舊時的統治：統治的君王對於臣民的感受和能力不聞不問。就如佛洛伊德所說的，超我「沒有充分顧慮到人類心智構成的事實，它在發號施令時，沒有問一下人們是否能夠服從。」[19]它有著權力的一切傲慢，卻毫無權力的狡獪技倆，沒有任何策略意識和心理洞見。因此問題就是，這種粗野的專制統治，怎樣能擁有領導權；我們稍後就會看到佛洛伊德對這個問題的答案。

不過，權力奠基於欲望的這個事實，倒是傳達了一種矛盾的政治訊息。首先，它無疑使得佛洛伊德所說的律法銳不可當。高壓政治之所以能夠負嵎頑抗，在佛洛伊德看來，就是因為它們在不為人知的情況下是由無法安撫的欲望所驅動，具有了潛意識的一切近乎盲目而頑強的特質。這無疑就是為什麼它們那麼難以被推倒的其中一個原因。要推倒一個純粹由理性共識或有意識操作所維繫的權力結構，就容易得多。如果我們相信佛洛伊德所說的，後期資本主義社會維持它的統治，不僅透過警察力量和意識形態工具，它還偷襲奪取死亡驅力、伊底帕斯情結和人性原始侵略性的資源。根據這種理論，因為那樣的政權能借助人類主體的動亂結構裡的這些力量，它有時就具有像大山屹立不搖的頑強抵抗力。簡單來說，維繫權力的力量是強迫性而病態的，它抗拒轉變力量的頑強表現，就像一個接受精神分析的對象，只會重複而不會記憶。文明的繁衍，是透過把本我一波波的驅力逼到角落而凌駕於它，透過自我某個部分的接力操作，使那些驅力反噬自身，由此而產生的潛抑，和潛意識自身的生命力一樣毫無節制。

欲望和律法既是同床伴侶也是死敵，這個事實可以有好幾種不同表述。如前所述，律法本身包含著欲望；欲望表現為原始戒禁的律法，才在世間顯露出來；而禁忌在本質上就會加強它們所禁止的欲望，激起它們原本反對的強烈欲望。人們認識到律法和欲望的交錯重疊，而在我們的時代造就了某種流行的政治悲觀主義；的確，沒有任何「表現和潛抑」的簡單對立模型（例如馬克思至少局部採用了這種模型），能夠不受佛洛伊德論述的衝擊而屹立不搖。如果律法和欲望是同時誕生的，那就不可能設定一種具有內在創造力的欲望，而指稱它的表現只是受挫於頑強的外力。但也可以從另一個角度來看待這種不幸的情況。如果律法真的是超然而無私，那麼政治左派人士就幾乎難以有作為了。正由於律法從意識形態上來說，並不是如它原本想表現的那麼不偏不倚，這就同時構成了政治上的障礙和機會。如果說，律法以欲望為基礎會加深其毒害，那其實同時也使得它陷入危殆而問題纏身，真正超然的權威可不會這樣。它會以其被閹割的痕跡，把自身的欠缺隱藏在「邏各斯中心論」（logocentrism）的背後，事實上，它同時有潛意識的不穩定性和驅力性。它的過度狂熱是它的保護罩的裂縫，不僅因為這顯露了它因為有欠安穩而採取急躁的專橫手段，也因為律法造成無休止的自我否定，激發起它原本要戒禁的欲望，聲稱要建立秩序卻又治絲益棼。律法對現況失去了控制，它的命令無法堅持下去，以致它的受害者沒有其他選擇：要不是任由精神病發作，就是起而反抗。這兩種行動都是苦樂參半。佛洛伊德就是想到了這方面的反抗，而在《一個幻覺的未來》（*The Future of an Illusion*）寫道，如果在一個社會裡為了小部分人的滿足而使大部分人受到壓抑，社會發展卻無法突破這種境況，那麼這個社會就「從來沒有長治久安，也不值得如此」。[20]佛洛伊德補充說，在這種情況下，我們不能期待文化上的禁令能夠在被壓迫者心裡成為內在律令，也就是說政治權力無法演化為領導權。

如果說，律法則包含著矛盾，那麼，在它的支配下了無生氣的人，也會有類似的兩面性。政治激進分子的真正敵人，不是金錢的巨大力量，而是受虐狂：也就是我們竟然愛上了律法，渴望被它約束。如果說，超我源自父親形象的內射，那麼它裡面就同時包含著孩子對父親的愛意和恨意。佛洛伊德把自我對懲罰的渴求連接到孩子期望在父親面前挨揍，[21]這是「情慾」的受虐狂和「道德」的受虐狂的接合。這種心理狀況是很深層的，因為對權威的順服和尊敬，是愛的最早期體現，比性愛的萌生還要早。「從本質上來說（也就是從本源上來說），」菲利普·里夫（Philip Rieff）寫道：「愛是專橫的；性愛（就像自由）是後來才出現的，而一直伴隨著它的風險就是，有一種更深層的順服和被支配的欲望會凌駕它。」[22]李歐·貝爾薩尼甚至說，受虐狂是性愛的「要素」，因為性愛對自我造成的近乎毀滅性的衝擊，如果沒有這種反常的滿足，是很難抵受的。[23]拉普朗什（Jean Laplanche）也談到「受虐狂在人類性愛中的重要角色」。[24]可是，沒有愛不是矛盾的，我們尊敬有權有勢的人，卻也會在潛意識裡對強烈仇視他們。人們意識到自己要倚賴他人，勢必會傷害到自以為全能的自戀性幻想，那是個完全從我們的心裡醞釀出來的安慰信念。雖然自我渴望自己被囚禁，但是看到他的獄卒被從高處被推下去，卻也會幸災樂禍，儘管在一種伊於胡底的辯證下，其結果就是產生罪惡感以及更加的屈從，而看到獨裁者被推倒，卻會更是高興。

佛洛伊德對律法和欲望的概念，看來推翻了高壓統治（coercion）和領導權（hegemony）的傳統政治理念。作為一種專制統治者，專橫的超我殘酷地寸步不讓，招致反叛應該是意料中事。但是雖然它如此悍拒妥協（那是因為它和本我的親密關係），但是我們在欲力上卻又和它糾纏不清，因而使它對我們的掌控更加厲害。那是個顯而易見的弔詭，那支撐著律法的高壓統治的東西，同時也鞏固了它的領導權。佛洛伊德在談到社會衝突時說：「被壓迫的階級可能在感情上依附於他們的主人；儘管他們仇視其主人，卻也可能從主人身上看到他們的理想；除非潛存著這種差強人意的關係，我們實在不可能理解，為什麼那麼多人類文明，儘管和人群為敵，卻仍能長期維繫不墜。」[25]佛洛伊德所說的從外在的家父長式行為者過渡到它的內射（也就是超我）的過程，正好相當於從專制統治到領導權的政治轉移，過渡轉移後的結果，被視為律法的內在化，使它成為了自身存在的原理。然而根據佛洛伊德的分析體系，這種過渡看來一點都不像會減輕律法的嚴酷；相反的，就如他在《文明及其不滿》裡提到的，由於我們和自己的不幸沆瀣一氣，它會導致一種「永久的內心愁苦」。我們因為害怕它的暴力而放棄了一種外界權威，卻又穩穩地把它植根在我們心裡；我們因為害怕這種權威而把本能的滿足棄絕。在某個意義下，這代表了更深層的順服；因為這種內在的良心並不像實際上的父親，它是無所不知的，知道我們最隱微的潛意識欲望，除了因為我們的實際行動，也會因為這些欲望而管束我們。而且，和任何合乎情理的父親不一樣，我們愈是服從，它就愈是要懲罰我們。如果說我們壓下了侵略性，它反而會抓起這種沒

[275]

有實現的暴力，把它扔到我們身上。就像領導權一樣，我們因而對於律法則感到心悅誠服；但那只是加深了專制的力量，而不是使人對於他的負擔甘之如飴。

在《圖騰與禁忌》（*Totem and Taboo*）裡，佛洛伊德對於從高壓統治到領導權的過渡提供了有如個體發生學（ontogenetic）一般的描述。他提到說，除非父權式專制君主肆無忌憚的意志受到限制，否則不可建立任何文明；要實現這方面的條件，就是讓專制君主死在部族裡眾兒子的手上，然後眾兒子在彼此之間引進律法，從而建立共同體的凝聚力。高壓統治仍然存在，可見於內在化了的死去的父親以及工作的必要性；佛洛伊德以馬克思式的思維提出，所有社會在根本上都有一種經濟動機。[26]如果說社會生活的其中一種支配力代表著必然性或高壓的「命運之神」（Anake），那麼另一種支配力就是屬於領導權問題的「愛神」。後者是把社會關係黏合起來的力量，使得這些關係令人欲力方面的滿足，因而對社會團結提供一種「美感」的基礎，而有別於客觀的物質基礎。佛洛伊德寫道：

〔文明〕的目的在於以一種欲力的方式凝聚共同體的成員，並運用一切能達成這種目的的手段。它認可任何能在成員間建立強烈認同的途徑，它因此會召喚壓抑其目的的本能衝動，從而以友誼關係加強共同體的團結。為了達成這種目的，對性愛生活的限制是無可避免的。[27]

可是如果說那是維繫社會的方式，那麼它也是問題的癥結。因為性欲和侵略會和這些社會目標形成衝突：文明對愛構成威脅；愛慾越是昇華為那些遠大的目標，就越是受到死亡驅力的傷害。只有少數人能成就有效的昇華；對佛洛伊德和柏克來說，大部分群眾只能倚賴人為的強制昇華，而那總是成效不彰。昇華看來是唯一的途徑，能不必透過潛抑就可以滿足自我的要求，然而這是危險而無法令人滿意的做法。簡單來說，領導權的進程既片面而又有自我毀滅的作用：它既會維繫社會，恐怕也會撕裂社會。

如前所述，傳統美學思想想像著透過意欲主體的一種超越性律法的內射。可是佛洛伊德的學說使得這種典範大為複雜化：因為這個方程式裡的律法和欲望現在更加分裂、歧義、不穩定而且互相依賴。如今不再是把一種善意的律則烙印在「感性」上，而是使本身就空洞而分裂的身體承受一種極為自相矛盾的律法。我們察覺到那種看似冠冕堂皇的律法並非真的如此；而我們也必須承認，比律法那種匿名的命令更個人化且直接的欲望，本身也是一種非個人的力量。

[276]

§

我們以拉岡著名的口號來說，欲望是對他者（the Other）的欲望。對他者懷有欲望，就是對那個他者所意欲的對象懷有欲望，因為這個欲望是他者的「本質」之一，我們必須認同它，才能夠和他者合而為一。可是這是個弔詭的說法，因為欲望會使主體分裂和分散，它根本不是什麼本質；因此對他者的欲望懷抱著欲望，對那個對象來說，其實是一種外在的東西，就如他們也是外在於自身，糾纏在自身的去中心化進程中。欲望永遠不能命中它的目標：它墮入他者的缺憾，然後轉身離開它們。欲望圍繞著他者的身體打轉，然後回歸自身，由此更添缺憾，因為它在別人的欲求中複製了自己的欲求。認同他者其實是和他者所欠缺的東西融合，因此在某個意義下，就是根本沒有認同什麼。

孩子並不是對母親懷有欲望，他的欲望對象是母親的欲望，或至少他以為那是母親的欲望，那是他所欲求的想像性的豐盈。當孩子奮力為母親描畫這種豐盈，為她在心裡表象出想像性的陽具，卻發現他做不到：母親的欲望離孩子而去，跑到外面了。女性的欲望不在於這個孩子。孩子體認到這一點，心裡產生了缺憾，因而複製了母親的缺憾；孩子有所缺憾，因為母親所欠缺的不是他。這時候，「以父之名」的律令或閹割法則起了干預作用，把孩子的缺憾從特定對象（他面對母親而形成的缺憾）轉化為一種普遍狀況：當欲望被潛抑到潛意識裡，孩子的缺憾就不僅是特定的東西，而是一種超出所有特定對象的普遍缺憾。閹割法則的關鍵一刀，在孩子的存在深處把他的缺憾普遍化了。

孩子墮進了伊底帕斯危機，他或許不能指出他的缺憾究竟是什麼，但他至少可以誤認那是什麼：如果母親對他沒有欲望，那就是必然對父親有欲望。可是女性的欲望也不在於那個男人，正如她的欲望不在於那個孩子。女性的欲望對象也不是陽具本身，而是陽具的象徵，也就是她想像中的圓滿。可是陽具象徵是一種不存在的假象，那只是意識形態虛構的事物。孩子在母親體內搜尋它而徒勞無功之後，就想像父親必然有這種東西。他這麼做，就把律法神祕化了，使它成為想像中的豐盈，並想要認同它，作為自我實現的途徑。母親或許遭被閹割了，但律法當然不可能被閹割。也許對於律法的戀物癖，會阻擋掉閹割的可怕認知。可是律法也是意識形態的虛構事物，也和孩子因著同樣的欲望而瘋狂。如果孩子誤認了律法，律法也同樣誤認了孩子；因為孩子的欲望其實並不是他的母親，而是母親所象徵的圓滿，也就是他被騙而誤以為在母親體內的陽物象徵。沒有任何個體會傾向以他人作為欲望對象；那非關個人的事。欲望是完全非關個人的（impersonal），是一種沒有結局和開頭的進程或網路；儘管父親、母親、孩子三個主角都牽涉其中，任何一者卻都不是欲望的源頭或目標。三者在這個境況裡，欲望的對象在任何時候都越過其他任何成員，只在抽象的「他者」領域裡會合。孩子接上母親的欲望，在虛假的希望中，以為那就能揭露他以為是母親欲求的陽物象徵。如果孩子不能成為母親的陽物象徵，他至少能和母親一起無止盡地追求它，因而在某個意義下他和母親在一起，在另一個意義下卻離她而去。孩子認同母親的欲望，卻因而超越了她，使他和母親分離。孩子在自身欲望的洪流下，離開了母親而遠去。

我所追求的想像中的豐盈，我所愛的人或許不能賜予我，但她至少能賜予我她所擁有的最真實的東西，也就是她自身對那個豐盈的欲望。我們把自身的欲望轉移到對方，這就正是說，我們

[278]

都不能在彼此身上達致圓滿。因此，說「我愛你」就等同於說「是你使我無法滿足！」提醒對方並不是自己欲望的對象，這使自己顯得多麼不凡而獨特……

§

因此，欲望本身看似是以某種匿名的、有如律法一般的方式在運作；這使得傳統的美學模型更為複雜，因為在這種模型裡，欲望一般設想為個人的需要或願望。事實上，佛洛伊德拒絕任何認為律法能「成功地」內化的觀念，而這就是他對我們的思想傳統最徹底的挑戰。不錯，他談到伊底帕斯情結終究會瓦解，但對於他最令人困惑的洞見來說，這種說法的準確性著實使人懷疑。自我永遠不能把超我完全變成自己的一部分；他所面對的，一方面是律法的理想和專橫的命令，一方面是律法對於嚴酷現實（包括本我和外在世界的現實）視若無睹，而只能在兩者不斷地策略性談判或條件交換。它所隱含的政治意義也是矛盾的。如果佛洛伊德是正確的話，那麼我們就要和烏托邦的一切可能性說再見了。認為種種善意的律法會完全內在化而被用來作為人類自由的基礎，這種美感性的理想只能是一種幻覺。首先，在佛洛伊德眼中，律法並不是善意的；此外，這種自然的佔用被我們充滿矛盾的反應先發制人地攔阻了。可是，在此同時，我們也可以和反烏托邦思想說再見，這是指一種「全體的」社會秩序，所有社會成員在其中，把自己的欲望完全等同為社會秩序法則。這種看法只著眼於我們對律法的受虐狂式喜愛，而忽視了我們對律法的深沉痛恨。律法使欲望誕生，但欲望總是會超越律法而干擾它，而律法使主體感到缺憾，正是這個歷程的動力。「律法和本能衝動之間的對抗，」里夫寫道：「既不能有勝利也不能有失敗。」[28]在律法之下，我們永遠無法安穩，從政治上來說，那其實有得有失。因為有些律法確實是善意的，保護我們不受傷害，並在我們之間創造出共同體的條件；而在佛洛伊德的觀點下，就算是最開明的律法，我們也會對它的限制心懷恨意，這就構成了嚴重的政治問題。可是，我們都有能力很自然地內射這種力量，卻可能導致我們認為法西斯獨裁是一種獨特的個人實現。當然，很多人就這樣做；但如果佛洛伊德是可信的話，這種情況就無法免於嚴重的衝突。

佛洛伊德認為，由於女性在伊底帕斯情結方面的特殊發展，超我在她們身上的作用沒有男性那麼顯著；他又一臉鄙夷地談到女性在放棄本能衝動方面的能力有多麼薄弱。這種性別主義的評語也許有其道理。歷史證據似乎顯示，比起男性，女性比較不會受到超越性的意符的支配，也比較不會被國旗和祖國或愛國主義催眠，又或因而高呼「人生萬歲」而勇敢踏步迎向未來。但背後的原因大抵上應該是在於歷史的方面而非精神的：一般來說，女性的地位不足以使她投入這些行動。即使如此，在社會因素和若干心理結構的交互作用下，一般來說，符號體系對於女性的影響沒那麼直接，她們也比較不信任權威，比男性更能察覺到權威的缺失。由於她們的社會情況，同時也許由於她們與自己身體的潛意識關係，女性或可說比男性更「自然地傾向於唯物主義」；男性則因為深受陽物象徵影響，看似更習慣傾向於抽象的唯心主義。就如賈桂琳・羅斯所說的，陽

[279]

物象徵終究只是一場「騙局」；[29]但可能有心理和歷史的原因可以解釋，相較於男性，為什麼女性在社會和政治層面的觸覺更敏銳，因而比較不容易被權力的傲慢矇騙。

精神分析實踐的目的，大抵上就是要對抗超我瘋狂的脫離現實，勸導超我放棄若干過於專橫的要求，或至少負擔輕一點。這種治療方式必須嘗試使超我更包容、更理性，戳破它虛假的理想主義，扯下它偽善的面具。在這個過程中，精神分析師作為一個具權威的人物，必須自我克制而不能太嚴厲，而盡可能和分析對象避免任何原欲方面的糾葛，他的角色相當關鍵。分析師必須試著誘導病人的欲望，擺脫對於父母權威的倒退（regressive）屈從，由此獲得釋放，建立更平等的關係。由於對父母的尊敬是我們最早期的仿同形式，這種轉變必然是痛苦而片面的。在佛洛伊德看來，也許我們充其量只能期待和超我極為暴虐的態度暫時妥協（modus vivendi），透過談判，探討在這個嚴酷的框架裡能建立什麼更有創造性的關係。精神分析在實踐上引導我們逃離無法戰勝的戰爭，勸導我們放棄和死者必敗無疑的鬥爭（agon），釋放被箝制的力量，用於其他目的。至於那是什麼目的，佛洛伊德像馬克思一樣，沒有指定什麼方向；佛洛伊德也像馬克思那樣，試著把我們從史前階段轉移到歷史階段，化解那些把我們鎖定在過去的衝突，不過佛洛伊德是在個人層面做這樣的事。達成之後，也就是當「談話治療」（talking cure）完成了它的任務，我們可以在修正了的過去敘事基礎上決定自身未來的歷史，這時它的分析構架會像革命性政治行動一樣趨於凋萎。可是不管是精神分析還是政治革命，只有透過回憶過去的恐怖統治（班雅明稱之為被壓迫者的傳統），我們才能從當中解放出來。資本主義社會以商品的無休止重複為核心，透過被稱為意識形態的自我欺騙，以身心症的方式潛抑一個前所未有的殘忍真相。

這個分析架構涉及的事情，用政治語言來說，就是逐漸從專制君主的超我過渡到佛洛伊德所說的「君主立憲」的自我。自我是律法和欲望的殺戮戰場，交戰雙方其實是一種緊張、不穩而矛盾的同盟關係。在病人的人格結構裡，專制的力量必須經歷席勒所主張的「美感」轉化，才更能夠呼應主體的感性需求和願望。對席勒來說，要達成這一點，就要讓律法和欲望展開成果豐碩的相互滲透，在藝術或玩樂的片刻，讓形式原則和感性原則互相軟化對方的強硬要求。佛洛伊德沒有這樣的烏托邦希望；但是從政治上來看，也可以說是好事。如果分析的架構促成對於真相的實事求是，體認到我們永遠不能除掉父親，那麼就會醞釀出對於父親過分的要求的批判性懷疑。這麼做就是既不否定也不利用律法，而是對它生起一種矛盾的態度，那會比使我們感到痛苦的嬰兒期矛盾更具創造性。

在不止一種意義下，佛洛伊德所說的超我是個悲劇敘事。我們荒誕不經的煎熬，和超我脫不了關係；但超我也具有一切悲劇藝術的傲慢而不妥協的性質，那是和貴族專制和禁慾式的捨己有關的英雄模式。唯有喜劇才有辦法和這種永不言悔的純粹性一較高下——那是一種更包容、反諷、揭去假面具的形式，本質上是唯物主義和反英雄主義的，欣然接受人性的軟弱和不完美，在挖苦的心態下，承認所有理想都是有瑕疵的，拒絕對個人有過度要求，以免陷入使人鄙視的理想

[281]

破滅。所有理想主義都是兩面刃，它激發我們有所作為，也讓我們察覺到自身的不足。列寧（Vladimir Lenin）曾說，對所謂純粹革命懷抱夢想的人，終其一生都不能如願。喜劇就如燕卜蓀所說的田園詩風格，認定真理、美德和美的啟迪價值，但也了解到要如何避免這些值得讚賞的目標對人類構成恐怖的威脅，以免人類的弱點招致痛苦並使人喪失所有自信。喜劇和田園詩歌頌每個個體表面上的共通人性，並宣稱那比每個人的分別更重要。政治激進分子理所當然地痛恨現有社會體系，其中一個原因就在於它使我們太在意階級、種族和性別的劃分，而它們終究都不是那麼重要。它使我們在這些方面費盡心思，而不是把心思釋放出來，用於更有益的目的。喜劇嘲諷且貶抑那些劃分我們的因素，揭示它們往往只是反動的神祕化想法；但就如克里斯托佛．諾瑞斯（Christopher Norris）談到燕卜蓀的所謂「複雜詞彙」（complex words）時指出，喜劇也帶有「一種性質踏實的健康懷疑論，……它容許〔我們〕憑著對人類的需要和相關弱點的共同認知，建立起對人性的信任。」[30]佛洛伊德對人性沒有多大信任，他說的一些笑話都很討人厭；但他和馬克思以及燕卜蓀一樣知道，對人類的任何同情心，如果不是奠基於對人性的黑暗面的全面審視，就只會是浪漫的濫情想法。佛洛伊德所有的殘忍醒悟，還有他對被囚困在本我、超我和外在世界之間的自我的憐憫，其實和喜劇精神相去不遠。他無法獲致的，是和他同為納粹受害人的布萊希特（Bertolt Brecht）的辯證視野，這位馬克思主義喜劇家，把對人世間的不完美、缺憾的敏銳觸覺，和最決斷的革命承擔結合在一起。在我們這個時代裡，當這兩個取向漸漸兩極化而互

[282]

斥，布萊希特為我們提供了很了不起的教訓。

佛洛伊德的所有精神分析思想，都和他的政治學不可分。不管他如何致力於對抗超我，在政治上來說，他是個悲觀的保守派威權主義者（authoritarian），當他談到群眾無理性的激動情緒、工人階級習慣性的怠惰和愚昧，還有對於魅力型強人領袖的需要，就充滿了小資產階級的平庸性。[31]只要他談到和政治直接相關的主題，他的智力就明顯粗糙起來；就像許多中產階級知識分子，他在意識形態上的笨拙和他天生的機智彼此交戰。如果佛洛伊德經歷過另一種更有希望的政治歷史，那麼他的很多理論原理應該會很不一樣。在他的意識裡，道德不過是潛抑而已；對他來說，道德整體上不是什麼美德，並不如亞里斯多德或馬克思所體認的，是整體生活方式的一種品質，而只不過是一套沉重的命令。他對人類社會負面而悲觀的看法，很有價值地除魅了浪漫的理想主義，甚至因而重現了市場的齷齪庸俗，使人類顯得像豺狼一樣。至於基督教的誡命，要求以愛對待每個鄰人，他也認為只是超我另一個過分的命令；在佛洛伊德看來，欲力沒有太多可施展的地方。比方說，他認為愛每個人就是要暫停對他人的判斷，而有如知性的自殺，然而那卻不是基督教的信條。就如《一報還一報》（*Measure for Measure*）裡的公爵對路西歐（Lucio）說：「愛的表現隨著知識增長，知識也隨著愛而增長。」基督教愛人如己的誡命和欲力的投注作用沒有什麼關係，也談不上什麼內心的發光發熱或心靈的謳歌。比方說，如果你愛蘇聯人，那就應該拒絕他們，甚至考慮把他們燒成灰，即使可能因而使自己被他們燒成灰。僅僅是在腦袋裡思考消滅的行動，更不要說積極為此作準備，在道德上就是邪惡的，那是和愛不相容的行為。打算種族滅絕是絕對錯誤的，所謂「絕對」，是表示在任何具體歷史環境下都是不對的，我們不能為這種行動設想任何合理化的環境因素。我們不必找個性感的蘇聯人，就可以證明這個觀點。如果佛洛伊德使我們醒覺而注意到「**愛欲**」（Eros）和所謂「**愛加倍**」（*agape*，精神之愛）之間的關係，他對愛的考慮就太過偏向前者了。

儘管佛洛伊德對基督教的誡命不假辭色，他倒是相信愛可溯自主體生命的起點，認為它是人類文明的基礎之一。就如克莉斯蒂娃所說的，精神分析實踐本身就是愛的一種形式；[32]而事實上在佛洛伊德看來，愛是我們所有心理兩難困境的起源。這是因為我們全都是「早產」的，我們需要父母長時間地提供物質和感情上的照顧；而性愛就是在這種生物學上必要的親密關係裡開始萌芽。律法和欲望的矛盾也可以在這裡找到根源：由於我們無助而需要保護，這就使得快樂原則肆無忌憚地支配著我們，這就是日後形成的欲望的初始階段；但同樣的事實，也使我們完全仰賴父母，因此使我們在人生起步點上就對於權威卑躬屈膝。這兩種力量，也就是呂格爾所說的「欲望和權威展開大辯論的歷史」，[33]最終以我們的身體作為戰場，展開生死之戰，時而結盟，時而碰撞而互相廝殺。如果我們沒有在嬰兒階段受到照顧，如果愛沒有在人生起點上準備好等待著我們，那麼這種潛在的災難就有可能永遠不會出現。劇作家愛德華・邦德（Edward Bond）在《李爾王》（*Lear*）的序裡很感人地提到我們與生俱來的「生物性的期待」，也就是期待「嬰兒在沒作好準備的情況下獲得照顧，不僅是食物，在感情上也得到安慰，他的脆弱受到保護，他誕生的世界在等著接納他，也知道該**怎樣**接納他」。[34]邦德認為，這就是真正的「文化」，也是為什麼他拒絕把「文化」一詞用於當代資本主義文明。邦德肯定正確地指出，我們所創造的這個世界，不懂得怎麼去接納它的新成員。雖然世人懂得怎麼為嬰兒把牛奶加熱，怎樣把食物搗成糊狀，卻不曉得怎樣保護他們避免毀滅性核子戰爭的可能性，或免於面對漸漸澆薄而沒有關愛的生活方式。邦德察覺到，由於我們的生物性結構，我們應該有「權利」獲得文化，這是從權利的規範性意義來說；因為在這種結構之下，如果沒有文化，我們很快就會死亡。人性裡內建了對文化的「期待」，從這方面來說，某些事實本身就蘊含了某些價值。「文化」這個概念既是描述性的也是評價性的：如果說，一方面它指謂著我們沒有它就無法存活的事實，那麼它其實也是社會生活形式的品質指標，顯示它是否真的保護弱者和歡迎外來者，除了讓我們能存活，更讓我們發榮滋長。我們在這裡也許就找得到政治道德的種子，它的根柢就在我們的身體裡，可是卻不會像自然主義那樣被化約為身體。我們的生物本質的一個重點在於，它是圍繞著一個空隙或空位建構起來，而文化必須植根於其中。這方面的探索是當前文化主義者（culturalist）對生物主義過度反應的未雨綢繆。

早在《科學心理學大綱》（*Project for a Scientific Psychology*）裡，佛洛伊德就有了朝著這種理論發展的意識：

> 人類器官在早期階段，還做不到這種〔獲得滿足的〕特定行動。它必須在外界助力之下完成，一個有經驗的人會因為一次排泄就注意到孩子的這種情況。……這種排泄途徑因此有了一種重要的附屬功能，也就是對他人的了解：人類原本的無助境況，因此是所有道德動機的源頭。[35]

在我們開始把父母親的功能內化之前，在良心的聲音開始在我們耳邊期期以為不可的低語之前，道德的種子就已經埋下了，就埋在不同身體之間要求和反應的辯證中，這是我們最早的經驗，由此而出現的性愛則是一種轉向或偏差。道德的源頭不在於超我，而是在年幼的嬰兒對於照顧他的年長者懷抱著愛意的感激。佛洛伊德沒有提供最終解答的政治問題應該就是：這種情感必然是以生物取向的依賴性為其背景，因此嬰兒學習怎樣去愛，和對權威的尊敬以及侵略性都是分不開的。要如何獲得更對等而公平的愛，因而就是精神分析以及革命政治學的其中一個目標。

[285]

注釋

1 Charles Levin, 'Art and the Sociological Ego: Value from a Psychoanalytic Perspective', John Fekete (ed.), *Life After Postmodernism* (London, 1988), P. 22.

2 Sigmund Freud, *Civilisation, Society and Religion*, Pelican Freud Library, vol. 12 (Harmondsworth, 1985), p. 271.

3 William Empson, *Some Versions of Pastoral* (London, 1966), P. 114.
4 Friedrich Nietzsche, *Beyond Good and Evil* (Harmondsworth, 1979), p. 40.
5 Fredric Jameson, *The Prison-House of Language* (Princeton, 1972), p. 108.
6 Paul Ricoeur, *Freud and Philosophy: An Essay on Interpretation* (New Haven and London, 1970), p. 382.
7 Juliet Mitchell & Jacqueline Rose (eds.), *Feminine Sexuality: Jacques Lacan and the École Freudienne* (London, 1982), p. 6.
8 Ricoeur, *Freud and Philosophy*, p. 334.
9 另見：Juila Kristeva, 'Freud and Love: Treatment and its Discontents', *The Kristeva Reader*, ed. Toril Moi (Oxford, 1986)。
10 參見：Leo Bersani, *The Freudian Body* (New York, 1986), p. 97。
11 佛洛伊德的《自我和本我》，收錄於：*Sigmund Freud: On Metapsychology*, Pelican Freud Library, vol. 11 (Harmondsworth, 1984), p. 376。
12 同前引書，頁389。
13 參見：Sigmund Freud, 'Mourning and Melancholia', *Sigmund Freud: On Metapsychology*。
14 同前引書，頁425。
15 Bersani, *The Freudian Body*, p. 22.
16 同前引書，頁23。
17 Norman O. Brown, *Life Against Death* (London, 1968), p. 118.
18 Ricoeur, *Freud and Philosophy*, p. 185.
19 佛洛伊德的《文明及其不滿》，收錄於：*Sigmund Freud: Civilisation, Society and Religion*, p. 337。
20 佛洛伊德的《一個幻覺的未來》，收錄於：*Sigmund Freud: Civilisation, Society and Religion*, p. 192。
21 Sigmund Freud, 'A Child Is Being Beaten', *Sigmund Freud: On Psychopathology*, Pelican Freud Library, vol. 10 (Hardmondsworth, 1979).

22 Philip Rieff, Freud: *The Mind of the Moralist* (Chicago & London, 1959), p. 159.

23 Bersani, *The Freudian Body*, pp. 39...

24 Jean Laplanche, *Life and Death in Psychoanalysis* (Baltimore & London, 1976), p. 102.

25 佛洛伊德的《一個幻覺的未來》，收錄於：*Sigmund Freud: Civilisation, Society and Religion*, p. 193.

26 Sigmund Freud, *A General Introduction to Psychoanalysis* (New York, 1943), p. 273.

27 佛洛伊德的《文明及其不滿》，收錄於：*Sigmund Freud: Civilisation, Society and Religion*, p. 299。

28 Rieff, *Freud: The Mind of the Moralist*, p. 226.

29 Juliet Mitchell & Jacqueline Rose, *Feminine Sexuality*, p. 40.

30 Christopher Norris, *William Empson and the Philosophy of Literary* Criticism (London, 1978), p. 86.

31 Sigmund Freud, *Group Psychology and the Analysis of the Ego*, in *Sigmund Freud: Civilisation, Society and Religion*.

32 Julia Kristeva, 'Freud and Love: Treatment and its Discontents', *The Kristeva Reader*, ed. Moi, p. 248.

33 Ricoeur, *Freud and Philosophy*, p. 179.

34 Edward Bond, Lear (London, 1972), p. viii；另見本書作者的論文：'Nature and Violence: the Prefaces of Edward Bond', *Critical Quarterly*, vol. 26, nos. 1 & 2 (spring & summer, 1984)。

35 佛洛伊德的《科學心理學大綱》，收錄於：*The Origins of Psychoanalysis*, ed. Ernst Kris (New York, 1954), p. 379。

[286] [287]

第十一章

存有的政治學：海德格

思考一下，任何物體有些什麼特質，既是其**存有**的構成要素卻又看不見？首先來說，那就是物體的時間性（temporality），當我們沉思一個對象時，看到的只是拍照的瞬間，或是時間歷程凝固的片刻，而時間的流轉正是構成它真實的本性。我們與物件的接觸是時間的橫切面，把物件從構成它們本質的時間性抽離，把它們切割為可掌握的共時性（synchronic）片段。如果說時間是如此的，那麼空間也一樣：任何進入我們視野的物體，都是在某個「世界」的背景下，我們隱約感覺到一套交織在一起的功能和位置。這個由種種透視點和關係構成的網路，穿梭在事物裡，直至其核心，提供了一個使我們得以辨認和理解物體的結構框架。一個「世界」代表一個事實，那就是不會只有一件事物存在：若要能夠理解實在界的任何特定片段，就必須把那個片段投射到它隱約牽連而且由雜多構成的龐大網路；又或（以另一個隱喻來說）必須把那個實在界的片段放在某個地平線的前景，而這個地平線當然是一望無際的。一個「世界」並不是某種空間裡的物體（就像在它裡頭的物體），而是透過人類的實踐不斷建構而又重建的整體；因此對現象學來說，談到一個「外在」世界是很奇怪的事，彷彿在說原本就有那麼一個世界，它不必經過人的組織和維繫。但是那個使任何個別物體看得見的支撐性背景，本身卻總是難以捉摸，隨著事物的走到前景，它會逐漸淡出成為無規定性。這是我們在觀看某些事物時以餘光隱約瞥見的，而不是視線直接觸及的。而它永遠不能就其整體而被掌握，從我們視野的角落逐漸消失，暗示著在任何實際的視野之外，還有無限的可能關連。

[288]

我們能看到某物，是因為它向我們呈現；但我們通常看不見究竟是什麼使它呈現的。為什麼事物是我們可觸及和理解的？我們所看到、觸摸到的事物，隱含著某種對我們開放的特性，由於這種開放性不是某種物質性的特質，像顏色或體積，我們很容易認為它的存有是理所當然的；但我們這樣做，就抹殺了事物在任何情況下得以進入我們視野的奧祕，忽視了是什麼使它們可以被觸及。而且我們不僅觸及它，事實上更能理解它，起碼有這樣的潛在可能，而我們可以想像這並不是必然如此的。如果世界是我們完全不得其門而入的，就像史坦尼斯勞．萊姆（Stanislav Lem）的《索拉力星》（*Solaris*）裡深不測的海洋，是我們的論述和知性無法穿透的。試想像物體和我們的舉動沒有任何互動，而和我們隔著一道無法逾越的鴻溝。這樣的思辨是不是空談，抑或它看似空談，只不過因為我們有如患了健忘症，忘記了對於現實的觸手可及、以及我們和它的互動無間，我們曾經驚奇得舌撟不下。我們對於這個事實能有什麼解釋？是否我們只要回應說：如果我們不能認識世界，我們就不會在這裡認識到我們無法認識它，因為對世界的認識是存活的必要條件？

最後，關於物體，我們還忘了一點：那就是物體可能從來就不曾存在過。眾所周知的，萊布尼茲曾經懷疑為什麼世界上會有任何事物存在而不是一無所有。為什麼偏偏是這個獨特的事物取代了原來的虛無？在百無聊賴或焦慮的時候，這個虛無仍然在我們的想像裡驚鴻一瞥。由於沒有任何事物真的非存在不可，卻實際存在著那麼多事物，那不是很讓人驚訝嗎？如果物體根本是偶然存在的，那麼它們不是可以被視為被一種虛無穿透嗎？儘管它們充實的臨在似乎是在否定這種看法。那些實際**非存在不可**的事物，由於是出於必然的，不就和我們在身邊察覺的偶然而可取代的零星片段有所不同嗎？

這些想法，不管你認為它是什麼真知灼見或是神祕主義的胡言亂語，就是海德格的所謂存有（Being）的概括說法下的若干蘊含。任何這種赤裸裸的描述，當然是有限定而且要加以闡明的：在《論時間與存有》（*Of Time and Being*）裡，比方說，海德格就否定存有是時間性的，雖然存有和時間「共同隸屬」並且相互規定；而在〈鄉間小路上的對話〉（Conversation on a Country Path）裡，他則超越了空間視域（spatial horizon）的（形上學的）概念，推進到空間可以在其中開啟的「場域」（region, Gegend）。（就如他以許多人競相模仿的簡潔方式所說的：「場域的形成就是為了某個延伸的棲止處的採集和重新遮蔽。」）[1]可是，如果說我們可以談論存有，那麼對早期的海德格來說，那是因為在世界上各種存有者當中，至少有個獨特的存有者，在它自我實現的過程中，提出包含他在內的存有者不可避免的究竟本性的問題。這個獨特的存有者，他稱為**此有**（*Dasein*），這個奇特的存有者的模式，其本質以存在為其形式，並且以人類為其典型。在實現自身的可能性時，**此有**必然開顯了身邊的事物，以自身的方式去表述它們；而透過這個程序，**此有**使身邊的事物做它們自己，解放它們，使它們自我開顯，對海德格來說，這就是打開**存有**的超越性條件。這種理解所導致的結果首先來說並不是一個概念上的問題，不是關於一個有認知能力的主體面對一個可知的客體並把它向自己呈現的問題。對**此有**來說，在達致這樣一種認知之前，就發覺自己總是和其他事物在交流，交流方式則是預設了**此有**對其他事物有某種原始的接觸通道，這是一種實際的導向作用或熟悉性，這就是在認知行動之前的某種知性，為所有正式的認知奠定了存有學的基礎。要理性科學地認知某一事物，就要倚賴該事物對**此有**的某種更基本的可獲取狀態；而**存有**，起碼在其中一種意義下，就是能使事物的這種先天的手前性（availability, Vorhandenheit）發生的那種狀況，它以某種先於理性、先於認知的親近性和體認，首先已經把事物交付到**此有**手上。所謂真理的古典式理解，是指心智與世界，或主體與客體之間的一種對應；但在這種對應能建立起來之前，很多準備工夫就已經發生了。這個主體和客體從何而來，它們本身的可理解性如何產生，而我們從哪裡獲取可以把它們作出比較的那種複雜程序？海德格在《論真理的本質》（*The Essence of Truth*）說，真理是一種論點，它必須倚賴對事物更深層的揭露，那就是讓現象進入呈現狀態，這是**此有**的超越性效果。我們在認定某種事實時，就預設了一個「開放性」領域，**此有**和世界早就在其中相遇，而且自始至終在相遇，從根本上來說永遠不能分開。**此有**是超越性的自由漂移，不斷從其他事物的純粹事實狀況追溯到它們根本的存有問題；而正是這種超越性開啟了海德格所說的「存有學的差異」（ontological difference），由此我們可以區別存有者（being）與**存有**（Being）本身，了解到前者永不可能窮盡後者。**此有**就好像處於這兩者中間的分界線上，讓自己成為某種縫隙、關係或「其間」（in between）。

[290]

因此，**存有**就像林中一片「空地」，或相遇的一個領域，它既不是主體也不是客體，而可說是主客體相互的自然臨在。如果**存有**基本上決定了某物的實相，那麼起碼對早期的海德格來說，事物的最基本特質，就是在我們對事物有任何具規定性的知識之前，它們就以某種方式和我們互動。**存有**因此是對這個問題的回應：要使我和世界的溝通成為可能，有什麼必須是已然發生的？**此有**的獨特存有，就是要理解**存有**本身，而始終在理解當中，以作為它的實踐媒介。由於它基本上是「在世之有」（Being-in-the-world），它作為一種**存有**形式，必然指向其他事物，這個和事物的密切關係（bound-upness）使得事物自我開顯。

這種風格奇特的思想顯然呼應了古典唯心主義哲學的先驗主義（transcendentalism）。如果**存有**是指物體的可及性，那麼它和康德對於世界的先驗立場有著明顯的關係。但它也因此和康德的美感有獨特的關係，如前所述，這種美感涉及心智和世界如何以一種無言的協定神祕地相互型塑，以作為任何個別認知的基礎。海德格有名的「前理解」（pre-understanding）概念，指的就是在必然的詮釋循環下，現象必須首先是能以直覺領會的，才有可能被認知，在這種意義下，有如回到康德在美感的驚奇發現：原來世界就是一般而言可以理解的東西。海德格彷彿是把這種美學主張整個存有學化（ontologize），使得康德的美感知覺（原本還不是任何確定的知識，而是認知恆久的預設條件），在**此有**的概念下搖身一變，成為人類存有的一種持續取向，對於周邊事物始終有種難以言喻的熟悉。在他論尼采的著作裡，海德格為康德的「美感的無利害關係」學說辯

[291]

護，把它轉為自己的思考語言：「為了找出美的事物，」他說：「我們必須讓眼前的事物以本來面目呈現，以自身的地位和價值呈現在我們眼前……我們必須使遇見的事物自由地保有自身的方式；我們必須容許並賦予原本屬於它的特質，也同樣對待屬於我們自身的特質。」[2]康德所說的美感的無利害關係，因而相當於海德格所說的**存有**，康德所說的「美」也就是客體以其一切存有學的純粹性呈現在眼前。

因此，對海德格來說，人類存有最基本的結構是「美感的」；在《康德與形上學問題》（*Kant and the Problem of Metaphysics*）裡，他批評康德說他從這個具有危險破壞力的洞見臨陣脫逃了。在康德看來，作為感性和理性中介的是先驗的想像力，它建構起讓一切知識成為可能的「圖式」；海德格在解讀康德時，把這種想像力視為「預先形成客觀性本身的視域（horizon）層面」。[3]想像力是感性和知性的共同源頭，也是實踐理性的根柢。康德因此把知識的基礎美感化了，在奠定純粹理性的基礎時也把這個基礎顛覆了；但他焦慮地迴避自己這種思路的激進取向，不願意承認以想像力這樣卑下的東西（它通常和感性有關）作為理性本身的基礎。海德格則把康德的先驗論從認知領域投射到**此有**的存有學，他在其中看到的進程，就是**此有**在和世界例行的交往裡持續開啟出一種視域，在對於任何存有者的認知之前，存有者的**存有**就已經可以辨認了。可是，如果對康德來說，美感是我們認知能力的一種突襲或對象化作用，那麼對**此有**來說，這種對象化是無法完全實現的，因為它徹底的時間性使它不斷超越自身而走在自身前頭。

在《存有與時間》裡，有一種有趣的張力，在**此有**和世界的關係的兩種不同概念之間。一方面，**此有**作為「在世之有」的整個概念，傾向於質疑以「關係」去區分**此有**和世界是一種錯誤的形上學二元性。世界並不是**此有**置身「其中」的一個空間，就像墨水在瓶子裡一樣；如果**此有**的本質包含在實在界裡，完全以海德格所說的「擔憂」（care, Sorge），那麼存有就超越了任何內在與外在、主體和客體的二分法。世界並不是「外在」於**此有**；相反的，如果沒有**此有**，也就沒有所謂「世界」，世界因而不是某種無意義的物質性的背景。世界是**此有**的一部分或一個投射，正如**此有**總是「外在」於自己，站在自身外面（ec-static），不斷在開啟存有自身的超越性動作裡掠過種種事物。作為一種「其間」，而不是一種實質的「關係」，**此有**（就如該名稱所意指的）是某種「此處」，但也總是同時是某種「彼處」，始終走在自身前頭，非自我同一（non-self-identical），因而不是在另一事物中的某一「事物」，而完全是一種穿越。**此有**依賴於實在界，因為和實在界的密切關係就是它的本質；而反過來說，世界也仰賴**此有**：不是因為依賴它而存有（海德格並不是主觀觀念論者），而是依賴那種重要的自我開顯，而這就是**存有**本身。如果**存有**就是物體對**此有**的呈現，那麼唯有**此有**作為一種開顯的力量介入事物，才有所謂**存有**。沒有**此有**就沒有真理，因為**存有**和真理是亦步亦趨的。因此**此有**和世界是互涉的：如果說，**此有**的活動對於**存有**的形成是必要的，那麼對早期的海德格來說，世界就是以**此有**為中心，以它作為最終的參考點。就如海德格所說，**此有**是所有其他事物的「目的地」，它們靜靜等待被**此有**揭露。可是在此同時，**此有**也「在參考點上倚賴」周邊的其他事物，[4] 這種倚賴方式使得**此有**無法完全掌握周邊事物。海德格所說的「被拋性」（thrownness），就是沒有選擇地被驅趕到實在界裡，意指著它對自身存有的無法掌控以及對他者的依賴。為了以自身的方式存在，**此有**的結構驅策它不斷理解身邊的事物，被投射到任何事物之外，以對於存有者整體遙不可及的徹底理解為目標。**此有**和世界因此相互以對方為中心，而不妨約略稱之為「想像」的關係：世界沒有了**此有**就不能臨現，正如我們可以推測說，嬰兒無法想像實在界沒有了他依然可以存在的。

在這種互涉關係中，起碼對《存有與時間》階段的早期海德格來說，**此有**保有某種存有學的優位性；而在字裡行間就洩漏了某種殘存的人文主義思維，儘管他否認**此有**和人類本質之間有任何對應關係。這種優位性其實是**此有**和它的世界之間的裂痕，在海德格的著作中，提供了兩者關係的另一個版本。一方面，一個屬己（authentic）的**此有**，以一種從「邁向死亡的存有」的決意，選擇自身最個人化的種種可能性，另一方面，他也會墮入一個品格墮落的世界，閒談（Gerede）、好奇心和匿名性的群眾裡（對海德格來說，「閒談」是指空洞而無根基的談話，用後期海德格風格的話來說，就像是「言說以說話的方式訴說著它在言說裡所說的話語」），這兩者之間形成一種張力，也就是兩者關係的另一版本。因此構成**此有**的那個世界，也正好對它形成威脅；而這可以局部解讀為「世界」在存有學意義和政治意義下的衝突。作為一般**存有**的領域，世界和**此有**的結構不能須臾分割；作為實際的社會環境，它就是更加陰鬱而疏離的領域，在那

[293]

裡，沒有面目的「**人們**」（*das Man*）沒收了個人的屬己性。這種不一致因為「被存有學化」而在控制之下：海德格嚴厲地強調，不屬己不僅是**此有**在存有學層次的一種永久可能性，在大部分情況下，它也是**此有**最典型的存有模式：它「墮入」一種卑下的實在界，在無意義的隨波逐流中，玷汙了自身的純粹性，使存有被遮掩和遺忘；它內建於**此有**的本質裡，因為作為「在世之有」，它的實現只能以在事物裡的包覆性去達成。它的自由自我實現的源頭，因而也會污染它；它必須犯錯才能自我實現，它得先忘掉自身的統一存有，才能重獲這種存有。海德格讓我們知道，他對於**此有**的種種不屬己的模式的描述沒有任何貶義：它們是**此有**的「既有的」可能性的一部分，沒有了這些部分，就不能成為**此有**。他的這種聲明很難令人信服：這些描述相當顯然是負面的，嚴格劃分出**此有**的「正常」和「不正常」情況。這兩種狀態即使互相標誌且蘊含著對方，卻仍然是判然有別的。**此有**一方面和它的世界不能分割；另一方面又是歷史裡的流浪者或異類，自始就是在沒有歸宿而不受保護的狀態下，「被拋到」現實裡，繼而振作起來，超越了這種淒涼的事實性，而以屬己的態度，面對自身的孤獨有限性和死亡。在決斷的危機中，**此有**選擇了自我實現，認清了它的種種可能性是屬於自己的，而不是由匿名的他者來決定自己的命運，因而把自己向前投射，邁向死亡的歸宿，在行動中使自己和他關切的事物分離而又重聚。這種行動可視為**此有**與世界的「想像式」關係的破裂，而進入一種「符號性的秩序」，其中的結構包括有限性、差異、個體化和死亡。當海德格在這樣的概念下思考，他會強調**此有**的分離是一種自我指涉的形式：如果所有其他存有者（essent）的歸宿都在於**此有**，那麼**此有**就不能指涉自身以外的事物，而必然是以自身為目的。它的獨特存有模式，就是對自身的牽掛，儘管這種自我牽掛必然的實現形式就是沉浸於世界當中。由於它本質上是時間性的，它實現自身屬己的「命運」時，必然是走在自己前頭，因此在這方面來說，它不是自我同一的，由於陷入現實當中，而偏離了對自身存有的沉思。可是，就如黑格爾的辯證法，**此有**的這種偏離，正是不斷回歸自身的行動：比方說，在「憂懼」的當下，**此有**在與世偃仰當中，突然瞥見了事物的虛無，那是很有療效的作用，把**此有**喚回它自身的內在性，脫離海德格所說的事物的「俘虜」。《存有與時間》因此把危及**此有**完整性的時間因素轉化為一種有利條件，具有調節、間隔和擴散的作用；因為時間因素也是**此有**「先行決斷」（anticipatory resoluteness）的媒介，它堅定地走向自身殞歿的未來確定性。如果**此有**現在就可以領略死亡，作為其有限性和偶然性的強烈意符，「擲回」（retroject）當前的存有，它就能在不斷預期想像中約束和支撐自身。如果它能接受未來的死亡裡所象徵的偶然性，它就能把這種偶然性視為內在的必然性而融入生活裡；同樣的，它也可以認清過去的既有性（它的「被拋性」）是屬於它的，決斷地活在過去的每個片刻裡。這種「美感的」存在風格，不僅廢除了時間因素，更以某種早期美學思維，把它還原為純粹的共時性（synchronicity）；它更從歷史廢墟中建構起一種更加屬己的時間模式，而和所謂的歷史性（historicity）的所有意義無涉。（海德格所謂「屬己的」歷史，就如盧卡奇在《我們時代的現實主義》（*Realism in Our Time*）指出，幾近於

[295]

「無關歷史性」〔ahistoricity〕。）事實上，對海德格來說，這種「原始的」時間性，衍生了我們日常意義的時間和歷史。因此，**此有**把偶然性轉化為必然性，把人生的事實性轉化為內心領略的法則，展現出若干藝術作品的特質。

可是這種「美感化」只能是局部的。如前所述，**此有**的屬己性和某種偏差或不屬己不可分割；而儘管**此有**在某種意義下是自我指涉的，它卻永遠無法徹底全體化或自我規定。拒絕屬於先驗主體的自我規定，就像海德格拒絕以人類學式的人文主義把**此有**「主體化」（那樣的主體化只是形上學思想的延續）一樣，要付出某種代價。**此有**「被拋到」實在界，意指著它永遠不能成為自己的主人，永遠無法把自己誤認為自身存有的源頭。它是未完成的、有依賴的、而且認不清自己的，無法在某個完全自我透明的片刻突襲自身的構成過程。就此而言，我們也可說，**此有**是非美感的存有形式，充滿了否定性，而且始終有點偏離自身。

因此，**此有**一方面持續被其他存有者「俘虜」（*eingenommen*，沉浸），和它們相互唱和，和世界處於一種基本的協議或盟友關係，而類似康德的美感境況。另一方面，它又是走在世界的前頭而超越世界，不斷和世界分離而又決斷地入世，從而保持它搖擺不定的屬己性。如果有哲學上的原因（或廣義地說，政治的原因），以致我們再也無法滿足於把人類想像為孤獨的、自我封閉的主體，而面對一個沒有主動力的客體，如果現在乏人問津的先驗主觀主義顯然失勢而迷失於物質現實中，那麼也有很好的政治理由，不應該把它視為對於「俗世性」的欠缺批判的頌揚。海德格深受齊克果影響，把公共領域貶低為不屬己的：這個領域在中產階級社會早期積極樂觀的日子裡被視為文明社會的溝通管道，現在卻淪為一個疏離的領域，其中的程序受到操縱，輿情受到擺布。壟斷式資本主義滲透到中產階級的公共領域，根據它的物化邏輯，把它重新組織起來。但是把這個公共領域去人性化的壟斷資本主義，也有效而實在地摧毀中產階級有關自由而自決的個體的古典概念；這就是為什麼海德格不像齊克果那樣，以一個具有屬靈信仰的內在主體去替代**「人們」**（das Man）。又或起碼來說，那種內在性現在必須脫離經驗性的個人，提升到某種存有學領域（**此有**），在合理的歧義性下，它既是主體也不是主體。這種重新思考傳統主體概念的努力，加上對群眾的一種貴族式的蔑視，都出自一種「更高層次」的資本主義，這種力量同時侵蝕著自由人文主義的主體，以及傳統上和其他同類個體結伴同行的公民空間。但海德格這兩種信念的共同歷史來源，並不能消除它們之間的緊張關係。**此有**這個概念對自律性的主體哲學的無情攻擊，把這個主體顛覆過來扔到世界裡，使它處於站在自身之外（ec-static）的不統一性裡；但在此同時，它又是另一種「主體」的最近體現，那是漫長傳統裡的那個優越的、美感化的、擬似先驗性的「主體」，謹慎地保護著自身的完整性和自主性，避免受到販夫走卒的污染。這兩方面的看法，在海德格後來的納粹取向中形成了一種恐怖聯盟：從中心地位被拋進世界的主體，成為了謙卑地向世界屈服的自我，而屬己的、自我同一的**此有**，就肩負起**優等民族**（*Herrenvolk*）的菁英使命，追求自我犧牲的光榮死亡。海德格在《存有與時間》裡說，死亡絕對在於個人自身，它

[296]

不是關係性的也不能異化，是私有財產的典範，是「他們」那一群無面目的大眾永遠無法盜取的。死亡在根本上把**此有**個人化，把它和所有「與他人共在」（Being-with-others）的模式拉扯開來；難怪這就是為什麼「與他人共在」儘管是**此有**的一種存有學結構，在《存有與時間》裡卻只有寥寥幾語。雖然海德格從理想化的農民社會衍生神祕化的規箴的能力看以無窮無盡，令人驚奇的是，所謂「共同體」（*Gemeinschaft*）這個受極端右翼分子喜愛的群體，在海德格的鄉愁的絮語裡卻很少提及。

§

因此我們或許可以說，《存有與時間》有個核心的意識形態兩難，那就是如何保護先驗主體而不被顛覆，而不至於可悲地落入卑下的「群眾」歷史裡。換句話說，如何維繫**此有**，使它在和世界的想像式關係（如前所述，康德認為它體現於美感裡）裡安然處之，而不會喪失自身的優位性和完整性？但進一步來說，這種相對於世界的優位性又如何有別於疏離和偶然性的悲劇感？拒絕主張**此有**的優位性，看似就是向實證主義屈服，因而剝奪了人類的獨特性；可是如果認定其優位性，恐怕又會重新落入人類支配自然的意識形態，而這正是實證主義的想法。如果人文主義的這種陰影在《存有與時間》裡仍然揮之不去，海德格就沒有逃出主體與客體的形上學二元性。作為「在世之有」，**此有**理應先於所有這些分別，它是純粹的、無始基的（ungrounded）虛無，或

[297]

當初使這種分別成為可能的先驗性。可是如果是反覆發作的存有學憂懼使得這種先驗性成為可能，而讓我們洞燭事物的虛無，那麼在這些事物和**此有**之間就會形成裂痕，而**此有**這時就會被火速召回到它的自我實現的「正當」任務。在這個意義下，存有學層次的裂痕會癒合，在實存的（existential）領域卻又不得不再度破裂。沙特的《存有與虛無》（*Being and Nothingness*）就是從這種二元性出發，從《存有與時間》那裡襲用了一切使它成為悲劇著作的內容。換句話說，我們可以利用海德格的歧義性，把他看似先驗性的主客體區分歸屬到另一種觀點之下：就是為一切賦予意義的主體，面對著一個抽乾了內在意義的實在界。[5]

海德格在《存有與時間》之後有名的思想「**轉向**」（*Kehre*），代表了對這些兩難的極端解答。從**此有**的視線走向**存有**本身，仍然是殘留著形上學意味的行動，因為形上學只能從個別存有者的立場來掌握存有。形上學的誕生是由於遺忘了**存有**和存有者之間的區分，以後者為模型去建構前者。這種做法因此必須反轉過來，從**存有**本身的立場去檢視**此有**。因此後期的海德格漸漸強調**此有**是**存有**本身的「彼處」，也就是**存有**在特定模式下自由的自我開顯。**此有**是比人類本身更根本的**存有**的體現，它是人類的本質或源頭，從**存有**本身更初始的深淵裡浮現。相對於自身的「在彼」體現，**存有**占有優先權，按照它自身本性之必然性，把這種體現拋出去或收回來。海德格在《存有與時間》裡說，「有『**此有**』，才有**存有**」；可是在《人文主義書簡》（*Letter on Humanism*）裡他又加上了關鍵的但書：「照見**存有**本身的真理的『此地』（*Da*），它得以實現的事實，是出於**存有**本身的權柄。」[6]簡單來說，現在是**存有**本身具有支配地位，使它自身被照見。「人」只是和**存有**的一種關係，向它作出回應並履行他的任務；在人類思想中思考**存有**的，是由**存有**本身喚醒的。思想只是對**存有**的默默順從，是馴服地隨它去，作出回想並表達謝意。海德格在「轉向」之後一以貫之的論點就是，**存有**本身（它當然不能誤作像「主體」那樣的形上學概念！）到來、授予、降臨、撤退、聚集、推進、照亮。人類的角色只是這個奧祕的牧者和保存者，海德格漸漸傾向於把這種任務描述為「神聖」而和「諸神」有關。[7]現在歷史只是**存有**的自我現身或自我隱藏，在過程中，人類被拋出又收回它那裡，像某種存有學的溜溜球。

在後期的海德格那裡，**存有**和**此有**的關係比起在《存有與時間》裡更像是「想像性的」。不僅是**此有**像奴隸一般依賴**存有**的奧祕，反過來，**存有**也需要**此有**。**存有**（*Sein*）需要它的「此」（*Da*）：**存有**的部分內在必然性是表現它自己，就像黑格爾所說的「理念」，而人類提供了權宜的實現場域，也就是**存有**局部顯現的「林中空地」。**此有**是**存有**的聲帶：在「人類」和**存有**之間，有一種原始的共謀關係，來自於比它們兩者都更根本的「生發」（*Ereignis*）。海德格在《同一與差異》（*Identity and Difference*）裡寫道：「我們只要經驗這種調適（*Eignen*），在其中，人與**存有**是互相被擁有的（ge-eignet）……」[8]人類和**存有**都是「互相給對方指派」的，因差異而分開卻又是一體的。如果說那是如密碼一般的神祕主義思辨，它卻在意識形態上具有慰藉作用。**存有**現在取代了「世界」，與**存有**的親近關係彌補了來自世界的疏離。這並不是說，**此有**試圖掩

[299]

蓋且抹滅存有的那種惱人傾向，現在沒那麼令人傷痛了：事實上，後期的海德格認定這是一種災難，並用「技術」（technology）這個含糊的合成詞作為它的代表。但**存有**現在看來會隱覆它自身，而對它的遺忘，則是它內在命運的一部分。海德格在《人文主義書簡》裡提到：「技術本質上是**存有**的歷史以及**存有**的真理之內的一種命運，而這種真理就在於它的被遺忘。」抹除和遺忘**存有**，正是它的不可或缺的部分之一，因此也在它的「真理」裡頭。

海德格在《存有與時間》裡說，**此有**的本質就是它的無家可歸：人類**存有**的本質就是疏離和孤立。這個主題在他後期的著作裡延續下去；但如今看來，更基本的是「棲居」（dwelling）或「在家性」（at-homeness）。「棲居……是**存有**的**基本特性**，由此凡人才得以存在，」他在〈建・居・思〉（Building Dwelling Thinking）一文寫道。[9]不管技術性思維造成什麼破壞，**此有**基本上是安然處身世上的。就如《存有與時間》把流浪和迷失認定為**此有**本性的一部分，後期的海德格在**存有**身上找到對人類的一種認定，是它即使在流浪中也不會放棄的。「我們從事物返回自身，」他在〈建・居・思〉寫道：「卻**從來沒有放棄**棲居於事物中間，事實上，在抑鬱狀態下和事物失去親密關係的情況之所以可能，正是因為這種狀態仍然是屬於人類的狀態，也就是說，它棲居於事物**之間**。」[10]在《存有與時間》裡，與世界的交涉總是有可能偏離**此有**屬己的自我指涉，如今棲居於事物當中，看來卻是最屬己的，而反彈回到自身，也是屬於這種狀況。憂懼的危機，也就是沮喪地意識到使我們與事物失聯的虛無化，現在很溫和地被揚棄到一種更原始的在家性。弔詭的是，當我們在割裂中超越了現實，卻又和現實有著最親密的接觸，因為這個超越揭露了現實的**存有**，而那是和現實最「靠近」的。技術性資本主義在人類和世界之間的分判鴻濛，被一種永恆的共生關係的幻想彌補起來。在這情形下，**存有**整體上仍然是偶然性的：海德格拒絕賦予它任何形上學根基，認為它是懸浮在自身虛無的運動中。**存有**的「根基」，就只是它自身自由的超越性的永恆浮現，它本身是一種「無物」（no-thing）。海德格所說的**存有**，是無底深潭，也沒有定著的錨，是無根的根基，它對自身的維繫，就像自由而無目的的嬉戲的藝術作品。可是如果說整個**存有**是偶然的，那麼說也奇怪，**此有**卻不是如此，因為**存有**需要**此有**，它內在的匱乏必須由**此有**來彌補。**此有**如果是**存有**的一**部分**，它看來也分享了後者的非必然性；但是如果它和**存有**維持一種**關係**，那麼看來它就優雅地擺脫了這種命運。對於陷於疏離的人類來說，這是令人高興的消息，即使為此付出的沉重代價，主體作為自由的行動者以及自命不凡卻滿紙荒唐言的哲學，也就幾乎滅亡了。阿多諾在《屬己性的行話》（*The Jargon of Authenticity*）裡提到：「一個人從深層之處說話，如果把那個深處叫作內容的話，那就是褻瀆了它。」[11]

主張說**存有**需要**此有**，其實只是說，如果要詮釋世界，就要有個詮釋者。後期海德格的種種術語的部分功能，就是把這種稀鬆平常的想法偷渡到對於**存有**近乎神祕主義的觀點：存有對人類的接納和召喚，就像神和他的信徒一樣。如果說「世界既定立人類而又需要人類」的這個令人欣慰的意識形態幻想再也行不通了，我們也可以用另一個想像來代替，把存有想像為一種揭露，而

[300]

此有的**存有**則是其必要條件。對後期海德格來說，這種揭露的基本形式就是語言。[12]語言是一種特權模式，透過它，**存有**在人類之間得以自我表述，而詩則是語言的必要元素：「詩是訴說著存有者的解蔽（unconcealedness）。」[13]語言所表達的是名字和事物之間的原初統一性，是意義和存有者尚未割裂的原始源頭。海德格在《形上學導論》（*Introduction to Metaphysics*）裡寫道：「語言是人類談到『存有者』的原始的詩。」[14]正當地生活就是詩意地生活，因存有的奧祕而著迷，知道自己不過是卑微的低聲說話者。在〈藝術作品的起源〉（*The Origin of the Work of Art*）裡，藝術作品本身成為了存有順服的「此處」，是存有自我揭露的軌跡。

這並不是說，海德格對古典意義下的美學有什麼愛好。在〈語言之對話〉（A Dialogue on Language）中，他指摘那種美學論述是不可救藥的形上學，裡頭充斥著完全不可信的表象。[15]早期的海德格倒可以說是回到了鮑姆嘉通原初意義下的美學，關注的是具體的人生和世界的關係，那是詮釋現象學（hermeneutical phenomenology）的探索核心。如果說《存有與時間》裡有某種「美學」的話，那是在於它承認了所有意義不可逃避的世界性（worldliness），也就是說我們總是被抛到事物中間，透過我們的身體去經驗世界，然後才在思考中爬梳它。所謂「認知」，就是使我們的身體結構強迫我們和事物的自然交流破裂且疏離，這就會使我們回頭讓恰當的「情緒」（mood, Stimmung）瀰漫在我們的思想裡，因為對海德格來說，沒有任何思考是不帶情緒的。海德格哲學最豐富積極的一切，正是來自這種徹底的唯物論，《存有與時間》的深度、想像豐富性和敢於冒險的獨創性，大抵上都是由此而來。這個早期的「美學」，也就是堅決認定一切認知都有個實踐的、情感的和前反思（pre-reflexive）的根基，讓海德格的探索和馬克思和佛洛伊德有著建設性的呼應關係。比方說，**此有**典型的「擔憂」結構，和馬克思的社會利益概念有著暗示的相似性。可是問題不僅是在於，在海德格整個生涯裡，這些相同的主題是對於啟蒙運動理性主義的過度反應，使他落入強壯而無言的農民以及罕言而譬的智者的法西斯式神話裡。同時，《存有與時間》除了範圍更廣、更深刻而籠統的意義下的美感以外，還有一種狹義的、在鮑姆嘉通之後提出的美感，它代表一種具有獨特的優越性、正統的、自我指涉的存有模式，而不同於了無生氣的販夫走卒。作為一般的「在世之有」，**此有**包含著原始的、具有現象學內涵（connotation）的美感：即使它不是**感官性的**現象，它仍然是置身於感性和身體的領域，有著生物有限性的特質，而和不能被化約為抽象思考的稠密事物不期而遇。在此同時，作為一種屬己的自我實現而沉思自身獨特的可能性，**此有**的內容並不侷限於舊時浪漫主義主體的迴響，這個主體現在被迫面對著就連它的自由也不能解消的一種事實性，但它仍然下定決心要把它的被拋性、偶然性和必朽性轉化為英雄式自我拯救的基礎。美感既深奧晦澀而又老嫗能解，既是孤獨的榮光也是俗世的行為，它們在**此有**的結構裡混合起來，它們在另一意義下也在海德格的寫作風格裡混合起來，看似平庸地混合了神諭和凡人的看法。海德格的風格有個熟練的手段，就是為卑微的殊相賦予存有學地位，譬如說，他把「壞脾氣」這種經驗性的事物提升到**存有**的基本結構。在這一點上，他就預先實現了納粹把平凡和壯偉、老生常談和英雄式的菁英主義揉合起來的做法。「墮入『**閒聊**』（Gerede）當中，幾乎迷失在『共在』（*Mitsein*）裡」，這種說法可以是海德格對於點心時間的描述。一方面，這種手法以其通俗風味而令人讚歎：哲學在談論其主要話題時屈就於槌子和林中小徑，是多麼使人感到解放的做法；就如年輕的沙特興奮地發現他可以一邊談論菸灰缸一邊講哲學。另一方面，世界這些卑微的片段得到了新發現的存有學尊嚴，不過其代價則是被粗暴地自然化，凝固成為永久的固定裝置。平凡事物被極度神話化，以致哲學彷彿從寶座上被趕下來。海德格說，哲學「就在農民的勞動中」，阿多諾在談到他的這個信念時說，他提出這種看法時，起碼應該了解一下農民的意見吧。[16]

在海格後期著作中，可以看到美感的這兩種意義逐漸合流，以致於**存有**站到幕前來，卻在一種更特殊的浪漫主義意義下，被賦予了美感的神祕特權。但由於**存有**就是一切，因而也保留了更普遍的美感意義：整個世界是一件藝術作品，是生成變化不斷自我延續的戲劇。在《存有與時間》裡，**此有**是一切事物的最終參考點，但本身也是個目的；現在這種自我指涉被投射到整個**存有**，而**此有**之所以存在，就只是為了整個**存有**的自主性發聲。**此有**不再因為是目的本身而有別於其他存有者；它只是讓光線灑下的空地，讓人看到所有其他存有者都是如此。整個**存有**因而被美感化了：它是目的本身，也是永遠不會大功告成的自我開展，就像我們在早期的**此有**所見的，卻沒有那種註定失敗的現象使人沮喪的、受時間限制的、被危機震撼的本質。**存有**像藝術作品一樣，融合了自由和必然性：它是一切事物的基礎，賦予它們種種法則，但由於它本身沒有任何根基性（groundedness），因而也是純粹自由的某種無根基，一種只是要玩到底的遊戲。如果說**存有**是這樣的美感化，那麼對**存有**的思考也一樣美感化了，這種思想沒有結果或效果，而只是「因其**存有**滿足了它的本質」。[17]哲學與其說是提出什麼看法，不如說是在禱告：它是神聖的儀式而不是世俗的分析，它以**存有**本身為根基，不斷地回去表示尊敬和感激。海德格在《康德與形上學問題》裡說，對康德來說，認知基本上是直覺，知性是為感性服務；而他自己把思想美感化，則實際上是回到費希特和謝林的看法，他們的所謂「絕對自我」或「無差別狀態」，也同樣是嘗試超越主體和客體的二元對立。

§

如果說海德格把**存有**和思想變成了美感化的事物，那麼在某個意義下，他把倫理也美感化了。他不可能試著打造一種具體的倫理學，因為那屬於形上學的理性主義。在《人文主義書簡》裡，我們被告知倫理（ethos）的意思是「棲居」或「住所」，因此馬上就涵攝在海德格的存有學之下。真正的法則是**存有**的法則，而不只是人類的立法。但把倫理還原為存有學之所以可能，首先就是因為海德格偷偷地把規範的範疇投射到**存有**本身，而又立即擦掉了這種動作。真理是內在於事物的本質，因此「解蔽」（*aletheia*，真理）或揭露真理的動作，同時涉及事實和價值的問題。描述和評價在「**存有**」這個詞語裡揉合了起來：一件事物最重要的，就是它的**存有**。同樣地，**此有**也同時是事實和價值；它能理解**存有**，既因為這是它本性的一部分，也因為這是隱含的倫理命令，它對**此有**傾向於遺忘的做法提出警告。這樣模稜兩可的說法之所以可能，那是因為像「理解存有」這個句子的含糊性，在一種意義下，它擺明了是描述性的（了解事物是怎麼一回事），而在另一種意義下，卻是因為對於世界的奧祕心醉神馳而充滿著規範性的涵義。**存有**本身一方面就是事實本身，另一方面卻也包含著它自己評價性的判別和等級：「如果存有要揭露自身，」海德格在《形上學導論》裡說：「它必須自己擁有並且維護一種等級。」[18] **存有**的內在分化功能，決定了個別的人誰強誰弱，誰是役人者，誰又役於人。海德格不斷強調，**存有**既遙遠而又邇近：只有一些幸運的菁英分子才會被召喚到它那裡，可是它又像一雙鞋子或海上的波浪一樣簡單而自明。**存有**無處不在，這是它卑微而「接近群眾」的一面，但它是那麼無處不在，以致我們經常忘掉它，也因而使它成了一切現實中最罕見、最脆弱也最晦澀的。傾聽它不可抗拒的召喚，既是我們的本性，卻也要透過費力的決意才做得到；隱含在海德格學說裡的一個弔詭，就是我們必須主動讓事物做它自己，堅定地把它們解放出來，讓它們進入的本然狀況。這就像是說，**此有**的任務是作為一個精力充沛的揭露者和表述者，不時地自我抹滅，而讓世界清朗無翳地顯現出來，如果沒有我們去知覺它，那會是它的本來面目。**此有**因而一方面是居於中心，一方面卻又只是混跡在他人之間：它代表了強行闖入**存有**的聖所，但這對於**存有**的開顯是絕對必要的。揭露

存有示的唯一辦法，就是透過既忘記它又遮掩它的揭露者，也就是說，人類的知性之光不斷使他揭露的東西變得黯淡而貧乏，它提供一個地方讓開顯發生，但由於那始終是個局部而特定的地方，而無法不把它揭露的東西虛假化。因此若要**存有**靠近我們，就必須同時使它漸行漸遠，因為**此有**在解蔽的時候，必然也會把它推到遠方並且扭曲它。

虛假因此是內在於**存有**裡的，但這不是倫理的判斷。讓虛假性內在於**存有**，只是讓它成為**存有**實際上的一部分，是「自然」而不必擔憂的。歪曲和揭露的辯證聚集到存有當中，因而可以說，在一種無休止的反諷節奏下呈現出真實本質的同時，也有虛假的面貌。這紓解了**此有**對於遮蔽**存有**的罪咎感，也凸顯了**存有**的不凡深度。**存有**使它對人類的個別恩賜蒙上了它本身無窮豐富性的陰影，因而無疑地超越了它的實際體現。海德格在《存有的問題》裡（*The Question of Being*）寫道：「在恰當的考量下，遺忘，也就是隱藏起還沒有顯現其存有行動的**存有**，保存了沒有人碰過的寶藏，應許著一種發現，只是等待著恰當的搜尋。」[19]因此**存有**的「虛假性」是它的一種自我保護機制，在表現其豐富內涵的瞬間也冷漠地保留著它，而不是像在《存有與時間》裡，**此有**在認知物體的當下，便超越了物體而走進**存有**。**存有**非常鄙視人類這個卑微的僕人，卻完全被包覆在他裡頭；透過這種做法，海德格把人類主體的去中心化推演到極限；他在早期著作裡只能局部做到這點，就是透過頌揚**存有**和人類之間預定的和諧。與早期著作比起來，後期著作的人類在某個意義下遠離了中心，在另一種意義下卻又更接近。

[305]

如果對於轉向後的海德格來說，倫理因此就瓦解了，在《存有與時間》其實也是如此：**此有**也許是最不屬己的，但它之所以如此，卻是恰當而必要的。「錯誤是讓歷史在其中開展的空間，」海德格在〈安納西曼德片簡〉（Anaximander Fragment）裡寫道；[20]**此有**以自我抹滅的方式闖入日常世界，在這樣的相遇之中，它正好帶有事實境況的必需分量，這是它掙扎著實現自我時必然要對抗的。透過靈巧地在真理中認定錯誤，在救贖中認定墮落，《存有與時間》化解了它們之間的對立，因而在保護自己的同時，不致於陷入虛無主義以及傲慢、絕望和自以為是。老式的自主主體在艱困時期已告墮落，卻仍然存活而且生氣勃勃。讓自己在世界上揮霍度日是不屬己的事，但這也是個人存在絕對合理的結構。這裡在事實和價值之間也有種模稜兩可的關係：在某個意義下，**此有**的「擔憂」是它涉入事物當中，在另一個意義下，也是在判斷當它偏離了自己，會有多大危險，要為後果負責，而在第三種意義下，這是它的屬己決意的必要部分。同樣地，「屬己性」在某個層次上明顯是規範性的判斷，但在實現個人可能性的問題上，它也不過是某種實現自我的過程而已。作為一種命令，它驅使個人實現自我，沒有任何特定的道德指示，因此具有一切存在主義倫理學的空洞形式性。只要個人所實現的可能性是自己不可剝奪的特質，那些特質的內容到底是什麼，顯然就無關重要了。海德格的主體因此是市場社會的形式化，是抽象的個體，抽空了倫理的實質，只剩下作為一種價值的概念上的「自我」。在《形上學導論》中，海德格在談到「價值」時都一語帶過：他提到說，他許多談到這個問題的著作，都是對納粹國家社會主義

（National Socialism）「內在真理和偉大性」的扭曲和淡化。他模糊了事實和價值的分界，這在意識形態上是必要的：模糊了這種差異，他就可以依附於一種屬己性的菁英主義，而不用公開認定規範性的標準，因為這方面的標準會讓他重新墮入他原本要超越的「主觀」觀點。他在《人文主義書簡》裡寫道，每一種價值判斷都是主觀思維。如果沒有某種強勢的內在規範準則，就沒辦法批判閒聊和群眾意見所構成的疏離世界，更不用說批判科學、民主、自由主義和社會主義等；但海德格的著作若要有真正的權威，就不能只是信念層次上的看法，而要如實地描述事實，它標榜的是從**存有**的本質去說話，而不是墮入有爭議性的詮釋。在這種意義下，闡明**此有**到底是怎麼樣的論述，就可以同時發揮道德規勸詞令的作用。《存有與時間》隱含的悲劇就在於，所有超越的行動都包含著錯誤，所有自由都有濫用的一面。**此有**超越個別事物走向**存有**的行動，和它時刻不安而不屬己的隨波逐流是分不開的。這種僵局或矛盾後來透過激進方式獲得解決，那就是在掌握**存有**時，不是看作人類在其中犯錯，而是看作**存有**出於自身的必然性而透過人類犯錯。換句話說，就是根本沒有「真正」的犯錯。偏離路徑也是一種路徑，林間小路本來就是曲折的。技術是精神上的災難，但也是**存有**不可思議的既有特質的一部分。對於完全屬於規範性質的**存有**來說，價值只是微不足道的主觀性裝飾而已。世間原本穩固下來的老式敬虔態度，被自由擾亂了，但根本上沒有事物能擺脫世間的羈絆，一切看似是自由的，事實上都受到存有束縛。

§

「由於……所具有的可靠性，」海德格在《人文主義書簡》裡寫道：「農婦能夠隱隱體認大地的靜默呼喚；由於所使用的器具的可靠性，她對於她的世界是很確定的。」[21]在一八八二年，也就是海德格出生之前七年，四二．五%的德國人維持生計仍然是從事農業、林業和漁業，只有三五．五%從事工業、礦業和建造業。到了一八九五年，當海德格還是個小孩，以後者為生的人已超越了前者；到了一九〇七年，當海德格還是學生，從事工業等產業的德國人已達四二．八%，而從事漁農業等只剩下二八．六%。[22]簡單地說，海德格在早年見證了德國從農業社會過渡到工業社會。在此期間，德國發展成為歐洲的主要工業資本主義國家，從一八七二到一九〇〇年，它的國際貿易成長了一倍，對英國在世界市場上的至尊地位構成挑戰。到了一九一三年，德國的鋼鐵和生鐵產量超過英國，供應全世界四分之三的合成染料，電氣設備的出口超過了其他所有競爭對手。在首相俾斯麥的保護主義和國家干預政策下，德國經濟在十九世紀後期迅速擴張，儘管期間也有經濟蕭條和通貨緊縮的情況。行會和股份公司主導著經濟生活，主要的信貸銀行是工業資本投資的重要機構。德國在化學產品、造船以及尤其電氣工業方面成長可觀；透過關稅同盟、由國家建設的健全交通基礎設施、嚴苛的反社會主義措施和政府的商業促進政策，在驚人的短短時間內，改變了德國社會的面貌。[23]到了一九一四年，德國躋身世界主要貿易國行列，比任何對手更迅速地擴張海外商業。海德格生活在其中的田園式鄉間，也迅速被重新塑造：隨著工業的急速擴張，農業以理性化和科學化建立起新的模式，採用新的商業和技術方法，尤其密集使用於大型莊園。在此同時，在創新風氣之下，土地的組合形式仍然是大型和中型農場，五分之一強的農地屬於大莊園主，其餘則是小農。海德格提到的安穩獨立的小農並不是典型，他們其實漸漸邊緣化：持有畸零農地的農民，只能替大地主工作以補貼生計，而外來農業勞工對德國農場工人的地位更是構成嚴重的威脅。本國農民紛紛出走，往往是到大城市裡，造成工業工人階級的膨脹。城裡工人的情況往往是悲慘的：工時長、工資低、失業問題和品質低劣的居所，就是德國勞工階級為工業資本主義榮景付出的代價。國家致力於提供社會福利，旨在使勞工階級和社會民主黨（Social Democratic Party）漸行漸遠，那是當時世界上最大的社會主義政黨。在一八七八年，德意志帝國剷除了這方面的政治威脅，取締該政黨並查禁它的報紙。

正當海德格對於在存有學上正確的農民懷抱著夢想，在普魯士貴族地主和萊茵河地區資本家政治合流的基礎上，德國崛起成為新興帝國，它的基本結構顯然是資本主義式的。一個工業**新貴**階級，其中包括引人矚目的富人，把德國推上世界五大富裕國家之行。雖說這個階級決定了經濟成長的步伐，它卻是在舊時普魯士統治階級的巨大陰影下進行的，統治者擁抱著專制的至高權力，作為對社會動盪的對抗手段。傳統貴族地主的習慣和生活方式提供了一個模型供中產階級效法：富有的商人和工業家在英國式的風氣下，渴望擁有土地莊園並模仿貴族的生活。而貴族階級

[308]

也體會他們的經濟基礎依賴著工業中產階級，國家則熱中於透過關稅和勞工政策積累財富。因此，新的德國在社會構成上是資本主義的，卻又保留深刻的封建傳統烙印。軍隊的軍官兵團直接向皇帝效忠，帝國宰相不用向國會負責。這個制度雜亂的社會，其中君主專制的傳統主義國家，成為工業資本主義發展的骨架，對此感到困惑不已的馬克思，在《哥達綱領批判》裡，把能想到的方程式全都用來描述它：俾斯麥的德國「只不過是警察監視下的軍事獨裁政體，以議會形式裝飾，和封建的添加物融合起來，受到中產階級影響，具有官僚架構的裝備……」[24]恩格斯就沒那麼矛盾，他認定新的德國儘管在政治和文化具有古怪的特質，卻已經躋身全面資本主義國家的行列。[25]

《存有與時間》所代表的德國深層而狠毒的保守主義反動，大抵上可以視為對於工業本主義崛起的反動，從普魯士舊世界的深處迅速崛起，造成罕見的**創傷**。但這樣的反動也是由社會的混亂本質孕育出來的：由於強烈的封建元素的持存，農村意識形態頑強地苟延殘喘，而最重要的是，國家挹注德國資本主義的成形，卻沒有隨之引進新興中產階級的自由主義傳統。在《存有與時間》的寫作之前，德國就經歷了屈辱的戰敗，以及失敗的社會革命造成的社會和經濟的創傷。在更早期的德國資本主義發展下，尼采以活力充沛的貴族形象，對抗因循被動的中產階級；在後期的帝國擴張和技術支配的情況下，海德格轉向「**泰然任之**」（Gelassenheit）的態度尋求答案：這種以睿智的被動心態「釋放」事物的做法，警覺而慎重地拒絕干擾事物的存有狀態，而美感經驗看來就是它的原型。海德格和勞倫斯都抱持這種立場，它包含了對啟蒙運動理性主義的強力批判：儘管他主張說教式的鄉土主義，海德格對於形上學思想的暴力卻有有很多重要的話要說，而他所謂和事物的沉思式的「共在」，以及對於事物的形狀和質感敏銳而不帶支配性的對待，在某些當代女性主義和環保政治找到可貴的迴響。

在某個意義下，這種觀點的問題在於，它把政治和倫理都化約為存有學，使它變得空洞：**存有**的哲學，對事物的獨特性帶著恭敬的開放態度，對於個人的選擇、行動和差別對待不加指示。很反諷地，它因而與它反對的思想一樣抽象，本身也滋生了齊一和同質化的作用。如果容許樹木有它獨特的存在模式，那麼為什麼不也那樣對待傷寒症？在另一個意義下，這種存有的哲學又太過具體和個殊，以致對自己不利，以它獨特的暴力排他而歧視：**存有**的內在分化就像法西斯國家裡的社會等級，在一九三〇年代一度成為「領袖」（Führer）的化身。海德格在含糊的存有學和險惡的特殊性之間捨棄任何中介而游移不定；對存有本身的關切以及僅僅專注於存有者，這兩者之間的區別，據《形上學導論》暗示，是德意志民族的歷史使命和美國以及蘇聯的技術實證主之間的對比。作為一種生活方式，「泰然任之」態度既有宛如浪漫詩人濟慈一般的精神，卻又是軟弱的：一方面它是對事物的成果豐碩的包容應對，另一方面它又是在**存有**的聖祕（numinous）力量面前唯唯諾諾。傲慢的人文主義主體恰當地從剛健的優越地位被逐離，卻只是擺出僕人一般卑躬屈膝的態度。海德格的哲學體現了二十世紀美感概念的一個歸宿，那就是處於嚴重危機中的統

[310]

治階級在**存有**的漠不相關當中找到所需的論述，把它那種暴力的工具性行為給神祕化。

海德格的主要思路，可以和另一個法西斯主義的同情者保羅・德曼（Paul de Man）的思想對照，而把它的重點凸顯出來。海德格從來沒有對於他的納粹經歷明確表示反悔；而他從不反悔的原因，也許就是因為他從來沒有悔悟。德曼對他自己和納粹的牽扯不清保持緘默，直到他死後才曝光。德曼在戰後的著作可以解讀為對**存有**的政治學的激進反動，而他在惡名昭彰的早期論文中卻是支持這種政治學裡的若干元素。在他的後期論述裡，任何概念只要把語言視為滿載著**存有**，視為有機地聯繫到事物的符號，都被譴責為有害的神祕化。海德格的目的論時間觀，視之為滿載著命運的啟示式概念，在德曼手上逐漸被抽空成為空洞的、破碎的寓言時間觀。德曼認為海德格論述中的真理和屬己性，必然涉及了盲目性和錯誤，但他愈來愈強調這方面的缺失，結果就是推演出一種理想破滅的陰暗懷疑論，恐怕會把整個真理概念的有益效果廢除淨盡。藝術不再是真理和**存有**的軌跡：它的崇高特殊地位倒是在於，根深柢固的謬誤和錯覺透過它最終能被看清楚是怎麼一回事，這也就是海德格美學的負面版本。就如在後期的海德格，主體是語言的效果，但對德曼來說，那表示它並非**存有**的忠實發聲者，而只是空洞的虛構物，是騙人的詞令的產物。所有基礎、統一性、同一性、先驗意義和對根源的鄉愁渴望，都在反諷和無法決定的運動下無情瓦解了。任何隱喻式的有機體論暗示，不管是關於自我、歷史或符號，都被一種機械論的（mechanistic）借喻功能的盲目、碰運氣式運作破壞。在所有這些方面，德曼的後期著作可解讀為對美感一貫的反感，而到了這個階段，美感其實包含了一切合目的性和意義的歷史理論；這種對立以其禁慾傾向，和意識形態時代的終結若合符節。[26]德曼各種理論性敵對態度背後的推動力是那麼強烈和堅持不懈，不難覺察到它的動機不僅限於文學方面。

當哲學轉向實證論，美感正好可以成為思想的救星。一種物化的、純粹計算式的理性所發掘的重大主題，現在變得沒有歸宿而游移不定，要尋找一個庇護之所，而在藝術論述中發現了這樣一個處所。如果說，現在這種論述擔負起哲學放棄了的指揮者的角色，如果它必須回答**存有**和藝術的意義問題，那麼它就必須擴大它的視域，提升自身的地位，把哲學從它傳統的統治地位推倒。因此尼采和海德格越過馬克思和黑格爾，而回到謝林，因為後者主張哲學在藝術那裡達到巔峰。傳統思想愈是看來只不過是對於疏離的社會存在的反思，這種從理性出走到詩的境界的行動，就更加急迫而情急拚命地增強動力。但如果說這種做法意味著低俗的理性主義的真正侷限，那麼它也暗示了，尤其可見於海德格，一群脫離傳統的理論家在日益看不透的社會裡如何從少數的絕對真理獲得慰藉，這些真理所植根的存有學躲在深淵裡，以致終究是言語道斷的，因而是沒有什麼好爭辯的。訴諸所謂的**存有**，就如英國啟蒙思想中的道德感，既是承認知性破產，也是詞令上有力的宣示。比起正統哲學思想，它更根本而自明，以致於難以筆墨形容，讓我們釋然地回歸我們覺得自己直接認知的事，超越一切社會的複雜性和概念上的困惑；可是在同一動作下，它也讓我們進入智者的內在聖殿，其中的洞見是那麼罕有，它穿透理性的一切常規論述，而直達真

[311]

正重要的事。**存有**，就如在眾所熟知的一個禪宗弔詭裡，既是吊人胃口地不可捉摸，又是絕對自明的；只有虔敬的農民或學究才能掌握它。海德格就像時常和他相提並論的維根斯坦一樣，讓我們回到原本的地方，讓日常性整個結構安然不動，卻讓我們有一種自我感覺良好的認知，認為我們因此是處身一種最深刻的奧祕裡。

海德格所以能棄美感而不顧，那是因為他事實上把美感普遍化了，在對於**前衛思潮**（avant garde）的一種反動諷刺性模仿中，超過了藝術與**存有**的界線。美感從它特殊的孤立領土被釋放出來，現在可以擴散到整個現實：藝術把事物引領到它們的究竟實相，因此藝術和**存有**的運動本身是等同的。海德格在討論尼采的講座中說，藝術必須被設想為存有者的基本生發，視為屬己性的創作行動。詩、藝術、語言、真理、思想和**存有**，在他的後期著作中匯合為單一的現實：**存有**是存有者的支持者，語言是**存有**的基本特質，詩是語言的基本特質。每個向度都透過另一向度光芒四射的直接性熠熠生輝：像詩一樣，只是在訴說著自身的語言，卻在這樣的行動中揭露了**存有**的無中介的真理。對海德格來說，美感並不是藝術的問題，而是與世界聯繫的一種方式：這種關係聽天由命地接受把世界視為存有的恩賜的「不真實」，使得人類主體在一種聖祕的臨現面前如痴如醉地敬畏它，而概念的理解只會損毀它而已。

如果懷著敬意而不含任何支配性想法地和**存有**交流，看似一種「女性化的」刻板印象，那麼在海德格看來，**存有**本身卻剛好相反。在他的著作中，**存有**是多面貌的：它是「虛無」，是一雙農民的鞋子，是時間性的純粹運動；而作為更高層次的命運，能感召民眾勇於自我犧牲，它一時看起來又有點希特勒的影子。[27]可是藏在所有這些圖像之下的，是一個更古老而奇怪地熟悉的圖像，既遙不可及而又近在眼前。海德格在《形上學導論》裡說，古希臘人把個殊的事物視為從一個原本圓滿的**存有**「墮落」，是一個「傾倒」，和**存有**本身堅定的「站直」（uprightness, Richtigkeit）形成對比。他說希臘人視為整體的「自然」（*physis*），原本的意思是「站出來」或「站起來」，也就是說它會開展、綻放或生成。**存有**是一種「突出去」，而這個站穩或「在彼處直立」是永久的，是個永不倒下的開展。

看來這種最古老的「站在一旁」（standby, Beistand），其實總是及手性的（readiness-to-hand, zuhanden）。

注釋

1 Martin Heidegger, *Discourse on Thinking* (New York, 1966), p. 66.

2 Martin Heidegger, *Nietzsche* (London, 1981), p. 109.

3 Martin Heidegger, *Kant and the Problem of Metaphysics* (Bloomington, 1962), p. 138.

[313]

4 這種說法來自以下一書（它仍然是海德格研究的最權威著作）：William J. Richardson, *Martin Heidegger: From Phenomenology to Thought* (The Hague, 1963)。其他相關的海德格研究包括：J.L. Metha, *The Philosophy of Martin Heidegger* (New York, 1971); Laszlo Versenyi, *Heidegger, Being and Truth* (New Haven, 1965); L.M. Vail, *Heidegger and*

Ontological Difference (Pennsylvania, 1972); Michael Murray (ed.) *Heidegger and Modern Philosophy: Critical Essays* (New Haven, 1978); William V. Spanos (ed.), *Martin Heidegger and the Question of Literature* (Bloomington, 1979)。

5 參見：Joseph P. Fell, *Heidegger and Sartre: An Essay on Being and Place* (New York, 1979)，尤其是第6和第7章。

6 Martin Heidegger, 'Letter on Humanism', *Martin Heidegger: Basic Writings*, ed. David Farrell Krell (New York, 1977), p. 216.

7 例如可參見以下兩篇文章：'What are Poets for?' & 'The Thing'，收錄於：*Martin Heidegger: Poetry, Language, Thought, trans.* (w/ 'Introduction') Albert Hofstadter (New York, 1971)。

8 Martin Heidegger, *Identity and Difference* (New York, 1969), p. 35.

9 Krell (ed.) *Martin Heidegger: Basic Writings*, p. 338.

10 同前引書，頁335。

11 Theodor Adorno, *The Jargon of Authenticity* (London, 1986), p.93.

12 例如可參見海德格以下一文：'Language'，收錄於*Poetry, Language, Thought*；以及他的論文集：*On the Way to Language* (New York, 1971)。有關海德格和語言的一篇有參考價值的論文，見：'The Ontology of the Literary Sign: Notes towards a Heideggerian Revision of Semiology', *Martin Heidegger and the Question of Literature*, ed. Spanos.

13 Martin Heidegger, 'The Origin of the Work of Art', *Martin Heidegger: Basic Writings*, ed. Krell, p. 185.

14 Heidegger, *An Introduction to Metaphysics* (New Haven, 1959), p. 171.

15 Heidegger, 'A Dialogue on Language', *On the Way to Language*.

16 Adorno, *The Jargon of Authenticity*, p. 54.

17 Heidegger, 'Letter on Humanism', *Martin Heidegger: Basic Writings*, ed. Krell, p. 236.

18 Heidegger, *An Introduction to Metaphysics*, p. 133.

19 Heidegger, *The Question of Being* (London, 1959), p. 91.

20 Heidegger, 'The Anaximander Fragment', *Early Greek Thinking* (New York, 1975), p. 26.

21 Krell (ed.), *Martin Heidegger: Basic Writings*, p. 164.

22 Hajo Holborn, *A History of Modern Germany 1840-1945* (Princeton, 1982), p. 370.

23 參見以下一書（頁173起）：W.O. Henderson, *The Rise of German Industrial Power 1834-1914* (London, 1975).

24 Karl Marx, 'Critique of the Gotha Programme', *Marx and Engels: Selected Works* (London, 1968), p. 332（英譯稍有修改）。

25 F. Engels, *The Role of Force in History* (London, 1968), pp. 64-5.

26 參見本書作者以下一書有關德曼、所謂耶魯（Yale）學派解構論和第二次世界大戰的討論：*The Function of Criticism* (London, 1984), pp. 100-1.

27 有關海德格的納粹思想的兩項有啟發性的研究，參見：Pierre Bourdieu, *L'ontologie politique de Martin Heidegger* (Paris, 1975); Victor Farias, *Heidegger et le nazism* (Paris, 1987).

[314] [315]

第十二章

馬克思主義的拉比：班雅明

神話、現代主義和壟斷性資本之間有很複雜的關係。在自由放任的資本主義時代，神話受到維多利亞時期各種理性主義的壓抑，然後當資本主義在十九世紀後期和二十世紀初期逐漸演化為「更高層」的企業集團形式，神話又戲劇性地重新進入歐洲文化，尼采就是其中一位具預言意義的先驅。如果說，**自由放任**的經濟現在走向更系統化的模式，那麼神話的重生就是適逢其時了：神話本身，就如李維史陀告訴我們，是一種組織完備的「理性」系統，是解讀新的社會經驗的一種富有想像力的手段。和這種神話式思想相關的是整個主體範疇的徹底轉移：這方面的重新思考涉及的人物，除了索緒爾（Ferdinand de Saussure）以外，同樣重要的還有溫德姆．劉易斯（Wyndham Lewis）、佛洛伊德、海德格，以至勞倫斯和維吉尼亞．吳爾芙（Virginia Woolf）。因為隨著從市場經濟過渡到壟斷性資本主義，那個古老極度個人主義的自我，那個古典自由主義的自律主體，實在不能假裝還能夠在滄海桑田的社會裡作為主體用以重新體驗自身的適當模型。那個現代的主體和神話性主體十分相似，不再是自身行動的明顯個體化泉源，而是某種深層的操控結構的順服功能，這個結構現在漸漸看似在代替主體去思考和行動。一個名為結構主義（structuralism）的理論思潮，誕生於現代主義和壟斷資本的時代，那並不是偶然的：這個時代見證了從康德、黑格爾和年輕馬克思的傳統主體哲學全面轉向，因為困惑不安地意識到個人根本上是由日常意識裡完全看不透的力量和程序所構成的。不管把這種不容妥協的力量稱為語言或「存有」、資本或潛意識、傳統或生命衝動（*élan vital*）、原型（Archetype）或西方的命運（Destiny

[316]

of the West），都是在以前振翅翱翔的自我和它的同一性的真正規定因素（它們總是隱蔽而難以辨認的）之間，劈開了幾乎無法跨越的鴻溝。

如果說，主體因而陷於割裂和解體，那麼它所面對的客觀世界，作為主體自身活動的產物，也是難以掌握的。和這個個體對立的，是一個自我調節的系統，它一方面看來完全理性化，在最隱蔽的運作上極其邏輯化，可是另一方面，對於人類主體的理性機制又完全漠不關心。世界的這個自主自決的建構物，很快就披上了第二天性的外衣，在人類實踐中抹去了自身的源頭，因而看似自明的天賦本性，就像神話中的石頭、樹木和山巒一樣堅固不移。

如果神話是永恆循環再現的事物，那麼在壟斷性資本主義中最重要的循環，就是商品的永劫回歸（eternal return）。資本主義的確有它的一套歷史；但這種發展的動力，就如馬克思反諷地提到的，就是它本身「永恆」結構的無盡再生。商品交換的每個行動，既是各自有別的，也是單調地重複著同樣一個老故事。因此，商品的典型象徵就是對時尚的追求，其中熟悉的元素換湯不換藥地一再回歸，新舊元素在某種「差異中的同一」矛盾邏輯之下湊到一起。現代主義的弔詭就在於，儘管存在著各種新技術可能性，包括未來主義（Futurism）、構成主義（Constructivism）和超現實主義（Surrealism），令人無比振奮，卻不斷被趕到某種靜態的、循環的世界，所有動態歷程都看似被永久監禁了。此外還有機率和必然性同樣充滿矛盾的互動。從某個觀點來看，整體經驗的每個片段，都看似有某種潛在結構或潛台詞（subtext）（喬伊斯的《尤利西斯》〔*Ulysses*〕

的潛台詞就是荷馬的神話）在暗地裡操弄著；而經驗本身就是操弄下的產物。現實完全被編碼了，是肉眼看不見的某種深層邏輯在每個瞬間的運作，因此偶然性都被消除了。可是這些運作的結構太過形式化而抽象，它和感官直接性的領域看似遙不可及，任由它們拋出來的東西完全自主地隨機組合；從這方面來看，世界在表面上仍然是破碎而混亂的，一切只是偶然的接合（conjuncture），而它的原型圖像，就只是在市區繁忙的十字路口一兩秒間的相遇。這無疑就是喬伊斯的《芬尼根守靈》（*Finnegan's Wake*）的情況：在它局部的表意（signification）單位，以及生成並包含這些單位的巨大「維科循環」（Viconian cycles）（譯按：指歷史的興衰。原本是指維科〔Giambattista Vico〕的歷史循環論，喬伊斯在該作品中直接採用了他的主張，置入故事主角的夢境裡）之間，這個文本幾乎是無縫接軌。我們在索緒爾那裡也不難察覺抽象結構和任性乖僻的殊相之間類似的錯亂：這就是他的著名區分，一個是語言普遍範疇的「**語言**」（*langue*），另一個則是日常說話中看似隨機的、無法形式化的「**言說**」（*parole*）。

就如歷史時間怪異的反轉或倒退，資本主義的「成熟期」，似乎是使歷史回到工業化世界以前所離棄的那個封閉、循環、自然化的無情宿命領域，而神話正是它恰當的具體形象。神話式思想通常會聯想到以季節為基礎的、傳統的、工業化以前的社會，而歷史意識則往往和都市文化有關；但只要比較一下葉慈和喬伊斯的作品，就清楚看到這種對比其實一點都說不通：他們兩人都是有深刻神話化傾向的作家，他們處身的時代正好是最原始和最成熟的傾向的融合。事實上，這

[317]

是現代主義的慣見方程式，不管它體現為艾略特視為理想詩人的那些主張回歸原始的前衛主義者，還是藝術或精神分析學裡年代久遠的材料，又或在華特．班雅明的深奧解讀下，那種在不斷求新求變中發掘古老事物的波特萊爾（Charles Baudelaire）詭異的雙向進路。就像《尤利西斯》所說的「永不改變地永遠在轉變」的世界，是個既破碎又同質的空間；這也是商品的恰當空間，事物的零碎使一切現象齊一化為同一個身分。班雅明就提到，寓言式的意符以商品的形式返回現代世界；[1]我們也可以說，這就像神話符號在喬伊斯作品裡的返回。

如果說，神話是物化社會境況的表徵，那麼它也是解釋這種情況的權宜工具。事物的內在意義持續被榨乾，就為某種不可思議的全體化掃除了路障，也就是說在一個去除了意義和主體性的世界裡，神話可以提供具有組織以及化約作用的圖式，以期從混亂中探勘到統一性。它因此取代了歷史解釋的傳統角色，而在此刻，思想的種種歷史形式也正好漸漸成為符號瓦礫的一部分，因為在帝國主義的世界大戰之後，歷史愈來愈空洞而名聲敗壞。可是如果對艾略特來說，神話揭露了現實的某些既定模式，但是對李維史陀和喬伊斯來說並非如此。喬伊斯在文本裡喜劇性地意識到寓言式意符的任意性，他深知都柏林的一天所代表的意義必須被「**打造**」為主角奧德修斯（Odysseus）的漂泊，在兩者並無任何內在對應的情況下，用詮釋性的暴力，硬是把它擠進去。就像商品一樣，喬伊斯的寫作會為了延續自己的作品而抓住任何古老的內容。

在二十世紀最初的幾十年，我們看到大家在尋索社會解釋的更加形式化的模型，從結構主義語言學和精神分析，到維根斯坦的《邏輯哲學論叢》和胡塞爾的**本質**（*eidos*）；但這和焦慮地返回「事物本身」的願望形成一種緊張關係，不管這種願望是來自胡塞爾的現象學的另一層面，或是不能化約的「人生」的浪漫主張；從德國的生命哲學（*Lebensphilosophie*）以至文學評論季刊《審視》（*Scrutiny*）的主張，都可看到它的蹤影。因此，神話也許就可以作為此中欠缺的中介，連接了過度形式化的看法和目光短淺的殊相，又或者說，一方面是語言恐怕無法以其抽象的普遍性掌握的，一方面則是言談的漁網無法以其難以言喻的獨特性去捕撈的。神話因此是浪漫主義的象徵的回歸，是黑格爾的「具體的普遍者」的重新闡發，其中每個現象都隱然銘刻著普遍法則，而任何時間、地點或身分，也都承載著宇宙整體這個重擔。如果可以達成這種境界，那麼處於危機中的歷史，就可以重新穩定下來而具有意義，重構為一組具有等級的平面和對應事物。

可這，這是知易行難的事。不錯，像《尤利西斯》這樣的小說，每個看似隨機的殊相，都可以像個小宇宙一般，開啟某種具有影響的共相，在某種意義下，可以視為標準的黑格爾哲學。但是這當然忽視了它背後的巨大反諷：這是偏執狂一般的全體性，以一本正經的窮盡性，對它自身的狡獪行徑。就像大文豪福樓拜（Gustave Flaubert）揮汗竭力達成的這種絕技，在我們注視下竭盡全力，洩漏了整個做法的虛假和不合理，因而埋下了自身解體的種子。因為若要建構充滿複雜象徵對應物的世界，就必須有某種機制或開關設備，使現實世界的任何元素都可以作為另一個元素的意符；而這種寓言式的表意顯然沒有自然的休止點，任何東西可以像鍊金術一般轉化為另一

[319]

東西而無盡地蛻變。簡單來說，這種符號系統包含著自我解構的力量，用另一種慣用說法來說，它的操作大抵上倚賴的商品式邏輯，也在一定程度上招致了它原本要超越的混亂。這種商品形式一方面在迥然不同的事物之間營造虛假的同一性，而產生了一種不穩定的、無限期的變動，恐怕會超越了所有那些小心翼翼地鞏固的對稱性。如果描寫都柏林的一天，可以透過和經典文本的寓言式結盟而建立意義，那麼不是也可以用同樣方法描述巴恩斯利（Barnsley）或布朗克斯（Bronx）的一天嗎？這種寫作策略為特定時間或地點賦予不尋常的核心地位，褪去了它的隨機性和偶然性，結果卻是恢復了整個偶然性。在這種意義下，喬伊斯對愛爾蘭的讚美，把它擺在國際地圖上而令人難忘，那是種特殊的拐彎抹角做法。要使任何個殊經驗具有特權地位，你必須把它引渡到一個總是在別處的結構；但這種把兩個不同領域對等起來的做法，只是剝奪了兩者的獨特性。在這個意義下，寓言就是象徵主義發生暴動，而被趕到自我毀滅的極端；如果任何事物都能圓滿地扮演「具體的普遍者」的角色，那麼就沒有任何事物具有什麼特別可觀之處。

如果這裡或那裡，任何地方都一樣，那麼你不離開都柏林，也可以胡謅說自己處身於第里雅斯特（Trieste）。就如雷蒙·威廉斯說，現代主義的其中一種看法，就是把它視作一場進行中的戰爭，作戰的一方是漂泊無根或世界主義的意識的新模式，另一方是被這種意識在大膽對抗下撼動的褊狹古老民族傳統。[2]朝氣蓬勃的現代主義大都會，是徹底全球化的資本系統的文化交會點，它正在從遠處同時放棄又重新詮釋資本主義的生產傳統在其中發展的民族圈地。因此，愛爾蘭或英國所代表的不過是一個自主性的國際網路的隨機性地點，它的經濟操作漠不關心地跨越了個殊文化，就像「深層結構」漠不關心地穿越不同的語言、文學文本或個體的自我。現代主義流放者或移居者遭到隔絕的命運，是一種形式化的、普遍化的思想生成的物質條件，這種思想摒棄了祖國模稜兩可的舒適性之後，以一種嚴厲的分析觀點，在某個多語言都會中，自其「超越」的制高點，檢視所有特殊歷史遺產，找出支配著這些遺產的內隱全球性邏輯。就如尚恩・戈登（Sean Golden）所說的，現代主義者從來不會偏好或拘泥於代表著地方藝術的特殊民族文化；[3]他們倒是會從外界走向地方固有傳統，根據自身迂迴的目的，異化和佔有它們，讓它們在喬伊斯、龐德（Ezra Pound）或艾略特那種方式之下，欣快而又憂鬱地擺脫對於母語的伊底帕斯情結，在跨文化的環境下漫遊。如果說對傳統的種種信仰的強勢疏離觀點，是現代主義的激進衝擊的源頭之一，那麼它也清楚透露了它和國際資本主義生產不情願的共謀關係，這種生產方式就像《荒原》或《詩章》（*Cantos*）等作品一樣無視民族性，對地方風格也同樣不怎麼重視。像喬伊斯或貝克特那樣，從一個落後於時代的殖民社會一躍而出，在這方面來說，就是把政治上的壓迫轉化為藝術上的有利條件：如果你根本沒多少豐富的民族遺產（因為愛爾蘭傳統被英國有系統地剝奪了），那麼你在無地域或身分可言的處境下，就會發現自己無法預料地從邊緣被投射到中心，由你的邊緣性，反諷地讓人預見就算最先進的國家資本主義結構也會陷入的命運。被剝奪了穩固而連續的文化傳統，被殖民者被迫在前進的路上打造自己的傳統；喬伊斯、貝克特和歐布萊恩（Flann O'Brien）正是以現代主義為名，把政治的剝削效應當作一種破壞力量。

工業化前的愛爾蘭是個停滯不前的農村，就在這種情形下，進入一個戲劇性的、最高度發展的文化薈萃新世界，在現代主義的敏感觀察底下，見證了「原始」和成熟的再度融合。如果說都柏林現在是世界之都，部分原因在於這麼偏遠的地方有其固定的生活節奏、重複的習慣和停滯封閉空間的感覺，現在看來正好體現了壟斷資本主義本身那個收縮的、自我永續的、不斷重複的領域。其中一方的封閉迴路，有如小宇宙一般地反映了另一方。現代主義和殖民主義是怪異的夥伴，其中一個頗重要的原因在於，現代主義是從自由派的寫實主義信條解放出來的，而後者在殖民邊緣地區沒有像在都會中心地區那麼令人信服和深入扎根。對於帝國的被統治者來說，個人並不是那麼奮力塑造自身的歷史命運的人，而更像個空洞、無力而匿名的個體；他們也不像寫實主義者那麼信任線性時間的恩惠，因為這種時間觀總是對統治者有利。被殖民者長期困於悲慘的社會現實，就可能退避到想像和幻覺裡，相較於寫實主義文學，那是現代主義者更顯著的手法。而如果傳統民族語言現在要面對全球性的符號系統，原本珍貴的文化遺產讓位予跨越國界的前衛技巧，還有什麼人比原本就脫離了母語的被殖民者更容易運用這種新的非自然語言呢？

因此，對喬伊斯來說，文學的未來不是在於仍然矛盾地沉湎於民族傳統而飽受挫折的浪漫主義知識分子，反倒是在於無面目可言的廣告代理人，他們帶著混雜的民族身分而在自己的家鄉不得安穩，卻可以安心地住在任何地方，因為任何地方都一樣。如果說《尤利西斯》的主角布盧姆

[321]

（Leopold Bloom）代表了國際資本主義「好的」一面，無法忍受一切沙文主義和地方主義，更出於民主心態而鄙視階級觀念和菁英主義者，另一方面，他只有很籠統的四海之內皆兄弟的人道主義信念，這也見證了中產階級在公共領域上無能的普遍主義。布盧姆既沉浸於鄙陋的排他主義，又相信過於抽象的世界主義；在這方面，他體現了他所兜售的商品在形式和內容上的矛盾。這至少就是盧卡奇的觀點，他認為商品形式是現代主義敘事裡的隱藏反派角色，其中抽象和具體被撕裂了。他在《歷史與階級意識》（*History and Class Consciousness*）裡描述一個墮落的世界，在交換價值的支配下，「現實瓦解成為一大堆非理性事實，而在此之上架起了被掏空內容的純粹『形式』法則網路。」[4]這是對《尤利西斯》的合理描述，就此而言，對於許多現代主義藝術也很恰當，阿多諾說，這種藝術的形式關係就像中產階級社會裡個人之間的真實關係一樣抽象。[5]商品是使用價值和交換價值之間、感覺內容和普遍形式之間的具體化裂痕，在盧卡奇看來，那就是共相和殊相之間一切造成窒礙的二律背反的源頭。中產階級一方面是「深陷於直接性的困境」，[6]另一方面又臣服於鐵律以及神話世界被自然化的宿命論的支配。人類主體在經驗上的殊相，也是抽象上的先驗性，在現象上是被規定的，但精神上卻是自由的。在這種歷史情況下，主體和客體、形式和內容、感官和精神都支離破碎；《歷史與階級意識》的中心部分抓住了這些唯心主義哲學的普遍主題而重新思考它，這次則是針對商品形式的變形，對盧卡奇來說，商品形式在唯心主義的任何層面都留下了烙印，但是後者卻視若無睹。

這個歷史處境有兩種可能的解決辦法。其中之一是社會主義，它在東歐體現為史達林主義（Stalinlism），盧卡奇則有時候會扮演模稜兩可的護教者。另一種沒那麼沉重的解決辦法就是美感，對盧卡奇來說，美感可作為他所勾勒的兩難困境的策略性回應。在十八世紀，由於早期中產階級社會赤裸裸的兩極化現象：

美學和藝術意識被賦予有如哲學一般的重要性，在先前的時代裡，藝術不曾擁有這樣的地位。這並不表示藝術本身正經歷前所未有的黃金時代。相反的，除了極少數例外，這個時期實際的藝術創作和以往的黃金時代完全不能相提並論。關鍵其實是「藝術原則」在該時期取得的理論和哲學上的重要性。[7]

盧卡奇聲稱，這個原則涉及「一種具體的全體性的創造，它源自一個形式的概念，這種形式則指向了物質基礎的具體內容。因此在這個觀點下，形式可以消除部分和整體之間的『偶然』關係，從而瓦解機率和必然性之間表面的對立」。[8]簡單來說，藝術作品拯救了商品化的存在，替商品補足它一切可悲的缺陷，它的形式不再是和內容漠不相關的，而是和內容密不可分；它把主體性客體化，非但沒有造成疏離，反而更豐富了它的內涵；它解構了自由和必然性之間的對立，因為藝術作品的每個元素既是奇蹟般地自主，而又狡猾地服從整體的法則。

因此，在沒有社會主義的情況下，那麼就有必要倚賴藝術了。就如美學在早期中產階級社會裡對於現實的矛盾提供一種想像式的解答，隨著史達林主義加強它的操控，盧卡奇只好在藝術裡發掘一種具體的全體性，那是在充斥著勞改營的社會裡漸漸遙遠的目標。於是他倡議著名的現實主義學說，那是浪漫主義意識形態的象徵的辯證版本。在現實主義作品完整、多面、和諧的全體性當中，個體殊相透過整體的結構而完全得到調停，被揚棄到「典型」或共相當中，它的感官獨特性卻不受損害。在他後期的美學理論裡，盧卡奇以**個殊性**（*Besonderheit*）的概念作為美感的中心範疇，它同時內在於個體性和全體性裡頭，而在兩者之間起著天衣無縫的中介作用。[9]對於他和浪漫唯心主義的悠久傳統來說，藝術代表了一種特殊地位，其中的具體現象雖然就是自身的呈現，卻是暗地裡在它們的普遍真理形象裡被重新創造。藝術作品的每個剖面，即使只是在訴說自身，謹慎地保持著自身同一性，卻無可避免地傳達了所有其他面向的側面訊息。現實主義作品知悉真相，卻以有如戲法一般的狡獪行徑假裝不知道：作品首先必須把現實的要素抽象出來，然後在所謂的直接性裡重新呈現這種要素，這樣的重新創造，其實卻是把它隱藏起來。因此，現實主義的藝術作品是一種立體感很強而且逼真的視覺陷阱（tromp l'oeil），它既是平面的，也具有縱深，到處都是絕對性的、卻又看不見的操控法則。文本的豐富而獨特的元素，既等同於建構它們的全體，卻又比全體少了些什麼；這些元素透過整個的特權中介必須付出的代價，就是喪失了對整體批判性反應的真正能力。

[324]

換句話說，盧卡奇的美學就是中產階級美學主流模型的左面鏡像，而這個美學模型不管好或不好，我們在本書裡一直在追蹤著。對於法則和自由、整體和部分、精神和感官之間的交錯重疊，盧卡奇的現實主義添加了馬克思主義式的轉調，這些對立項的交互關係，在中產階級領導權的建構上扮演十分重要的角色。現實主義藝術作品的微妙殊相，透過整體法則自然的刻畫，根據若干自我隱蔽的統一原理聯袂起舞。這就像是說，盧卡奇以一種和那個社會的自我反思頗為格格不入的方式，把中產階級社會的尷尬境況追溯到它們的物質根源，然後轉過身來，對這些困難提出近似原來的解決辦法。不錯，對他來說，部分和整體之間的關係總是處於隱晦的中介下，兩者從來不是直接結合在一起；但值得注意的是，像他這麼具有歷史唯物論強大分析能力的人，他提出的這種美學，大抵上還是忠實重現了中產階級政治權力的若干關鍵結構。

就算這個方面相當令人矚目，卻也許不怎麼出人意表。盧卡奇在他對史達林主義和左派前衛主義的批判中，都會訴諸中產階級人文主義的豐富遺產，但是他高估了這個遺產和社會主義的未來之間不容懷疑的連續性；他那個版本的馬克思主義的浪漫主義源頭，也往往導致他忽視了資本主義的進步面向，包括了他們所需要的那種美學是從商品形式領悟而來，而不是倒退到美學誕生之前的某種鄉愁的全體性。這樣並不是否定盧卡奇的現實主義理論令人讚歎的力量和豐碩成果，事實上，這種理論對於馬克思主義文學批評準則貢獻卓著，而現代主義者的馬克思主義不公平地貶低了它；但盧卡奇沒有領會到馬克思所說的，歷史的進展總是偏向它的黑暗面，這就對他的思想構成了嚴重的侷限。

§

班雅明則剛好相反，他戲謔地模仿了馬克思的這種說法。他對歷史的救世主式的解讀，使他對世俗救贖沒有任何信心，戳破了所有目的論的希望，而以一種令人訝異的大膽辯證，把救贖的指望寄託在歷史的頑固不化上面，也就是人類墮落後的苦難和貧困。歷史愈是被羞辱和貶損，就像德國哀悼劇（*Trauerspiel*）裡泄沓怠惰而屬靈破產的世界，它就會成為一種負面的指標，反映著在幕後耐心等候的不可思議的超越性。在這樣的情況下，時間摺合成為空間的一部分，坍縮為空洞得令人苦惱的不斷重複，可以想像的是，某個救贖的顯聖就在這空間的邊緣蠢蠢欲動。腐敗政治的世俗秩序，是救世主的時間的一種反面烙印，最後會在審判日浮現的，不是來自歷史的母體，而是來自歷史的廢墟。歷史片段的短暫性，預示了它終究要消逝，因此對班雅明來說，天堂虛無縹緲的痕跡，可以從它的對立面察覺得到，那就是世俗的時間性裡一連串無盡的災難，那是來自天堂的風暴，卻有人把它稱為歷史的進步。在歷史命運的低谷，在一種病態而無意義的社會秩序裡，公平社會的形象或許會驚鴻一瞥，透過非正統的詮釋，把死神的頭轉化為天使的面容。只有這種反面的政治神學，才能夠忠於猶太人**禁止拜偶像**（*Bilderverbot*）的傳統，它禁止所有刻畫未來和解的形象，包括藝術的形象。只有藝術作品的零碎片段，由於它抗拒美感、「**表象**」

[325]

（Schein）和象徵的全體性，因而在堅決保持沉默之際，可望開顯真理和正義，同時把世俗時間進程等待救贖的苦難放在這一切的幕前。

盧卡奇把藝術作品和商品對立起來，班雅明則透過辯證的狂傲，從商品形式本身演變出一種革命性的美學。在哀悼劇中，那些空虛、僵化的客體經歷某種意義的滲漏，代表意符（signifier）和意指（signified）斷了連繫，陷入一個像商品生產一樣的世界，當中只有永恆重複的空洞而同質的時間。這種惰性的、原子化的景象，在寓言式符號的運作下，經歷了第二次的物化過程，那些符號本身就是死寂的字母或無生命的文字片段。可是一旦所有固有的意義都從客體流失，盧卡奇所信奉的「表現的全體性」（expressive totality）就會土崩瓦解，任何現象在寓言作者狡獪的技法下，可以用來代表任何其他事物，這是對於上帝創造萬物並為它們取名的世俗式的諷刺模仿。寓言因而會模仿商品的齊一、等值化的行徑，但由此釋放全新的多重意義，因為寓言作者在一度完整而後解體的意義廢墟裡不斷挖掘，然後別出心裁地把出土物排列好。一旦清除了神祕化的內在性之後，寓言的指涉物就可以贖回而投入多種用途，以格格不入的方式閱讀，以類似卡巴拉教派（Kabbala）的神祕主義方式作出令人尷尬的重新詮釋。當內在意義在寓言作者的憂鬱凝視下從客體消褪之後，剩下來的就只是個任意的物質性意符，是從某種明確意義的掌控下抽離的神祕記號或碎片，無條件地降服在寓言作者的權力之下。這樣的客體已經脫離了它們的文脈，因此可以從語境抽取出來，和一堆異化的對應物混雜在一起。班雅明很熟悉這種卡巴拉教派的詮釋技巧，後來就在多方面的文學表現中找到它的迴響，包括前衛手法、蒙太奇、超現實主義、夢境意象和史詩劇場（epic theatre）等手法，還有普魯斯特式（Proustian）記憶裡的顯靈、波特萊爾的象徵類同性，使得班雅明本身沉迷於尋珍搜祕的習慣。他後來有關機械複製時代藝術的理論，也可以在這裡看到靈感的來源；也就是說，造成異化的技術，透過辯證的扭轉，可以使文化產品褪去令人卻步的靈光（aura），以建設性的方式，讓它們重新發揮作用。

像商品一樣，寓言對象的意義總是在於別處，而偏離該對象的物質性存有；但如果意義愈趨多價（polyvalent），在更靈活和更具創造力的情況下，它在解碼現實方面的鑑識力量就會增大。在某種意義下，寓言符號和凝固的神話世界有共同之處，神話世界的強制性重複預示了班雅明後來的歷史中心主義（historicism）構想，也就是把所有時間都視為同質性的；但寓言也是剖開這個拜物領域的力量：寓言可以把自身那個「魔幻的」類同性（affinities）的網路，刻畫為一段不可思議的歷史。後來在班雅明的著作裡，這就以辯證的形象呈現出來，在震撼性的衝突對抗下，時間停止下來，成為緊密的單一體：時間空間化，變成閃亮的力場，政治的「現在」因此可以拯救陷於險境的「過去」片刻，把它扭轉過來，讓它與自身形成啟明（illuminating）的對應關係。就如哈伯瑪斯指出的，班雅明這種設想要處理的問題，就是恢復象徵對應關係的可能性，並瓦解它們所屬的自然式神話世界。[10]不論是象徵的「自然」全體化作用，或把線性重複奉為神聖不可侵犯，那都不是可以接受的策略。機械複製排拒了靈光的獨特差異以及神話無盡的自我同一性：

[327]

它把藝術作品齊一化而顛覆了獨特差異，但它也讓藝術作品獲得解放而發揮和後者牴觸的特殊功能。

這些辯證形象，就是班雅明所說的「排列」（constellation）的一個例子，這個主題從他探討哀悼劇的著作的最初幾頁一以貫之，以至他死後出版的〈歷史哲學論綱〉（Theses on the Philosophy of History）。在理想的評論方法之下，他寫道：

> 概念並沒有被表象在自身之中，而只是由概念裡具體元素的一種排列方式來表象：這些元素的配置……概念之於客體就如排列之於天體。首先來說，那意味著概念既不是一種想法，也不是一種法則……它是把現象組合起來的一種概念功能，透過知性的判別能力而在它們之內做區分，則更加重要，因為它一舉成就了兩個目的：現象獲得救贖和概念得以表象。11

觀念不是在現象背後並且賦予它本質的東西，而是以概念去配置對象的種種多樣、極端而充滿矛盾的元素。班雅明的夢想是尋求一種頑強而內在性的批判形式，它始終沉浸於它的對象當中。要揭露該對象的真理，不是以理性主義的方式，把它指涉到支配性的概括概念，而是透過極為個殊的概念的力量，拆解它的組成元素，然後重新配置這些元素，既能恢復該對象的意義和價值，卻始終附著於它。班雅明寫道，「可是現象進入整個概念領域，並不是在原始經驗狀態下，攙雜著表象，而是透過它們被拯救回來的基本元素。它們被剝除了虛假的統一性，因此在區分的狀態下，可以分受真理的真實統一。」[12]對事物的掌握，一定不能把它視作某種普遍本質的個例；相反的，思考必須善用種種頑固的個殊概念，就像在立體主義（Cubist）風格下，從無數方向把客體折射出來，或是從多個分散的角度穿透它。透過這種方式，現象界在誘導之下，隨著微觀的凝視把日常生活異化為奇觀，就可以產生一種本體的真理。[13]

這種「排列」的知識論，堅定地反對笛卡兒或康德的主體性環節，不是著眼於「佔有」現象，而是讓現象獲得解放，投入原來的感官存有，讓其中迥然不同的元素以其不可化約的異質性被保存下來。因此，它超越了康德對於經驗和睿智的劃分；對於事物受損的、被壓抑的物質性，那是在方法論上唯一合理的對待方式；阿多諾所說的在抽象概念無情的清除作用下「辯證式地溜走而形成的廢棄物和盲點」，[14]就由此被救回來了。「排列」的認知拒絕依附於形上學的本質，而讓它的組成部分以哀悼劇或史詩劇場的方式寬鬆地配置；但它這樣也預示了將要達成的和解狀況，這種狀況若直接表象出來，就會是個褻瀆，在政治上也會產生反效果。在它成就的知覺和概念統一中，在它把思想轉化為形象的過程中，有一點像是語言和事物自然地合而為一的伊甸園式的幸福境況，或者是在我們掉進認知理性之前，自然和人類之間史前的、擬態的對應關係。

我們也可以說，班雅明的排列觀念本身也是觀念的排列，包含著豐富的理論性暗示。如果說它源自卡巴拉教派、萊布尼茲的單子（monad）和胡塞爾的回到現象本身，那麼它也看到了超現實主義對於日常事物異化式的重新配置、荀白克（Arnold Schoenberg）的音樂體系和一種微觀社會學；在這種嶄新風格的學問中，就如阿多諾的著作或班雅明本人對巴黎的研究，建立了部分和整體的一種轉化了的關係。[15]在這種微觀分析下，個殊現象會被擺到所有多重規定的複雜結構裡，視之為必須破解的密碼或謎樣的形象，社會歷程具體而微的形象，那是鑑別的檢視會說服它產生的形象。也可以說，象徵的全體性的迴響因而在這種另類思考模式中徘徊不去；但現在的問題不再是接受客體作為直覺的與料，而是把客體分解，再透過概念的運作而重建。這種方法因而是一種詩或小說形式的社會學，其中的整體只不過是圖像的緊密鑲嵌；在這方面來說，它代表了一種美感化的社會探索模型。然而它其實是源自另一種構想下的美感，不是像象徵主義者所構想的部分附著於整體，也不是盧卡奇所想像的部分和整體的複雜中介，因為後者可能被斥為只是把整體對於殊相的牢固主宰延後或複雜化而已。它的設想就是建構一種有關客體的嚴密配置方式，堅拒同一性的誘惑，容許各組成部分以彼此的種種矛盾得到啟明。班雅明和阿多諾本身的文學風格，就是這種構想模式的最佳例子。

排列概念是班雅明和阿多諾在緊密合作下構思出來的，[16]它也許是為了和傳統的全體性（totality）觀點切割而在現代最突出且獨創的嘗試。它堅拒流於偏執狂的全體性，主張這種全體性的思想家，一概否定任何經驗主義者對於零碎經驗的頌揚。透過把部分和整體之間的關係革命化，排列理論直搗傳統美感典範（paradigm）的核心，那就是以為細節的獨特性（specificity）在

[329]

面對全體性的組織力時毫無招架之力。它以美感去顛覆美感：藝術被認為之所以異於推理思考，就在於它高度的獨特性，這一點被推演到極端，因此獨特性不再像盧卡奇所構思的既保存又擱置。排列理論保障了個殊性（particularity）卻割裂了同一性，讓客體綻放成為一系列互相衝突的元素，釋放出它的物質性，其代價就是放棄了自我相同性。而盧卡奇所說的「典型」（type）則是沉浸在整體裡卻沒有喪失自我同一性，反而使它的同一性更深刻豐富。他的席勒式美學在「整全」個人的各個側面之間沒有看到什麼衝突；相反的，「典型」人物由於緊貼於某些歷史本質，往往能夠把不同的面向化解為和諧。盧卡奇事實上對矛盾這個範疇也有一番思考，但總是在統一性的標誌下。資本主義者的社會構成是矛盾的總和；規定每個矛盾的，就是它和其他矛盾所形成的統一性，矛盾的真理因此就是統一。我們很難想到還有什麼更大言不慚的矛盾的了。

排列概念就是要推翻把衝突本質化的看法，班雅明和阿多諾在發展這個概念時，無疑劍指盧卡奇。可是，這個概念本身也有它的嚴重困難。其中一點在於，它迴避了傳統對於全體性論辯所提出的種種「**規定**」（determinations）問題，也就是在整個系統中不同構件的相對因果關係和效應。由於它推翻了嚴格的理性主義的價值等級，它傾向於把客體的所有元素都平等化，這種方法有時在班雅明的著作裡推演到極端：他會刻意把上層結構的某個游離性質和下層結構的某個核心元素並列，因而被頭腦比較清醒的阿多諾批評。[17]那些在本能上不信任階級概念的極端分子，應該捫心自問，他們是否真的相信美學和種族隔離問題一樣重要。全體性觀念最重要的一面，就是為我們提供具體的政治指導，比如說，在社會轉變過程中，哪些體制是比較重要的；簡單來說，這就是要擺脫一種循環式的社會構成概念，在其中，由於每個「層級」看來和任何其他層級都同等重要，政治的介入點因而看似很隨意了。大部分的政治極端分子，不管他們是否承認，都認定「層級式的規定」（hierarchical determination）的某種觀念，好比說，關於種族或性別問題，他們會相信，相較於意識本身的改變，體制改革的轉化更加可大可久。全體性的概念有如醍醐灌頂一般地提醒我們個別政治行動進程有其結構性的侷限：在推行某個政策時，什麼是當務之急，什麼是它的配套措施，而什麼是可以暫緩的。我們不必隨便就對於全體性的思考先射箭再畫靶，猜想我們的政治行動在社會全體性結構早就是「既定」的。事實上，這種假想只會顛覆左派改革主義者的信念（很多右翼保守主義者同樣抱持這個信念），也就是說，根本沒有所謂的「社會整體」，那只是為實用主義的目而在推論裡虛構出來的。

主張社會生活裡包含著種種層級式的規定的這個學說，當然不會自動推論到正統馬克思主義的觀點，以為在至今的人類歷史裡，若干物質因素一直是很重要的。對於多元主義的觀點而言，這些因素的支配作用是有變數的事態：在某個環境或觀點下具規定性的，在另一個情況下卻不一定如此。社會因此可以設想為維根斯坦所說的「遊戲」，裡頭有一大堆策略、對策和對抗手段，在其中，從特定觀點來看，若干優先選項可能會比較實用。對馬克思主義來說，社會是更枯燥、單調、沒什麼美感的，更傾向於強迫症的重複，只有相當貧乏的對策可供選擇，與其說是個遊樂

[331]

場，不如說是一所監獄。馬克思以這種單調的決定論（determinist）方式想像說，為了聽巴哈（J. S. Bach）的音樂，人得先要工作，或者要有別人去工作，而除非兒女衣食無憂，道德哲學家哪裡有空去論辯。這種論點更說，這些物質性的條件不僅是其後種種事態的必要條件（sine qua non），更對後者有著決定性的影響力。

對於這種建設性的活動在主觀或客觀方面的性質，排列概念顯然有歧義性。一方面，它是用以矯正所有誤入歧途的主觀主義：概念必須依附於事物本身的輪廓，就像荀白克的作曲法順著題材的內在邏輯，而不是主體恣意的意志。「有一種微妙的經驗主義，」班雅明引述歌德說：「它和客體密不可分，以致於成了真正的理論。」[18]另一方面，排列的行動看似會任由想像放誕任氣，使人想起寓言家偷雞摸狗的機會主義。事實上，畫虎不成的排列，看起來會是一種可怕的混合物，包含了實證論（正如阿多諾所說的，班雅明在《拱廊街》〔*Passagenarbeit*〕裡「對事實的天真鋪陳」），[19]以及怪誕的觀念；阿多諾也在超現實主義裡看到這種組合：在阿多諾看來，它的湊拼手法是對於直接性的拜物，再加上任意而非辯證的主觀主義。[20]他在班雅明的拱廊街計畫（Arcade project）裡發現同樣的組合，指斥那是某種神祕的實證論加上心理主義（psychologistic）的幻想，認為班雅明的思想風格太通俗卻又太深奧。[21]對阿多諾來說，超現實主義和班雅明關於巴黎的論述，在放任主觀性肆無忌憚的同時，有可能會在詮釋過程中消滅了主體的主動而關鍵的角色。而這種組合在班雅明關於「寓言」（allegory）的觀念裡很可能無所不在，就像是死者頭部

[332]

的象徵，「完全沒有表情，眼窩漆黑一片，加上最肆無忌憚的表情，兩排牙齒咧嘴而笑。」[22]

儘管排列的觀念有它的問題，它至今卻歷久不衰而且有其啟發性。但是就像班雅明的很多思想一樣，它不能完全從它的歷史危機源頭抽離出來。隨著法西斯主義當權，在某個意義下，班雅明的整個生涯也成為了一種困阨杌隉的排列配置，在歷史危機中，把任何找得到的其貌不揚的碎片和殘篇湊合起來，就像哀悼劇裡厭戰的統治者坐倒在斷垣殘壁當中。班雅明在〈歷史哲學論綱〉說，「過去」的重要意象，正是那在危難的時刻不期然地出現在一個被歷史揀選的人面前的東西；對班雅明來說，這或許也是所謂「理論」的意義，也就是在極度壓力下倉促拼湊在手裡的東西。他的計畫，就是要拆掉危險的歷史連續體，手裡卻只有幾件可憐的武器：像震驚、寓言、異化、救世主時程異質的「籌碼」、微型化（miniaturization）、機械複製、卡巴拉教派、超現實主義的蒙太奇（montage）、革命的鄉愁、重新啟動的記憶痕跡、笨拙而扞格不入的解讀。這種做法之所以可能，就像巴洛克時期的寓言作家一樣，就是歷史在我們背後瓦解成為碎片，而我們能夠在廢墟和碎片裡挖掘零散的東西，去對抗「進步」銳不可當的大軍推進，只因為災難已然發生了。這個災難誆稱說，民族的架構因為國際空間而過時了。其實正好相反，法西斯主義告訴我們，國際壟斷資本主義，並沒有拋棄民族這種東西，反而會在遇到政治危機利用它，而再度把新舊事物湊合起來，形成意想不到的排列配置。古老和前衛的東西的遙相呼應，正好代表了納粹的意識形態，也就是把血和泥土的感官獨特性和科技的拜物教以及全球帝國主義的擴張送作堆。

在最危險的時刻，班雅明對歷史主義的傲慢敘事其實反應過度；如果你以救世論的方式認為歷史本質上是否定性的，那麼歷史主義的種種目的論就不攻自破。讚賞班雅明的反目的論的評論家，或許不敢苟同他一竿子打翻一船人的貶抑「世俗」。班雅明極為豐富的歷史想像力，因為他的災難論和末世論而枯死了；如果一個顛沛流離的人把歷史化約為一個孤立形象的偶然閃現，而其他人在追求解放的路上踏著沒有那麼美感化的步伐，而是更清醒而系統地探索歷史發展的本質。布萊希特的作品裡的一個含蓄的口號，一直被班雅明奉為圭臬：利用任何你能找到或蒐集到的資源，因為你不知道它什麼時候會派上用場。但這個有價值的任性策略，卻也會推論出使他陷於困境的折衷主義，這在布萊希特身上，有時就漸漸變成一種左傾的功利主義。班雅明對歷史的碎片，對非傳統的、偏離正軌的和被遺棄的事物的著迷，為狹隘的全體化的意識形態提供了必要的矯正，卻也可能像時下的理論一樣流於僵化，而只是那個意識形態的反轉鏡像，以對應的散光取代理論上的近視。

§

排列理論把經驗和概念熔於一爐，因而有一點古老的伊甸園的味道，是那樂園境況的低沉共鳴，在那個境況裡，在神的話語裡，符號和對象緊密地成為一體。在班雅明看來，人類早就從那個幸福時光墮落到語言的工具主義，語言被掏空了豐富的表情和模擬，因此被貶為有如索緒爾的

[333]

記號一般的物化標誌。寓言式的意符是我們在墮落之後的困境的可悲證明：我們不再自然而然地擁有客體，而是被迫辛苦地跌跌撞撞從一個符號掉到另一個符號，在崩解的整體的碎片當中尋索意義。可是就因為意義從意符洩漏了出來，它的物質性便離奇地提升了；事物和意義越是脫節，摸索著把它們重接起來的寓言，在物質性運作上就越加看得見摸得著。巴洛克的寓言作家因而對符號的身體性向度很感興趣，在它的形狀和聲音的生物特質中，找到某些感官的殘燼，它們逃出感官的鐵腕，反倒是語言現在成了它的禁臠。所有言說都被套上邏輯性的枷鎖；但哀悼劇專注的是劇本而不是說話，它慎重其事地把滿載物質的象形符號排列起來，就像一大堆永誌不忘的徽章，使我們回頭意識到語言的身體性本質。在意義和物質性之間最痛苦的裂痕上，它透過否定的方式，提醒我們語詞和世界之間可能存在著統一性以及語言的身體性基礎。如果說身體是個符號，那麼語言就是物質性實踐。在班雅明的觀點中，哲學的其中一項使命，就是恢復語言被阻塞的豐富象徵，把它從落入的認知貧乏性拯救出來，使語詞再度起舞，就像以熊熊火焰般的身體讚美神的天使。

概念和身體的破鏡重圓，是美感的傳統要務。對班雅明來說，語言源自於展現人類和自然之間的神奇對應；所以，語言原本是感性形象的東西，只是後來才變成觀念的東西。他在我們比較接近符號學的（semiotic）、溝通的語言裡，找到這種模擬表現的言說的痕跡，例如在馬拉美（Stéphane Mallarmé）的美學裡，以及那不勒斯的手語中。[23] 對巴洛克戲劇來說，唯有死去的身

[334]

體才是好的身體：死亡是意義和物質性的最終分離，讓生命從身體流走，使身體成為一個寓言式的符號。「在哀悼劇裡，」班雅明寫道：「屍體成為了顯著的象徵性特質。」[24]巴洛克戲劇圍繞著殘缺的身體開展，它被暴力肢解，其中隱約可見對於失落的有機體論的悲歎。由於活著的身體是個「表現的統一性」，只有在它慘死之後，在它被肢解成為物化的碎片，戲劇才能從它的各個器官搜尋到意義。意義從殘破的身體抽出來，它是來自被開膛剖肚的血肉，而不是個和諧的身體；由此或可察覺它和佛洛伊德的論述有模糊的類似，因為後者同樣把身體劃開，讓身體不同部位和器官脫離，從而揭露它的「真相」。

拱廊街計畫裡的漫遊者（flâneur），正是要竭力抗拒這種解體，只不過這裡是都會經驗裡比較溫和的震驚和侵襲。這個漫遊者或孤獨的城市漫步者，和都會群眾扞格不入地昂首闊步，而對方則會把他肢解成某種外來的意義；在這個意義下，他的行走風格本身就是個政治學。這是工業化以前的閒適世界的美感化身體，是在家裡沒有被商品化的物體；而現代社會要求的則是一個重構的身體，和技術有緊密的關係，適應都市生活裡驟然的接合和斷裂。簡單來說，班雅明這個計畫是要重新建構人類的身體；文化評論家在這個任務上的角色，就是介入班雅明所說的「形象領域」（image sphere）。在他談論超現實主義的文章的一段費解的文字裡，他寫道：

> 集體也是個身體。而技術為它組織起來的「自然」（*physis*），透過它所有的政治性和事實

[335]

> 性的現實，只能在形象領域裡產生，我們可透過世俗的啟明而一窺堂奧。只有身體和形象在技術裡互相滲透，使得所有革命性的衝突都成了身體性的集體神經分布，而集體的所有身體性神經分布成了革命性的放電，這時候，現實才能如《共產主義宣言》所要求的超越它自身。[25]

一個新的集合式身體，是由於政治和技術的轉變而為個別的主體建構起來的；評論家的作用，就是塑造出人類藉以表現這個不熟悉的身體的種種形象。如果身體是由形象建構起來的，那麼形象就是物質實踐的形式。哀悼劇把身體解體，那不是什麼愉快的事；但是它說明了歷史的進展總是偏向它的黑暗面，因為破除一切有機體論的虛假統一性，是個必要的前奏，讓技術的、社會主義下的人類形成具有行動力、功能性和多元目的的身體。正如十八世紀的美學著眼於我們所謂行為舉止的一整套身體訓練，為身體賦予優美高雅的特質，對班雅明來說，身體必須透過感官形象的力量去重新設定和重新銘刻。美感再度成為一種身體政治學，而這次則是透過唯物論的徹底轉調。

班雅明這個思想側面，有著極端現代主義者的技術主義（technologism）味道，以布萊希特的懷疑態度，急於證明自己是成熟的唯物論者，那卻使班雅明在身為普魯斯特的譯者和尼可拉・列斯科夫（Nikolai Leskov）的熱愛者之間左右為難。班雅明著作的這個面向，也就是把身體設想為工具、等待組合的原料甚或機器，其實和左派功能主義（left functionalism）以及絕對優越論

（triumphalism）很類似。而相較於巴赫汀的「嘉年華會」（carnival）同樣具有行動力、多元化而且被肢解的身體，兩者可以說有淵壤之別：巴赫汀為了感官的豐盈性而否定一切工具性。如果說，在啟蒙時期的起點上的美學思潮，是要把身體合理地重新安插到一種危險的抽象論述裡，那麼到了巴赫汀，那種邏輯就到了革命性的巔峰，因為這時候的身體的原欲實踐，使得理性、統一性和同一性的語言炸成一堆碎片。巴赫汀把美感原本溫和的衝動，推到荒誕的極端：夏夫茲博里和他的同道人在餐後葡萄酒的微醺下感到的幸福，現在變成了格格作響的猥褻笑聲，一種粗鄙無恥的身體唯物論，盡是肚皮、肛門、性器官，殘暴地推翻統治階級的文明舉止。在政治正確的短暫片刻裡，肉體復活過來，拒絕接受理性的烙印，以身體對抗概念，以欲力對抗律法；面對獨白的（monological）威權（它的名字當然就是史達林主義），它喚醒了放浪形骸的、符號學式的和對話性（dialogical）的模式。就像排列一樣，「嘉年華會」也是要回歸殊相，持續地顛覆同一性，在和他人的愛欲交纏裡，跨越了身體的界限。它也像排列一樣，使得事物和它們自己不同一，由此預言了友誼以及和解的黃金時代，卻不拒絕對於這個目標的任何形象刻畫。嘉年華會的辯證形象領域（生死、高低、毀滅與重生），把身體重構成為集體性（collectivity），為它組織一個「**自然**」，那正是班雅明建議的方式。

巴赫汀的觀點儘管很嚴酷而憂鬱，和班雅明卻沒有那麼格格不入；班雅明在談到史詩劇場的疏離效果時說：「使人發噱就是思想的最佳起點；更一般地說，橫隔膜的抽搐比靈魂的抽搐更有利於思考。史詩劇場只有令人發笑的場合下才會盛大壯觀。」[26]疏離的效果造成戲劇表演的距離感，不讓觀眾太入戲，它的笑點才能在歡樂產生最大效果。對於巴赫汀和班雅明來說，笑話正好就是直接從身體欲力的深處湧現的身體語言，因此對於班雅明來說，它同時是語言瀕危的符號性和模仿性的向度。事實上，值得注意的是，他在討論超現實主義的文章裡談到身體的重建時提到，有的評論家放棄了文學生涯而改投「形象領域」的建構，其結果是「他說的笑話效果更勝一籌」。[27]笑話是形象化的、濃縮的語言，和身體有密切關係，因而是班雅明所說的有效形象。

班雅明在論機械複製的文章裡寫道，人類已經達到相當程度的自我疏離，「以致人類現在會覺得自身的毀滅是最高境界的美感快樂。這就是法西斯主義為美感賦予的政治處境。而共產主義的回應就是把藝術政治化。」[28]最後這個有名的句子，當然不像目前若干極左派理論思潮所解讀的以政治**取代**藝術。相反的，班雅明本身的革命政治學，在任何方面都是美感性的：好比說，排列的具體個殊性、有如「靈光」一般的「**非自主記憶**」（*mémoire involontaire*）為革命傳統提供的模型，從言說到感性形象的轉移，身體語言的重建，以及推崇模仿（mimesis）作為人類和世界之間的非支配性關係。班雅明在尋覓一種超現實主義的歷史和政治，它頑強地依附著碎片、微型、離題的引述，但這些碎片造成的衝擊，在政治上會產生爆炸性的效果，就像救世主只要微調一下，就可以使世界變容。班雅明曾經夢想寫作一本全部用引文組成的著作，他其實是以蒙太奇的顯著形象，重寫馬克思的全部論述，其中每個命題都引述自原文，卻是被轉化而變得無法辨

[337]

認。可是如果他的政治學在這個意義下是美感性的，那只是因為他幾乎顛覆了所有傳統美學的核心範疇（美、和諧、全體性、外觀），取而代之的，他以布萊希特所說的「壞的新事物」為起點，而在商品的結構、說故事（storytelling）的死亡、歷史時間的空隙以及資本主義本身的技術裡，他看到救世主的衝動仍然在微微顫抖著。就像波特萊爾一樣，班雅明令人震驚地把新舊事物接合起來，那是在還沒有階級之前的社會裡的原始記憶，因此，就如畫家保羅·克利（Paul Klee）的「新天使」，他可以雙眼憂傷地凝視著過去，而被吹到他背對著的未來。

[338]

注釋 ——

1 Richard Wolin, *Walter Benjamin: An Aesthetic of Redemption* (New York, 1982), p. 130.
2 Raymond Williams, 'Beyond Cambridge English', *Writing Society* (London, 1983).
3 Sean Golden, 'Post-traditional English Literature: a polemic', *The Crane Bag Book of Irish Studies* (Dublin, 1982).
4 Georg Lukács, *History and Class Consciousness* (London, 1968), p. 155.
5 Theodor Adorno, *Aesthetic Theory* (London, 1984), p. 45.
6 Lukács, *History and Class Consciousness*, p. 163.
7 同前引書，頁137。
8 同前引書。
9 Georg Lukács, *Die Eigenart des Ästhetischen* (Neuwied, 1963).
10 Jürgen Habermas, 'Bewusstmachende oder rettende Kritik – die Aktualität Walter Benjamins', *Zur Aktualität Walter*

Benjamins, ed. Siegfried Unseld (Frankfurt-am-Main, 1972), p. 205.

11 Walter Benjamin, *The Origin of German Tragic Drama* (London, 1977), p. 34.

12 同前引書，頁33。

13 對這個過程的極佳描述，參見：Richard Wolin, *Walter Benjamin*, chapter 3; Susan Buck-Morss, *The Origin of Negative Dialectics* (Hassocks, 1977), chapter 6。

14 Theodor Adorno, *Minima Moralia* (London, 1974), pp. 151-2.

15 David Frisby, *Fragments of Modernity* (Cambridge, 1985).

16 Susan Buck-Morss, *The Origin of Negative Dialectics,* chapter 1.

17 Theordo Adorno, 'Letters to Walter Benjamin', in Ernst Bloch *et al., Aesthetics and Poetics* (London, 1977), pp. 128-30.

18 Walter Benjamin, 'A Small History of Photography', *One-Way Street* (London, 1979), p. 252.

19 Benjamin, *Aesthetics and Politics*, p. 129.

20 Theodor Adorno, 'Der Sürrealismus', *Noten zur Literatur,* vol. 1 (Frankfurt-am-Main, 1958).

21 Bloch *et al., Aesthetics and Poetics,* Presentation 111.

22 Benjamin, *One-Way Street,* p. 70.

23 Benjamin, 'Naples', *One-Way Street.*

24 Benjamin, *Origin of German Tragic Drama,* p. 218.

25 Benjamin, *One-Way Street,* p. 239.

26 Walter Benjamin, *Understanding Brecht* (London, 1973), p. 101.

27 Benjamin, *One-Way Street*, p. 238.

28 Walter Benjamin, 'The Work of Art in the Age of Mechanical Reproduction', *Illuminations,* ed. H. Arendt (London, 1973), p. 244.

[339] [340]

第十三章

奧斯威辛之後的藝術：阿多諾

一個「美感」思想總是會忠於客體的不透明性。可是如果思想是概念性因而是一般性的，那麼「美感思想」豈不是一個自相矛盾的詞語？心智在掌握客體時，會不會出賣了它：當心智努力要表現客體的密度和頑固，不也就同時把它變成貧乏蒼白的普遍概念了嗎？把事物呈現到我們眼前的粗糙語言工具，在盡量保留事物的獨特性質之際，其實只會使事物漸行漸遠。若要合理對待事物的性質環節，思想本身的質地就要厚重一點，形成節瘤而密實；但是如此一來，它本身就變成一個物件而偏離了它要涵蓋的現象。就如阿多諾所說的：「表現上的一致性，質地的稠密度，只會使思想功虧一簣。」[1]

辯證性的思考嘗試抓住任何和思想異質的東西，作為思想本身的環節（moment），「在思想自身中複製成為它的內在矛盾」。[2]但由於在反思異質性的時候，也可能會把它消滅，這種做法總是徘徊於自我毀滅的邊緣。對於這個兩難，阿多諾有個操作性的解答，那就在於風格。能調解這種矛盾的，就是晦澀而令人厭煩的寫作方式，讓語言陷入持續危機、扭曲而迴轉到它自身，在每個句子的結構中掙扎，同時避免客體的「壞的」直接性或概念的虛假自我同一性。辯證思想讓客體擺脫這種虛假的同一性，但也因此可能讓它湮沒在「絕對理念」的可怕集中營裡；阿多諾對這個問題的權宜之計，就是以一系列游擊戰術去對付那些言語道斷的東西，這種風格的哲學思考雖然仍舊把客體放進概念的框架裡，但透過某種腦力雜耍，卻能夠瞥見那些從概括化的同一性跳脫出來的內容。因此，他的文本的每個句子都被迫超量工作；每個語句都必須成為辯證法的小型奇蹟傑作，在一個思想消失於自身的矛盾裡之前的片刻就把它固定下來。就像班雅明一樣，這是一種排列風格，每個句子都是個凝固了的謎題，完全沒辦法演繹出下一句的內容，那是個警句式的**概述**（aperçus），表現出環環相扣的簡約原則，其中每個部分都是自主的，卻又彼此息息相關。所有馬克思主義哲學家都應該是辯證性思想家；但在阿多諾身上卻可以感覺到這種思考模式在每個語句裡的揮汗如雨；在這種衝撞靜默的語言裡，讀者一注意到某個片面性的命題，接下來就會看到就它的反命題出現在眼前。

那些不像阿多諾那麼思路縝密的思想家，會抱怨概念和事物之間有個造成窒礙的鴻溝，事實上他們犯了某種範疇謬誤。為什麼思想要和事物相似？就像是說自由的概念為什麼要和雪貂相似。這種唯名論式（nominalist）的抱怨語詞牴觸了事物的本質，和阿多諾的反思相去甚遠，在它背後就是對往昔樂園的鄉愁，其中每件事物都擁有它自己的詞語，就像每朵花都會散發出它自己的獨特香味。但語言的普遍化作用是它本質的一部分，而不是某種我們以為可以矯正的失誤或侷限。就如「腳」一詞所指的不僅是我的兩隻腳，它對我這兩隻腳的獨特之處也漠不關心，這可不是這個詞語本身的缺失。抱怨語言的非個殊主義（non-particularism），就好像是惋惜不能用洗衣機來看世界杯足球賽。事物的概念並不是該事物的某種心智複製品，風捲雲殘地去除了事物的一切感性特質，而是一組社會實踐：用指謂事物的語詞去做工做事。概念不同於事物，就像螺絲扳手的使用方法也不同於螺絲扳手本身。詩歌試著把語言現象化，但就如阿多諾體會到，這完全是弄巧成拙，因為它越是試著模仿事物，本身就變得像個事物，它和所描述的事物的相似性，就像是松鼠和販賣奴隸一樣八竿子打不到一塊兒。也許我們欠缺一個詞語去捕捉咖啡的獨特香味，是一樁可惜的事：我們的語言乾癟而沒有活力，和現實的味道和感覺距離很遠。可是我們怎麼能把一個詞語和鼻孔相比，要求它捕捉任何東西的氣味，而如果不能做到就是它的失敗？

另一方面，阿多諾認為概念因為物化而且不準確，以致脫離了我們的感官實踐，我們不認為這個想法有什麼錯誤；事實上他所關切的正是要思想回到身體，為思想賦予身體的某種感覺和圓滿性，因而在最傳統的意義下是個美學家。可是他的論述宣稱要整個轉移這個傳統的重點。因為對阿多諾來說，身體主要向我們呈現的，不是快樂而是痛苦。在奧斯威辛集中營的陰影下，身體僅僅體現為肉體的痛苦，拴在繩子末端的人體慘狀，再一次闖入哲學家汰蕪存菁的世界。「如果思想不是以概念無法捕捉的極端性去量度的，」他在《否定性辯證》（*Negative Dialectics*）裡說：「那麼它在起點上的性質就會像納粹親衛隊喜歡用來蓋過受害者的吶喊的伴奏音樂。」[3]當然，即使是這樣的極度痛苦，也必須和愉快幸福的概念對比，因為如果沒有這個內隱的標準，又怎麼量度痛苦的程度？但如果所謂的普遍歷史是有根據的話，它就不會是個充滿快樂的故事，而是如阿多諾所稱，是由彈弓進展到百萬噸級炸彈的故事。「這種唯一而代表一切的歷史持續滾動到今天，儘管偶爾或有喘息，從目的論來說，它就是痛苦的絕對體現。」[4]事實上，正如馬克思體會到的，那個單一的全球性歷史，從石器時代到星際大戰，把所有人編織到其中，但它是個匱

[342]

乏和壓迫的故事，而非成功的故事，就如阿多諾說，是個永久災難的寓言。身體仍然能活下去，儘管受到工具理性（instrumental reason）的蹂躪；但在納粹的死亡集中營裡，這樣的蹂躪已完成了它最致命的任務。對阿多諾來說，在這樣的事件之後，不再有真正的歷史，只剩下暮光或餘波，時間仍然在其中空虛而無精打采地行進，即使人類本身已經完全停了下來。對於像阿多諾這個猶太人來說，一個人由於他們的某個疏忽而活下來，那只能說是個於心有愧的奧祕。因此，阿多諾的身體政治學和巴赫汀正好相反：唯一剩下來的身體形象，不僅是褻瀆性的謊言，它僵硬而瘦骨嶙峋，就像貝克特筆下的人，是個可憐的兩腳行走動物。在納粹的餘波中，美學對於感覺、對於天真的動物生存狀態的整個關切態度，已經被扭曲而無法回復了：因為法西斯主義，就如阿多諾在《最低限度的道德》（*Minima Moralia*）裡所說的，「就是絕對的感覺……在納粹德國，抽象而駭人聽聞的新聞和傳聞，是唯一足以在感官漸漸麻痺了的群眾之間激起片刻火花的刺激。」[5]在這種情況下，感覺變成了和內容無關的商品化的驚嚇值（shock-value）：任何東西現在都可能成為快樂，就像感覺麻痺了的嗎啡成癮者不加區別地抓住任何毒品。把身體和它的快感定立為不容置疑的肯定範疇，其實是危險的錯覺，會產生這種想法的社會秩序，以身體快感本身為其目標而加以物化和調控，就像這種秩序把心智殖民化一樣殘酷無情。在回歸身體的時候，如果沒有把這個真相考量在內，就只是幼稚的想法；阿多諾值得讚賞的是，儘管他意識到這種情況，他卻沒有退縮，仍然嘗試挽救他所謂認知上的「身體環節」，那是伴隨著我一切意識動作的不可化約的向度，是永遠不能被意識窮盡的。美感追求的目標不能被放棄，即使它的參考點被法西斯主義和「大眾」社會不斷地玷污。

事物和概念之間的不完全對應，有兩個方面的重要意義。如果概念永遠不能貼近事物，總是有所不足，那麼事物之於概念也一樣：比方說，「自由」無法達成概念所應許的圓滿性。阻礙我們完全擁抱世界的因素，也會使世界看似還有一點點希望；缺憾使事物自其自我同一性裡破繭而出而奮力往上爬。概念和現象的一致，對阿多諾來說是「意識形態的最主要形式」，[6]而奧斯威辛集中營證實了，死亡就是純粹同一性的「哲學素」（philosopheme）；但對他來說，總有故事的另一面，不像今天有些理論家，一旦要認定同一性也有它的價值，他們的多元論就失去說服力。「在事物與概念不同一的責難中殘存著的，」阿多諾寫道：「就是概念渴望變得與事物同一。這就是為什麼非同一性（non-identity）會涵攝同一性（identity）。同一性的假設，其實就是純粹思考乃至於形式邏輯的意識形態元素；但隱藏在裡面的，還有意識形態的真理環節，那就是必須保證其中沒有矛盾，沒有對立。」[7]如果自由或平等的概念真的等同於我們在周遭觀察到的種種可悲嘲弄，那會是個很可怕的場景。能夠動搖我們目前的同一性概念的，不僅是差異性，還有另一種可能的同一性：它屬於政治上的未來，但即使在我們種種最偏執狂的認同裡，它仍然是和解的微弱迴響或保證而餘音繚繞。對於只知道標榜差異性的人來說，這種想法極為難堪，由此也可見它的破壞力。

[344]

在古典的辯證思裡，「矛盾就是以同一性為其符號的非同一性」，[8]這種思想因而對於異質事物很敏感：就是用自身的同一律去量度異質事物，冷靜地把它原本承認是不可化約的外在事物放在它自身裡頭。它從事物抽象而來的概念，無論如何都屬於思想領域。阿多諾卻有另一種看法，他相信的是解構式（deconstructive）理論，他所說的「同一性依賴非同一性」，[9]就幾乎完全預示了這種理論。那不可分解的對象，必須以概念去認識它自身，卻不是以心智的概括化替代觀念涵攝到抽象概念裡，後者只是市場對等交易的反映。對阿多諾和尼采來說，同一性思想的源頭在於眼睛和肚皮、四肢和嘴巴。這種狂暴的佔有他者，在史前時代就體現為早期人類掠奪者的吞噬一切的「非我」。支配式理性是把「肚皮轉化為心智」，[10]對他者的原始暴力是每個傲慢的唯心主義的特徵。所有哲學，即使是以自由為其鵠的，就像一種原始衝動，在其內部都有個強制力，社會就藉此延續它的壓迫。但對阿多諾來說，總是有另一個故事，在這個論點上也沒有例外。同一律的強迫性被啟蒙時代的理性奉為圭臬而發揮了正面作用，防止思想的天馬行空；但它也以病態的方式，透過諷刺性的模擬，預先阻止了主體和客體的正當和解。因此我們需要的，是「對理性的合理批判，而不是驅離或放棄理性」。[11]對於阿多諾這個因為納粹放棄理性而被迫流亡的人來說，這絕不是令人驚訝的立場。問題在於該怎麼叫瘋狂的理性放手，卻不致於讓野蠻的非理性主義乘虛而入。

這個計畫是要重新思考共相和殊相之間的關係，而這次的模型不再是以單一的法則把所有獨特性壓平為法則的形象或樣板。如果說阿多諾的風格迂迴而令人不安，部分原因在於那些關係本身就緊張而不平靜，阿多諾面對有如六頭女海妖斯庫拉（Scylla）的盲目個殊主義，以及有如卡律布狄斯（Charybdis）的專橫概念，他在兩者之間走出一條危機四伏的路，在過程中總是像要偏離焦點。「未經反思的唯名論（nominalism），」阿多諾寫道：「就像為難免犯錯的語言賦予啟示性語言的特質的唯實論（realism），兩者都是錯誤的。」[12]避免壓抑的全體性的辦法就是透過排列的概念：

我們不是從事關於具體事物的哲學思考，而是從具體事物抽繹出哲學思考……要從眾多概念引導到一個更普遍的涵蓋性概念，並不是循序漸進的，相反的，概念進入一個排列……概念把認知對象聚集起來，潛在地決定了對象的內涵。在這樣的思考裡，概念獲得了原來必然被思考排除的內容。[13]

然而弔詭的是，這種迂迴過全體性的做法之所以可能，就是因為全體性。如果「客觀上來說（不僅是透過認知主體），理論所表達的整體是包含在被分析的個別客體裡」，[14]那是因為在一個漸漸受到規範和操弄的世界裡，「概括性的定義的巨網越是密不透風地覆蓋各種事物，個別事實就更會成為他們的共相的直接幻燈片，而微觀角度的觀察者的收穫就更大。」[15]我們可能會忘掉全體性，但全體性不管是好是壞，卻不會棄我們而去，即使在微觀的沉思也是如此。如果說我能從最卑微的殊相裡分析出整體，在一粒沙子看見永恆，那是因為我們的社會秩序只會容忍那種順服地作為普遍性的實例的個殊性。我們不能再以思想直接對準這個全體性，但我們也不應該順從差異性的單純運作，那只會像最沉悶的自我同一性一樣單調乏味，最後也會和它難以分辨。[16] 我們該抓緊的真相，反倒是在於認定個體相較於它的概括性定義既更多又更少；而同一律總是自相矛盾的，以破損的、被潛抑的形式延續著非同一性，作為同一性的存在條件之一。

[346] 殊相和共相最和諧共存的地方，傳統上一直認為是在藝術。如前所述，美感是個殊勝的境況，其中整體的法則只是各部分的相互關係。但若是果真如此，那麼每個部分實際上仍然受到一個整體系統的支配；而阿多諾正是要超越美感的這種交錯配置（chiasmus）。在藝術裡，個殊性的解放看來只會導致一種新形式的全面屈從；而肯定不難看到，這種矛盾和中產階級社會的兩面本質有對應關係，社會裡的自主個體彼此交流的理想狀況，不斷遭到持續的剝削阻撓。藝術作品從它個殊元素的觀點來看像是自由的，但從法則的立場來看，則似乎是不自由的，因為法則暗中把它們整合為統一體。在類似情況下，個別主體從市場觀點來看是自由的，但從國家的觀點來看則不然，因為國家透過暴力手段或透過操弄以確保市場維繫不墜。阿多諾為了重塑全體性與個殊性的關係，因而在美感裡尋找一種能調解兩者卻又成效不彰的衝動；它是對同一性的烏托邦式渴望，卻必須自我否定，否則就淪為拜物心態和偶像崇拜。藝術作品擱置了同一性卻沒有消滅它，

對它既立且破，既拒絕認同它的敵對，也不提供虛假的慰藉。如果它的運動因此是無休止的延後，那不是因為語言的某種存有學條件，而是因為猶太傳統以至馬克思主義者禁止對於政治的未來作任何形象式的描繪，然而這個未來卻必須銘記於心。

藝術因此提供思想以外的另一條出路。在《啟蒙的辯證》（*Dialectic of Enlightenment*）裡，阿多諾認為思想本質上是病態的：所有理性都是工具性的，因此任何思考都意味著侵犯和傷害。一種有效的理論只能反對自身，中止它的每個行動，意志薄弱地召喚它在論述裡否定的東西。解放式思維是一種巨大反諷，一種不可或缺的荒謬，其中概念同時被利用又被廢棄，才被定立就被超越，只在它自我毀滅的微弱光暈裡照見真理。所謂知識的烏托邦，就是把非概念的東西開放給概念處理，卻不讓它們變得像概念一樣；這樣理性就像是拉著自己的靴帶要把自己拉起來，因為如果思想在本質上是一種侵犯，那麼思考著真理的那個思想，又怎麼能不犯下它所譴責的罪行呢？

如果說解放式思想是個令人難堪的矛盾，那麼在另一個意義下，那也是它尋求破解的宰制理性。從歷史上來說，這樣的理性幫助我們擺脫神話和自然界的束縛；但在一種挖苦式反諷下，導向這種積極自主性的驅力會趨於僵化，成為強烈的動物式驅力，摧毀它所奠定的自由。主體以獨立之名，潛抑自身的內在本性，因此扼殺了它原本因為脫離自然界而應該釋放出來的自發性力量，以致這種辛苦的個體化結果就是從內部侵蝕自我，因為自我逐漸在內部爆破而陷入某種空洞、機械性的順從。自我的打造因而是矛盾的，既是解放的也是潛抑的；而潛意識也有同樣的二元性：它應許某種幸福的感官滿足，卻讓我們時時刻刻受到威脅，可能被拋回往昔的未分化狀態，根本連主體也不是，更談不上解放的主體了。因此，法西斯主義招致了最黑暗的可能世界：自然界被專橫的理性踐踏而撕裂受傷，它狂暴地回歸，體現為鮮血、內臟、泥土，然而在最殘酷的反諷下，它現在和工具性的粗暴理性綁在一起，形成原始與未來、野蠻的非理性主義和技術的支配的可怕結合。對阿多諾來說，自我被一種內在分歧撕裂，由此而來的經驗就是痛苦。這樣，作為自由和自主性的構成環節的主體同一性，又怎麼和那被對於自主性的欲望嚴重破壞的感官性和自發性結合在一起？

對於這個謎題，阿多諾解決辦法就是美學，前提當然是藝術現在還是可能的。現代主義是藝術被迫形成的沉默的自相矛盾；而這種內部僵局的源頭，就是藝術在中產階級社會裡矛盾的物質地位。文化被深鎖在商品生產的結構中；但這種情況的一個效果，就是把文化釋放到特定的意識形態自主性當中，因而使它得以批判和它共謀的社會秩序。藝術要抗議的就是這種共謀關係，但這也使得那個抗議痛苦不堪而成效不彰，形成一種形式化而不是確實有效的論爭。藝術若期望獲得合理性，就必須對產生藝術的條件提出內在批判。這種尋求合理性的做法，因為喚起了藝術在特殊地位上和那些條件的極大距離，也立即使藝術失去正當性。反過來說，藝術若要具有正當性，就只有默認它所反對的情況深深危害著它自身；但這種邏輯若推得太遠，卻也會摧毀它的正

[348]

當性。現代主義文化的疑難在於它在哀傷和受挫之下試著用一種自主性（美學作品的自由獨立）去對抗另一種自主性（作為市場上的商品，它不具有任何功能）；使它變成「非自我同一」，它的物質條件被鐫刻在它內部。現在看來藝術必須完全放棄自己（這是前衛藝術家的大膽策略），要不然就是在生與死之間猶豫不決地徘徊，把自己的不可能性涵攝到自身之中。

在此同時，藝術作品這種內部塌陷或脫漏，再也不可能和自身完全對應，為藝術提供了它的批判力的源頭，在它面對的世界裡，物體喪失活力，成為單調而千篇一律的存在，註定要掉進存有者的地獄。對於前衛作風不屑一顧而對布萊希特不假辭色的阿多諾，抓住了文化在後期資本主義裡的兩難，把它推演到刻意的極端，因而大膽翻轉了自主性的藝術的無力感，使得這種藝術在扭轉下呈現最美好的一面，從失敗的懸崖抓住勝利，藝術感到羞恥的特殊地位和徒勞無功，被牽引到貝克特寫作中慣見的極限，由此而開始在它的主軸上改變方向，成為（否定的）批判。像貝克特一樣，阿多諾和失敗維持著共謀關係，這對猶太人和愛爾蘭人來說，都是一切真實性的必然起點。屬於社會條件產物的一種藝術空洞性原是問題的一部分，卻以某種詭異的邏輯成為創造性的解答。藝術越是受苦於這種堅韌不懈的**虛己**（kenosis），就越能為它的歷史時代發聲；它越是忽視社會問題，在政治上就越加能言善辯。關於美感，有某種弄巧成拙的變態傾向，它的提示是來自「自主性」文化的一種顯著矛盾，也就是藝術獨立於社會生活，使它擁有一種批判力量，而那又正是自主性欲除之而後快的。「中立化（neutralization），」阿多諾提到：「就是藝術為了它的自主性所付出的社會代價。」[17]藝術越是脫離於社會，它的顛覆性就越加駭人聽聞，而且完全沒有意義。藝術若要**指涉**什麼，即使是出於抗議，就會立刻和它反對的東西沆瀣一氣；否定（negation）必然會否定它自身，因為它不得不定立（posit）它要摧毀的對象。對任何對象的肯定性闡述都會因為這個事實而受到損害；因此，剩下來的就只能是否定的動作本身的印跡，它絕對不能從地位崇高的形式流浪到低下的內容。有使命感的藝術通常會招致種種陳腔濫調的反彈，因此阿多諾要為此排演一種新的措詞形態，對於任何圖式論（schematism）或化約論的說法加以批判。最終來說，最深刻的政治學論述就是對政治保持緘默，最偉大的詩人從來不會被諸如詩這種低下規定的東西玷污自己的天才。

對阿多諾來說，所有藝術都包含一個烏托邦的環節：「即使在最高尚純淨的藝術作品，都隱含著一個『它應該不是如此』的想法……，藝術作品（包括了文學作品）作為巧奪天工的建構成果，指向一種它們原本要避免的實踐：創造一種公正的人生。」[18]藝術作品只是透過單純的呈現，證明「不存在者」的可能性，擱置了卑下的經驗性存在，因而表現了改變世界的潛意識欲望。因此，所有藝術都是激進的，是樂觀主義的，而這只是阿多諾在政治上的悲觀主義的另一面，也和它沒有任何差別。亞歷山大．波普（Alexander Pope）的《論人》（*Essay on Man*），對阿多諾來說，在政治上必然是進步主義的，甚至勝於布萊希特的《勇氣媽媽》（*Mother Courage*），因為阿多諾一般來說不會像他對待其他一般的藝術那樣，不會讓革命性的前衛派免

[349]

除在內容方面的罪行。藝術只是透過它的形式，為偶然性、感性、不同一性發聲，見證在同一律的強迫症之下的被壓迫者的權利。它重劃了知性與知覺的關係，而從康德的脈絡來說，它類似沒有真正成為概念的概念，釋放一種模擬的、非概念的位能。藝術作品推倒了主體和客體之間的平衡，堅定地偏於後者，憑著對事物的感官接受性而驅逐了理性的帝國主義；它因此包含著模擬的記憶痕跡，是人類與自然界之間一種穩定的親緣關係，預示了個人和集體之間某種未來的和解。作為一種「歧異的非退化性整合」（non-regressive integration of divergences），藝術作品超越了日常生活的敵對狀況，卻沒有應許要把它們消除；藝術因此也許是「在一個不可思議的恐怖和苦難的時代裡僅存的真理媒介」。[19]在它裡面，在理性化社會裡隱藏著的非理性被暴露出來；因為藝術是一種「理性的」目的本身，而資本主義則是非理性的目的。藝術具有某種偏重並列關係（paratactic）的邏輯，類似把可信的和不可信的事物混雜在一起的夢境；它因此可說代表了一種不在理性範疇內的（arational）理性和非理性的（irrational）理性的相遇。如果說它是在暗地裡拒絕了工具化理性，那麼它不僅是對後者的抽象否定；相反的，它是推翻了這種理性招致的暴力，把合理性（rationality）從目前的經驗性囚禁中釋放出來，這種程序看起來就像合理性批判自身卻又沒辦法超越自我。

可是，如果把阿多諾想像為不加批判地肯定現代主義的文化，而把它和支配性的社會對舉，那就恐怕是錯了。相反，藝術絕對不是免除於支配性的原則，後者在藝術裡面表現為它的限定性

[350]

的（regulative）或構成性（constructive）（譯按：康德談到「先驗理念」的兩種原理）的驅力，是讓藝術具有暫時的統一性和同一性的衝動。藝術越是想要擺脫外在規定，就越是受限於自我定立的組織原則，這些原則模擬行政管理社會的法則並把它內在化。諷刺的是，現代主義作品形式的「純粹性」，其實是借自理性化社會秩序的技術性和功能性形式：藝術重視感官個殊性，用以抗支配性力量，卻顯示出它一再和壓迫成為意識形態上的盟友。藝術作品的「精神性」糾正這種實際的壓迫，但它本身也隱然以該結構為模型，對藝術素材頤指氣使，而使自身同化於自然。藝術因此既釋放了獨特的東西，卻也同時壓迫著它：「支配自然的儀式在戲劇裡延續下來。」[20]它不是被解消的全體性；但它在內部有一種衝動，要使不連續性變得平順，因此，所有藝術建構都必然會往意識形態方面伸張。

而且，如果藝術像其他一切事物受制於客觀化法則，那麼它也不能避免某種拜物主義。藝術作品的超越力量，在於能使事物和它們的經驗性環境抽離，以自由的形象下重組它們；但這也表示藝術作品「扼殺了被它們客觀化的事物，把後者從它的直接性脈絡和真實生活裡扯出來」。[21]藝術的自主性是一種物化形式，複製它所抗拒的事物；沒有精神的客觀化就沒有批判，但批判也因此淪落為事物的地位而有自我解體之虞。阿多諾所擁抱的現代主義文化，不得不自我定立為獨立於任何物質性的生產條件，因而不知不覺地延續著虛假意識；但作品的拜物主義性質也是它的真理的條件，因為使它擺脫現實原理的魔咒的，正是它對於置身其中的物質世界的盲目信仰。如

[351]

果說藝術永遠是激進的，它卻也永遠是保守的，把一個獨立精神領域的幻象加以強化，而這個幻象「對於徹底災難性的原則的無能以及共謀關係昭然可見」。[22]它在某個方向贏得的東西，卻在另一個方向遺失了；如果說它逃避了墮落歷史的邏輯，它就必須為這種自由付出沉重的代價，部分代價就是很不情願地複製同樣的邏輯。

因此對阿多諾來說，藝術不是存在的某種理想化領域，而是矛盾的具體化。每一件藝術作品都在各種形式下決斷地與自身作對。藝術作品竭力尋求純粹自主性，卻知道如果沒有一種異質性環節，它就什麼都不是，因而煙消雲散。它既是為己之有（being-for-itself）也是為社會之有（being-for-society），總是同時是自身也是他者，和它自身的歷史嚴重地脫離，卻無法在這個歷史以外找到另一個觀察點。藝術的理性誓言拋棄對於現實的干預，而獲得可貴的天真；但在此同時，所有藝術都與社會的壓迫沆瀣一氣，而正由於它拒絕干預而難辭其咎，文化既是真理與幻覺、認知與虛假意識：像所有精神一樣，它也受困於為自己而存在的自戀幻想，但是它的方式，卻是否定身邊商品化世界對於這種自我同一性的虛假認定。幻想就是藝術的存在模式，但那並不是說它可以為幻想**辯護**。如果藝術作品的內容是幻想，在某種意義下，它是必要的幻想，因而它不是**撒謊**；藝術的真實程度，就在於它是個非幻想的幻想。在**定立**自己為幻想時，藝術揭露商品世界（它也是其中一分子）的不真實，因此迫使幻想為真理服務。藝術作為一種寓言，代表的是不受迷惑的快樂，但它同時也註定要失敗，指出那是不可能獲致的，不斷地違背它對於預言的幸福應許。

在所有這些方面，藝術同時包含著真理和意識形態。在把個殊性從認同（identification）的邏輯裡解放出來的同時，它也給我們提供交換價值以外的另一出路，因而哄騙我們認同那種容易使人受騙的信念，相信世界上有些事物不是用來交易的。作為一種遊戲形式，它是既前進又倒退的，在幸福的一刻使我們超越實際的限制，結果只是又把我們拖回到對工具性無所認知的蒙昧狀態。藝術作品是自我分裂的，既是規定性的也是無規定性的，而可見於它們的模仿性（感官性和表現性）和理性（建構性與組織性）之間的不一致。藝術眾多弔詭之一，就在於它的創作行動可以毀壞事物的外觀；藝術作品所模仿的「自然」材質，與限定藝術作品的「理性」形式，兩者始終是歧異的，在作品的中心造成塌陷或不協調。藝術的這兩個面向互為中介，但是它們畢竟是不一致的，因而使藝術的模仿能夠在暗地裡批判和它互相滲透的結構性形式。[23] 但這種作為藝術作品客觀邏輯的隱晦錯位，卻讓藝術作品脫離了單一作者的意圖的支配，把它釋放到自主性裡，使它成為可能的未來和解的形象。在一種突出的反諷下，藝術作品的內在不可和解性，使它和物化的經驗世界格格不入，因而對未來的社會和諧提出一種承諾。每一件藝術作品都偽裝成它永遠無法達到的全體性；那並非像盧卡奇所主張的，殊相與共相、模仿性的東西和理性的東西，從來沒有任何調解，但藝術作品總是竭力掩飾兩者的截然對立。對阿多諾來說，藝術作品充滿了不協調，感官和精神展開激戰，頑固抗拒整合的種種碎片不斷地掀起暴動。藝術的素材總是要和支配

[352]

性的理性作對，因為這種支配力量使它們和原來的脈絡仳離，它試圖合成它們，而損害了它們性質各異的環節。完整的藝術規定，也就是作品中的每個元素都是等值的，坍縮成絕對的偶然性。藝術作品因此既是離心力和向心力，是它自身的不可能性的寫照，也活生生地見證了不和諧（dissonance）才是和諧的真面目。

可是，這種說法不應該被誤解為天真地歌頌言語道斷的個殊性；後來不大涉入政治的解構思潮，有時也會陷入這種個殊性裡。如果說阿多諾是差異性、異質性和疑難的辯方，他卻也相當投入他那個時代的政治鬥爭，而認為團結、類同性、愛好和平、建設性的溝通以及關愛，這些價值不只是形上學的幻覺而已，事實上，如果沒有這些所謂的基本人類價值，任何社會（即使最具剝削性的）都不可能自我複製；但其實這些價值也很奇怪地不見於後來更幼稚的反全體性思想的、破除魔咒的後政治時代（post-political）論述裡。換句話說，阿多諾的理論整合了當代文化理論習慣敵對的種種立場。對於團結的概念，當代的解構理論整體上要不是沉默就是否定的，然而如果沒有團結這種價值，任何顯著的社會轉變根本就無法想像，解構理論卻傾向以尼采式的思考把它和怯懦的順從混為一談。另一方面，哈伯瑪斯的論述則或會被指斥為在相反方向陷入錯誤，太過樂觀地信任規範性的集體智慧。面對一個高調宣稱全體性是虛假的思想家，沒有人能超越阿多諾對於全體性的敵意；但阿多諾這個深思高舉的辯證性理論家，終究不會把所有統一性或同一性都想像為明目張膽的恐怖主義。既有的社會秩序不全然是壓迫性的自我同一性的問題；它也是一種

[353]

敵對的結構，可能對某種同一性概念形成批判性對立。因為很多的後結構主義思想把衝突性的社會系統誤認為單一性的，因而只能把共識或集體性設想為壓迫性的。阿多諾的看法就比較觀察入微：「儘管堅定地否認和解的表象，藝術卻在一個敵對的世界中堅執著和解的理念……如果不具有對和平的一種透視，藝術就是不真實的，就像如果它預示一種和解狀態，它也是不真實的。」[24]雖然說「藝術上的殊相意欲沉浸於整體的衝動，反映了自然界解體式的死亡願望」，[25]可是一件藝術作品如果真的溶解在多元性裡，就會喪失了「使任何殊相真正獨特的任何意識；作品若呈現著遷流不息而對於雜多沒有統一的參考點，那麼就會太同質了，太單調而沒有分殊了」。[26]簡單地說，純粹的差異和純粹的同一性一樣空洞而令人厭煩。一種藝術如果不能使它的無法和解的種種元素**具有規定性**，就只會削弱它的批判力；如果對於相關的殊相沒有任何暫時配置組合，那就根本就談不上什麼差異或不和諧，它們就不是不和諧或衝突的，而只是不可共量的。「我們區分的東西，」阿多諾在《否定性辯證》裡寫道：「就只有當我們意識的結構迫使它竭力尋求統一，才會看來是分歧的、不和諧、否定的：也就是說，只有對統一的要求，才會是它用以衡量和它不同一的東西的尺度。」[27]藝術作品是透過某種和解而在內部無法和解，這就是使它們無法和經驗性現實和解的原因：「每一件藝術作品和經驗性現實的堅定對立，預設了藝術作品的內在統一性。」[28]除非作品有某種脆弱而暫時的同一性，否則就談不上對抗政治勢力。那些不加區別地把統一性、同一性、共識、規則妖魔化的人，忘記了這些性質畢竟只是事物的不同模態，並不是

[354]

全都等於壓迫。在阿多諾看來，藝術的「理性」形式容許一種「分歧的殊相的非壓迫性的綜合……它讓它們在分散、分歧和互相矛盾的情況下保存下來」。[29]非同一性是藝術作品的組成元素，但這種非同一性「只是對於同一性的全體性主張立場曖昧不清而已」，[30]而純粹的單一性（singularity）只是一種抽象。藝術作品的一般性特質會體現在它種種細膩的描繪裡；但是那並不表示它就會得到以概念驅魔的突兀權柄，那只會讓我們陷入粗鄙客體的魔咒。阿多諾提醒我們，個體化原理就像其他原則一樣有它的極限，不管是它或其對立面，都不該被存有學化。「達達主義（Dadaism）指向純粹的『此者』（thisness）的指示詞動作，和指示代名詞的『這個』（this）一樣是普遍的。」[31]

§

阿多諾沿襲康德的看法，認為雖然藝術作品是一種全體性，卻不可以循著習慣性的概念來思考。康德的美感定立了部分和整體的特殊鱗狀重疊，然後這種緊密關係可以從兩種直接對立的方式來解讀。要麼整體就只是殊相在順服下的產物，不斷地從它們裡頭生成；要麼整體的力量是普遍而穩固地銘刻在每個個別元素作為賦予它性質的結構。從這個觀點來看，要避免「壞的」全體性的嘗試結果是適得其反。康德以另一方式去構想全體性，卻仍然受困於傳統邏輯；阿多諾把康德對於殊相的特殊待遇推演到極限，強調它對任何整合力量的頑強反抗。「排列」的概念因此可

[355]

以解讀為一種政治號召的吶喊：「所有權力歸於殊相！」不過阿多諾的美學把這種民主自治的激進計畫和一個更古典的支配模型整合起來，有時把藝術作品的「理性」特質視為非壓迫性的，有時卻又強調它和官僚主義的共謀關係。或許只有類同性（affinity）或模仿（mimesis）的概念，才能抵銷康德美學的「極權主義」涵蘊，即藝術作品迥然不同的特質之間的非感性對應，又或更一般來說，是主體和客體之間或人類和自然界之間既是親族又是外族的血緣關係，這在工具理性以外提供另一種理性。這種模仿甚至可名之為**寓言**（allegory），這種譬喻模式以差異去聯結，既保留了一組表意單位的相對自主，又暗示和其他系列的表意單位的類同關係。儘管阿多諾沒有提出這個模型的明確政治性，它肯定有其顯著的政治意涵。比方說，它可以表示，階級鬥爭和兩性政治之間的關係，不能透過類似盧卡奇的「表現的全體性」（expressive totality）去思考，而是要以模仿或寓言的思維，視為排列配置的對應關係，而全面考量其中的異質性和不對等性。如果說這種理論不能使主張象徵性的全體化的人們安心，那些認為類同性或對應是一種暴政的「圈地」的人，應該也會期期以為不可。

「解放的人類，」阿多諾寫道：「絕不會是個全體。」[32]和他很多說法不一樣，這是個無可挑剔的馬克思主義陳述。對盧卡奇來說，全體性原則上早已存在，只是有待體現。文學的現實主義預示了它有幸成功的一天，以其透顯的本質形象，重新創造每個現象。對阿多諾來說，事物的情況完全反過來：在此處此刻確實有個全體系統，把每個事物無情地整合起來，可是要把非同一性的東西從全體性貪婪的嘴裡拯救出來，就要把這種可悲的處境轉化為未來歷史的「排列」，其中的理性的同一性，則是由每個殊相對於其他殊相不可掌控的他者性開啟的裂縫構成的。這種政治秩序和「極權主義」政權相去甚遠，就像它也不是單子的隨機分布或單純差異的波動；在這個意義下，阿多諾的論述有了政治學的基礎，而他的理論繼承者有沒有這個基礎則是可疑的。阿多諾沒有放棄全體性的概念，而是使它接受一種物質性的突變；而這就相當於把美感的傳統概念加以轉化，讓它自我顛覆，盡可能從全體化的唯心論裡把它的原始唯物論元素救出來。這種操作本身是一種寓言，表明中產階級啟蒙思想的承諾，包括自由自主的個體之間的對等相互關係，可以從支配性理性這個自相矛盾的共謀者那裡救出來。

就這方面而言，哈伯瑪斯率爾認定阿多諾的否定性辯證一無所獲，當然是太嚴苛了。[33] 事實上，哈伯瑪斯在其他地方也讚賞阿多諾及其同事霍克海默的明智做法：他們對理性的批判並沒有徹底拋棄啟蒙運動的理性概念，不管這個概念是多麼自以為是。[34] 有些人說，阿多諾和霍克海默看到這種理性在納粹德國手上變成什麼樣子，卻拒絕拋棄它，如果不是愚蠢，就更是令人驚歎。也有人說，他們看到了拋棄理性會招致的毀滅性後果，拒絕拋棄理性是完全可以理解的。哈伯瑪斯體會到，阿多諾無意走出理性自我顛覆的不安僵局；他只是想待在否定性辯證的履踐性矛盾中，因而能忠於幾乎被遺忘的史前時代非工具理性的殘響。就像他的傑出演繹者貝克特，阿多諾寧可困乏而誠實；他寧可身陷形格勢禁的理論空間，而不願意放棄那些痛苦的策略，出賣更根本的人類苦難。在奧斯威辛集中營的經歷之後還保存下來的零碎的真實性，就只能是在面對沒有出路的兩難之際頑強地拒絕絕望，意識到放棄烏托邦和對它寄予厚望一樣危險，而對於真實境況的否定，儘管是徒勞無功，卻也是不可或缺的，藝術既是珍貴的也毫無價值。阿多諾從痛苦的脆弱性裡發掘出德行，現在所謂的誠實也不過如此。就像德曼的論述，如果有任何真實性的話，它就只在於一個人反諷地擺脫所有必然不真實的舉止，在墮落的經驗性主體和似曾相識的先驗性主體之間開放一個空間，如果後者還沒有被前者完全摧毀的話。[35]對德曼來說，在一個以眩暈的感覺作為真實性的指標的時代裡，一種無盡的自反性的反諷，就是我們最有可能成就那個古代的先驗性的時候。從早期到後期資本主義的轉移中，自由人文主義的主體確實墮落到艱困時期，如今必須準備為他的自由而犧牲它的真理和同一性，這樣的割裂對於啟蒙運動來說是無法理解的。

事實上，阿多諾和德曼有個重要的共通點：那就是對法西斯主義的過度反應。如果說他們對於這種政治過度反應，聽起來雖然有點奇怪，但肯定是可能的。阿多諾是法西斯主義的受害者；德曼則看來一度是法西斯主義的同情者。那些說早期和晚期的德曼有某種連續性的人肯定是對的；但這種連續性主要是否定性的，就在於後期的德曼對自己早期做法的極端反應。後期的德曼因先驗意義的哲學、形上學的無始基以及他早期醉心的全體化而受創，於是退避到令人厭煩的自由派懷疑論，在某些方面和阿多諾的政治悲觀主義很接近，儘管沒有後者那種脆弱的烏托邦衝動。兩人看來都由於頗不相同的原因而苦於一種無力的歷史罪惡感，寧可追求無能、僵局和失

[357]

敗，而不願冒險接受肯定性的獨斷論。而且兩種立場大抵上都表現出他們自身的絕望，其後果就是免於某些不耐煩的指控。

在混雜了深刻洞見和貴族式牢騷的《最低限度的道德》裡，阿多諾哀悼現代文明裡「安靜而謹慎地」閉上的門，他以上層資產階級（haut bourgeois）反科技的鄉愁大發牢騷說：「對主體來說，這代表了什麼：再沒有豎鉸鏈窗可以開啟，而只有滑動式窗框可以推，沒有優雅的門閂，而只有扭動的門把手，在踏出街道之前沒有前庭、沒有門階，花園沒有圍牆？」[36] 即使眼睛還沒有看到下一句，我們就知道會提到納粹，而它的確馬上就出現了：「這些機器對使用者所要求的動作，已經有點法西斯暴政下的那種暴力、激烈、無休止的猛然推拉。」一個對於法西斯主義的腐敗氣味嗅覺敏銳的人，就像布萊希特和卓別林（Charlie Chaplin），卻主張平凡瑣屑的排列，由此可見，我們要慎重評估一個法西斯主義受害者的政治反應。在某個意義下，沒有人能比他更具權威更值得尊重；在另一個意義下，那種經驗的恐懼仍然在阿多諾後期論述中徘徊不去，成為既扭曲又有啟發性的觀點。同樣情況有時也發生在德曼身上，儘管他和納粹糾纏不清的那個時期有完全不一樣的性質。他後期的思想必須在他早期生涯的對照下去檢視，就如一個實證主義者和行為主義者的宣言，必須考慮到他對於早期福音教派的強烈反感。

現在一般都認為，阿多諾的法西斯主義經驗，使得他和其他法蘭克福學派（Frankfurt school）的成員曲解和誤認自由放任的資本主義的某些特殊權力結構，把法西斯政權的威脅性陰影投射到自由放任的資本主義頗不相同的制度上。某些後結構主義理論大抵上繼承了這種混淆，把極為分歧的權力秩序、壓迫形式和法律模式，不加區別地混為一談。阿多諾的藝術研究的驚人洞察力，和他某些政治學的平庸粗糙看法成反比。事實上，他思想的這兩個面向一直糾纏不清，因為一種失敗主義者的政治學，衍生一種補償作用的豐富的美學。可是即使這樣，阿多諾的歷史悲觀主義裡，總是有個正義社會的願景在調解，不管這願景如何破敗而殘缺不全。「面對絕望唯一能夠負責任地實踐的哲學，」《最低限度的道德》在以班雅明風格的總結裡說：「就是以救贖的立場思考萬物可能呈現的所有面貌。知識唯有透過救贖才能照亮世界；其他一切都是重構，只是技術而已。我們塑造種種透視點，必須使世界被置換而疏離，有著裂縫和破口，就像在救世主的光照下的貧乏而扭曲。」[37]無疑的，阿多諾對於美好的社會信念堅定，要不然他怎麼能對於沒有了它的悲慘困境有那麼深切的經驗？因此，看待他的絕望總是要有複雜的附加條件，就如他惡名昭彰的文化菁英主義其實也是打了折扣的，譬如說，他會毫不猶疑猛烈抨擊文化工業化身的人物和高級文化的代表人物。

也許有兩個不一樣的阿多諾，其中一個比另一個更傾向於失敗主義。他的論述可以解讀為從歷史的噩夢退隱到美感當中，他的著作裡有足夠的線索證明這個觀點。這是他思想最容易被嘲諷的一面：比如說，他認為貝克特和荀白克是世界饑荒和核子毀滅威脅的解答。這方面的阿多諾，刻意把問題的一部分當作答案，就像政治上的順勢療法那樣以毒攻毒。這方面的阿多諾，要求我們以荒謬論的、自我推翻的沉重思考去生活；面對這種思考，所有傲慢的系統建構者都必須謙卑一點，而在極度不安之下，它使我們站在遠方尊重人類歷史的獨特內涵。但也有另一方面的阿多諾，他仍然期望我們從美感走過，在另一面走出來到達某個不可名狀的地方；對這種理論家來說，美感為我們提供的是一個典範，而不是一種替代性的解放式政治思想。[38]

在《否定性辯證》裡，阿多諾明確反對任何把哲學美感化的嘗試。「一種嘗試模仿藝術的哲學，就會把自己變成一件藝術作品，那就會自我毀滅。」[39]換句話說，他並不尋求席勒式的解決辦法；可是在這部著作裡稍後的地方，阿多諾以叔本華式的思路，提到哲學是「音樂的真正姐妹……它的擱置狀態正是在表現它的不可表現性」。[40]阿多諾強調，美感有著那種嬉戲和感性的特質，和哲學的關係不是偶然的；領會到思想與思考客體距離之遠，然而說起來卻彷彿客體牢牢握在手裡，這其中就包含了滑稽的元素，而理論必須以某種方式體現這種悲劇喜劇兼有之的不對稱性，突顯理論自身的未竟性。哲學是無法掌握客體的一種思想方式，它作為人文科學之王，就有點滑稽了。可是如果說阿多諾要在風格和形式上把理論美感化，他卻並不準備架空認知作用，因為「說服力和嬉戲是哲學的兩根支柱」，而哲學「和藝術的近似關係，並不因而容許它借用藝術的做法，尤其不能採用野蠻人認為是藝術的獨特優點的那種直覺」。[41]可是，理論概念又不能放棄使藝術獲得生命力的感性渴求，儘管它傾向於否定這種渴求。「哲學不能迴避也不能屈服於這種否定。它必須竭力透過概念而超越概念。」[42]

阿多諾當然沒有在把認知化約成直覺的這個意義下把哲學美感化，因為對他來說，藝術是一種獨特形式的理性。理論確實被美感化的地方，是在於它對於殊相的處理辦法；確切來說，藝術並不放棄系統性的思考，而是為它提供對於個別事物的感性接受模型。這卻產生一個複雜的問題。如果美感的整個重點在於不能轉譯為推論式的思考，那麼哲學又怎麼以美感為模型？美感看來是以自己作為一種思考的典範，而它卻拒絕被轉譯成這種典範。藝術表現了哲學裡言語道斷的內容；但是那或許是因為哲學沒辦法轉述這種內容，要是這樣，美感和哲學的關連性就是個疑問了；又或者哲學可以學習如何表達無法表達的內容，要是這樣，它就不再是理論，而是一種藝術形式。因此，藝術看來既是哲學的巔峰，也是它的沒落，這正是任何真正的思考必須逐步逼近的志向，可是到了這個地步，它就不再是任何傳統意義下的思想了。另一方面，從理論到美感的轉移，從一種支配性的理性到一種模仿性的理性，不會是一種決定性的決裂，因為我們前面看過了，藝術本身包含一種無法逃避的支配性環節。藝術對理論的解構永遠不能完全成功，因此哲學會在美感這種他者之內繼續存活。

就像藝術的現代主義顯現了藝術的不可能性，阿多諾的現代主義美學也意味著盛世的美學傳統被逼到絕境，而開始自我摧毀，在它的殘骸裡遺留少數隱祕的線索，讓人瞥見前面的道路。可是古典美學的這個毀滅行動，基本上是來自美學**內部**，那是因為使美學陷入危機的血緣關係。阿多諾在美學理論上一直佔據制高點，而不是像哈伯瑪斯那樣，降到比較適宜棲身的溝通理性

（communicative rationality）論述。他寧可藏匿也不願意窒息，而在他全部的著作裡，感覺上那種空氣如此稀薄，而不會有多少生物在其中成長。套用布萊希特的說法，它的起點既不是舊日的好東西也不是新的壞東西，而是舊日的壞東西，那就是始終飽受折磨作弄的一段歷史。根據《啟蒙的辯證》的說法，即使古希臘的奧德修斯（Odysseus）也是中產階級個人主義者，而人類始祖亞當（Adam）是另一個這樣的人物。唯一真實的希望，則來自辛苦取得的認知：了解到世間事物一直是殘酷的，這個希望也隱含危機，可能壓抑這種認知而變得不真實。只有忠於過去，才能掙脫往日恐怖的枷鎖，而這種忠實可能永遠使我們欲振乏力。問題在於我們怎樣既淡然處之而堅信這種苦難，因為兩者總是有互相摧毀的威脅。如果阿多諾是在折彎鋼鐵，他這麼做的同時，既是受傷的外科醫生、病人和內科醫生；而他之所以受傷，維根斯坦或許會說，是因為他試著拿頭去頂撞語言的極限。我們的疾病的唯一藥方，就是病得更嚴重：人類因為瘋狂而對自己造成的創傷，應該任由它潰爛而不加護理，因為如果我們的歷史苦難沒有這種沉默的見證，我們就會甚至忘記治療是必要的而逃避到天真狀況中。掠奪式理性被驅使穿透我們的內在本性而造成的爛瘡，必須一直掀開，因為只有在這個閒置的空間裡，才會萌生某些更具創造力的東西，而我們所充填的東西只會是幻覺。就如《馬克白》（*Macbeth*）提醒我們的，事物在絕境裡不是滅絕就是重新往上爬；而阿多諾把他的著作定位在這取決不下的點，並不打算支持任何一種可能性。就像佛洛伊德，他曉得個別事物在法則的束縛下，不會甘心定下來，傳統美學的中心主旨是個謊言；而部

[361]

分和整體之間的摩擦同時是希望和絕望的源頭，沒有這樣的撕裂，根本就沒有個體或整體可言，但它也同時使得所謂整體的出現延後到末日審判。美感曾一度是個解答，如今成為了令人難堪的不可能性；而阿多諾最反諷的行動，就是以這種不可能性作為一種工具，使美學傳統重生，成為了這個傳統最後的殘喘。美感就如思想一樣，也必須超越自身，讓自己的權威壓迫力和侵犯性的肯定本能被掏空，直到它只剩下自身幽靈似的印痕，這可能就是我們最接近真理的極限。

班雅明寫道，每個世代都被賦予一種「**微弱**的救贖能力」。[43]革命性史學家審視過去而尋索這種微弱的救贖衝動，在歷史的灰燼中煽動閃爍的希望火花。阿多諾是卡巴拉主義者，在最不可能的地方破解出救贖的符號，在同一性思考的偏執狂中、在交換價值的機制中、在貝克特簡略的字句和荀白克突如其來的小提琴刺耳琴音中。歷史充滿了對正義和幸福的渴望，吵鬧地要求末日審判的來臨，竭力在推翻自己；貫穿在歷史中的，是微弱的救贖能力，就看你懂不懂得在最隱微的地方找到它。當然也總有另一個的故事。如果說阿多諾可以在官僚主義的規定裡找到對快樂的渴望，那麼他也很令人沮喪地擅長在我們最具啟迪性的動作中發現潛伏著的掠奪傾向。沒有意識形態就沒有真理，沒有背叛就沒有超越，沒有善行不是要以他人的快樂為代價的。如果歷史的紗線是這樣緊密糾纏著，那麼抽取其中任何一條線，也就可能因為要解開一個討厭的結而破壞了某種罕見的設計。因此，對阿多諾和後來的理論家來說，文本性（textuality）成為了政治上的不作為的理由；**實踐**是粗俗的、容易犯錯的舉動，可能永遠不能達成我們的理論洞見所揭示的強烈多

[362]

面性。所幸馬修・阿諾德的學說至今仍然有其影響力，時而可見於最「激進」的理論圈子。

你不必告訴阿多諾說，前衛音樂家魏本（Anton Webern）永遠不能對世界經濟有任何貢獻。他早就知道了，甚至比我們清楚，他更關心的是把他的學說的荒謬性塗到我們臉上，而不是為它辯護。就像禪宗的做法一樣，只有當我們把握到那些學說的荒謬性，我們才能茅塞頓開。如果說後來的理論家比阿多諾更能有效運用這種挑釁的方法，那主要是因為他們欠缺了阿多諾深刻的政治責任感。阿多諾體會到這種論述風格是必要的，但他從來沒有忘記它那令人難以忍受的特權地位，這就是他和後奧斯威辛那個時代的人有所不同的地方。如果說他表現得反諷和模稜兩可，那不是因為他缺少尼采那種熱情，而是因為他有一顆沉重的心。由此說來，同樣反諷的是，這位滿懷鄉愁的上層資產階級知識分子，以其種種官僚式的挑剔和冷酷的狹窄視野，卻會和巴赫汀和班雅明一起，成為馬克思主義傳統中至今三位最具創意和原創性的文化理論家。

注釋

1 Theodor Adorno, *Negative Dialectics* (London, 1973), p. 35.
2 同前引書，頁146。
3 同前引書，頁365。
4 同前引書，頁320。

5 Theodor Adorno, *Minima Moralia* (London, 1974), p. 237.

6 Adorno, *Negative Dialectics*, p. 148.

7 同前引書，頁149。

8 同前引書，頁5。

9 同前引書，頁120。

10 同前引書，頁23。

11 同前引書，頁85。

12 同前引書，頁111。

13 同前引書，頁33、162。

14 同前引書，頁47。

15 同前引書，頁83。

16 有關這一點，參見：Peter Dews, *Logics of Disintegration* (London, 1987), p. 30。

17 Theodor Adorno, *Aesthetics Theory* (London, 1984), p. 325.

18 Theodor Adorno, 'Commitment', in Ernst Bloch *et al.*, *Aesthetics and Politics* (London, 1977), p. 194.

19 Adorno, *Aesthetics Theory*, p. 27.

20 同前引書，頁74。

21 同前引書，頁193。

22 同前引書，頁333。

23 有關個話題的極佳論述，參見：Peter Osborne, 'Adorno and the Metaphysics of Modernism', ***The Problem of Modernity: Adorno and Benjamin***, ed. A Benjamin (London, 1988)。

24 Adorno, *Aesthetics Theory*, p. 48 & 366.

25 同前引書，頁78。

26 同前引書，頁273。

27 Adorno, *Negative Dialectics,* p. 5-6.

28 Adorno, *Aesthetics Theory,* p. 225.

29 同前引書，頁207。

30 Adorno, *Negative Dialectics,* p. 153.

31 Adorno, *Aesthetics Theory,* p. 259. [364]

32 Theodor Adorno, 'Introduction', *The Positivist Dispute in German Sociology* (London, 1976), p. 12.

33 Peter Dews (ed.), *Jürgen Habermas: Autonomy and Solidarity* (London, 1986), p. 91.

34 同前引書，頁154-5。

35 Paul de Man, 'The Rhetoric of Temporality', *Blindness and Insight* (Minneapolis, 1983), p. 214.

36 Adorno, *Minima Moralia,* p. 60.

37 同前引書，頁247。

38 有關阿多諾把美學用作政治典範的批判性論述，參見：Albrecht Wellmer, 'Reason, Utopia and the *Dialectic of Enlightenment', Habermas and Modernity,* ed. R.J. Bernstein (Cambridge, 1985).

39 Adorno, *Negative Dialectics*, p. 15.

40 同前引書，頁109。

41 同前引書，頁15。

42 同前引書，頁15。

43 Walter Benjamin, 'Theses on the Philosophy of History', *Illuminations,* ed. H. Arendt (London, 1973), p. 256. [365]

第十四章

從城邦到後現代

讓我們以簡略而寓言性的方式，講一個類似社會學家韋伯（Max Weber）的故事。想像在資本主義興起以前不知道哪個年代的社會，也許甚至在人類墮落之前，而當然也是在人類感性解體之前，當時哲學的三大問題——我們能認知什麼？我們應該怎麼做？我們覺得什麼具有吸引力？——仍然沒有完全區隔開來。也就是說，在那個社會裡，認知、倫理和政治、欲力和美感，這三個領域大抵上仍然交織在一起。知識仍然受到某些道德律的約束，也就是說某些事情不應該被認識；知識不只是被視為工具性的。至於「我們應該怎麼做？」這個倫理和政治問題，也並不被視為只是直覺的事或者和生存有關的決定，或者是無法解釋的偏好，而是涉及嚴謹的知識，包括我們到底是誰以及社會生活的結構；也就是說，有一種方式，可以描述我們從何而來，而由此推論我們該怎麼做或可以成為怎樣的人。藝術不是和倫理和政治涇渭分明的，而是倫理和政治的主要表達媒介；同時，藝術也不容易和認知區別開來，因為它可被視為一種社會知識，在某種規範性的倫理架構下運作。藝術具有認知功能以及倫理和政治的效應。

然後想像一下，經過一段時間以後，一切都變了個樣子。誘人犯罪的蛇潛入樂園；中產階級開始崛起；思想和感覺分離，因而再也沒有人透過指尖來思考；歷史開始踏上漫長的旅程，直到出現像美國總統喬治．布希（George Bush）這號人物。知識、政治和欲望這三大歷史生活領域彼此仳離；每個領域變得專門化、自主、封閉在自身的空間裡。知識突破了倫理限制，開始根據它本身的內在自主法則運作。在科學之名下，知識不再和倫理或美感有任何明顯的關係，因而和價

[366]

值觀脫節。大概在這個時候，哲學家開始發現不能從事實推論出價值。對古典文化時期的思想來說，回答「我應該怎麼做？」的問題，要依據我在**城邦**（*polis*）的社會關係裡的實際地位，以及由此而來的權利和責任。一種規範性的語言必須和認知性的語言有關。可是，如今對於為什麼我們要合乎道德這個問題，答案成為了非認知性的。剩下來的選項變成：你應該合乎道德，因為行善不是感覺良好嗎？又或：你應該合乎道德，因為這樣就是道德的。這兩種回應，在很不相同的方式下都利用了美感的模型，而大約在同一時間，美感也在它的自主空間裡漂浮，因而可以採用為倫理自主的模型。因此，同樣處於深度困境中的道德和美感可以互相支援。文化系統也從經濟和政治系統分離開來，而變成目的本身。事實上，藝術必須是目的本身，因為它當然看來不再有其他目的了。

這個故事看似是對於有機的社會的另一種鄉愁，其實則不然。因為為什麼要假定上述三大領域彼此交纏是正面的事？知識從神學的桎梏釋放出來，就可以勇往直前，探索以前被視為禁忌的事，它倚賴的不是權威，而是自身的批判和懷疑能力。科學以人類的福祉和獨立思考為名，成為對於政治家和宗教領袖的革命性一擊。倫理探索不再受到教會組織的羈絆，超越這個狹窄領域而自由地提出關於正義和尊嚴的問題。藝術現在也不再只是政治權力的僕人，而是只忠於自身的法則；但這並不產生巨大的困擾，因為它們的社會條件，也就是文化的自主化，同時防止了藝術具潛在破壞力的自由對於社會生活其他方面造成太大影響。藝術成為了純粹補充性的東西，它是感覺、本能和非工具性領域的邊緣地域，難以把它整合到一種物化的理性裡。但因為它成為了孤立的封閉空間，它就可以扮演安全閥的角色，或讓心理的潛在危險得以昇華。

我們正在談論的，就是現代主義的時刻，它的特色在於那三個關鍵活動領域的分解和專門化。藝術在認知和倫理政治以外獲得自主；但是它成就這個自主性方式卻包含著矛盾。很奇怪地，它變得獨立於這些領域之外，是因為它被整合到資本主義的生產方式。當藝術變成了商品，它就擺脫了在教會、宮廷和國家的傳統社會功能，而進入市場的自主自由。如今它的存在不是為了任何特定觀眾，而是任何欣賞它的品味和有錢購買它的人。而由於它沒有為任何特定的人或特定的事物而存在，就可說是為自己而存在。它是「獨立」的，因為它被商品生產吞噬了。

因此，藝術可能變成漸漸邊緣化的活動，但美學卻不是這樣。事實上，我們可以大膽誇張地說，就在藝術不再作為一種政治力量的那一刻，美學就誕生了；對社會的關切在藝術中已灰飛煙滅，卻在美學裡蓬勃發展起來。雖然藝術創造活動在社會秩序中的角色江河日下（馬克思提醒我們，中產階級根本沒時間從事藝術），它對於社會秩序的貢獻，可以說就是一個特定的意識形態模型，有助於這種秩序擺脫它的困境；在那個困境裡，快感和身體都被邊緣化，理性遭到物化，道德變得完全空洞。美學試著把這三個疏離的領域重新連結起來，但它慷慨施予援手所要求的代價很高：它所謂的連結這些領域，其實是把其他兩個領域都吞噬了。一切如今都應該變成像美感一樣。真理和認知變成滿足心智的東西，又或者是使我們在世間更為行動自如的東西。道德變成了風格、快感和直覺的問題。一個人該怎樣恰當地過活？就是把自己變成藝術作品。

最後還有政治的問題。這裡美感化的連結，可以採取或左或右的路線。左派路線就是砸破真理、認知和道德這些只屬於意態形態的東西，而以創作能力自由而無所依恃的活動去體驗豐富的人生。右翼路線則是自柏克、柯立芝以至海德格、葉慈和艾略特的路線：忘掉理論分析，依附於感官個殊性，把社會視為以自身為根基的有機體，所有各部分都奇蹟式地互相滲透而沒有衝突，不需要理性的證成；以身體和血肉去思考；要記得，傳統總是比可憐可鄙的自我更有智慧和底蘊。這條路線的一個支流，造就了納粹德國。它始自藝術作品開始，而以農田裡嚇人的稻草人作結。

左派路線的美學傳統，自席勒到馬克思到莫里斯和馬庫塞，有很多值得稱道的地方：藝術是對於異化的批判，是創造力的模範體現，是主體和客體、共相與殊相、自由與必然性、理論和實踐、個人和社會的理想和解。所有這些概念同樣可以被政治右翼利用；但當中產階級仍然處於進步階段，這種風格的思考是強勢的烏托邦主義。可是自十九世紀末開始，這個傳統開始朽壞，而這正是現代主義誕生的時刻。現代主義是這種激進美學思維的繼承者之一，卻是以否定的模式運作：以阿多諾意味深長的話來說，它是「對於現實的否定性知識」。藝術裡的現代主義，還有在理論裡的法蘭克福學派和後結構主義，都在崛起中獲得助力，那是因為比較正面的美學傳統喪失了活力，發現眼前的社會系統太強大而無法衝破。現在已進入了後期資本主義，進入了顯然全盤

[368]

物化、理性化、在管理之下的社會體制。你不能透過有組織的技藝讓這個系統屈服，因此你要嘗試採用靜默的吶喊，就如在孟克（Edvard Munch）有名的畫作裡，吶喊讓那個孤獨人物蒼白的臉給撕破了，繞著畫布無休止地迴盪。美感變成了暗中破壞的游擊戰略，是沉默的抗拒、頑強的抵抗。藝術徹底摧毀傳統的形式和意義，因為句法規則和文法是警察式的法則。藝術在敘事、語意學和表象的墳墓上跳舞，頌揚瘋狂和神經錯亂，像一個女人般地說話，把所有社會辯證都溶解成欲望的自由流動。它的形式變成它的內容：這種形式抗拒一切社會語意學，讓我們瞥見自由的模樣。但在此同時，這種藝術也是可怕而悲慘的、蒼白而無精打采，而且還有著老舊的一面，記得秩序、真理和現實仍然維繫不墜的那段日子，在某個程度上仍然醉心於鄉愁之情。

從浪漫主義到現代主義，藝術竭盡全力善用商品地位強加在它身上的自主性，把殘酷的必然性轉化為優點。在令人憂慮的意義下，自主性就是指欠缺社會功能，這被扭轉為更具成效的意義：藝術刻意轉向自身，是抗拒社會秩序的沉默舉動；用阿多諾的話來說，就是拿槍指向自己的頭。美學自主性成為了一種否定性的政治。藝術就像人文精神，是堂而皇之的百無一用，也許是僅存的非物化、非工具性的活動形式。在後結構主義的理論裡，這變成了差異性的痕跡、疑難或是難以言喻的閃現，它完全無法形式化，是失敗、（理論和實踐的）落差（slippage）或**絕爽**（jouissance，暢欲、痛快，拉岡的術語）的輕狂片刻，在某種必然空洞、無法言傳的方式下，是越出形上學囚牢的某種東西。這樣的真理，就如維根斯坦或許會說的，是只能顯示而不能描述的；這種否定性的美學基礎太脆弱了，因而沒辦法建立一種政治學。

因此，看來只剩下一條出路了，那就是否定美學的藝術。這是自我對抗的藝術，承認藝術的不可能，就像成熟的後現代主義理論聲稱理論的不可能。簡單來說，這種藝術會消除那一切使人沮喪的歷史，甚至會回到歷史的起點之前，回到整個美感領域顯露端倪之前，要以自己的方式壓倒現代性誕生的一刻，也就是當認知、倫理政治和欲力美感彼此仳離的一刻。可是這次它的做法不是徹底美感化，讓美感殖民其他兩個領域，而是把美感摺起放進其他兩個系統中，試著讓藝術再次和社會實踐連結起來。

這是革命性的前衛做法。前衛主義者聲稱：你不能利用美學做到這點，因為美學是問題的一部分而不是答案。藝術的問題在於藝術本身，那就讓我們實現一種不是藝術的藝術。推倒圖書館和博物館，把畫作畫在睡衣上，在工廠裡用擴音器朗誦詩作，在戲劇結束後帶領觀眾到市政廳，離開你的藝術工作室到工廠去（像一些革命社會主義前衛分子實際所做的）為工人做些有用的東西。

對於像阿多諾這樣否定性的美學家而言，這是十足的災難。因為如果藝術衝破使它和日常生活畫分畛域而疏離的形式輪廓，它豈不就把它的批判性內容都毀掉嗎？一張根據構成主義（Constructivism）打造的堅固安樂椅，又怎麼能發揮批判作用？從這個觀點來看，前衛主義只是極左派思想這個熟知的老朋友新近的孩子氣表現，就像叛逆的孩子試圖激怒他們老神在在的父母親一樣。

這一切都可以描繪為一種敘事式進展，首先，在相當幼稚的片刻，你想像你可以透過某種美感內容推翻既有秩序。但是正因為這些內容是可理解、看得透而忠於文法規則的，最終就被它們所反對的社會邏輯降服。它也許是激進的，但它依然是藝術。它可能代表了令人無法接受的事，但它起碼是憑著一絲不苟的忠實刻畫，至少在這方面滿足了中產階級對於真實性有如色慾的胃口。你可以剝掉內容而剩下形式，這樣在比較正面的片刻可以應許快樂和有機的和解，在比較負面的時候，也可以畫一條鋸齒線，對既有狀況表示沉默的反對。可是任何這種形式，都會馬上掉進馬庫塞稱為「肯定性文化」（affirmative culture）的判斷；即使藝術現在變成了純粹形式的問題，它在藝術作用下也會造成一種虛假的昇華，限制且吞沒了藝術原本為了政治上的改變而釋放出來的能量。我們掉進了所有烏托邦主義的共同矛盾：它所描繪的和諧形象，恐怕會綁架了原期望能促進的激進衝動。因此形式不管怎樣純粹和空洞，也必須被拋棄。而這就讓我們只剩下「反藝術」（anti-art），這種藝術是統治秩序不能據為己有的，它是狡獪的最後手段，根本不是藝術。可是它的問題在於，它之所以不能被佔有和制度化，那是因為它自始就拒絕和社會實踐保持距離，這樣它也可能同樣廢除了能抓緊社會生活的所有批判性觀點。

就像左派美學傳承，前衛主義主要有兩個環節，肯定和否定的。它的否定性也許最廣為人知：震驚、激怒，例如在蒙娜麗莎（Mona Lisa）畫像加上八字鬍。人們很難根據它建立一種政治學，也很難複製它的做法。這個前衛潮流採用現代主義的否定性美學而摧毀了意義。最終來說，中產階級不能接受的是什麼？就正是無意義狀態。因此不要到處碰觸意識形態的意義，這樣做只是停留在正統軌跡上；他們反而是直接衝擊意義的結構和基礎，以這種令人難堪的方式令意識形態變得混亂。前衛主義也有肯定的環節，就像是布萊希特而非達達主義。它所宣示的是：確實有一種方式可以抗拒被統治秩序吞併，儘管現在流行著悲嘆他們居然把畢卡索（Pablo Picasso）的作品掛在銀行牆上。但這個前衛派的人認為，問題不在於這種做法本身。如果他們可以把你的革命性藝術作品掛在銀行的牆上，那只代表一個意思：不是你的作品不夠顛覆性或實驗性，而是你的藝術不夠深植於革命性政治運動，又或即使它做到了這一點，但那個群眾運動本身是失敗的。想像一下，如果藝術可以憑著它本身抗拒被統治秩序吞併，那是多麼唯心主義的想法！據為己有的問題是關乎政治，而不是文化；這個問題在於誰在特定時刻是勝利者。如果統治秩序贏了，那就繼續統治，那麼眼前的事實就是，沒有什麼是他們原則上不能消除或遏制的。如果對抗的一方贏了，把可據為己有的都自行佔用了，統治的一方就無法再佔用。中產階級不能吞併的一樣東西，就是它本身的政治失敗。就讓他們試試把這東西掛在銀行的牆上吧！反面的前衛主義者試著避免這種吞併的做法，就是不產生任何一件物件。沒有實體藝術作品：只有動作、事件、宣言、干擾。你不能把自我消耗的東西在它生產的片刻整併它。積極的前衛主義者了解到是否被整併的問題，是取決於群眾政治運動的成敗。

[371]

前衛主義者對認知、倫理和美感的反應相當清晰。真理是謊言；倫理可厭；美是渣滓。當然他們絕對正確。真理是白宮的新聞稿；道德是「道德多數派」運動（Moral Majority）；美是一個裸體女人推銷香水的廣告。同樣地，當然他們也是錯誤的。真理、道德和美太重要了，不能輕蔑地雙手向政敵奉上。

§

前衛主義失敗了，他們被史達林主義和法西斯主義逼退。[1] 不久之後，《尤利西斯》進入了大學課程大綱，荀白克的音樂習以為常地悄悄溜進音樂廳。現代主義開始制度化了。但現代主義所抗拒的社會秩序也在迅速改變。和「文化」對立的，不再只是「公民社會」、欲望等力量、功利和工具理性；隨著消費資本主義（consumer capitalism）的發展，社會也變得普遍美感化。社會的全盤美感化迅即成為法西斯主義怪誕的造神，包括神話、象徵和狂歡景象的鋪展，還有潛抑的表現性、激情的訴求、徹底的直覺、本能判斷、自我犧牲的崇高和熱血沸騰。但戰後的另一種美感化，也充斥著後期資本社會的整個文化，它就是對風格和表面性的迷信、對享樂主義和技術的膜拜、意符的物化，以及以隨機的強烈感覺取代論理式的意義。在早期階段，資本主義把象徵性的事物和經濟的事物割裂；現在兩個領域就不相稱地重新結合，經濟穿透象徵領域，欲力的身體被獲利的絕對命令控制。我們被告知說，現在是後現代時期了。

從一個激進觀點來說，對後現代主義的辯護大概可以這樣立論。後現代主義代表了前衛主義破除偶像最近的高潮，包含著在通俗意義下的混淆階級、意識形態圈地的反身式顛覆、以人民主義（populist 或譯為民粹）的方式揭穿主知主義（intellectualism）和菁英主義（elitism）的真相。如果這聽起來太過令人飄飄然，那也可以轉而控訴後代主義的消費式享樂主義和庸俗的反歷史中心主義（anti-historicism），還有全盤放棄批判和使命，對真理、意義和主觀性的挖苦式抹殺，以及空洞的物化的科技至上論。

或者可以說，上述第一種描述對於特定的後現代主義潮流是適切的，而第二種描述則適用於其他後現代主義。這種論點大抵上是正確的，不過是平庸乏味的說法。更有趣的論點也許是說，對很多甚至全部後現代主義來說，兩種描述同時適用。很多後現代主流文化既激進又保守，既是破除偶像的，卻又和主流暗通款曲。這是因為後期資本主義社會經濟與文化形式之間的矛盾，或更簡單地說，資本主義經濟與中產階級文化的矛盾。傳統人文主義的中產階級文化，傾向於著重階級、榮譽和獨特的身分；不斷威嚇著把這種精緻而秩序井然的結構摧毀的，不是政治左派，而是商品的衝擊。我們在馬克思的著作裡也看過，商品是違背社會規範、駁雜不純、多種形態的；在極度自我膨脹的情況下，在它尋求齊一的激情下，要和等值的東西進行交換，它很弔詭地把優雅的上層結構貶降為「文化」，而對商品有保護和促進的作用。商品破壞了所有獨特的身分，狡獪地保留了使用價值的差異，但只是讓它消解於「差異中的相同」，這就是班雅明所說的「時尚」（fashion）。它把社會現實轉化為由多面鏡子形成的荒野，其中一個對象凝視鏡子裡的他者而思考著自己的抽象本質，而那個他者也在做同樣的事。商品以極端漠不關心的態度，跨越階級、性別和種族的分野，還有高與低、過去與現在的分野，在它看來是一種無政府主義的顛覆力量，它嘲弄傳統文化過度的階級劃分，儘管在某種意義下，它也憑恃這種秩序以確保它的運作穩定。就像很多後現代文化，商品把高層次與低層次的東西整合起來；但這種動作有多麼激進，則是非常歧義的問題。因為這關係到「菁英」藝術和「普羅」藝術兩者之間的問題，前者在美學上遠離日常生活，而後者則擁抱普通經驗的主題，問題本身就不能單純以形式化、抽象的方式來設想，而不管所涉及的普通經驗。一種歌頌拉斯維加斯式的生活世界的藝術，和著眼於列寧格勒街頭的藝術，那是很不一樣的；一種回應本地社區需要的現代主義，不管在藝術或建築方面，和一種從市場獲得啟發的現代主義也不一樣。文化和一般生活之間的「整合」，並不會自動是一種美德，兩者的劃分也一樣。

自尼采以來，資本主義社會的「下層結構」開始和它的「上層結構」形成令人尷尬的矛盾。上層資產階級文化用來正當化的形式、他們對於主觀性的各種版本和定義，對後期資本主義的經驗來說，漸漸捉襟見肘，但另一方面來說，卻又不能隨便丟棄。中產階級鼎盛時期的官僚文化，逐漸受到這種社會系統後來的演化所質疑，但在某個意識形態層次上仍然是不可或缺的。它之所以不可或缺，部分原因在於主體作為獨特、自主、自我同一和自決的個體，仍是這個系統在政治

[374]

和意識形態上所必需的，從其中一方面來說，這是因為商品不能衍生出充分正當化的意識形態。有關上帝、自由、家庭和個人的獨特精神本質的論述，仍然保留著不少傳統的說服力，但也有的不是很可信，因為在這種社會秩序裡，最高的經驗價值顯然是利潤。和歐洲委婉而「自然化」的意識形態模式不一樣，美國比較坦然表露它的意識形態，這種不一致情況就尤其顯著：陳義過高的形上學空話，和手指按在錢箱上的實際表現，兩者的衝突大得有如鬧劇。尼采對這個兩難處境的驚人解決辦法，也就是叫人忘記形上學，而不以為恥地頌揚權力意志，必然會被中產階級拒絕，因為這會讓他們喪失很多傳統的正當性形式。他們寧可看來偽善，也不願意把自己腳下的基礎毀掉。

對菁英主義文化口誅筆伐的根本憑據，起碼在這種處境之下，恐怕是相當歧義的。因為一方面，菁英文化本身包含的意義和價值可能成為徹底批判的目標，另一方面，跨越高與低、深奧與通俗的界線，也是資本主義的本性之一。在馬克思看來，這是社會拆解所有神聖空間的解放動力，把多元的習慣說法混合起來，去除物體的獨特性意味，讓機械生產的強迫式重複得以實現。就如布萊希特曾提到的，激進的是資本主義，而不是共產主義。這當然不是認定對菁英文化的所有顛覆行動都是徒勞無功的，而只是指出顛覆行動和資本主義系統之間的複雜關係。中產階級社會對文化的評價極高，但不管怎樣，卻沒有時間去理會它；抨擊這種被隔離了的藝術，因而既意味著真正激進的策略，也在複製它所抗拒的邏輯。值得指出的是，現代主義更加激情的護教者，看來對這種矛盾並不特別敏感。

像喬伊斯的《尤利西斯》這樣的作品，是對於中產階級所謂內在意義的迷思最令人難堪、最具破壞力的批判。作為全然反靈光（anti-auratic）的文本，作為神聖經典文獻的機械性複製，《尤利西斯》透過把高與低、神與俗、過去與現在、真實性和派生性的界線抹滅，而把一整套神話砸得粉碎，而且它這樣做，只是憑著商品的普遍庸俗性。莫瑞提指出《尤利西斯》怎樣無情地把敘事本身商品化，把中產階級意識形態的「獨特風格」化約為一組不具有後設語言學（metalinguistic）的超然地位的密碼，漫無目的地無盡循環，這是執拗地敵視「個人聲音」而刻意「偽造」的語詞格式的一種複音音樂（polyphony）。[2] 到底什麼是喬伊斯的風格？可見的是，這種令人悲痛的語言物化，以福樓拜風格雕琢而成的惰性語詞材料，正好容許喬伊斯以巴赫汀式的激進主義，讓某個慣用語以狂歡狀態和對話的形式，衝擊另一種慣用語，就像在《芬尼根守靈》（*Finnegan's Wake*）中，透過一個雜交的意符的運動，而對固有意義造成政治性的破壞，它就像商品一樣，必須把種種身分齊一化、等同，再以驚人的方式把它們重組排列。交換或交換價值的運轉機制，在這裡體現於雙關語或多義意符，在它的內部空間裡，就有如在商品裡，迥然不同的意義可以無差別地結合在一起。用馬克思的話來說，在這個意義下，喬伊斯讓歷史「朝壞的方向」在行進，以布萊希特的方式，從壞的新事物而不是好的舊事物起步。他的文字讓資本主義生活的經濟邏輯和它空洞的文化形式形成對抗，頑強地依附著後期中產階級社會在意義和生產領域之間的矛盾；意義作為一種象徵秩序，起著重要作用的是差異性、獨特性和特殊地位，卻反諷地協助維繫著那種生產方式。《尤利西斯》標誌著一個歷史轉捩點，此刻資本開始滲透到象徵領域的結構，根據它那種經貶抑的、具解放作用的邏輯，重組這個神聖不可侵犯的領域。這就有如《尤利西斯》和《芬尼根守靈》讓所有穩固的一致性產生變化多端的分解，並把這種對抗手段從下層結構提升到上層結構，透過語言、意義和價值的領域，隨著這個代表資本主義生產的欲望迂迴前進。於是它推翻了以往中產階級公民社會與「文化」公共空間的區別，因此後者的崇高和諧性，再也不能隨時用來正當化和神祕化前者的原始欲望。

自由人文主義像一個無休止的幽靈，被資本主義後期的演化抓住了，它既不能死去，也不能復活。那個居於中心、自主的人類主體，不是一碰上解構就會潰散的腐朽形上學幻想，而是意識形態的必要元素，儘管它不斷被這個系統的運作超越，並從中心被趕出去。這種來自中產階級社會往昔自由時期的宿醉，仍然作為倫理、法律和政治倚賴的概念領域而盛行不衰，卻和後期資本主義經濟的其他主體性看法很尷尬地格格不入。這兩種主體性在意識形態上都是必要的，處於社會構成的不同層次；因此後現代主義對一個單子式堅實主體的批判，在某個意義下往往是摧枯拉朽的，在另一個意義下卻不然。拿商品的邏輯來和道德人文主義的律令對抗，換句話說，以一個依附著往外四散的短暫欲力的主體，對抗仍屬當前社會系統理想的頑強自主行動者，會受到鼓勵商品消費的人們歡迎，卻是掌控社會生產力的人們不能接受的。

[376]

有一種類似的歧義，也圍繞著歷史事實性的問題在打轉。後現代主義有名的歷史折衷主義（eclecticism）是激進還是反動的？它是威權傳統的一種活躍而有效的重新功能設定，抑或是輕佻地去歷史化、而讓歷史在眾人眼中凝固為陳腐的資源回收物？要回答這個問題，首先必須評估歷史對於後期中產階級社會的意義有多大。這個社會一方面尊重歷史是一種權威、持續性和傳統；另一方面，它根本沒有時間去理會歷史。就如汽車業大亨福特（Henry Ford）所說的，歷史是假話，馬克思主義者不一定不同意這種說法。再次的，一切視乎你考慮的是象徵意義的領域，還是經濟生產的領域：歷史在前一種領域扮演令人肅然起敬的角色，在後一種領域卻持續被存在處境式的「現在」或激進主義者的鄙陋意識形態顛覆。「歷史」在這種秩序中欠缺了一切統一的、自我同一的地位，這可以解釋為什麼那麼難以抽象地評價圍繞著歷史的政治力量。班雅明總是區分歷史本身和他所說的「傳統」，後者意指著無權勢者的敘事。只有透過革命性的記憶，把普魯斯特所說的**非自主回憶**（mémoire involontaire）提升到歷史平面，傳統這種危險而不穩的力量才可以擺脫原本和它綁在一起的統治階級世系而獲得重生，成為突破政治現狀的策略。革命性的鄉愁從側面切入時間，打破它的空洞連續性，而以超現實或卡巴拉教派式的對應關係的靈光乍現，把危機中動搖的當下，和被壓迫者在傳統裡被救贖的片段「排列」起來。這也許和後現代主義者的折衷主義表面上相似，雖然「表面上」無疑是這裡的關鍵詞。問題在於班雅明式的傳統不是某種可分割的、具自主性的歷史，在統治階級的時間裡悄悄流過，像它的陰影一樣如影隨形；

[377]

它只是正式時間性內不斷重複的危機或緊要關頭，因此歷史詮釋學的微妙之處，在於知道如何中斷統治階級的歷史，而又不致讓可貴的傳統資源和它一起流失。班雅明體會到畢竟有不同的、矛盾的歷史，永遠不會只是過去的沉重包袱和勇敢的當下形成刻板的二元性，因為我們正是由過去打造而成的。「我們馬克思主義者，」托洛斯基（Leon Trotsky）說：「一直就活在傳統中。」這種說法通常會使政治激進分子相當困惑，因為對他們來說，「傳統」當然是指上議院或御林軍換更，而不是憲章運動者和婦女參選權倡議者。

後現代主義急於質疑真理的傳統概念，這種對於絕對而獨白的真理主張的懷疑論，產生了真正的激進效果。在此同時，後現代主義顯露了某種持續傾向，它總是要嘲笑對手的真理概念，他們樹立起所謂「先驗而無利害關係的知識」這個虛假的攻擊目標，就是為了透過擊倒它的舉動而獲得自以為是的喜悅。自由人文主義思想最有力的意識形態謀略，就是認定真理和無利害關係之間有某種內在關係，對激進分子來說，重要的是把這種關係切斷。當然，除非我們有某種利害關係，否則費心去認知有什麼意思。但是在實際提出批評時，卻總是認定所有主要社會意識形態都是依據絕對而自我同一的真理概念在運作的，只要用文本分析、解構或自我反思式的反諷，就可以推翻這種想法。任何這種簡單的對立，都忽視了意識形態的內部複雜性，它隨時都會招致反諷和自我反思。好的自由主義者，就如小說家福斯特（E. M. Forster）體會到的，必須是非常自由派的，甚至因為被懷疑到底是不是自由派的。就像後來的法蘭克福學派，很多後現代主義理論典型

[378]

的願景就是，西方的領導權的意識形態必須依賴必然的真理、全體化的系統、先驗的意義、形上學的根基、歷史偶然性的自然化，以及目的論的動力。所有這些因素，都在意識形態的正當化方面扮演要角；但以刻板的方式表述出來，它們所勾勒的那個意識形態典範，比起目前支配著我們的那種內在分化而矛盾的社會論述，其實是僵化而「極端」得多。自由派的資本主義社會和它的病態法西斯變形，兩者的重大差異被危險地淡化了。比方說，我們沒有理由假設所有主要的社會意識形態都涉及對於歷史的一種普遍而系統性的自然化，而整個世代的思想家，自盧卡奇到羅蘭·巴特和德曼，卻都顯然如此假設的。

「他們建構了一台大戲，如今來說，那卻是瑣屑而不重要的，」哈伯瑪斯不耐煩地談到阿多諾和德希達：「那些只是真理和知識的一種可謬論（fallibilist）概念，即使我也從巴柏（Karl Popper）學到了這點！」[3]如果後現代主義和後結構主義對於真理的質疑是它的一個難題，另一個難題就是心不甘情不願地和後期中產階級社會難以忍受的政治現實沆瀣一氣。因為沒有人會因為讀了一篇政府新聞稿會對於真理的淪喪感到訝異。公然矇騙、掩蓋真相、文過飾非、滿口謊話：這些不再是我們的生活形式裡偶然的而遺憾的必要之惡，而是它永久而結構性的本質。在這種情形下，真正的事實被掩蓋、壓抑、扭曲，從它們本身來說，可能是政治上爆炸性的；有些人形成了一種神經質的抽搐舉動，把通俗的詞語像「真理」和「事實」放進吹毛求疵、拒人千里、嚇唬人的引號中，他們應該小心避免這種高調的理論舉動和資本主義權力結構中最陳腐而慣常的政治策略可能形成共謀關係。美好生活的起點，就在於盡力嘗試如實觀照處境。如果以為歧義、無規定性和不可決定性，是對於傲慢而獨白的確定性的致命一擊，那其實是相當不智的想法；相反的，它們是司法調查和官方審訊的慣用手段。對於像事實這樣的平凡現象，文學往往抱持的貴族式的輕蔑，一旦被闡發為一種繁複的文本理論，並不更具說服力。再次的，質疑真理的政治學，和真理本身在我們社會中的地位一樣有歧義性。如果說真理在文化和象徵領域具有至高的地位，那麼它在市場和政治論壇裡卻大可以棄如敝屣。

後現代主義也同樣著力於否定全體性的概念，也強力挑戰這個概念的各種唯心論和本質主義（essentialism）的版本，這在馬克思主和其他思想中都可以找到。可是，我們總是很難知道對全體化（totalization）的拆解要到什麼程度。比方說，像傅柯這樣的哲學家，仍然免不了強烈的全體化的衝動，不管他怎樣頌揚異質性和多元性。傅柯看來相信存在著某些像「監獄」一樣的全體系統，彷彿有某個統一體和「達特穆爾」（Dartmoor）這個監獄名稱對應。可是達特穆爾除了是牢房、獄吏、規訓技巧、皮下注射器等大雜燴的集合體，還能夠代表什麼？為什麼要有這種無休止的迫切性要把分散而個別的現實擺在單一的概念下同質化？設法迴避「監獄」一詞任何可能的全體化形上學傾向，當然會有其獨特的政治含義。比方說，在策略不會取向所謂的「全控機構」（total institution）：不會和機構主管辯論何謂「監獄監管制度」，不會把一種監獄和另一種監獄比較，沒有任何可接受的說法能把囚犯指稱為一個集合體。這樣的全體化傾向，只是統治階級無

[379]

情的同質化的反轉映像，如果有所謂「統治階級」的話，但是根本沒有這種東西。有關監獄的真正的個體政治學（micropolitics），應該在所有意義下限於個別的牢房。

換句話說，我們總可以碰到比自己更熱中的唯名論者。有些人認為人類身體只是個別器官脫節的集合體，也有人認為器官本身的概念也一樣。這就像是說，任何思想都可以從另一個立場視為不當的全體化，而可能無窮回溯。不管有關「全體性」的論辯究竟是在說什麼，它肯定不是這個想法。所謂對於全體化的否定，從歷史上來說，是深具反諷意味的。因為它源自晚近的政治時期，在其中，我們可以合理地說，激進分子所反對的那個系統，以前根本不是什麼「**全體**」，在這個時期裡，經濟危機、民族解放的抗爭、原始法西斯意識形態的再現、國家掌控的收緊，彼此間的微妙關係從來沒有那麼明顯。在這個歷史時刻，我們所面對的其實是個「全體系統」，它的統治者有時候也會察覺到這樣的系統，政治左派分子開始談到多元性、雜多性、類精神分裂迴路（schizoid circuit）、個體策略等等。

這個理論走向也許有兩個主要原因，其中一個比另一個可信。比較可信的原因就是，傳統上容易接觸到的很多全體性概念，的確具有同質化和本質化的傾向，高高在上地把一系列關鍵的政治抗爭排除在外，基於某種原因，認定它們絕對不能被視為「中心的」。因此，推翻這個版本的全體性是政治上的當務之急。比較不可信的原因是，大概二十年前，政治左派駭然發現當前的社會系統太強大且全體化，因而無法打破。這個悲觀主義的後果，就是產生了今天所說的後馬克思主義（post-Marxism），指稱有些人進入了馬克思主義而從它另一邊的某處走出來，而不是指那些中產階級自由派，後者始終依然故我，只是突然發現自己趕上潮流而已。後馬克思主義和後現代主義絕不是在回應一個緩和的、四分五裂而多元化的系統，剛好相反：它回應的權力結構，在某個意義下來說，比從前都更「全體」，現在足以使它的敵對者棄械投降或士氣盡喪。在這個處境下，傅柯也許會說，想像一下根本沒有什麼「全體」可以顛覆的，有時是個撫慰人心或權宜之計的想法。那就像是一時之間麵包刀下錯了地方，就宣稱麵包已被切開了。所謂「後什麼主義」的「後」，如果它有任何意義的話，那就表示一切如舊，只是**更為**一成不變。

如前所述，從某方面來說，美學是在回應早期中產階級社會一種新處境，在這個社會裡，價值看似是無法推論出來的東西，既神祕又令人擔憂。一旦社會生活的種種現實遭到物化，它們就不再是價值論述的適當起點，價值也就因而在它們的理想性空間裡漂浮。價值變得必須以自身為根基，或是建立在直覺上；而美學則可以作為這兩種策略的模型。價值源自某種感性或形上學的空間，再也不服從於理性的探索或論辯；比方說，現在我們很難說自己的欲望是「不合乎理性的」，這樣說的話也許會不當妨礙他人合理的欲望。

現代主義和後現代主義的當代思潮，正是繼承了這種價值的美感化。其結果就是一種新的先驗主義（transcendentalism），現在欲望、信念和利害關係都有其先天性（a priori）地位，而那在傳統上原本是保留給「世界精神」或絕對自我之類的東西。關於這種立場的特色，可見於東尼·

[381]

本內特（Tony Bennett）的評語：「在我看來，社會主義要走出知識論和倫理學的相對論泥淖，就只有透過一種作為自身的原因和證成理由的政治欲望（雖然這當然是源自社會力量和關係的複雜互動）」。[4]本內特這種自因（self-causing）和自我證成的政治欲望，和康德的實踐理性甚或斯賓諾莎的「自然」（Nature）相去不遠。這種自我生成、自我正當化的力量，在概念上其實就是美感或神學的。這種理論的絕對底限，是某種不可化約的、無法以理性論辯的律令，而在這個先天性的領域裡，認知只能扮演單純工具性的角色。從這方面來說，這種理論不管怎樣抗拒啟蒙運動，它和霍布斯或休謨面對同樣的疑難：對這些哲學家來說，理性是情欲的奴隸。利害關係和欲望其實是作為類似先驗的先決條件在運作，即便它不獲正式承認；我們無法追問它們從哪裡衍生出來的，或我們準備在怎樣的情況下確立它們，因為這些價值，不管它們在社會互動中的源頭在哪裡，都像人類身體一樣是既存的。欲望、信念和使命，正如辯士學派（Sophist）把它們化約為「本性」，根本沒辦法以理性去證成的，是我們永遠無法看到其底蘊的。這種觀點隱然認同某種物化且工具性的理性版本，視之為「知性」（Verstand）而不是「理性」（Vernunft），然後在可理解的情況下，期望從這種原本被貶低的媒介把價值排除在外。在一方面來說，這是包含著無生命且個別的事實的領域，沒有什麼結構可言；另一方面，有過多的主體懷抱著隨意的、彼此對立的價值觀點，每個觀點都是絕對自我封閉而以自身為根基的。不難看到這種知識論（或反知識論），即使是最激進的版本，卻和中產階級社會的情況多麼相符。或者是其中有個自由浮動的價

[382]

值領域，一個讓倫理消費者在其中作出自由選擇的市場；或者是我們的文化在某個意義下已經為我們作了選擇。前一種立場屬於理查・赫爾（Richard M. Hare）的老式決斷論（decisionism）；後者就像某些美國新實用主義（neo-pragmatism），驕矜自滿地替既有文化封聖，在「激進」或有點令人難堪的反基礎論（anti-foundationalism）的偽裝下，保護這種文化免受根本性的批判。這種立場的反動本質，可見於理查・羅逖（Richard Rorty）那種親切的、好交際的、閒散的、自詡為意識形態終點的意識形態；這位哲學家的姓氏，《牛津英語詞典》（*Oxford English Dictionary*）告訴我們，表示「喜歡娛樂和刺激」。在史丹利・費許（Stanley Fish）的著作裡儘管沒有言明這個立場，卻也清楚可見；費許對於歧義和無規定性抱著陽物崇拜式的恐懼。我們有了不同選項：前者就如見於海登・懷特（Hayden White），是老式決斷論或存在主義；[5] 後者見於費許，是一元論的文化決定論，它既可用來為自由世界說項，也同樣可以為潘興飛彈（Pershing missile）辯護。這種觀點的缺點在於它對政治激進分子的過度憂慮。如果說新實用主義者為了他們特殊的目的，要把產業的社會主義化或解散北大西洋公約組織（NATO）等行動定性為「延續對話」，墨守成規或是以信念體系自我約束，那麼只要激進分子能做他們要做的事，他們也不會激烈反對這些描述。只要這些信念，在好的實用主義形式下，能夠改變世界，就沒有必要對這些理論性描述那麼擔憂。

後馬克思主義的現象，對於當前這個問題有個耐人尋味的看法。馬克思和恩格斯在政治思想上的原創性，就如馬克思自己曾提到的，不在於發現了社會階級，這早就為人所知，而在於他們聲稱，社會階級鬥爭和生產方式的發展階段有一種內在關係。人類信念和價值的世界，因而和物質活動的本質緊緊相連。第二國際（Second International，即社會主義國際）惡名昭彰的經濟決定論（economism）曲解了這個學說，而把階級鬥爭化約為經濟演化的作用；人文主義式的馬克思主義，則對這種化約論反應過度，而把一切歸結到階級主體和意識。反諷的是，阿圖塞學派決絕地反人文主義的理論，卻是階級鬥爭和生產方式分道揚鑣的巔峰，它實際上揚棄了古典馬克思主義關於生產力和生產關係的矛盾的學說。階級鬥爭變成只著眼於歷程中的緊要關頭，是戰略計算的問題；這個立場反映了毛澤東思想的隱然影響，在於它太刻意強調「政治」重於「經濟」。[6] 然後從這裡再踏出一小步，就是後阿圖塞學派的立場，揚棄了「生產模式」的整個概念，而使階級鬥爭懸浮在半空中；而起碼對某些往昔的後阿圖塞學派成員來說，只要再踏出一步，其實就可以否定階級鬥爭的中心地位，乃至於否定馬克思主義。

現在讓我們轉移到兩項以倫理問題為中心的後結構主義論述。首先是傅柯的《快感的享用》（*The Use of Pleasure*），是他的《性史》（*History of Sexuality*）的第二冊；接下來是李歐塔（Jean-François Lyotard）和提博（Jean-Loup Thébaud）的哲學對話《正義遊戲》（*Just Gaming*）。許多闡釋者指出傅柯著作的一個奇怪特質：它在某個層次上是風格的問題。傅柯習慣以小心計算的臨床中立態度，描寫壓迫性的甚至可怕的習俗或制度，而被哈伯瑪斯稱為「實證主義者」。[7] 傅柯的風格小心翼翼地不加判斷，他的評論剝除了一切規範性的意味。這種風格模式有時和某種變態的色情相去不遠，因為最為聳人聽聞的材料，比方說人體的刑求，是以隔著距離的冷靜語調、慎重的官方法文敘述的，在驚人的內容下，顯得很淡定平靜。究其極，把臨床論（clinicism）和煽情主義（sensationalism）結合起來，那就是色情文學的風格了，雖然這並不表示傅柯的寫作是一種色情文學。在這種風格裡，很可能有惡作劇式的諷刺模仿元素，是學者在自己的園地上拿出王牌，為了完全相反的政治目的，而改寫自己無血肉的論述；但這當然也是後結構主義思想核心裡的真實矛盾的風格指標。我們從傅柯的政治著作知道，對於他那麼冷漠地記錄下來的壓迫性社會制度，他的反應是徹底的、毫不寬容的抗拒；但問題在於這種抗拒的起點立場。傅柯的尼采式思想，使他沒辦法對他檢視的歷史採取任何普遍或先驗的倫理政治立場；可是作為一個激進政治活動家，他顯然不能完全放棄判斷。他的風格迴避明確的判斷，但做法卻是那麼突出，以致這種沉默本身也成為了雄辯，道德評語的欠缺本身也成為了一種評語，因此也以可說，這種風格是試著調解這種兩難局面。任何後結構主義要是期望在某個意義下具有政治性，也就勢必會陷入這種政治學所隱含的規範以及它本身徹底的文化相對論。我們可以在當代女性主義著作裡找到類似的衝突：它有時似乎是說真理不存在，有時候又聲稱女性受到男性壓迫。規範性道德判斷的要求和文化相對論之間的這種衝突，在古老傳統認可的纏足和女性割禮等壓迫性的父權習俗裡，到了劍拔弩張的對立關頭。認定任何形式對婦女的壓迫都是在道德上錯誤的，並且認

[384]

定不能以任何文化傳統為此辯解，這種判斷的必然且正當的普遍性，和文化相對論正面交鋒；相對論者不願意讓人覺得他們有「民族優越論」，而以自己的文化來判斷他人的文化，譬如說主張我們應試嘗試去了解獵人頭族，而不是改變他們。

傅柯對於這個問題其實有個解決辦法。那並不是說任何個別歷史社會的制度有高下優劣之分，儘管我們會看到他的說法有時**隱含**這種區別。他認為該反對的是「**制度本身**」。不能接受的是人類生活應該規範化、限定和制度化的這整個概念。這種做法是傅柯極端的唯名論相當抗拒的，後者認為命名涉及的歸類會牴觸了獨特的個別性。「對傅柯來說，」彼得·迪烏斯指出：「成為知識的對象這個事實本身，就代表了一種被奴役。」[8]

但這種說法必須馬上作出條件限制。因為傅柯當然不會那麼天真地相信人類生活除了制度化生活以外還有其他可能性，或是在獨特的訓練和技術以外還有其他行為模式。如果他在某個意義下是自由至上論者，在另一個意義下則不然：和很多其他後結構主義者一樣，認為異質性可以擺脫範疇和體制、擺脫論述形式和非論述的馴化的這種烏托邦夢想，他深表懷疑，因為只有這些規範才能成就它的社會性體現。我們永遠不能逃出法律、組織化以及形上學的囚牢；但這並不能阻止我們偶爾的幻想（通常是在「詩意」文本所屬的片刻裡），在發人深省的片刻裡，當一切規範宣告終止，能在前衛文學作品裡找到這種革命的預期痕跡。如果沒有夢想過在目眩神迷的片刻掙脫一切制度的情景，也就很難批判具體的制度。傅柯在某個意義下是無政府主義者；但他並不相信這種無政府主義，因為它永遠不可能實現，如果想像它能實現的話，就是浪漫的自由至上主義的愚昧想法的巔峰。這種歧義性因而使他得以透過後結構主義典型的方式，把一種隱祕的啟示性的極左派，和一種不動心的、實用的政治改革主義結合起來。這種結果同時也使他免於淪為反動派或浪漫派，後者是法國知識分子尤其容易墮入的陷阱，因為他們寧可被認為頑劣，而不想被認為很好騙。某種絕對的道德立場保留了下來，這是對於社會制度的沉默抗拒，這就使得傅柯以一種恢宏的全景觀點，和當下各種社會組成方式撇清關係；但由於這些組成方式之所以該被拒絕，基本上在於他們就是組成方式而已，而不是它們包含的特殊價值，因而一種繁複的相對主義認知也就得以保存下來，而我們也不必明白指出我們要批判的是哪一種價值。「想像另一種系統，」傅柯提到：「就是延伸我們對於現有系統的參與。」[9]系統本身及其純粹形式主義的政治學，才是我們的敵人；但這個敵人是可以閃避的，而它就像窮人一樣總是會伴隨著我們。這種觀點很危險地泯滅了法西斯的資本主義和自由放任的資本主義的社會形式的區別，後者對於傅柯和後期法蘭克福學派來說，有時看來和前者一樣恐怖。（傅柯的導師阿圖塞也造成同樣的抹滅後果；他的「意識形態國家機器」概念，拒絕承認國家控制和非國家控制的意識形態制度之間的重要差異，認為那只是法律上的定義。）

傅柯的論述因此代表了一種否定性的或反轉的極左派，依附著一種決絕的革命性否定，同時也把它揚棄了。自由的夢想必須獲得滿足，但這種衝動在歷史上一直陷入困境，在因果關係上則是抗拒自身實現的可能性。在這方面，傅柯和德希達是西方激進知識分子圈裡的主流意識形態的代表人物，那就是自由至上主義式的悲觀主義（libertarian pessimism）。這個自相矛盾的名稱相當發人深省：說它是自由至上主義，那是因為舊式的「表現和潛抑」模型的某種內容徘徊不去，夢想著一個完全自由浮動的意符、一種無限的文本生產力，以及一種不受真理、意義和社會性束縛的幸福自由存在。說它悲觀，那是因為不論是什麼窒礙了這種創造性，不管是法律、意義、權力、討論的終結，都被承認原本就內在於這種創造性，這是在懷疑的態度下，承認了權力和欲望、神經錯亂和形上學的鱗狀重疊關係，它源自「表現和潛抑」模型以外的另一種模式。這兩種模型都在後結構主義中發揮作用，衍生了顯著的內部張力。查爾斯·泰勒曾指出，雖然傅柯想否定從權力解放的觀念，然而他本身的權力概念如果不包含這種解放的觀念，那就會說不通。[10]

我們也可以循著不同的管道，尋索後結構主義內部的這種疑難，著眼於它的「知識論」和「倫理學」之間的持續衝突，當然這兩者對於論述的人來說，本身就是很值得懷疑的。後結構主義的知識論或反知識論重複聚焦於僵局、失敗、錯誤、功虧一簣、未竟性，甚至堅持文本裡某些地方沒有達成目的，總是失敗的，根本就談不上偏離那個不曾真正實現的狀況，但這種堅持已經僵化成為習慣式動作。後結構主義對於以成功為基礎的倫理也懷抱著酸葡萄的懷疑，使得它有一種激進的意味。但這種對於傲慢的形上學自我同一性的攻擊，往往是以力量的釋放為名，就像尼采一樣，不承認有謙卑的猶豫，又或堅持本身漂亮方式的權力，它踏著舞步而不跌倒，發笑而不

[387]

用喘氣。懷疑和自由意志的環節再次奇怪地結合起來，成為一種兩棲式的感性，它大抵上可以追溯到「六八學運」（soixante-huit）的狂喜狀態，以及對那個歷史片刻的除魅結果。

傅柯反對對於瘋狂加以束縛，就如他早期的《瘋癲與文明》（*Madness and Civilization*）所說的，有其美感的原因：對於瘋狂的規訓（discipline），會剝奪了它的戲劇性和崇高性。[11]他後期專注於權力的問題，也讓他穩站在美感化的傳統；因為傅柯論述中的權力，跟古典美學的藝術作品有很多共通之處：以自身為根基、自我生成、自我愉悅，沒有源頭也沒有終結，難以捉摸地混合了支配和快感，因此是自身完足的主體，不管它在其他方面如何失去了主體性。事實上，傅柯甚至對於這個華麗的美感結構的**有機體論**（organicism）相當著迷，譬如說，他談到權力是「極度複雜的關係系統，使人覺得不可思議的是，由於沒有人能整體性地思考它，它卻那麼微妙地運作，可見於它的分配、它的機制、相互控制和調節。」[12]這個立場就像維多利亞時代的不可知論者在沉思宇宙設計的證據。這個神奇而統一的受造物，怎麼會沒有一個創造者呢？後結構主義當然不是都主張這種有機體論，它傾向於從美感抽取出有趣的、快感的面向，而抗拒多元性、分散性和無規定性等有機體論的主題。但權力運作的一種美感滿足，其實是傅柯的論述中更使人不安的層面。在他的著作裡也可以察覺某些暗示，譬如說，他在談到法國革命前的舊制度的冷酷暴力時說，在某種看法下，這種暴力在道德上更勝人文主義時期那個被安撫的、被視為白板的、透明的主體。耶恩．哈金（Ian Hacking）寫道，舊式精神療養院的恐怖境況，「比起專家委員會和他們搖擺不定的治療手冊對於精神病患的嚴重摧殘，並不見得更壞。」[13]這個觀點的不負責任態度，可能是自我閹割的知識份子浪漫的原始主義（primitivism）的病症，和傅柯時而和啟蒙運動的領導權對立的高壓專制傾向如出一轍。傅柯對主體的整個領域，表現一種幾乎病態的反感，甚至比尼采的態度更加負面。他以對於啟蒙思想的極度非辯證的態度，抹殺了啟蒙思想幾乎所有重大成就，而只看到它迫害人們的陰險技巧。他對自我同一性的觀點也千篇一律。因此很反諷的，他在晚年發現啟蒙運動畢竟沒有那麼可怕，而不認為自己是個反啟蒙運動的思想家，也就是他不得不承認，我們大抵上仍然很依賴啟蒙運動的思潮。[14]

這當然不是說傅柯在頌揚封建專制統治的恐怖行徑；但值得指出的是，他的確偏愛公開的權力而不是隱藏的權力，而成為他後期對於該主題的論述基礎。《瘋癲與文明》裡的早期傅柯，就如他後來承認的，仍然依循著「潛抑」的理論在操作，夢想一種狂野、沉默而基本上健康的瘋狂狀態，一有機會，就會闖入種種壓抑的舉止而發出自己的聲音。後期的傅柯則強調權力的生產力，以及潛抑理論的謬誤，這就是對於自己早期的浪漫主義反應過度了。如果權力最初被描繪得太過負面，現在就被標榜為太過正面。事實上，權力既會壓迫人，也會賦予人們能力，有時是集權化並且是「意向性的」，有時則是分散而無主體性的，既有種種陰謀，也有自我限定的策略，這個事實卻被抹殺了，呈現一種一元論的視野；反諷的是，它卻出現在傅柯這個闡揚多元性和異質性的理論家身上。人們反對專制權力，是因為它的集權主義，有時卻也會讚賞它的相對開放性、它的活力和非主體化傾向，而優於「人」的領導權時代，他說：「國家的法則和內心的法則終究是等同的。」[15]因此，權力最多是既非集權化也非領導權的形式，他最終成就的就是這種「真實」的權力。這其實就是尼采的「三階段論」的說法：從殘忍的壓迫，到狡獪的領導權，直到同時從專制和內在性拯救出來的權力，標榜它為自因而且自我支撐的。就像美感的藝術作品一樣，權力是非工具性、非目的性、自主而自我同一的。

可是這種權力美學，在某程度上和傅柯的激進政治是有衝突的。因為這就像是讓傅柯在《規訓與懲罰》（*Discipline and Punishment*）中的權力概念同時服務兩個不怎麼相容的目的。權力一方面在政治上仍然有其壓迫性，而必須拒絕和抵抗；另一方面它又是美感化的，是種種能力歡欣鼓舞的擴充和生產力的媒介。在這方面來說，聲稱權力「有生產力」，那是有歧義的：這種生產力在某種意義下是壓迫性的，衍生出更細膩的駕馭和監控技巧，但是它也難免會在更正面而創造性的意義下暗示它的生產力，那是有如尼采所說的那種趾高氣昂的成長，代表著開展和繁衍。所謂權力無所不在的論點，在政治上會比在美學上更加悲觀。因此，傅柯對權力的整個態度有很深的歧義性，反映了他嘗試把尼采和激進甚或革命性的政治學結合起來。而僅憑美感或創造性的權力和壓迫性的政治權力的對比，並不能化解這種歧義性，因為那只會回到「表現和潛抑」學說的另一個版本。政治上壓迫性的權力，本質上也是「美感的」，完全隱藏在它的自得其樂和自我膨脹裡。

[389]

這個美感化模型使得傅柯對於高壓統治以及領導權都敬而遠之，就像尼采一樣。作為美感的一個模式，權力自我生成的快感和律法以領導權方式的內射（introjection）正好相反。這種對立的操作，使傅柯在抗拒壓迫性的同時不會喪失權力的正面作用，也用不著召喚一個主體來和它對立。簡單來說，那是可以兩全其美的：權力一方面沒有沾染領導權的偽善而擁有舊制度的正面作用，另一方面，也在這個領導權當道的時代裡，摒除了舊制度令人髮指的殘暴傾向。專制政權的恣意性被保留了下來，但現在是把君王反覆無常的命令置換為一個非主體性的力場沒有理由可言的波動。

在傅柯的後期著作裡，美感化的主題明確地顯現。要好好地生活，就是以自我規訓的密集程序使自己轉型成藝術作品。「對波特萊爾來說，」傅柯寫道：「現代人不是個試著去發現自己、自己的祕密和隱藏的真相的人：他是個嘗試發明自己的人。這種現代性並不會『使個人從他自身的存有裡解放出來』，而是逼迫他面對他自己創造出來的任務。」[16]這種對自己的美感操作，是一種自我領導權（self-hegemony）；但它和尼采的人文主義領導權不一樣，因為它容許個人自我立法，而不是溫順地接受外在律令的支配。這事實上就是《快感的享用》的目標，傅柯終於能夠填補其論述的顯著空隙，也就倫理的問題，他在人文主義道德以外提供一種美感出路。在遠古時代，我們應該可以發現一種著重「自我實踐」的道德觀，也就是以美感的方式創造出自我，以「回應才智、美好、崇高或完美的種種判準」，[17]而不是猶太教和基督宗教傳統裡的那種普遍的行為規範。倫理的理想是一種以禁慾的、不動心的方式控制其權力，「這種存有模式可以界定為完全的自得其樂，或者是完美的駕馭自我」（頁31）。這個立場因此結合了壓迫性最好的面向（以費力而嚴酷的規訓創造出自我）和領導權最好的一面（主體具有「領導權主體」的自主性，但現在更加真實了）。美感性的創造自我，是外顯的權力的問題，而不是領導權狡獪的權力擴張；但由於這種權力指向自身，所以不是壓迫性的，因而也和壓迫性盛行的時代保持距離。

在附加了很多明智的限制條件之後，傅柯把基督教等同於一種固定普遍法則的宰制，而遠古世界則等同於有變數而且可以複選的行為模式。如今抽象規範仍然存在，但它和它所容許的個別實踐方式之間的關係較為寬鬆而有彈性，不能再被視為只是對普遍律令的順從。在規範和實踐之間，或阿圖塞所說的「理論性」與「實踐性」意識形態之間，有某種程度的自由運作。普遍法則的專橫因此緩解了：傅柯說，古希臘人並不想引進一種行為規範來規限每個人，因而免除了人文主義領導權的限制：

對他們來說，把性愛行為視為一種道德範域，那並不是用以把對每個人的普遍禁令內在化、合理化或形式化的手段；相反的，它是一種發展的手段，從人口中最小的一群人開始，由自由的成年男性組成，發展出一種存有的美學，這種合目的性的藝術，把自由認知為一種權力遊戲。（pp.252-3）

傅柯因而可以重新界定法則與快感、共相與殊相之間的關係：這裡沒有自由至上主義者拋棄法則的天真看法，不過個別的殊相的確對它而言更加拐彎抹角了。人文主義領導權強勢的美感有機體，以單一法則支配且充斥在所有組成部分，現在卻讓路給眾多個別的藝術作品，每個個體都是相對自主自決的，重要的是風格和技巧（*techne*），是個體以一種無法化約為普遍模型的形式和自身的相處關係。

領導權的概念因此保存下來，卻是轉化為自我的各個部分的內在關係。個人必須建構與自我的關係，那是「統治和臣服」、「命令和服從」、「支配和馴服」的關係（p.70）。於是，傅柯把相對地擺脫法則的個人自主性的概念，和那種法則涉及的愉虐權力的快感結合在一起。因此，權力令人滿足而具生產力的一面所包含的規訓和支配性，從政治的壓迫性中被救出來，而設置到自我裡頭。這樣就可以既享有領導權的收穫，而不必排除權力的快感。可是值得質疑的是，這個模型是否真的能使傅柯逃脫傳統領導權的誘惑。因為正如尼采承認的，在「人們」的時代的道德領導權，當然包含關於自我的某種實踐方式，而這事實上是尼采非常欣賞的。這種領導權不是不經某種自我的努力而自然獲致；而傅柯必須把它識為被動而馴服地接受法則，才能有效地把它和他所肯定的古代倫理對立起來。我們知道兩者其實是大不相同的，在古代社會，沒有任何單一法則要內射；但後世的領導權涉及的活動，和古希臘的自我領導權的活動，也許不像傅柯認為的那

[392]

麼對立。事實上，傅柯引用了柏拉圖關於以下兩者的同源性（homology）的說法：一方面是傅柯明顯認同的自我治理的風格，另一方面則是他顯然不認同的維繫城邦的律法。「快感的倫理，」傅柯寫道：「和政治結構是同一個現實層次。」；「如果個人就像城邦一樣，」柏拉圖說道：「那麼同樣的結構也必然存在於個人之內。」（p.71）傅柯繼而強調自我治理和統治他人這兩種實踐形式會漸漸區分開來：「有一天，自我治理的藝術終於會形成自身的樣式，和原作為其目標的倫理行為區分開來。」（p.77）但始終存在的尷尬處境就是，傅柯強烈主張的自我美感化，竟然是源自一個奠基於奴隸制度的社會維持其政治權力的需要。

就像尼采一樣，傅柯筆下那個具有強烈的自我支配力的個人，始終完全是單子式的（monadic）。社會只不過是自主的、自我規訓的行動者的集合體，完全不認為他們的自我實現可以在相互性的關係裡開展。相關的倫理也是惱人地形式主義式的。重要的是個人如何審慎分配和控制自我的權力和快感；真正的自由就存在於這種禁慾式的劃地自限，正如藝術作品的自由和它自行施加的法則不可分割。「問題不在於，」傅柯聲稱：「在一個人的欲望和行動中，什麼是容許或禁止的，而是他在分配和控制其行動時的審慎、反思和計算。」（p.54）傅柯如今（最終走到這一步！）把批判性的自我反思的問題引入欲望和權力，這個立場也許不完全和尼采式思維一樣；但他這麼做卻只是產生了一種形式主義的道德解釋。他說，古代的人在實踐上並不假設性愛行動本身是壞事；重要的不是個人偏愛的行為模式，而是實踐上的「強烈程度」，因此它是一種美感的而非倫理的標準。但聲稱某種性愛行動本質上不是壞事，那當然是錯的。強姦或對性侵兒童就是標準的例子。是否只因為強姦者的輕浮和放縱無度，強姦才被認定是不道德的事？受害者方面難道沒有什麼好說的？這是一種完全以主體為中心的道德：「對於〔古希臘時代的〕妻子來說，」傅柯以相當隱晦的暗諷語氣寫道：「她只能和丈夫有性愛關係，那是因為她受他控制的這個事實。對丈夫來說，只和妻子有性愛關係，則是以最優雅的方式行使他的控制權。」（p.151）對婦女來說，貞潔在政治上是必要的，對男人來說，卻是一種美感式的炫耀。我們沒有理由想像傅柯真的贊同這種令人髮指的事；但它卻是他相當認同的那種倫理的可憎推論。同樣的，傅柯至少曾經不認為強姦是有罪的。他的論述取向的部分問題在於，他認為性愛是一般道德的典範，這個立場反諷地複製了道德保守主義者的論點，對他們來說，性愛似乎是所有道德問題的根源。如果傅柯這個論點轉移到誹謗的行為，是否也說得通？如果在行使這方面的權力時明智而有節制，那麼誹謗就可以接受了嗎？譬如說，只是誹謗三個人而不是三十個人？如果我的誹謗行為是謹慎有度的，以一種內在對稱性的優雅方式，那麼我就在道德上就是值得稱許的？從後現代主義的脈絡來說，是否一切都歸結到要個人行為的「風格化」？那麼確切來說，什麼是一種有風格的強姦呢？傅柯心目中的古希臘人相信，個人的行為舉止應該是中庸而優雅的，不是因為它們本質上是好是壞，而是因為放縱無度會耗損個人的生命活力，如果有這種東西的話，它就是大家耳熟能詳的男性幻想了。個人越是以美感的方式自我約束，累積起來的權力就豐富；浪漫主義

[393]

者會認為，權力無疑是好東西，是個完全無差別的領域。權力的正面性因而被保存下來，只是替它加上審慎和中庸的技巧，而把它轉化為一種有差別的倫理的基礎。而推論出來的倫理學就會是，「對於身體的駕馭，應該根據人類存在的一般美學原則，其中身體的平衡是心靈適當的位階的條件之一」（p.104）這種說法早就在伊頓公學（Eton College）的操場上為人熟知了。透過《快感的享用》，傅柯完成了他瘋狂歌頌公學美德的漫長進程。

傅柯在《快感的享用》裡探討的倫理技術是屬於主體化的技術；但長久以來受人鄙視的主體姍姍來遲，在這部著作裡能走多遠，那是個懸而未決的問題。顯然由於傅柯對主體性的壓抑性敵意，認為它只是一種自囚，因而使他失去了倫理和政治學的任何基礎，讓他的反叛變成無用的激情；而《快感的享用》則旨在填補這個造成窒礙的縫隙。但是對於如何回應主體本身的問題，他仍然左支右絀。我們看到的，不是主體和它的欲望，而是身體和它的快感；這是對於主體的妥協而小心翼翼的美感化取向，使愛成為一種技巧和行為，而不是溫柔和愛意，是一種實踐而不是什麼內心世界。這方面問題的病症就是，在書裡和性愛最接近的實踐就是吃吃喝喝。換句話說，由於以身體取代主體，以美感取代倫理，而仍然有一種強大的潛抑作用。在某個意義下，在他的學術生涯裡一直有系統地打擊主體之後，一個自主的個體突然出現在這部著作裡，的確令人咋舌；但這個個體小心翼翼地停留在表面，是只屬於藝術、技巧和感覺上的東西。我們仍然不准進入愛憎、感情和激情的領域，而這些就是公學的美德中不大受注重的事吧。

[394]

§

如果說，傅柯在《快感的享用》裡把社會生活美感化的嘗試一敗塗地，那麼李歐塔的《正義遊戲》也好不到哪裡去。李歐塔的問題和傅柯一樣，就是想要保存涉入政治的後結構主義論述。這個問題從來沒有使德希達那麼輾轉反側，因為他給人的政治觀感總是十分低調而含糊。但李歐塔卻一度是社會主義激進分子、階級鬥爭的老兵，是「社會主義或野蠻」（*Socialisme ou Barbarie*）激進組織往日的主要理論家，他當然也不願意完全拋棄社會正義的概念，而隨著以前的「**大敘事**」（grand récits, meta-narratives）的所謂塌陷，他必須找出新的方式讓社會正義扎根。這正是《正義遊戲》的目標；而它讓正義概念「扎根」的方式，基本上是康德和古希臘辯士學派的約定主義（conventionalism）不合理的混合。李歐塔的《後現代狀況》（*The Postmodern Condition*），儘管對於全體性期期以為不可，它的副書名卻謙稱「一份討論知識的報告」（A Report on Knowledge），他在書中極力主張我們要放棄啟蒙運動的「大敘事」，我們的知識模型應該像是亞馬遜河上游區卡西納華（Cashinahua）印第安人自我正當化的故事那樣；我們聽說這些故事顯然是以其傳遞時的語用學（pragmatics）確認了它們自身的真實性。這樣說的話，我們很難看到李歐塔認為真理、權威以及修辭的誘惑力之間能有什麼真正的區別：誰的故事表達得最流暢或最生動，他就握有權力。我們也很難看到，這種取向有什麼理由不認可納粹的敘事，如果他

[395]

們的說法很吸引人的話。對李歐塔和其他後現代思想家來說，納粹思想是啟蒙運動「大敘事」的致命終點，是恐怖主義的「理性」和全體性的悲劇性巔峰。他不認為納粹主義是一種野蠻的反啟蒙思想的非理性主義的結果，正如後現代主義也鄙棄歷史，拒絕論辯，把政治美感化，把一切都押注在說故事的人的魅力之上。《後現代狀況》沒有評論當代的女權運動，後者對於政治解放的信念，以及擺脫主流男性理性的必要性，使得它對於任何對於啟蒙思想的簡單反應都複雜化了。書中也沒有考慮到民族解放運動，自從美國在越戰落敗後，這個運動對全球帝國主義展開了一系列強烈反擊，而它往往是透過自由、正義和真理等「後設語言」在操作的。這些運動顯然沒聽說過後現代主義，又或所謂大敘事的知識論假象。在《後現代狀況》裡，我們可以找到一種有趣的類似謬論，那就是「好的」和「壞的」實用主義：如果說，故事說得最好的人就是最成功的，那麼（就如李歐塔自己所說的），誰的研究補助拿得最多，他說的就是最正確的。英國工業聯合會（Confederation of British Industry）如果懂得這點的話，就是身體力行的後現代主義者了。

李歐塔在《正義遊戲》開始討論正義時，十分不宜地直接主張直覺主義（intuitionism）。我們作出判斷必須「沒有標準……就只是作出決定而已，這是能說的一切……我的意思是，在每個情況裡，我有一種感覺，如此而已。……但如果問到我用什麼判準去判斷，我沒有任何答案。」[18]在書中稍後的地方，李歐塔又說，一種美感式的政治學是不充分的，無疑是回顧他早的期著作《欲力原理》（*Economic Libidinale*）裡的無關道德的欲力「強度」，但他在這裡只是以美感的其

[396]

中一種意義（直覺）取代另一種意義。他被迫採取這種獨斷論的直覺主義，因為他相信不能從描述性的東西推論出規範性的東西，不能把政治學奠基在社會分析理論上。這種做法會暗示關於社會可以有一種「後設觀點」，而那卻是他試圖否定的。這也是傅柯後期的立場，他寫道：

我們完全沒有必要把倫理問題和科學知識扯在一起。……許多世紀以來，我們都確信在我們的倫理、我們個人的倫理、我們的日常生活，以及大規模的政治、社會和經濟結構之間，存在著分析性的關係。……我認為我們要揚棄這種認定在倫理和其他社會、經濟或政治結構之間有某種分析的或必然的關係的想法。19

換句話說，他們兩人很自然地複述了休謨的想法，儘管他們可能從來沒有讀過休謨的著作：他們堅持事實和價值之間的嚴格區分，也就是描述和規範的對立語言運作。對李歐塔來說，他顯然受到古希臘辯士學派的影響，他們否定道德和社會知識之間有任何關係。

或許有人認為，主張說這種論述的嚴格二元性是源自後結構主義者，那是奇怪的做法。出於對後期維根斯坦思想的曲解，李歐塔聲稱每一種語言遊戲（language game）必須在自主的單一性下操作，以保存它的「純粹性」。當一種語言遊戲強加於另一種語言遊戲之上，結果就是不正義。他忘記了維根斯坦強調過的那些複雜的「家族相似性」（family resemblance），那就像一根繩索裡的若干股紗線，以真實但非必然的方式，把我們各種語言遊戲扭在一起。李歐塔看來也不知道所有規範都必然蘊含著關於世界實相的主張。如果資本主義早在一個世紀前就消失無蹤而我並未察覺，那麼我現在嚷嚷要推翻這個系統就毫無意義了。對李歐塔來說，規範懸吊在半空中，和對於社會的任何理性認知切斷關係。那就沒有所謂政治知識這種東西，不管非洲國民議會認為它有什麼作用。懸吊在半空中的規範或政治學，就只能任由直覺主義、決斷論、約定主義、結果論、詭辯和曲解等擺布，而李歐塔正是以各種組合方式詭計多端地耍弄這些手段。

李歐塔對倫理約定主義有點戒心，它現在也許是取代古典道德理論的流行想法。部分原因在於李歐塔像大部分後結構主義者一樣，都以純粹形式主義的態度，懷疑社會共識本身，不管它的特定內容如何，此外也因為他如今在《正義遊戲》裡更清楚體會到，把道德之善視為「**意見**」（*doxa*），也就是眾人的意見，在原則上會替法西斯主義大開方便之門。因此他往往採取辯士學派和康德思想的一種奇怪融合；在康德方面採取的是《判斷力批判》的一種政治化版本，其中道德或政治的判斷「可以不經作為實踐判準的概念系統」（p.18）。這種沒有概念的判斷，顯然就是康德美感鑑賞力的衍生物。判斷並不是奠基於概念、原則或一般理論，而是在於康德所謂的具有生產力的想像，一種指向未來的可能性最大化，它避開概念，不斷發明新的遊戲和行動，而它最接近的類比就是前衛藝術實驗或李歐塔在《後現代狀況》中頌揚的所謂「邏輯倒錯性思維」（paralogical）的科學。因此李歐塔是在康德有關美感判斷的第三部批判裡尋求出路，而不是

[397]

《純粹理性批判》；因為後者的中心論述在於自主意志，對李歐塔來說，任何這類的自主性都是一種幻覺。事實上，他也曾順帶提到，由於他否定自主的主體，導致他也揚棄了自我治理的政治目標。換句話說，後結構主義把主體去中心化，因而並不認同社會裡的人們應盡可能控制和決定他們自身的生活條件。

李歐塔聲稱，規範是無法證成的。所謂律法，就如摩西的律法，完全是一種奧祕，是由一種空洞的超越性對眾人宣告的；我們不知道是誰告訴我們的，也沒辦法回答為什麼我們採取這個政治立場而不是另一種立場。「如果你問我為什麼站在這一邊，我相信我要回答說我對『為什麼』的問題沒有答案，這屬於……超越領域。也就是說，我感覺到有一種規範和某個東西對立，而我認為它是合乎正義的。」（p.69）如果這是在經營選戰，就是種奇怪方式了。使我們覺得必須如此的，就如康德的道德律，是「絕對超乎我們理解力的某種東西」（p.71）。康德那種限定性（regulative）的「理念」，「引導我們了解什麼合乎或不合乎正義」；但最終來說，它沒有真的引導我們，也就是說，沒有告訴我們什麼是合乎正義」（p.77）。類似傅柯所說的權力，這種限定性的理念是全然無規定性的，沒有具體內容；但顯然我們是憑著它決定是否禁止移民、集體屠殺或是賑濟饑荒。這個所謂「理念」的可貴之處，其實在於它讓我們在思考上跳脫「習慣」，或跳出既定的意見，這種所謂的「意見」，無疑很適合用來形容墨索里尼（Benito Mussolini）或馬雅可夫斯基（Vladimir Mayakovsky）。

如果有一種康德式的定言律令是李歐塔願意接納的，那就是：「必須大幅增加小敘事（little narrative）。」（p.59）這個論點的問題在於，相信「小就是美」是感情用事的幻想。李歐塔心目中的小敘事又是什麼？目前那種使某些人滿足的英國法西斯主義末流？簡單來說，一般在後結構主義看來，多樣性本身就是好的，不管它的倫理政治內容是什麼。合乎道德正義的做法，就是盡可能衍生各種語言遊戲，而它們都是完全不可共量的。李歐塔懷疑彌爾的所謂大多數人的意志，也沒辦法在政治上超越傳統的自由派的多元論。可是，把這種多元論等同於康德所說在判斷中的限定性理念，那是有問題的，因為對康德來說，理念包含了那個可怕的全體性觀念。「是否可能在這種多樣性中或根據這種多樣性作出正義的決定？」李歐塔尋思，而他自己對於這個問題的回應則是不置可否：「在這點上，我必須說我不知道。」（p.94）唯一正義的事就是沒有一個少數族群能凌駕於任何其他少數族群，這個立場在嚴格詮釋下，就表示屬於少數族群的社會主義者，不應該遊說社會上的大多數人禁止同屬少數族群的反閃族主義者煽動宗教仇恨。對於資本主義社會的弊病，李歐塔的解決辦法最終歸結為電腦化的資料庫、不理會政治內容的對於多樣性的促進，以及卡西納華印第安人的故事。他詭辯地告訴我們，判斷必須依據個案分別對待，這種說法要不是瑣屑無意義，就是根本錯誤的。從這句話的某個意義來說，沒有人能以任何其他方式做判斷；但如果這是表示個別判斷永遠不能採用一般標準，那麼一個完全不涉及一般標準的個別判斷會是個什麼樣子，那就很有趣了。我們怎麼能這樣做，而仍然是藉著語言這樣做？李歐塔把從一

[399]

般原則**演繹**（deduction）出個別判斷的這種道德理性主義，和任何具體判斷行動中必然涉及的一般判準混為一談了。

不管李歐塔所反對的那些道德和政治論點的真正問題是什麼，它們都不可能是他這部著作裡這麼多的災難性的混淆、（理論和實踐的）落差和蒙昧主義（obscurantism）的源頭。和一般後現代主義理論一樣，李歐塔是要切斷真理和正義之間的關連，儘管他和更狂妄的論述者不一樣，並沒有否定真理是可能的。理論性和描述性的論述肯定是存在的；但它們現在變得和規範性的問題完全沒有關連。換句話說，我們回到了實證主義和唯心主義的熟悉對偶；這是辯證性思考（李歐塔一派輕鬆地說它是過氣的「恐龍」）一直在對抗的。英國自由主義之父以及熱中的種族主義者洛克，以其反本質主義的學說，認為現實裡沒有哪個個殊的特質可以說比其他任何特質重要的；他據此聲稱，我們沒有理由認為膚色不應該是個人的必要特質，同樣也沒有理由認為它不是。[20]李歐塔把描述性的和規範性的論述切割的做法，和這個傳統的思想完全一致。

「我們想要認知，」丹尼斯．透納（Denys Turner）說：「因為我們想獲得自由；而我們不時學會了把某些形式的探索稱為『知識』，如果我們要擺脫那些在歷史裡漸漸僵化而淪為意識形態的過時概念，這就是我們所需要的。」[21]透納聲稱，道德就是在古代所設想的「對於足以生成種種行為規範的社會秩序的科學性探索」。[22]簡單來說，這是李歐塔的政治學的另一條出路；而現在我們值得轉個方向，去看看我們這個時代一種創新卻很有問題的嘗試，它試圖把現實和理想結合起來。

始自鮑姆嘉通的美學，原本是「**生活世界**」（Lebenswelt）對於抽象理性提出的溫和要求；而這種訴求如今體現為對於資本主義社會的徹底批判，在我們這個時代，由哈伯瑪斯重新提出討論。哈伯瑪斯說，資本主義社會後期的發展，隨著「系統」漸漸深入滲透到「生活世界」，根據系統本身的理性化、官僚化邏輯而重新組織生活世界的實踐方式，導致兩者之間的衝突與日俱增。[23]隨著這些匿名的政治和經濟結構入侵生活世界並且殖民它，它們也開始把人類活動的形式給工具化，而這些活動若要有效運作，就需要很不一樣的另一種理性思維：一種「溝通理性」（communicative rationality），它包含了實踐的和道德的行動者、民主和參與的程序，以及文化傳統的資源。這種理性，由於和主體性、文化技能和情感領域不可分割，而不會輕易向無情的系統化屈服；後期資本主義把它那種不相容的邏輯強加於其上，也恐怕侵蝕了它自身的正當性所需的文化資源。系統的整合威脅著社會整合，破壞了社會互動的共識基礎。隨著國家無遠弗屆的影響力而延伸到經濟領域，它也擴及於社會文化系統，因為它的組織理性而削弱了保障它持續統治的某些價值和習慣。而由於國家活動在社會事務上的擴張，這些保障在它們更難以獲得的地方變得更為必要。生活世界或文化系統對於行政管理的抗拒特別大；而那種管理把原本理所當然的問題給主題化和公共化，因而令人感到不安。在古典資本主義階段，個人參與批判理性的公共論述的所謂「公共領域」，在國家和公民社會這兩個本質上不同的領域之間發揮了重大的中介功能；但隨著兩者的區分漸漸被侵蝕，隨著國家活動延伸到整個社會存有境況，公共領域本身也趨於萎縮和枯乾；哈伯瑪斯稱為公共生活的「重新封建化」（refeudalization）。系統和生活世界之間的這種衝突，在生活世界裡造成一些病徵，現在西方世界裡反動的道德陣營的復辟即為一例。在哈伯瑪斯看來，恐怖主義是另一個例子，他稱之為「意圖在政治裡注入美感表現的元素，而像小規模的地下組織」。[24]他聲稱，這樣的恐怖主義本身就是試圖「在面對純粹的行政管理時重新肯定政治」。[25]

哈伯瑪斯自己所支持的政治，也許沒有比恐怖主義的可行性高多少。就像李歐塔一樣，儘管出於不同原因，他放棄了勞工階級自我治理的目標，其實就是揚棄了階級鬥爭的概念，又沒辦法提出其他可以實現其基進民主（radical democracy）理想的有力方案。哈伯瑪斯在心態上是個學者，而遠離政治行動的領域；不過他的論述代表了生活世界對抗行政理性的政治攻擊，而他從來沒有浪漫地否定系統和系統理論的必要性。他要倡議的是「內在於日常溝通實踐的理性結構，讓生活形式的頑強性發揮作用，對抗自動化經濟和行政系統的功能性要求」。[26]就這種說法的最廣義解釋而言，他是以一個政治的「美學家」身分，為生活形式對抗邏輯模式，又或以**實踐智慧**（*phronēsis*）對抗**知識**（*epistēmē*）。事實上，對哈伯瑪斯來說，藝術本身擁有關鍵地位，它讓岌岌可危的道德資源和情感生活在這裡凝固；而在這種藝術的批判性討論裡，可以重新建立一種模糊的公共領域，思考這些經驗對於政治生活的涵蘊，在康德所劃分的認知、道德和美感領域之間，發揮中介作用。

人們習慣批評哈伯瑪斯太理性主義了，雖然有其道理，卻往往忽略了他的這個「美感的」向度。這方面批評部分的原因在於哈伯瑪斯相信，要使生活世界對一個物化的公共系統產生有效的作用，就必須透過他所說的「重構的科學」而盡可能形式化。溝通理性運作的範域，是憑藉著默示（tacit）的假設、理解以及行動的技能，還有說話的主體，而後者本身通常不能把這種先於理論存在的知識給主題化；但若要生活世界成為一種激進政治的資源，哈伯瑪斯認為它的內部邏輯必須脫離默示狀態而在理論上形式化。在這個意義下，他的論述和古典美學傳統是一致的，就像鮑姆嘉通也在日常身體經驗裡探索另一種理性，並讓這種理性和抽象理性的運作建立關係，儘管它的政治效果截然不同。當然，對鮑姆嘉通來說，這種美學邏輯是次等的模式，但對哈伯瑪斯來說卻非如此；事實上，哈伯瑪斯把傳統的優先次序倒轉過來，堅持技術性和工具性的論理必須在溝通理性的種種限度下進行。[27]

因此「美感」可以提升到理論主題化的層次；但因此就指斥哈伯瑪斯流於理性主義或主知主義的那些批評，儘管在某些意義下是合理的，卻忽視了在哈伯瑪斯為什麼覺得該這麼做，也就是說，整個方案的動機並沒有理論性的答案。一旦提到了這個動機，我們又在某個意義下回到美感

[402]

的問題，它也是再度登上「更高的」層次。在回應他的批評者時，哈伯瑪斯正面看待喬爾・懷特布洛克（Joel Whitebrook）對其論述的評語：

> 相當反諷的是，經常被詮釋學者指斥為極端理性主義（hyper-rationalism）的哈伯瑪斯，在他的架構基礎上，卻如此需要判斷力元素。在和先驗立場「達成諒解」的方式，終究比較接近美感鑑賞力，或是亞里斯多德的實踐智慧，而不是措詞強烈的哲學論證。[28]

哈伯瑪斯放棄了所有終極的根基；就如懷特布洛克所見，那留下了空間，讓美感能夠回歸。

哈伯瑪斯用以揭露生活世界的內在邏輯的那種重構科學，就是「普遍語用學」（universal pragmatics），旨在重建任何可想像的語言情境的不變結構。哈伯瑪斯的信念就是，不管語言怎樣被扭曲或操弄，總是以共識或理解為其內在**目的**（telos）。我們和別人說話就是為了被理解，即使我們所表達的內容很蠻橫或冒犯了別人；如果不是這樣，我們就根本不會說話了。在每個語言動作裡，即使是很卑鄙的動作，總是隱然涉及某些有效性的訴求，也會相互承認它：譬如說，真理、可理解性、真誠和履踐的合宜性的訴求。因此，我們可以從這種條件投射出一種理想的溝通情境的輪廓，這是在每個實際對話動作中隱然預期的，而在言談當中盡可能不受外在或內在扭曲的影響，而且所有可能的參與者選擇和行使語言行動的機會都是對稱分配的。換句話說，如果我們從實際溝通行動抽取出使其成為可能的條件並且形式化，就可以從它們最習以為常的結構中，重新發現自主、互惠、平等、自由和負責等政治價值。「語言陳述的真理，」哈伯瑪斯因此可以宣稱：「終究是和善意以及真實生活有關的。」[29]

聲稱在可憎的羞辱裡可以看到**快樂的保證**（promesse de bonheur），看來不是容易受騙就是誤入歧途了，也許類似詹明信（Fredric Jameson）的驚人主張，他說在任何人類集合體中，都可以看到烏托邦的一種預期形象，而那所謂集合體也包括種族主義的大會。[30]這種主張是否在運作上太空泛抽象而沒什麼價值？我們是否真的可以從人類對話裡所謂不變而普遍的「深層結構」投射出一種政治理想？我們對此必須有所保留；可是對於這些看似天真的主張的某些理解方式，也許會使它們不那麼荒誕不經。關於溝通概念和社群的複雜關係，雷蒙．威廉斯在某個意義下類似哈伯瑪斯的論述，他總愛說，當一個作家「脫離溝通關係」，就會停止寫作。在《現代悲劇》（*Modern Tragedy*）裡，威廉斯認同地引述了卡繆（Albert Camus）的名言：「如果絕望激起語言或推論，尤其是如果它促使人們寫作，那麼就會建立起兄弟之情，自然物體也會被證成，愛也會誕生。」[31]就像《李爾王》（*King Lear*）裡的艾德嘉（Edgar）說，只要我們仍然能說「這是最糟的了」，那就還不是最糟的。根據這樣的假設，語言或對話的動作本身，不管怎樣粗暴或枯燥乏味，必然包含著對於理性、真理和價值的某種默示承擔，建立一種相互關係，不管它如何不公平，而它也使我們瞥見人類完全相互性的可能性，也就是社會另類形式的模糊輪廓。「我相

[404]

信，」哈伯瑪斯寫道：「我可以證明一個依賴語言溝通、合作以及合目的性的理性行動的種種結構而存活的物種，也必然是倚賴理性的。」[32]因此理性在我們的社會和生物境況中有它的根源，不管我們實際的言談有什麼系統性的缺陷而使人迷惑。對哈伯瑪斯來說，真理就是在言談條件容許之下，在任何隨意進入相關討論的人的自由同意之下所提出的那種命題；在這個意義下，真理是某種期待中的事物，而不是在當下完全有保證的。只有在基進民主的脈絡之下，社會制度經過轉化，而原則上確保所有人充分而平等地參與意義和價值的界定，真理才會恰當地開展；而在不平等、支配性、系統地扭曲的溝通狀況下，我們現在可以談判的真理，在某種意義下，會指涉到那種理想化的未來境況。如果我們要認識真理，就要改變生活方式。

在哈伯瑪斯的理想語言社群裡，可以看到康德的美感判斷共同體的一個新版本。正如哈伯瑪斯主張溝通會自然地導向合意，康德也主張有某種深層的、自然而然的共感，內建於我們的認知機能，而美感的鑑賞力行動就它最清楚的例證。就如鑑賞力是完全不受約束的，哈伯瑪斯的言談社群也必須盡可能擺脫任何扭曲的權力或利益，只倚賴更有力的論證的力量。這個社群把實際功利的約束「虛擬化」了，像藝術作品一樣，在珍貴的片刻裡，把它們暫停擱置，排除所有動機，而僅僅意欲以理性為基礎的意見一致。在這個意義下，它和我們日常的、充滿利害關係的社會生活的關係，就像藝術作品相對於中產階級公民社會的實用和工具領域的關係。理想的語言社群對於某些規範的既定性甚或某些事態的存在中止判斷，把這一切放進假設，就有如審美對象是否實際存在，對康德的鑑賞力判斷來說是無差別的。這個社群有個社會功能，那就是決定公共政策等重大問題的民主論壇；但是這個領域裡是由一種普遍無利害關係的態度主導的，也就是為了得出更有力的論證，而隨時準備擱置個人當下的利益。如果說康德的美學表象是一種「無目的的合目的性」（purposiveness without purpose）的形象，那麼哈伯瑪斯的社群就和合目的性的無利害關係有關。它在實踐理性的範域看起來更接近康德，因為這和哈伯瑪斯的模型一樣，關切的是一種純粹意志的形成，擺脫一切病態的利害關係；但康德的道德行動者是個孤獨的、獨白的主體，從這方面來說，是真理的不充分的形象，因為對哈伯瑪斯來說，真理本質上總是辯證式的。哈伯瑪斯的溝通理性的典範，因而可以視為結合了康德實踐理性批判和判斷力批判的種種元素，把後者的社群主義（communitarian）結構添加到前者的意志形成之上。

哈伯瑪斯一直竭力否認溝通理性的形式可以直接投射為一種烏托邦式的未來。他聲稱這個概念是一種虛構物或「幻覺」，但它在溝通行動裡卻能有效運作，因此是不可避免的假設。他又說，他對於一種夢想尤其不感興趣，那就是一個統一的、同質的、完全透明的社會。[33]相反的，他的論述總是強調認知、道德和文化領域的必要劃分，他希望看到這些領域彼此連繫，卻不是合而為一。他在一次訪問中指出，他的意圖「不是把真理的問題和正義或鑑賞力的問題混為一談」。[34]簡單來說，就是避免像某些後現代主義思想那樣，把知識和道德全面美感化，而又強調啟蒙思想的劃分這些領域造成的傷害。事實上我們可以說，某些後現代主義者儘管歌頌異質性，

[405]

骨子裡卻是追求齊一性和同質化的人：美感在它的鄰近領域稱帝，按著自己的樣式塑造它們，而不理會它們在論述上的獨特性。哈伯瑪斯和李歐塔不一樣，他厭棄各種情緒主義（emotivism）和決斷論，相信規範性的陳述和理論性的陳述都涉及真理問題，也就是說，它們也必須經過公共論辯的考驗。[35]

普遍語用學遭到不少尖銳的批評，那是其來有自的。比方說，有人懷疑理想的語言社群實際上有多麼「美感性」，就如本哈比說，它大抵上同時承認「具體的」和「概括化的」他者，涉及身體需求和個體的個殊性。[36]在這方面，康德的說法是個不好的預兆，因為如前所述，康德的鑑賞力共同體把身體完全排除在外。在晚近的論述裡，哈伯瑪斯限縮他的模型在政治上的延伸領域，暗示說它雖然適用於正義的問題，卻不能用來評價美好生活的問題。[37]這整個模型確實看來法匠意味很重，不能承載社群參與者必定從生活世界帶來的具體而衝突的利益歷史的重量，而在附會哈伯瑪斯所謂「美感和表現性」的作用時也是模稜兩可的。儘管面對這些批判性的判斷，這個模型卻呈現出特別大膽且原創的特質：它試圖跨越事實和價值、理論性的和規範性的論述的區分，而這在李歐塔的論述裡則是涇渭分明的。儘管他提出的方案無疑有其弱點，但是哈伯瑪斯體會到，一個值得追求的未來必須是現在的一種辯證產物，正如透納所說的，眼下一個自我欺騙的人可能擁有的「真正欲望」，必然是他實際想要的事物的一個作用。[38]在這個意義下，一個社會主義和女性主義的未來，和當下的片刻既是連續的也是斷裂的，而和末世論以及演化論也都是對立的。除非我們能證明一個值得渴望的未來社會早就內在於目前的系統，而可以從目前種種實踐的某種想像性的重建推論得到，否則就會墮入理想破滅和「壞的」烏托邦思想的混合，這是後期法蘭克福學派在哈伯瑪斯成為主要傳承人之前陷入的困窘。理想的破滅和「壞的」烏托邦集於一身：一方面，這種政治願景偏執地認為既有的社會秩序已經完全整併，而欠缺任何衝突，沒辦法為它所要的未來投入任何動力；而它又是壞的意義下的烏托邦，因為它必須從其他領域發現它的理想價值，而該領域大抵上和既有權力結構的主要社會力量是脫節的。以阿多諾的情況來說，這個領域就是現代主義藝術。

如果說，「壞的」烏托邦思想任意地把一種理想附著到墮落的當下，那麼左派陣營趾高氣昂的論述形式，就會看到某個未來的遠景明顯而堅實地出現在眼前，譬如在他們的觀念中，勞工階級本質上是革命性或準革命性的，只是被出賣社會民主或史達林主義的人們牽制著，而現在革命就快要實現了，正如在新約聖經裡，如果你看得出來的話，神的王國早已登上歷史舞台。哈伯瑪斯在盲目的個殊性（斯庫拉）和專橫的概念（卡律布狄斯）之間履險若夷，儘管很多人認為他欠缺說服力；他能這樣做，部分原因在於他的普遍語用學的高度形式化。能夠成為基進民主制度概念的基礎的，是我們的溝通式理性的「深層」結構，而不是任何個別的實質內容；這種形式化讓他的理論免於陷入太過正面或計畫性的烏托邦思想。另一方面，這種普遍語用學的跨歷史標準，同樣使他免於陷入文化相對論。他這個方案實際上有多麼成功則不無疑問：譬如說，溝通理性的

[407]

規範太過極簡主義而無規定性，和一大堆可能的倫理理論都相容，因而沒有多大用處。不過，不管它有些什麼重大缺陷，這個理論的一般**要旨**（tenor）是有趣而有價值的。哈伯瑪斯相信怎樣才能安身立命，其實已隱含在人類最獨特的特質之內，也就是在語言裡，儘管他這個信念也許太過感情用事了。美好生活的樣式在我們每個言談動作中若隱若現，即使在爭辯裡也貫串其中，像靜默的、不斷絕的弦外之音。我們的對話，由於它們的本質，暗地裡指向超乎自身的領域。就如湯瑪斯．麥卡錫（Thomas McCarthy）所說的：「真理的概念最終指向一種免於任何扭曲性影響的互動形式。」[39]

§

所謂道德，並不如實用主義者或多元論者所主張的，重點不在於當下就要選擇一種生活方式，把現有可能性極大化，或延續既有的對話，再加上一兩個華麗的詞藻；而是像哈伯瑪斯和馬克思體會到的，在於創造一種物質條件，讓其中與道德相關的溝通盡可能免除其他力量的支配而建立起來，這樣，個人如果得以完全參與共同的意義和價值的形成程序，每個人就可以選擇並且實現在現有情況下欠缺的多元價值和風格。從這個角度來看，哈伯瑪斯的理論方案和雷蒙．威廉斯的論述有很多共通點，儘管威廉斯在面對必要的普遍概念領域，譬如社會階級，以及地方、宗教、自然、身體等在生活體驗方面的獨特性，隱然意識到兩者複雜的中介協調作用，而和哈伯瑪

[408]

斯的普遍理性形成顯著的對比。威廉斯的社會理論同時拒斥「壞的」普遍主義，以及他喜歡稱為「好戰的個殊主義」的主張，他堅信一種深層多元化的承諾，對複雜性、獨特性和不均勻性，有一種敏銳的體認，而使他更加強調社會階級的核心地位。可是，對威廉斯和哈伯瑪斯來說，道德是旨在邁向人道社會目標的物質及政治的運動，因而是架接現在和未來的一道橋樑，而過去的鬥爭對我們也多少是發人深省的。由於後現代主義著眼於多元的生活風格，因而往往忽略了，在世界某些地方，它們獨特的歷史條件已經容許那種多元性了，而且也無視於當前生活條件對於那種多元性的種種看不見的嚴格限制。

有一種傲慢的學說，認定人類的力量有無限的可塑性，它基本上屬於中產階級浪漫主義時代，有時不加批判地被政治激進分子挪用。馬克思卻不屬於這一類人；正如諾曼．傑拉斯（Norman Geras）所說的，馬克思在他的論述中一直緊握著人性概念，這樣做十分正確。[40]雖說馬克思有時看似認為人類力量毫無疑義是正面的，但是他並不認為它們可以無限轉化。我們不要誤以為人性的概念本質上是反動的。不錯，這個概念往往被用於反動目的；但是在某些時代裡，它也成為革命的號召聲音，那是十八世紀後期歐洲的反動力量領略過的教訓。我們沒有理由假定說，如果我們否定人類的無限可塑性或是人類文化的完全相對性，因而就要推論說人們是死板而不可改變的。信奉各種反動的生物決定論或更加形上學的人性不變論，不一定會使我們稍感快慰。弔詭的是，某種開放性和可轉化性是我們本性的一部分，內建於我們的本質；人類這種動物有「超越」的能力，對於塑造我們的條件，往往會作出創造性而不可預測的改變，那正是歷史性（historicity）的條件，同時由於我們在生物結構上的「欠缺」，以致於文化必須不惜一切加以填補，這樣我們才能存活下去。但這種創造性的自我塑造是在某種限制之內進行的，它最終面對身體本身的侷限。人類社會由於人類身體的生物結構，所有人都要參與勞動或繁殖；所有人都需要溫暖、歇息、營養和住所，而且必然會因為勞動和性的需求，而和各種形式的社會組織建立共謀關係，這方面的管理機制，我們稱之為政治。人類社會在這個意義下是自然的，即使所有個別社會都是人造物。所有人都是脆弱、必死而且有所需要，會受到苦難和死亡的傷害。這些超越歷史的真理在不同文化總有其獨特的一面，總是會有不同體現，但這並不會否定它們的跨歷史性（transhistoricality）。對一個唯物主義者來說，這些個特的生物性事實，至今在人類歷史進程中有最顯著的表現，並且烙印在狹義的文化上。

因為人類是脆弱而沒有保護的，尤其在嬰兒階段，他們有生物上的需要，要獲得他人的照顧和感情支持。在這點上，就如佛洛伊德體會到的，我們看到道德最初的火花，那是幼小者和年長者之間建立在物質上的同情關係。「事實」和「價值」，又或生物性必要的實踐方式和民胞物與的感覺，在人類個體的「史前」時期，並不是分割開來的。可是這種同情心在我們個人和歷史的發展過程中困厄艱苦，面對一大堆威脅：不僅是（如果佛洛伊德所說的可信的話）我們內在原有的侵略性和敵意，還有因為勞動的需求而造成的悲慘處境，以及剩餘勞動成果被佔用的衝突和支配，都奠定了階級社會的條件。我們共享的物質條件使我們不可避免地凝聚在一起，這就開啟了友誼和愛的可能性；在一個核子時代裡，友誼和生物性的存活密不可分，這是毋庸辯解的；正如奧登所說的，我們必須「要不是彼此相愛就是死亡」。但我們必須推動的歷史演化，由於我們的生物性結構，也會分化我們，使我們彼此敵對。溝通、了解、某個程度的互惠，對我們的物質性存在是必要的，卻也會被用於壓迫和剝削。使我們擺脫純粹的生物性存在的語言，也會削弱了那限制我們互相毀滅的傾向的內在特殊抑制因子。如果我們要存活下去，就必須或多或少和自然界分開，以便能夠控制和調節它對於我們生存的威脅；但是那也會擴大我們和他人之間的距離，它同時是所有真實的關係以及剝削的可能性基礎。而他人的自主性既是創造性關係的條件，也是暴力和不安的源頭。

工作、性愛和社會關係，都可能使人感到滿足。小嬰兒的快樂，最初和生物性需求的滿足分不開來。但是正如佛洛伊德所說的，性慾的誕生是從原初的本能需求偏離而來，因此在社會發展過程中，快感和幻想的程序多少要脫離物質需求的滿足，這種現象我們就稱之為文化。一旦經濟的剩餘成果容許，少數人們就從勞動釋放出來，享受作為目的本身的文化，而和勞動、生殖和政治控制的迫切需求無關。在這個意義下，「價值」就和「事實」分開了，最終完全否定它在物質實踐方面的根源。這樣的文化往往被用來昇華難以忍受的必然性，或作為一種手段，把必然性神祕化和合理化；但它也可以提供一種社會境況的遠景，在其中，使人歡欣鼓舞的創造性，原則上

[410]

是所有人共享的。在這方面的政治鬥爭，一方面想把生產力分散，用以改造社會生活，使它變得令人滿足，另一方則因為損失甚大，就以暴力和操縱來抵抗。為了這種操縱，文化的某些面向會被用來重新界定權力、法律、自由和主體性的概念，以利維持既有的社會系統。一種衝突因而在兩種對立的美感概念之間出現，一者顯現為解放力量的形象，另一者則是肯定宰制。

人性的概念，又或馬克思所說的「種屬存有」（species-being），在事實與價值的邊界游移。人類的生物性需求，包括對食物、住所、結交和保護免於傷害，都可以作為政治判斷和實踐的規範。可是，某些事物是我們的本性的這個事實，當然不能由推斷它的滿足或實踐自動就成為一種價值。而我們在歷史上發展出來的方式，有很多顯然是不可取的，邪惡的問題足以證明這點。邪惡不僅是不道德的東西，更是對於他人的苦難和毀滅的一種主動而虐待狂的愉悅，顯然以這種毀滅為目的本身而沉溺其中。納粹集中營最駭人聽聞的其中一面，就在於它們是完全沒有必要的，事實上，從納粹本身的軍事和經濟觀點來說，根本是弄巧成拙的。邪惡就是討厭看到美德，眼中的真理或意義都只是故作姿態的騙子，人類藉以病態地掩飾他們存在的徹底虛無。邪惡因此和憤世嫉俗的心態十分近似，嘲諷人類理想主義陳義高遠的諂媚言行。幸而，除了法西斯組織的高層之外，邪惡是極為罕見的狀況；但它那種很怪異地以自身為目的的特質，和美感有某種令人不安的相似性。它和美感一樣，對於功利的東西不屑一顧；這也許就是為什麼我們在探討自身目的論（autotelism）的學說時要特別謹慎。

[411]

人性的概念並沒有暗示說我們應該實現什麼自然的潛能，而是說我們能實現的最高價值，其實是源自我們的本性，而不是任意的選擇或構想。它們之所以是自然的，不是因為很明顯或容易獲得，而是說它和我們的物質本性密不可分。如果我們生活在世上的方式，不是在所有人自由地自我實現的情況下自由地實現自我，那麼我們就可能使人類這個物種滅絕。當然，這種論述立足於極為抽象的層次，完全無法告訴我們像「自由」和「自我實現」等用語在任何真實歷史背景下的意義。關於這點，哈伯瑪斯式的答案就是，我們要談出一個究竟來。倫理（黑格爾所說的「*Sittlichkeit*」）是就每個具體處境的談判再談判，找出那種抽象的律法可能是什麼意思，而過程中可能招致激烈的政治衝突。倫理也意味著批判性地檢視整個「自我實現」的概念，因為它在歷史上奠基於顯然捉襟見肘的生產主義（productivism）。「自我實現」這個用語也許並不是指停不下來的行動主義。

自由而相互的自我滿足的圓滿體現，傳統上稱為愛；而對很多人來說，假如說的是個人生活，那麼這種生活方式無疑代表了最高的人類價值。只是他們不知道有哪種需求、方法或可能性，可以把這種價值擴及於整個社會生活的形式。激進政治的問題就是，這種愛在整個社會的層次上代表著什麼，正如性愛道德嘗試澄清在個人的性愛關係裡什麼才算是愛，又如醫學倫理嘗試界定在治療病痛的身體時什麼才是愛。這是因為愛是那麼令人困惑、含混而又歧義的話題，這些倫理論述自始就是必要的。現代倫理思想誤以為愛首先是一種個人的事而非關政治，因而造成了

[412]

不可估量的破壞。它沒有遵循亞里斯多德的論點，認定倫理學是政治學的分支，它的問題是怎樣在整個社會的層次上過著美好生活，獲得快樂和安寧。這個錯誤的其中一個後果，就是即使在人際層次上，也更難以讓愛實現。一種唯物主義的倫理認為，當我們成就了這種最高價值，我們就實現了人類本性最美好的可能性。這種倫理是美感性的，它關切的是快感、滿足、創造性；但它所謂美感性並不在於它引入直覺，因為它堅信，如果要認定某些價值是充分地建構起來，必須經過最嚴謹的分析和討論。在另一意義下，它也不是美感性的：它認為若要實現那些價值，工具性的政治行動是必需的，而在這個過程裡，有時必須放棄快感和滿足。

美感專注的問題，其中之一就是殊相和共相的關係；因此在倫理和政治的領域裡特別重要。一種唯物主義的倫理學是「美感性」的，那是在於它從具體的個殊性起步，它的起點是個別的人的實際需求和欲望。但需求和欲望卻是使個人自身不同一的因素，它是一種對他者和客體世界開放的媒介。作為起點的殊相並不是自我同一性；傳統美學由於亟欲把欲望從感知具體性趕出去，因而無法掌握到這點。個殊的個人是自我超越的；欲望是透過我們和別人在物質上的共謀關係而產生的，因此最終會引導出理性和正義的問題，哪種欲望和誰的欲望應該實現或應該制約的問題。它也引導出教育的問題，涉及要轉化我們的什麼欲望，這就是激進政治學的核心問題。論辯這一切的無休止過程，是屬於公共領域，其中所有個人都必須有同等的參與權利，不管他們在工作、性別、種族和利益等方面的區別。個別的殊相因此提升到共相層次。而中產階級自由思想一

[413]

般就在這裡卻步了，他們發現了一個嚴重的問題：在必然抽象的普遍性與所有個人的具體特殊性之間有個缺口。可是激進思想把這個過程帶到下一個階段。因為我們的普遍性的最終目的，我們在同等權利下參與意義和價值的公共定義的最終目的，就是確保個人獨特的個殊性獲得尊重和實現。個殊性就從「更高」層次回來了；如果要確立差異性，就必須通過同一性，這個立場是很多當代理論災難性地放棄了的。問題並不在於威廉斯所說的「好戰的個殊主義」，要求承認現在被歸類為「他者」的人（婦女、外國人、同性戀者）可以做他們自己。什麼「是」一個女性、一個同性戀者、一個愛爾蘭本地人？重要的真相是，這些被排斥的群體已經發展出特定的風格、價值和生活經驗，現在可以訴諸這些特質作為一種政治批判，他們也迫切要求言論自由；但更基本的政治問題，是要求與他人有同等權利去發現自己可以是什麼樣的人，而不僅是表現出某種完全型塑了卻又被壓迫的同一性。所有「對立」的同一性特質都是一種壓迫，也構成了對這種壓迫的抗拒；在這個意義下，個人可以是什麼模樣，不能從當下的模樣看得出來。壓迫者的特權就在於他有權決定自己要變成什麼樣子；這種權利正是被壓迫者也該要求獲得的，它必須普遍化。因此，共相不僅是和殊相完全對立的抽象責任領域；它只是說每個人都有同等的權利，使他們的差異得到尊重，並且有權參與尋求成就這個目標的共同程序。在這個方面，同一性不是為不同一性服務的；假如沒有這樣的同一性，也就無法獲得真正的不同一性。承認某人是主體，就是同時賦予他們和我們自己同等的地位，並且承認他們的他者性和自主性。

[414]

在政治事務上，有些包含在美學傳統中的意義和價值極為重要，也有些意義和價值會導致目標無法實現，我們必須對後者提出質疑並加以克服。在這個意義下，美感是非常矛盾的概念，只有辯證的思維才能合理對待它。目前很多文化理論最使人氣餒的地方，就是喪失了或排斥辯證思考的習慣，認為現在可以從容不迫地把這種思考丟進形上學垃圾桶了。用諷刺模仿的方式來說，這種情況就是，現在有些人看來相信在一九七〇年代的某一刻（又是否自索緒爾以來？），我們突然醒悟到，對理性、真理、自由和主體性的老舊論述都走到了盡頭，我們現在可以很刺激地轉移到其他方面。從歷史到現代性的跳躍有很長的一段歷史。對理性、真理、自由和主體性的論述，以我們所承襲的來說，確實需要整個轉變；但一種政治學假如不嚴肅地看待這些傳統題目，在對抗權力的傲慢時，恐怕就無法擁有充分的機智和韌性。

注釋

1 這肯定就是目前對前衛風格的經典論述：Peter Bürger, *Theory of the Avant-Garde* (Manchester & Minneapolis, 1984)。
2 Franco Moretti, *Signs Taken as Wonders* (London, 1983), chapter 7.
3 Peter Dews (ed.), *Jürgen Habermas: Autonomy and Solidarity* (London, 1986), p. 204.
4 Tony Bennett, 'Texts in history: the determinations of readings and their texts', *Post-Structuralism and the Question of History*, ed. D. Attridge, G. Bennington & R. Young (Cambridge, 1987), p. 66.

5 Hayden White, 'The Politics of Historical Interpretation: Discipline and De-Sublimination', *The Politics of Interpretation*, ed. W.J.T. Mitchell (Chicago, 1983).

6 對阿圖塞一項極佳的研究，見：Gregory Elliott, *Althusser: The Detour of Theory* (London, 1987)。另見：Ted Benton, *The Rise and Fall of Structural Marxism* (London, 1984)。

7 Jürgen Habermas, *The Philosophical Discourse of Modernity* (Cambridge, 1987), p. 270.

8 Peter Dews, *Logics of Disintegration* (London, 1987), p. 177.

9 引錄於：Michael Walzer, 'The Politics of Michel Foucault', *Foucault: A Critical Reader*, ed. D.C. Hoy (Oxford, 1986), p. 61。

10 Charles Taylor, 'Foucault on freedom and truth', *Philosophy and the Human Sciences: Philosophical Papers 2* (Cambridge, 1985).

11 Dew, *Logics of Disintegration*, p. 181.

12 引錄於：Hoy, *Foucault*, p. 60。

13 Ian Hacking, 'Self-Improvement', in Hoy, *Foucault*.

14 Hoy, *Foucault*, p. 22.

15 Michel Foucault, *Madness and Civilization* (London, 1973), p. 61.

16 引錄於：Hoy, *Foucault*, p. 112。

17 Michel Foucault, *The History of Sexuality*, vol. 2: *The Use of Pleasure* (New York, 1986). 來自本書的引文以下用括弧註明頁碼。

18 Jean-François Lyotard & Jean Loup Thébaud, *Just Gaming* (Minneapolis, 1985), pp. 14-15. 來自本書的引文以下用括弧註明頁碼。

19 Michel Foucault, 'On the genealogy of ethics', *The Foucault Reader*, ed. Paul Rabinow, pp. 349-50.

20 這一點的論述參見：Denys Turner, *Marxism and Christianity* (Oxford, 1983), p. 86。

21 同前引書，頁113。

22 同前引書，頁85。

23 Jürgen Habermas, *Legitimation Crisis* (Boston, 1975).

24 Peter Dews (ed.), *Jürgen Habermas: Autonomy and Solidarity*, p. 711.

25 同前引書，頁72。

26 同前引書，頁155。

27 Jürgen Habermas, *The Theory of Communicative Action*, vol. 1: *Reason and the Rationalisation of Society* (Boston, 1984), chapter 6.

28 Jürgen Habermas, 'A Reply to my Critics', *Habermas: Critical Debates*, ed. John B. Thompson & David Held (London, 1982), p. 239.

29 引錄於：Thomas McCarthy, *The Critical Theory of Jürgen Habermas* (London, 1978), p. 273。

30 Fredric Jameson, *The Political Unconscious* (London, 1982), p. 291.

31 Raymond Williams, *Modern Tragedy* (London, 1966), p. 176.

32 引錄於：Dews, *Jürgen Habermas: Autonomy and Solidarity*, p. 51。

33 同前引書，頁174。

34 同前引書，頁127。

35 對非認知主義倫理學的極佳批判，見：Sabina Lovibond, *Reason and Imagination in Ethics* (Oxford, 1982)。 [416]

36 有關普遍語用學的批判性爭議，見以下很具參考價值的概括：Seyla Benhabib, *Critique, Norm, and Utopia* (New York, 1986), chapter 8。另參見以下論文集：*Habermas: Critical Debates*, ed. John B. Thcmpson & David Held（其中R. Bubner, T. McCarthy, H. Ottmann, J.B. Thompson的論文）。

37 Dew, *Logics of Disintegration*, p. 20.

38 Turner, *Marxism and Christianity*, p. 119-20.

39 McCarthy, *The Critical Theory of Jürgen Habermas*, p. 308.

40 Norman Geras, *Marx and Human Nature: Refutation of a Legend* (London, 1983). [417]

國家圖書館出版品預行編目資料

美感的意識形態 / 泰瑞・伊格頓（Terry Eagleton）著 江先聲 譯. --
初版. -- 臺北市 ：商周出版：家庭傳媒城邦分公司發行, 民108.05
面： 公分
譯自：The Ideology of the Aesthetic
ISBN 978-986-477-663-4（平裝）
1. 美學 2. 西洋美學
180 108006632

美感的意識形態

原著書名 / The Ideology of the Aesthetic
作者 / 泰瑞・伊格頓（Terry Eagleton）
譯者 / 江先聲
企畫選書 / 林宏濤
責任編輯 / 林宏濤

版權 / 黃淑敏、林心紅
行銷業務 / 莊英傑、李衍逸、黃崇華
總經理 / 彭之琬
事業群總經理 / 黃淑貞
發行人 / 何飛鵬
法律顧問 / 元禾法律事務所 王子文律師
出版 / 商周出版
城邦文化事業股份有限公司
臺北市中山區民生東路二段141號9樓
電話：(02) 2500-7008 傳眞：(02) 2500-7759
E-mail：bwp.service@cite.com.tw
Blog：http://bwp25007008.pixnet.net/blog
發行 / 英屬蓋曼群島商家庭傳媒股份有限公司城邦分公司
臺北市中山區民生東路二段141號2樓
書虫客服服務專線：02-25007718・02-25007719
24小時傳眞服務：02-25001990・02-25001991
服務時間：週一至週五09:30-12:00・13:30-17:00
郵撥帳號：19863813 戶名：書虫股份有限公司
讀者服務信箱E-mail：service@readingclub.com.tw
歡迎光臨城邦讀書花園 網址：www.cite.com.tw
香港發行所 / 城邦（香港）出版集團有限公司
香港灣仔駱克道193號東超商業中心1樓
電話：(852) 25086231 傳眞：(852) 25789337
馬新發行所 / 城邦(馬新)出版集團 Cité (M) Sdn. Bhd.
41, Jalan Radin Anum, Bandar Baru Sri Petaling,
57000 Kuala Lumpur, Malaysia
電話：(603)90578822 傳眞：(603) 90576622

封面設計 / 林芷伊
排版 / 新鑫電腦排版工作室
印刷 / 高典印刷有限公司
經銷商 / 聯合發行股份有限公司
電話：(02) 29178022 傳眞：(02) 29110053
地址：新北市231新店區寶橋路235巷6弄6號2樓

■2019年（民108）5月初版1刷
■2022年（民111）4月26日初版3刷
定價 800元

Printed in Taiwan
城邦讀書花園
www.cite.com.tw

The Ideology of the Aesthetic
by Terry Eagleton

ISBN 978-986-477-663-4

商周出版

廣　告　回　函
北區郵政管理登記證
台北廣字第000791號
郵資已付，免貼郵票

104台北市民生東路二段141號2樓

英屬蓋曼群島商家庭傳媒股份有限公司　城邦分公司

請沿虛線對摺，謝謝！

商周出版

書號：BK7078	**書名**：美感的意識形態	**編碼**：

請於此處用膠水黏貼

商周出版

讀者回函卡

感謝您購買我們出版的書籍！請費心填寫此回函卡，我們將不定期寄上城邦集團最新的出版訊息。

不定期好禮相贈！
立即加入：商周出版
Facebook 粉絲團

姓名：＿＿＿＿＿＿＿＿＿＿＿＿＿＿ 性別：☐男 ☐女

生日：西元＿＿＿＿年＿＿＿＿月＿＿＿＿日

地址：＿＿＿＿＿＿＿＿＿＿＿＿＿＿＿＿

聯絡電話：＿＿＿＿＿＿＿＿ 傳真：＿＿＿＿＿＿＿＿

E-mail ：

學歷：☐ 1. 小學 ☐ 2. 國中 ☐ 3. 高中 ☐ 4. 大學 ☐ 5. 研究所以上

職業：☐ 1. 學生 ☐ 2. 軍公教 ☐ 3. 服務 ☐ 4. 金融 ☐ 5. 製造 ☐ 6. 資訊
☐ 7. 傳播 ☐ 8. 自由業 ☐ 9. 農漁牧 ☐ 10. 家管 ☐ 11. 退休
☐ 12. 其他＿＿＿＿＿＿＿＿

您從何種方式得知本書消息？

☐ 1. 書店 ☐ 2. 網路 ☐ 3. 報紙 ☐ 4. 雜誌 ☐ 5. 廣播 ☐ 6. 電視
☐ 7. 親友推薦 ☐ 8. 其他＿＿＿＿＿＿＿＿

您通常以何種方式購書？

☐ 1. 書店 ☐ 2. 網路 ☐ 3. 傳真訂購 ☐ 4. 郵局劃撥 ☐ 5. 其他＿＿＿＿

您喜歡閱讀那些類別的書籍？

☐ 1. 財經商業 ☐ 2. 自然科學 ☐ 3. 歷史 ☐ 4. 法律 ☐ 5. 文學
☐ 6. 休閒旅遊 ☐ 7. 小說 ☐ 8. 人物傳記 ☐ 9. 生活、勵志 ☐ 10. 其他

對我們的建議：＿＿＿＿＿＿＿＿＿＿＿＿＿＿＿＿

請於此處用膠水黏貼